CRIAR

CRIAR

Um guia nada ortodoxo para criar produtos que fazem a diferença

TONY FADELL

Tradução
Cristina Yamagami

Benvirá

Copyright © 2022 by Tony Fadell
Copyright da edição brasileira © 2023, Saraiva Educação S.A.
Tradução autorizada da edição original em inglês publicada nos Estados Unidos pela Harper Business.

Título original: *Build: an unorthodox guide to making things worth making*

Direção executiva Flávia Alves Bravin
Direção editorial Ana Paula Santos Matos
Gerência editorial e de projetos Fernando Penteado
Edição Clarissa Oliveira e Julia Braga
Produção e adaptação de capa Tiago Dela Rosa
Tradução Cristina Yamagami
Preparação Paula Sacrini
Revisão Queri Winters
Diagramação Fernanda Matajs
Capa Matteo Vianello
Projeto gráfico Bonni Leon-Berman
Ilustrações Marc Porat/Spellbound Productions II, Dwight Eschliman, Matteo Vianello, Tony Fadell, Manual Creative, Erik Charlton e Will Miller.
Impressão e acabamento EGB Editora Gráfica Bernardi Ltda

Dados Internacionais de Catalogação na Publicação (CIP)
Vagner Rodolfo da Silva – CRB-8/9410

F144b Fadell, Tony
     Criar: um guia nada ortodoxo para criar produtos que fazem a diferença / Tony Fadell ; traduzido por Cristina Yamagami. - São Paulo : Benvirá, 2023.
     456 p.
     Tradução de: Build: an unorthodox guide to making things worth making
     ISBN: 978-65-5810-173-4 (Impresso)
     1. Administração. 2. Negócios. 3. Desenvolvimento de produto. 4. Gerenciamento de produto. I. Yamagami, Cristina. II. Título.

                                   CDD 658.4012
2023-330   CDU 65.011.4

Índices para catálogo sistemático:
1. Administração : Negócios   658.4012
2. Administração : Negócios   65.011.4

1ª edição, março de 2023

Nenhuma parte desta publicação poderá ser reproduzida por qualquer meio ou forma sem a prévia autorização da Saraiva Educação. A violação dos direitos autorais é crime estabelecido na Lei n. 9.610/98 e punido pelo artigo 184 do Código Penal.

Todos os direitos reservados à Benvirá, um selo da Saraiva Educação.
Av. Paulista, 901, 4º andar
Bela Vista – São Paulo – SP – CEP: 01311-100

SAC: sac.sets@saraivaeducacao.com.br

CÓDIGO DA OBRA 713306   CL 670992   CAE 803244

Para minha avó, meu avô, minha mãe e
meu pai – meus primeiros mentores

SUMÁRIO

Introdução ix

PARTE I: CRIE A SI MESMO

Capítulo 1.1: Maioridade. 5

Capítulo 1.2: Arranjando um emprego 15

Capítulo 1.3: Heróis. 22

Capítulo 1.4: Não olhe (só) para baixo 28

PARTE II: CRIE SUA CARREIRA

Capítulo 2.1: Vida de gestor 45

Capítulo 2.2: Dados *versus* opiniões 60

Capítulo 2.3: FDPs. 69

Capítulo 2.4: Pedindo demissão 81

PARTE III: CRIE SEU PRODUTO

Capítulo 3.1: Transforme o intangível em tangível. 101

Capítulo 3.2: O porquê do storytelling 114

Capítulo 3.3: Evolução *versus* disrupção *versus* execução 123

Capítulo 3.4: A primeira aventura – e a segunda 135

Capítulo 3.5: Batimentos cardíacos e algemas 147

Capítulo 3.6: Três gerações 160

PARTE IV: CRIE SEU NEGÓCIO

Capítulo 4.1: Como identificar uma excelente ideia 181

Capítulo 4.2: Você está pronto? 191

Capítulo 4.3: Casamento por interesse 201

Capítulo 4.4: Você só pode ter um cliente 214
Capítulo 4.5: Quando você se mata pelo trabalho 219
Capítulo 4.6: Crises 232

PARTE V: CRIE SUA EQUIPE

Capítulo 5.1: Contratando 245
Capítulo 5.2: Pontos de ruptura 259
Capítulo 5.3: Crie designs para todos… mas não terceirize o problema 280
Capítulo 5.4: Um método para o marketing 289
Capítulo 5.5: O propósito dos gerentes de produto 301
Capítulo 5.6: A morte de uma cultura de vendas 313
Capítulo 5.7: Acionando os advogados 322

PARTE VI: SEJA O CEO

Capítulo 6.1: Tornando-se o CEO 347
Capítulo 6.2: O conselho de administração 360
Capítulo 6.3: Comprando e sendo comprado 373
Capítulo 6.4: Que se danem as massagens 385
Capítulo 6.5: Saindo do papel de CEO 394
Conclusão: Não se trata apenas de você 405

Agradecimentos 409
Leituras recomendadas 415
Índice remissivo 417

Este livro conta com material extra. Para acessá-lo, visite a
página do livro no Saraiva Conecta:

https://somos.in/GNOPQFD

INTRODUÇÃO

Muitos dos meus mentores mais experientes e confiáveis morreram.

Alguns anos atrás, dei uma olhada ao meu redor e percebi que as almas sábias e (em geral) pacientes que enchi de perguntas, que atenderam ligações minhas tarde da noite, que me ajudaram a abrir empresas e criar produtos e conduzir reuniões do conselho ou apenas ser uma pessoa melhor... essas almas tinham partido. Algumas tinham partido cedo demais.

Agora era a mim que as pessoas procuravam para encher de perguntas. As mesmas perguntas que eu havia feito repetidamente. Perguntas sobre startups, mas também sobre coisas mais básicas: se era melhor ficar ou sair de um emprego, qual era a melhor mudança profissional a fazer, como saber se uma ideia era boa, como pensar sobre Design, como lidar com o fracasso, quando e como abrir uma empresa.

E, por incrível que pareça, eu tinha as respostas. Eu tinha conselhos a dar. Aprendi com mentores espetaculares e com as equipes fantásticas com quem passei mais de trinta anos trabalhando. Aprendi com muitas startups minúsculas e corporações gigantescas, criando produtos que centenas de milhões de pessoas usam todos os dias.

Hoje em dia, se você me ligar à meia-noite surtando, querendo saber como manter a cultura de sua empresa intacta à medida que ela cresce ou como não pisar na bola no marketing, sei que posso lhe dar algumas ideias, ensinar alguns truques e dicas, até algumas regras.

Mas não vou fazer isso. Então, por favor, não me ligue à meia-noite. Uma das lições que aprendi foi o valor de uma boa noite de sono.

Faça melhor — leia este livro.

Aqui você vai encontrar muitos dos conselhos que dou diariamente a recém-formados e CEOs, executivos e estagiários, a todos os que estão tentando avançar no mundo dos negócios e crescer profissionalmente.

x | Introdução

Não espere os conselhos que costuma receber no Vale do Silício. Meus conselhos são da velha guarda. A religião do Vale do Silício é a reinvenção, a disrupção – implodir velhas formas de pensar e propor novas. Mas tem certas coisas que não se pode simplesmente implodir. A natureza humana não muda, não importa o que você está criando, onde você mora, quantos anos você tem, se você é um bilionário ou se está só começando na vida. E, nos últimos trinta e tantos anos, vi o que os seres humanos precisam fazer para atingir seu potencial, para mudar o que precisa ser transformado, para forjar seu próprio caminho não ortodoxo.

Neste livro você encontrará a descrição de um estilo de liderança que vi levar ao o sucesso repetidamente. Você lerá sobre como meus mentores e Steve Jobs conseguiram alcançá-lo. Sobre como eu consigo alcançá-lo. Sobre ser um encrenqueiro, aquele que faz questão de ir cutucar a onça com a vara curta só para ver o que acontece.

Não é o único jeito de fazer algo significativo, mas é o meu jeito. E não é para qualquer um. Não estou aqui para pregar uma teoria organizacional moderna e progressista. Não estou aqui para ensinar como trabalhar dois dias por semana e se aposentar mais cedo.

O mundo está cheio de empresas medíocres e desinteressantes criando porcarias medíocres e desinteressantes, mas eu passei minha vida inteira atrás de produtos e pessoas que buscam a excelência. Tive a enorme sorte de aprender com os melhores – com pessoas corajosas e apaixonadas que deixaram a sua marca no mundo.

Acredito que todo mundo deveria ter essa chance.

Foi por isso que escrevi este livro. Qualquer pessoa que estiver tentando fazer a diferença no mundo precisa e merece ter um mentor e um coach – alguém que sabe como é, que já fez isso e que pode ajudar nos momentos de dificuldade. Um bom mentor não lhe dará as respostas, mas tentará ajudar você a ver o seu problema a partir de uma nova perspectiva. Ele lhe passará lições que aprendeu aos trancos e barrancos para você poder encontrar sua própria solução.

Introdução | xi

E não são apenas os empreendedores do setor da tecnologia do Vale do Silício que merecem ajuda. Este livro é para qualquer pessoa que deseja criar algo novo, que busca a excelência, que se recusa a desperdiçar seu precioso tempo neste precioso planeta.

Falarei muito sobre criar um produto excelente, mas um produto não precisa necessariamente ser tecnológico. Pode ser qualquer coisa. Um serviço. Uma loja. Um novo tipo de usina de reciclagem. E, mesmo se você ainda não estiver pronto para fazer alguma coisa, este livro também se aplica a você. Às vezes, o primeiro passo é apenas descobrir o que você quer fazer. Entrar em um emprego que o empolga. Criar o "eu" que você almeja ser ou criar uma equipe com a qual você possa criar qualquer coisa.

Este livro não é uma biografia – eu ainda não estou morto. É um mentor na forma de palavras impressas em páginas. É uma enciclopédia de conselhos.

Se você for da época pré-Wikipédia, talvez se lembre da satisfação de ver uma estante cheia de enciclopédias na sala dos seus avós ou nas entranhas de uma biblioteca. Se tivesse alguma dúvida, podia consultar a enciclopédia, mas também podia pegar qualquer volume, abrir em uma página aleatória e começar a ler. *A* de Aardvark. Então você embarcava na leitura e via onde terminava, lendo direto ou pulando algumas partes, descobrindo pequenos fatos do mundo.

É assim que sugiro que você aborde este livro.

- Você pode lê-lo direto, do começo ao fim.
- Pode dar uma folheada para encontrar os conselhos e as histórias mais interessantes ou relevantes para a sua crise atual. Sempre vai haver uma crise – seja ela pessoal, organizacional ou competitiva.
- Pode seguir as sugestões "Veja também" espalhadas pelo livro da mesma forma como clicaria em um link em um artigo da Wikipédia. Mergulhe em qualquer tópico e percorra o livro como preferir.

xii | Introdução

A maioria dos livros de negócios tem uma tese que o autor passa trezentas páginas expandindo. Se você estiver em busca de uma série de bons conselhos sobre vários temas diferentes, talvez precise ler quarenta livros de cabo a rabo na esperança de encontrar uma ou outra pérola de informação. Este livro, por sua vez, é uma coletânea de pérolas. Cada capítulo tem conselhos e histórias com base nos empregos, mentores, coaches, chefes e colegas que tive e nos incontáveis erros que cometi.

Como esses conselhos se baseiam na minha experiência, este livro acompanha mais ou menos a minha carreira. Partiremos do meu primeiro emprego depois de me formar na faculdade até chegar onde estou agora. Cada passo, cada tropeço, cada tombo, me ensinou uma lição. Minha vida não começou com o iPod.

Mas este livro não é sobre mim. Porque *eu* não fiz nada. Eu fui só uma das pessoas das equipes que fizeram o iPod, o iPhone, o Nest Learning Thermostat e o Nest Protect. Eu estive lá, mas nunca estive lá sozinho. Este livro é sobre o que aprendi – em geral do jeito mais difícil.

E, para entender as lições que aprendi, acho que faz sentido me apresentar para você saber um pouco sobre mim. Então aí vai:

1969

O início de sempre: eu nasci. Quando eu estava na pré-escola, minha família começou a se mudar de uma cidade a outra. Meu pai era um vendedor da Levi's e vivíamos na estrada, em busca da próxima mina de ouro do jeans. Estudei em doze escolas em quinze anos.

1978-1979

Startup nº 1: Ovos. Eu vendia ovos de porta em porta na terceira série. Era um empreendimento sólido. Eu comprava ovos baratos de um granjeiro, então eu e meu irmão, todas as manhãs, colocávamos os produtos no nosso carrinho de puxar e percorríamos as ruas do bairro batendo de porta em porta. A empreitada me dava um dinheirinho que eu podia gastar como quisesse, sem a interferência dos meus pais – meu primeiro gostinho da verdadeira liberdade. Se tivesse continuado nessa área, hoje eu poderia ser um magnata dos ovos.

1980

Encontrei o trabalho da minha vida. Eu tinha 10 anos e estava na quinta série. Uma boa idade para descobrir sua vocação. Durante as férias de verão, fiz um curso de programação quando "programar" significava pintar círculos com um lápis número 2 em pequenos cartões e obter resultados em uma impressão em papel. O monitor ainda era coisa de ficção científica. Mas era a coisa mais mágica que eu já tinha visto.

1981

Meu primeiro amor. Um Apple II Plus. Oito bits, um monitor de verdade com uma tela verde brilhante de doze polegadas, um belo teclado marrom.

Eu precisava ter essa máquina incrível e que me custaria os olhos da cara. Meu avô fez um acordo comigo: ele igualaria todo o dinheiro que eu ganhasse trabalhando como caddie de golfe, então me matei de trabalhar até conseguir comprar o computador com a ajuda dele.

Eu simplesmente adorava aquele computador. Era a paixão da minha vida e minha tábua de salvação. Aos 12 anos, desisti de tentar manter amizades da maneira tradicional. Como eu sabia que teria que me mudar com minha família no ano seguinte, a única maneira de manter os amigos era por meio do meu Apple. A internet e o e-mail ainda não existiam, mas havia modems de 300 baud e quadros de avisos digitais – BBSs na linguagem da época, sigla de "bulletin board systems". Eu conhecia colegas geeks na escola e mantinha contato com eles pelo Apple. Juntos, aprendemos a programar e hackeamos companhias telefônicas para fazer chamadas gratuitas de longa distância e contornar as taxas de US$ 1 a US$ 2 por minuto.

xiv | Introdução

1986

Startup nº 2: Quality Computers. Um amigo que conheci pelo modem de 300 baud fundou a Quality Computers no último ano do ensino médio. Entrei em sociedade com ele logo depois. Éramos uma empresa de vendas pelo correio que revendia hardware para o Apple II, chips DRAM e software de terceiros no porão da casa dele. E também fazíamos nosso próprio software – como os upgrades e pacotes de expansão que vendíamos eram complexos de instalar e ainda mais difíceis de usar, desenvolvíamos software para simplificar o processo para os meros mortais.

Acabou se transformando em uma empresa de verdade, com um 0800, armazéns, anúncios em revistas, funcionários. Uma década depois, meu amigo a vendeu por alguns milhões. Mas eu já tinha saído há muito tempo. Era bom vender coisas. Mas criar era muito melhor.

1989

Startup nº 3: ASIC Enterprises. ASIC era a sigla de Applications Specific Integrated Circuit, ou circuito integrado específico para aplicações. É, eu sei. Aos 20 anos, eu não tinha muita experiência com branding. Mas o que não me faltava era amor no coração. No fim dos anos 1980, meu adorado Apple II ia de mal a pior. Ele precisava se tornar mais rápido. Então, eu e um amigo decidimos salvar a Apple. Criamos um processador novo e mais rápido – o 65816. Na verdade, eu não sabia como criar um processador. Fiz meu primeiro curso de design de processadores na faculdade seis meses depois de começarmos. Mas criamos chips que funcionavam oito vezes mais rápido que os disponíveis no mercado – alucinantes 33 MHz – e até vendemos alguns para a Apple antes de eles pararem de fabricar os Apple II.

1990

Startup nº 4: Constructive Instruments. Meu professor da Universidade de Michigan e eu tivemos a ideia de fazer um editor multimídia para crianças. Eu me lancei de cabeça na empreitada e vivia trabalhando ou em stand-by. Eu tinha um pager na época, quando só médicos e traficantes usavam pagers. Meus colegas da faculdade queriam saber qual era o meu problema – por que eu não ia mais às baladas, não bebia mais até cair e preferia ficar trancado em um porão, sozinho com um computador?

Quando me formei, a Constructive Instruments tinha alguns funcionários. Tínhamos um escritório. Um produto. Parcerias de vendas. Eu tinha 21 anos e era o CEO da empresa. Fazia tantas coisas sem saber fazer que não faço ideia de como essa empresa conseguiu sobreviver por tanto tempo sob o meu comando.

1991

Engenheiro de software de diagnóstico na General Magic. Eu precisava aprender a comandar uma startup de verdade. Então decidi aprender com os melhores. Consegui um emprego em uma das empresas mais sigilosas e empolgantes do Vale do Silício. Era uma empresa lotada de gênios, e trabalhar com eles era a oportunidade de uma vida inteira.

Criaríamos o dispositivo de comunicação pessoal e de entretenimento mais incrível da história. Entrei de cabeça com tudo o que eu tinha e dei minha vida àquela empresa. Nós iríamos mudar o mundo. Não tinha como dar errado.

1994

Engenheiro líder de software e hardware na General Magic. Deu errado.

1995

Diretor de tecnologia (CTO) da Philips. Comecei a conversar com a Philips, um dos parceiros da General Magic, sobre o que tinha dado errado. Apresentei minha ideia a eles: mudamos o público-alvo, usamos o software e hardware existentes e simplificamos, simplificamos e simplificamos.

Então a Philips me contratou para fazer PCs de bolso para profissionais em trânsito. Tornei-me diretor de tecnologia aos 25 anos. Era só o meu segundo emprego depois de me formar.

1997-1998

Lançamento do Velo e do Nino da Philips. Os produtos foram um enorme sucesso!

1997-1998

Não conseguimos vender o suficiente.

1998

Grupo de Estratégia e Empreendimentos da Philips. Fui trabalhar com capital de risco na Philips. Aprendi tudo o que pude sobre aquele mundo. Mas não conseguia tirar o PC da minha cabeça e do meu coração. Talvez o problema tenha sido não acertar o público-alvo. Talvez eu não devesse ter feito um PC de bolso específico para profissionais. Talvez tivesse mais apelo fazer um player de música para todas as pessoas.

1999

RealNetworks. Eu queria fazer um player de música digital com a equipe certa, a tecnologia certa, a visão certa.

1999, seis semanas depois

Eu caí fora. Foi só botar os pés na empresa para perceber o erro que eu tinha cometido. Um clima muito ruim.

1999

Startup nº 5: Fuse Systems. Que se dane. Eu mesmo faço.

2000

A bolha da internet estourou. O financiamento secou da noite para o dia. Fiz oitenta apresentações para capitalistas de risco. Nenhuma delas colou. Eu estava desesperado para manter minha empresa com as portas abertas.

Introdução | xvii

2001

A Apple ligou. No começo, eu só queria ganhar dinheiro suficiente prestando consultoria à Apple para salvar a Fuse da falência. Acabei entrando na Apple e levando minha equipe comigo.

2001, dez meses depois

Lançamos o primeiro iPod. Foi um enorme sucesso!

2001-2006

Vice-presidente da divisão do iPod. Depois de dezoito gerações de iPods, finalmente resolvemos todos os problemas.

2007-2010

Vice-presidente sênior da divisão do iPod e do iPhone. Então criamos o iPhone. Minha equipe criou o hardware e o software básico para rodar e fabricar o telefone. Em seguida, lançamos mais duas versões. E aí eu pedi demissão.

2010

Dei uma parada. Me concentrei na minha família. Viajei para o exterior. Eu estava precisando me distanciar o máximo possível do trabalho e do Vale do Silício e foi o que fiz.

2010

Startup nº 6: Nest Labs. Matt Rogers e eu fundamos a Nest em uma garagem em Palo Alto. A ideia era revolucionar o produto mais desinteressante da história da humanidade: o termostato. Você tinha que ver a cara das pessoas quando contamos qual seria o produto da nossa nova startup supersecreta.

2011

Lançamos o Nest Learning Thermostat. Foi um enorme sucesso! E quase caímos para trás. As pessoas compraram.

xviii | Introdução

2013

Lançamos o detector de fumaça e CO_2 Nest Protect. Estávamos começando a criar um ecossistema – uma casa conectada, capaz de cuidar de si mesma e de seus moradores.

2014

O Google comprou a Nest por US$ 3,2 bilhões. Nosso hardware com o software e a infraestrutura do Google: seria um casamento fenomenal.

2015-2016

O Google criou a Alphabet. Eu caí fora. A Nest foi expulsa do Google e entrou na Alphabet, o que exigiu que mudássemos drasticamente nossos planos. Então eles decidiram vender a Nest. Não era o casamento que havíamos imaginado. Saí do casamento completamente frustrado.

2010-atual

Build Collective. Depois de sair da Google Nest, me concentrei em algumas consultorias e investimentos que eu vinha fazendo desde 2010. Hoje, orientamos e damos suporte a cerca de duzentas startups.

Minha vida profissional foi uma montanha-russa descontrolada entre o sucesso e o fracasso, com picos fantásticos seguidos imediatamente de amargas decepções. E, a cada fracasso, escolhi começar do zero, pegar tudo o que aprendi e fazer algo completamente novo, me transformar em alguém completamente novo.

A versão mais recente de mim mesmo é um mentor, um coach, um investidor e, por incrível que pareça, um autor. Mas só me tornei um autor porque as estrelas se alinharam quando Dina Lovinsky, escritora brilhante com quem passei uma década trabalhando (e trocando críticas construtivas), estava disponível para ajudar e disposta a ver se eu realmente tinha conteúdo para fazer um livro. Jovem, impetuosa e ousada, Dina esteve presente desde os primeiros dias da Nest, viu tudo acontecer com os próprios olhos e aprendeu a escrever como eu escreveria, se é que eu seria capaz de escrever.

Você já deve ter notado que sou um péssimo escritor. Sei escrever software, mas um livro? Sou um peixe fora d'água. Munido apenas de uma planilha de lições aleatórias que aprendi ao longo do caminho, eu não fazia ideia de como colocar a primeira palavra na página. Mas também não fazia ideia de como criar um processador de computador, um player de música, um smartphone ou um termostato, e parece que deu certo.

Os conselhos que você encontrará neste livro estão longe de ser completos, mas são um começo. Ainda estou aprendendo, mudando de opinião a cada dia que passa. Como todo mundo. Este livro contém um pouco do que aprendi até agora.

Parte
1

CRIE A SI MESMO

Tentei criar o iPhone duas vezes.

Todo mundo sabe sobre a segunda vez. Foi quando conseguimos. Poucas pessoas sabem sobre a primeira.

Em 1989, um funcionário da Apple e visionário chamado Marc Porat fez o seguinte esboço:

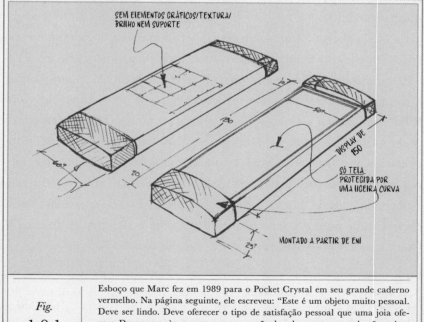

Fig. 1.0.1 — Esboço que Marc fez em 1989 para o Pocket Crystal em seu grande caderno vermelho. Na página seguinte, ele escreveu: "Este é um objeto muito pessoal. Deve ser lindo. Deve oferecer o tipo de satisfação pessoal que uma joia oferece. Deve passar às pessoas uma percepção de valor mesmo quando não estiver sendo usado. Deve oferecer o conforto de uma pedra polida à perfeição, a satisfação tátil de uma concha, o encantamento de um cristal".

2 | CRIAR

O Pocket Crystal foi um belo computador portátil com tela sensível ao toque que combinava um telefone celular e um aparelho de fax, permitindo jogar games, ver filmes e comprar passagens de avião em qualquer lugar.

Essa visão insanamente profética tornou-se ainda mais maluca pelo fato de ser – e eu repito – 1989. A internet ainda não existia, o conceito de "mobile gaming" da época era levar um console da Nintendo para a casa de um amigo e quase ninguém tinha – nem via a necessidade de ter – um celular. As pessoas encontravam telefones públicos em todo lugar, todo mundo podia ter um pager – para que carregar um tijolo de plástico gigante por toda parte?

Mas Marc e dois outros gênios e ex-magos da Apple, Bill Atkinson e Andy Hertzfeld, fundaram uma empresa para criar o futuro. Eles a chamaram de General Magic.* Li sobre a empresa na seção de rumores "Mac The Knife" da (finada) *MacWeek Magazine* bem na época em que estava me dando conta de que eu não fazia ideia de como administrar minha startup.

Eu tinha aberto algumas empresas relacionadas a computadores no ensino médio e na faculdade, mas estava focado na Constructive Instruments desde o meu primeiro ano na Universidade de Michigan. Fundei a empresa com um dos meus professores, o querúbico Elliot Soloway. Elliot se dedicava à tecnologia pedagógica e juntos criamos um editor multimídia para crianças. E chegamos bem longe – um produto, funcionários, um escritório. Mas eu ainda ia à biblioteca pesquisar a diferença entre uma sociedade limitada e uma sociedade anônima. Eu não sabia nada de nada. E não tinha a quem perguntar – na época não havia encontros de empreendedores nem aceleradoras de startups como a Y Combinator. O Google estava a sete anos de existir.

---

* Se você quiser saber mais sobre essa empresa, testemunhar um fracasso épico e ver que não é o fim do mundo, recomendo assistir ao General Magic Movie (www.generalmagicthemovie.com). Você pode me reconhecer no filme; só não me pergunte sobre o meu cabelo.

A General Magic era a minha chance de aprender e absorver tudo como uma esponja. Trabalhar com meus heróis – os gênios que fizeram o Apple II, o Lisa, o Macintosh. Foi meu primeiro emprego de verdade e minha primeira chance concreta de mudar o mundo como Andy e Bill fizeram.

Quando converso com pessoas que acabaram de se formar ou que estão no início da carreira, é isso que elas querem. Uma oportunidade de fazer a diferença e encontrar um caminho para fazer algo fora de série.

Mas, assim que pegam o diploma, elas se deparam com todos os desafios que ninguém ensina e que ninguém tem como ensinar na faculdade – como ter sucesso no trabalho, como criar algo incrível, como lidar com os chefes e eventualmente se tornar um. Por mais que tenha aprendido muito na faculdade, você ainda precisa obter conhecimento em quantidade equivalente a um doutorado para aprender a navegar pelo mundo e construir algo significativo. Você precisa tentar, quebrar a cara e aprender fazendo.

É por isso que praticamente todo recém-formado, empreendedor e sonhador me faz as mesmas perguntas:

"Que tipo de emprego devo tentar conseguir?"

"Em quais tipos de empresa devo buscar trabalho?"

"Como faço para construir uma rede de apoio profissional?"

É comum supor que, se você encontrar o emprego certo no início da carreira, poderá garantir algum nível de sucesso. Que o seu primeiro emprego depois da formatura vai se conectar em linha reta ao segundo e ao terceiro, que em cada estágio da sua carreira você usará suas vitórias inevitáveis para subir cada vez mais.

Eu também pensava assim. Eu não tinha dúvida alguma de que a General Magic faria um dos dispositivos mais revolucionários da história. Eu dei tudo o que tinha à empresa. Todos nós demos. A equipe passou literalmente anos trabalhando sem parar – chegamos a distribuir prêmios por dormir no escritório durante noites seguidas.

Então a General Magic implodiu. Depois de anos de trabalho, dezenas de milhões de dólares investidos, com a imprensa alardeando que estávamos destinados a vencer a Microsoft, vendemos apenas cerca de três a quatro mil unidades. No máximo cinco mil. E a maioria para a família e os amigos.

A empresa fracassou. Eu fracassei.

E passei os dez anos seguintes sendo chutado como um cachorro morto pelo Vale do Silício antes de conseguir criar algo que as pessoas realmente queriam.

No processo, aprendi muitas lições difíceis, dolorosas, maravilhosas, idiotas e úteis. Então, se você estiver começando na carreira, ou começando em uma nova carreira, eis o que você precisa saber.

Capítulo

1.1

MAIORIDADE

É comum achar que a maioridade é aquele momento no qual o aprendizado termina e a vida começa. Agora sim! Eu me formei! Não preciso mais estudar! Mas você nunca pode parar de aprender. A faculdade não preparou você para ter sucesso pelo resto da vida. A vida adulta é a sua oportunidade de pisar na bola o tempo todo até aprender a pisar um pouco menos.

A educação tradicional ensina uma visão equivocada sobre o fracasso. Você faz um curso, faz uma prova e, se não passar, é isso. Mas, depois que sai da faculdade, não tem nenhum livro, nem prova, nem nota. E, se fracassar, você aprende. Na verdade, na maioria dos casos, é o único jeito de aprender – especialmente se estiver criando algo que o mundo nunca viu antes.

Então, quando estiver olhando para a variedade de carreiras potenciais à sua frente, a melhor pergunta a fazer é esta: "O que eu quero aprender?"

Não "Quanto dinheiro eu quero ganhar?"

Não "Que cargo eu quero ter?"

Não "Qual empresa é famosa o suficiente para a minha mãe poder humilhar brutalmente as outras mães quando elas se gabarem dos filhos?"

A melhor maneira de encontrar um emprego que você vai adorar e uma carreira que eventualmente o levará ao sucesso é seguir seus interesses naturais e correr riscos ao escolher onde trabalhar. Siga a sua curiosidade em vez de um manual sobre como ganhar dinheiro.

6 | CRIAR

Presuma que, dos 20 aos 30 anos, suas escolhas não vão dar certo e as empresas nas quais você trabalhar ou as que você fundar provavelmente fracassarão. Faz parte do início da idade adulta ver seus sonhos pegarem fogo e usar as cinzas para aprender o máximo possível. Faça, fracasse, aprenda. O resto virá naturalmente.

••

Cheguei usando um terno barato, mal ajustado e fora de moda para a minha entrevista na General Magic. Todos estavam sentados no chão. Eles me olharam, perplexos. A expressão deles dizia: "Quem é esse moleque?" Eles me mandaram sentar e tirar minha gravata e meu terno, pelo amor de Deus.

Erro nº 1.

Por sorte foi um erro pequeno. Tornei-me o funcionário nº 29 em 1991. Eu tinha só 21 anos e, cheio de gratidão, aceitei um emprego como engenheiro de software de diagnóstico. Meu trabalho era criar ferramentas de software e hardware para checar os projetos de outras pessoas — enfim, eu estava na base da pirâmide. Mas tudo bem. Eu sabia que só precisava entrar para provar meu valor e galgar pela hierarquia.

Um mês antes disso, eu era o CEO da minha própria empresa. Nossa operação era minúscula — uma startup de três, às vezes quatro pessoas — e estávamos progredindo aos poucos. Mas a sensação era a de nadar contra a corrente. E nadar contra a corrente era como se afogar: ou você cresce ou morre. Você não pode se dar ao luxo de parar.

Então decidi ir aonde eu teria mais chances de crescer. Eu não ligava para o cargo nem para o salário. O que me importava eram as pessoas. A missão. A oportunidade.

Lembro-me de arrumar minhas coisas para me mudar de Michigan para a Califórnia com frio na barriga, quatrocentos dólares no bolso e meus pais tentando entender o que diabos estava acontecendo.

Eles queriam que eu me desse bem na vida. Queriam que eu fosse feliz. Mas parecia que tudo o que eu fazia dava errado e isso já vinha acontecendo há anos. Eu adorava computadores, mas tinha sido expulso do meu primeiro curso de informática na sétima série quase todos os dias. Eu vivia dizendo ao professor que ele estava errado, vivia insistindo que eu sabia mais do que ele e nunca parava quieto. Eu fiz o coitado chorar até que me expulsaram de vez do curso e me botaram no curso de francês.

Depois matei minha primeira semana de aula na Universidade de Michigan para ir ao Apple Fest em San Francisco e trabalhar em um estande a fim de promover minha startup. Só contei aos meus pais quando desembarquei em Detroit. Eles ficaram furiosos. Mas eu tinha aprendido desde cedo a pedir perdão, não permissão. E me lembro da revelação que tive no dormitório da faculdade, ainda digerindo o jantar que tinha comido no cais de São Francisco, ao perceber que poderia fazer parte de dois mundos ao mesmo tempo. E que nem era tão difícil assim.

E agora eu estava deixando a empresa que eu havia fundado, que tinha trabalhado dia e noite para construir, que sempre me parecera um risco enorme, mas que estava começando a dar frutos. E onde eu estava indo trabalhar? Na General Magic? Que diabos era a General Magic? Se era para trabalhar em um emprego normal, por que não na IBM? Por que não na Apple? Por que não optar pela estabilidade? Por que não escolher uma trajetória profissional que eles pudessem entender?

Eu gostaria de conhecer a seguinte citação na época – talvez tivesse ajudado:

"O único fracasso na faixa dos 20 anos é a inação. O resto é tentativa e erro."
– Anônimo

Eu precisava aprender. E a melhor maneira de fazer isso era me cercar de pessoas que sabiam exatamente como era difícil fazer algo

8 | CRIAR

espetacular – que tinham cicatrizes para provar isso. E, se eu descobrisse que havia tomado a decisão errada, tudo bem. Cometer um erro é a melhor maneira de não voltar a cometer o mesmo erro. Faça, fracasse, aprenda.

O importante é ter um objetivo. Buscar realizar algo grande, difícil e importante para você. Assim, cada passo que você der em direção a esse objetivo, mesmo se resultar em um tropeço, será um avanço.

E você não pode pular um passo – não pode simplesmente extrair as respostas de alguém e contornar os obstáculos e as dificuldades. Os seres humanos aprendem pela dificuldade produtiva, ao tentar por conta própria, pisar na bola e fazer diferente da próxima vez. No início da vida adulta, você precisa usar essa abordagem – saber que os riscos podem não dar em nada, mas correr riscos mesmo assim. Você pode pedir orientação e conselhos, pode escolher um caminho seguindo o exemplo de alguma outra pessoa, mas só vai aprender quando começar a trilhar esse caminho e ver aonde ele o leva.

Às vezes dou palestras em escolas de ensino médio – em formaturas, quando um bando de rapazes e garotas de 17 anos sai para o mundo, sozinhos, pela primeira vez.

Digo que eles tomam no máximo 25% de suas decisões. E isso sendo muito generoso.

Desde o momento em que você nasce até sair da casa dos seus pais, quase todas as suas escolhas são feitas, moldadas ou influenciadas por eles.

E não estou falando apenas das decisões óbvias – em qual escola estudar, quais esportes praticar. Estou falando dos milhões de decisões que você nem imaginava que tinham de ser tomadas e que descobrirá quando sair de casa e começar a fazer as coisas por si só:

Qual pasta de dente usar?

Qual papel higiênico comprar?

Onde guardar os talheres?

Como arrumar as suas roupas?

Qual religião seguir?

Maioridade | 9

Todos esses detalhes que você nunca precisou decidir quando morava na casa dos seus pais já estão implantados no seu cérebro.

A maioria dos filhos nunca fazem uma pausa para pensar sobre nenhuma dessas escolhas. Eles só imitam os pais. E tudo bem fazer isso quando você é uma criança. É necessário.

Mas você não é mais uma criança.

E, depois que você sai da casa dos seus pais, há uma janela – uma janela breve, brilhante e incrível – na qual só você toma suas decisões. Você não precisa prestar contas a ninguém – a um parceiro, aos filhos, aos pais. Você é livre. Livre para escolher o que quiser.

Esse é o momento de ser ousado.

Onde você vai morar?

Onde você vai trabalhar?

Quem você vai ser?

Os seus pais sempre terão sugestões para lhe dar, mas cabe a você aceitá-las ou ignorá-las. As opiniões deles são influenciadas pelo que eles querem para você (o melhor, é claro, só o melhor). Você vai precisar encontrar outras pessoas – outros mentores – para lhe dar bons conselhos. Um professor, um primo, uma tia ou o filho mais velho de um amigo da família. O fato de você estar sozinho não significa que você tenha de enfrentar as suas decisões sozinho.

Porque é isso. Essa é a sua janela. Esse é o seu momento de correr riscos.

Quando você tiver seus 30 ou 40 anos, a tendência é a janela começar a fechar. As suas decisões vão envolver outras pessoas. Tudo bem também – pode até ser ótimo –, mas é diferente. As pessoas que dependem de você moldarão e influenciarão as suas escolhas. Mesmo se você não tiver uma família para sustentar, vai acumular um pouco mais a cada ano – amigos, posses, status social –, coisas que não vai querer arriscar.

Mas, no início da sua carreira – e no início da sua vida profissional –, o pior que pode acontecer se você correr grandes riscos é voltar a morar na casa dos pais. E ninguém precisa se envergonhar disso.

10 | CRIAR

Mergulhar de cabeça no mundo e quebrar a cara é o melhor jeito de aprender rápido e descobrir o que você quer fazer a seguir.

Você pode estragar tudo. Sua empresa pode falir. Você pode sentir tanto frio na barriga a ponto de achar que seu estômago congelou. E tudo bem. É exatamente o que deveria acontecer. Se você não sentir esse frio na barriga, é sinal de que não está fazendo direito. Você precisa se forçar a subir a montanha, mesmo correndo o risco de despencar de um penhasco.

Aprendi mais com o meu primeiro fracasso colossal do que com o meu primeiro sucesso.

A General Magic foi um experimento. O experimento não era apenas o que estávamos fazendo – e estávamos fazendo algo totalmente, ridiculamente, quase inacreditavelmente novo –, mas também a estrutura da empresa. A equipe era tão incrível, repleta de gênios, todos incrivelmente brilhantes, que ninguém dava a mínima para a "liderança". Não havia um processo definido. A gente só meio que... ia fazendo. Nós fazíamos o que nossos líderes achassem que seria legal.

E cada componente tinha que ser feito à mão, do zero. Era como dar a cem artesãos uma pilha de chapas de metal, plástico e vidro e mandá-los construir um carro. Um dos meus projetos foi descobrir como conectar vários gadgets ao nosso dispositivo, então criei o precursor da porta USB. Depois fui designado para criar uma rede infravermelha para conectar os dispositivos (do mesmo modo como um controle remoto se conecta a uma TV) e reinventei todas as sete camadas de uma pilha de protocolos. Por incrível que pareça, consegui fazer funcionar. Os outros engenheiros ficaram empolgados e bolaram um jogo de palavras em cima disso. O jogo foi um sucesso no escritório. Eu fiquei nas nuvens. Até que um dia um engenheiro mais experiente deu uma olhada no que eu havia codificado e, perplexo, perguntou por que eu havia criado um protocolo de rede daquele jeito. Respondi que eu não sabia que estava criando um protocolo de rede.

Erro nº 2.

Mas, apesar de que eu poderia ter lido um livro e me poupado dias de trabalho, vou dizer que adorei a sensação. Eu havia criado algo que o mundo nunca tinha visto antes, algo útil, e fiz do meu jeito.

Era uma loucura. Mas foi um barato. Especialmente no começo, quando todo mundo só queria se divertir. Não havia código de vestimenta. Não havia regras no escritório. Era muito diferente do que eu estava acostumado a ver no Centro-Oeste. A General Magic deve ter sido uma das primeiras empresas do Vale do Silício a realmente incorporar a ideia de que vale a pena se divertir no trabalho – de que um local de trabalho divertido tem o potencial de criar um produto espetacular.

E acho que levamos a diversão um pouco longe demais. Um dia, estávamos no escritório no meio da noite, trabalhando até tarde como de costume, e peguei meu estilingue (afinal, todo mundo tem um estilingue no escritório, não é mesmo?). Eu e dois cúmplices o carregamos com gosma, disparamos e abrimos um buraco gigante em uma grande janela do terceiro andar. Fiquei morrendo de medo de ser demitido.

Todo mundo caiu na risada.

Aquele foi o Erro nº 3.

Dediquei quatro anos da minha vida à General Magic. Aprendi e pisei na bola e trabalhei e trabalhei e trabalhei um pouco mais. Noventa, 100, 120 horas por semana. Como nunca fui muito de café, sobrevivi em grande parte bebendo Coca Diet. Tipo mais de dez por dia (para constar, nunca mais bebi esse veneno desde então).

(E, a propósito, não recomendo trabalhar tanto. Você nunca deve se matar pelo trabalho e nenhum emprego deve esperar isso de você. Mas, se você quiser provar seu valor, aprender o máximo que puder e fazer o máximo que puder – bom, essas coisas requerem tempo. Fique até mais tarde. Chegue um pouco antes. Trabalhe no fim de semana e feriados de vez em quando. Não espere tirar férias a cada dois meses. Deixe a balança pender um pouco mais para o trabalho do que para a sua vida pessoal – deixe-se guiar pela paixão ao que você está criando.)

Passei anos correndo a todo vapor em qualquer direção que as pessoas me apontassem – e estávamos indo em todas as direções ao mesmo tempo. Meus heróis me diziam para subir uma colina e, por Deus, eu fazia dela o meu Everest e fazia o que fosse preciso para impressioná-los. Eu tinha certeza absoluta de que faríamos o dispositivo mais revolucionário da história da humanidade. Todos nós tínhamos essa certeza.

Então o lançamento foi adiado. E foi adiado de novo. E de novo. E de novo. Não nos faltava financiamento, a imprensa continuava nos alardeando com expectativas altíssimas e o produto continuava crescendo. Só que nunca estava bom o suficiente ou pronto o suficiente. Nossos concorrentes começaram a sair da toca. Estávamos criando um sistema de rede privada administrado por grandes empresas de telecomunicações como a AT&T bem quando a internet começava a se popularizar, aberta a todos. Nosso processador não tinha potência suficiente para suportar a ambiciosa experiência do usuário (UX) que Andy e Bill vislumbraram, nem os gráficos e ícones que Susan Kare projetara. Susan é uma artista brilhante que criou a linguagem visual original para o Mac e criou todo um mundo maravilhoso para o Magic Link. Mas, sempre que você tocava na tela, o troço congelava. Os testadores da experiência do usuário ficavam frustrados com a demora e com os bugs, sem saber se tinham feito alguma coisa errada ou se o dispositivo simplesmente parara de funcionar. A lista de problemas aumentava a cada dia.

Erro nº 4 até o Erro nº 4.000.

O produto, que finalmente lançamos em 1994, não foi o Pocket Crystal. Foi o Magic Link da Sony.

Maioridade | 13

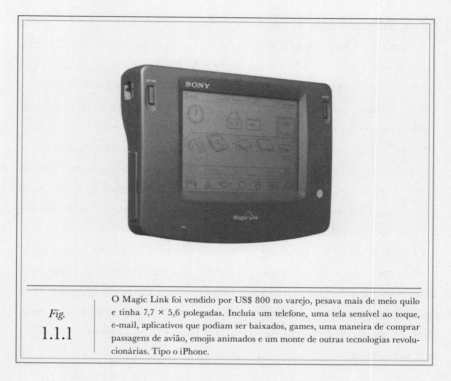

Fig. 1.1.1 — O Magic Link foi vendido por US$ 800 no varejo, pesava mais de meio quilo e tinha 7,7 × 5,6 polegadas. Incluía um telefone, uma tela sensível ao toque, e-mail, aplicativos que podiam ser baixados, games, uma maneira de comprar passagens de avião, emojis animados e um monte de outras tecnologias revolucionárias. Tipo o iPhone.

Tinha um monte de defeitos e ficava estranhamente suspenso entre o passado e o futuro – por um lado, tinha emojis animados e, por outro, uma pequena impressora para imprimir faxes. Mas ainda era absolutamente incrível, totalmente à frente de seu tempo. Um primeiro passo para um mundo diferente, onde todos poderiam levar um computador para qualquer lugar. Todo o trabalho, as noites mal dormidas, o estresse e a ansiedade que impus aos meus pais – tudo isso iria valer a pena. Eu morria de orgulho do que estávamos fazendo. Estava empolgadíssimo com o que a nossa equipe havia criado. E ainda estou.

Só que ninguém comprou.

Depois de passar todos aqueles dias e noites no trabalho, eu acordei e não consegui sair da cama. Senti um peso enorme na alma. Tudo o que tínhamos feito terminara em fracasso. Tudo.

14 | CRIAR

E eu sabia por quê.

Quando a General Magic começou a sair dos trilhos, eu não era mais apenas um humilde engenheiro de diagnóstico. Eu tinha trabalhado com arquitetura e design de silício, hardware e software. Quando as coisas começaram a dar errado, me aventurei e comecei a conversar com pessoas de vendas e marketing, a aprender sobre segmentação psicográfica e branding, e finalmente entendi a importância dos gerentes, do processo, dos limites. Depois de quatro anos, percebi que era necessário um determinado conhecimento antes de escrever a primeira linha de código. E fiquei fascinado com esse conhecimento. Eu queria aprender tudo o que eu pudesse.

O enorme soco no estômago do nosso fracasso, do meu fracasso, de todo o meu trabalho virando pó diante dos meus olhos, deixou meu caminho adiante estranhamente mais claro: a General Magic estava criando uma tecnologia fantástica, mas não estava criando um produto que resolvesse os problemas de pessoas reais. Contudo, eu achei que seria capaz de criar esse produto.

E é isso que você quer quando é jovem, acha que sabe tudo e de repente percebe que não tem ideia do que está fazendo: um lugar onde você possa trabalhar o máximo possível para aprender o máximo possível com pessoas capazes de fazer algo espetacular. Então, mesmo que a experiência seja um fracasso estrondoso, a força desse fracasso o impelirá para um novo estágio de sua vida. E você vai saber o que fazer a seguir.

Capítulo
1.2

ARRANJANDO UM EMPREGO

Se você vai dedicar o seu tempo, a sua energia e a sua juventude a uma empresa, tente entrar em uma que não esteja fazendo apenas uma versão um pouco melhor de algo que já existe. Encontre uma empresa que esteja começando uma revolução. Uma empresa capaz de transformar o *status quo* tem as seguintes características:

1. Está criando um produto ou serviço totalmente novo ou combinando as tecnologias existentes de uma maneira inovadora que a concorrência não sabe fazer ou nem mesmo entende.

2. O produto resolve um problema real que muitos clientes enfrentam diariamente. Deve haver um grande mercado existente.

3. A nova tecnologia é capaz de concretizar a visão da empresa – não apenas no produto, mas também na infraestrutura, nas plataformas e nos sistemas que a sustentam.

4. A liderança não é dogmática sobre como deve ser a solução e se dispõe a se adaptar às necessidades dos clientes.

5. A empresa pensa em um problema ou em uma necessidade do cliente de uma maneira totalmente inovadora, mas que faz todo o sentido quando você a ouve.

..

16 | CRIAR

Não basta ter uma tecnologia interessante. Não basta ter uma equipe espetacular. Não basta ter muito financiamento. Muitas pessoas se jogam às cegas em novas tendências na expectativa de encontrar uma corrida do ouro e acabam caindo de um penhasco. Basta dar uma olhada no número de baixas da realidade virtual — startups que morreram na praia aos montes e bilhões de dólares em investimento jogados no lixo nos últimos trinta anos.

A mentalidade do "Se você fizer, eles virão" nem sempre dá certo. Se a tecnologia não estiver pronta, pode ter certeza de que ela não vai atrair ninguém. Mas, mesmo se você tiver a tecnologia, ainda precisa acertar o timing. O mundo precisa estar pronto para querê-la. Os clientes precisam ver que o seu produto resolve um problema real que eles têm hoje — não um problema que eles podem ter em um futuro distante.

Acho que foi nessa armadilha que a General Magic caiu. Estávamos tentando criar um iPhone anos antes de Steve Jobs sonhar com isso.

E você sabe o que levou à nossa derrocada? Os PalmPilots. Porque os assistentes digitais pessoais da Palm permitiam anotar aqueles números de telefone que antes você guardava em pedaços de papel ou no seu desktop, só que agora em um dispositivo que você podia levar para qualquer lugar. Só isso. Simples assim. Como não dava para levar um Rolodex no bolso ou na bolsa, o Palm foi a solução certa para a época. Fazia sentido. Tinha uma razão de existir.

A General Magic, não. Começamos pela tecnologia — nos focando no que poderíamos criar, no que impressionaria os gênios da nossa empresa —, não pela razão pela qual pessoas reais — leigas, não técnicas — precisariam da nossa solução. Assim, o Magic Link resolvia problemas que as pessoas comuns levariam mais de uma década para reconhecer. E, como ninguém mais estava criando uma tecnologia para resolver problemas inexistentes, as redes, os processadores e os mecanismos de entrada dos quais nossos produtos dependiam ainda não eram bons o suficiente. Tivemos que fazer tudo sozinhos. O Magic CAP, um revolucionário sistema operacional orientado a objetos.

O TeleScript, uma nova linguagem de programação cliente-servidor. Criamos servidores com aplicativos e lojas on-line. E, apesar de o produto não ter concretizado nossa visão por completo, criamos algo realmente incrível. Para nós, os geeks.

Para todas as outras pessoas, era legalzinho. Talvez. Se é que elas entendiam do que se tratava. Um brinquedo de luxo para ricos, nerds ou nerds muito ricos.

Se você não estiver resolvendo um problema real, não tem como começar uma revolução.

Um exemplo gritante é o Google Glass ou o Magic Leap – nem todo o dinheiro e publicidade do mundo podem mudar o fato de que os óculos de realidade aumentada não passam de uma tecnologia em busca de um problema para resolver. As pessoas simplesmente não têm por que comprá-los. Ainda não. Ninguém consegue se imaginar chegando a uma festa ou ao trabalho com esses óculos feios e esquisitos, filmando todo mundo como um stalker sinistro. E, mesmo se houver uma perspectiva brilhante para o futuro dos óculos de realidade aumentada, a tecnologia ainda não chegou lá e o estigma social deve se manter por um bom tempo. Estou convencido de que um dia vai acontecer, mas esse dia ainda está a anos de distância.

Por outro lado, vejamos o exemplo da Uber. Os fundadores começaram com um problema do cliente – um problema que eles mesmos tinham no dia a dia – e depois aplicaram a tecnologia. O problema era simples: encontrar um táxi em Paris era praticamente impossível e contratar motoristas particulares era caro e demorava uma eternidade. Antes do advento dos smartphones, a solução poderia ter sido simplesmente criar um novo tipo de negócio de táxi ou limusine. Mas o timing da empresa foi perfeito – de repente, todo mundo tinha um smartphone na mão e a Uber ganhou uma plataforma para uma solução que poderia ser facilmente aceita por uma grande massa de clientes. Se eu posso usar um app no meu celular para comprar uma torradeira, por que não fazer a mesma coisa para chamar um carro que me leve aonde eu quero ir? Essa combinação de um problema real, o timing certo e uma tecnologia inovadora permitiu à Uber revolucionar o paradigma – e criar algo com o qual as empresas tradicionais de táxi nem sequer conseguiam sonhar, muito menos competir.

Esse não é um fenômeno exclusivo do Vale do Silício. Empresas revolucionárias estão surgindo em todos os setores – na agricultura, na descoberta e criação de medicamentos, nas finanças e nos seguros – em todas as partes do mundo. Problemas aparentemente sem solução, que uma década atrás custariam bilhões de dólares para ser resolvidos e exigiriam investimentos maciços de empresas gigantescas, agora podem ser resolvidos com um app de celular, um pequeno sensor e a internet. Isso significa que milhares de pessoas em todo o mundo estão encontrando oportunidades para mudar a maneira como as pessoas trabalham, vivem e pensam.

Entre em qualquer emprego que conseguir em uma dessas empresas. Não se preocupe muito com o cargo – concentre-se no trabalho. Se você conseguir entrar em uma empresa em crescimento, também encontrará oportunidades para crescer.

Mas, faça o que fizer, não se torne um "consultor de gestão" de uma consultoria gigante como a McKinsey ou a Bain ou uma das oito consultorias que dominam o setor. Todas elas têm milhares e milhares de funcionários e trabalham quase exclusivamente com empresas da Fortune 500. Essas corporações costumam ser lideradas por CEOs hesitantes e avessos ao risco e contratam consultores de gestão para fazer uma enorme auditoria, encontrar problemas e apresentar à liderança um novo plano que vai "resolver" tudo em um passe de mágica. Que grande conto de fadas – não me deixe começar a falar sobre isso porque eu nunca vou conseguir parar.

Para muitos recém-formados, parece um emprego dos sonhos: você ganha um salário espetacular para viajar pelo mundo, trabalhar com empresas e executivos poderosos e aprender exatamente como levar uma empresa ao sucesso. É uma promessa atraente.

E pode até ser verdade, pelo menos em parte. É verdade que o salário é bom e você vai obter muita prática fazendo apresentações de vendas para clientes importantes. Mas você não vai aprender a criar ou administrar uma empresa. Não exatamente.

Steve Jobs chegou a dizer sobre os consultores de gestão: "Você tem uma visão ampla das empresas, mas é uma visão muito limitada. É como a imagem de uma banana: você pode conseguir uma imagem muito precisa, mas ela só terá duas dimensões e, sem a experiência de realmente colocar a mão na massa, nunca vai conseguir uma visão tridimensional. Você pode ter uma sala cheia de fotos penduradas nas paredes, pode se vangloriar aos seus amigos – já trabalhei com bananas, já trabalhei com pêssegos, já trabalhei com uvas –, mas nunca realmente sentiu o gosto de nada".

É claro que nada o impede de escolher esse caminho e entrar em uma das maiores consultorias do mundo. Mas saiba de antemão o que você quer aprender e quais são as experiências das quais você vai precisar para o seu próximo capítulo. Não fique preso. A consultoria de gestão nunca deve ser seu destino final – deve ser uma estação no caminho, uma breve pausa em sua jornada para realmente fazer algo. Criar algo.

Para fazer coisas espetaculares e aprender de verdade, você não pode ficar em cima do muro gritando sugestões e seguir em frente enquanto alguma outra pessoa faz o trabalho. Você tem que sujar as mãos. Tem que ponderar cada passo, criar cada detalhe com amor. Tem que estar lá quando a casa cair para poder reconstruí-la.

Você tem que realmente fazer o trabalho. Tem que adorar o trabalho.

Mas e se você se apaixonar pela coisa errada? Se você encontrar um produto ou empresa que está adiantada demais – a infraestrutura de suporte ainda não existe, os clientes ainda não existem, a liderança tem uma visão maluca e se recusa a flexibilizá-la?

E se você for apaixonado por computação quântica, biologia sintética, energia de fusão ou exploração espacial, mesmo sem haver indicativo algum de que qualquer uma dessas áreas dará frutos tão cedo?

20 | CRIAR

Então que se dane. Vá em frente. Se for uma paixão, jogue todos esses meus conselhos no lixo, não se preocupe com o timing.

Passei o período da bolha da internet criando dispositivos portáteis. Depois que a General Magic começou a sair dos trilhos, a solução mais óbvia era pular do barco e fugir para o Yahoo ou o eBay e entrar na corrida do ouro da internet. Foi o que todo mundo me aconselhou fazer. "Você está louco? Para que ir para a Philips?! O dinheiro está na internet! Ninguém precisa de mais dispositivos de computação para o consumidor."

Mas entrei na Philips mesmo assim. Eu sabia que havia espaço para algo incrível entre desktops e celulares. Eu vi isso, senti isso, quando estava na General Magic. Então criei uma equipe para fazer dispositivos na Philips e depois abri minha própria empresa para fazer players de música digital. Insisti nisso porque era uma paixão minha – eu adorava criar o sistema inteiro, os átomos e os elétrons, o hardware e o software, as redes e o design. E, quando a Apple me chamou para fazer o iPod, eu sabia exatamente como fazer.

Se você tiver uma paixão por algo – algo que um dia poderá resolver um grande problema –, agarre essa paixão.

Procure uma comunidade de pessoas que têm a mesma paixão. E, se você for a única pessoa no planeta pensando nisso, você pode realmente estar adiantado demais ou indo na direção errada. Mas, se puder encontrar algumas pessoas que pensam como você, mesmo se não passar de uma pequena comunidade de geeks criando uma tecnologia que ninguém faz ideia de como transformar em um negócio de verdade, vá em frente. Mergulhe de cabeça, faça amizades e encontre mentores e conexões que darão frutos quando o mundo girar o suficiente para dar sentido ao que você está fazendo. Você pode não estar mais na primeira empresa, a visão pode ser diferente, o produto pode ser diferente e a tecnologia vai ter mudado. Você pode dar com a cara na parede, tropeçar, cair, quebrar os dentes, aprender e aprender um pouco mais, evoluir, entender e crescer.

Mas um dia, se você realmente estiver resolvendo um problema real, quando o mundo estiver pronto para querer essa solução, você já estará lá.

O que você faz importa. Onde você trabalha importa. E, acima de tudo, com quem você trabalha e aprende importa. Muitas pessoas veem o trabalho como um meio para atingir um fim, como uma maneira de ganhar dinheiro suficiente para parar de trabalhar. Contudo, um emprego é uma chance de deixar sua marca no mundo. De dedicar seu foco e energia, seu precioso e valioso tempo, a algo que pode fazer diferença. Você não precisa começar em um cargo executivo, não precisa entrar na empresa mais incrível e revolucionária do mundo assim que se formar, mas precisa ter um objetivo. Precisa saber para onde quer ir, com quem quer trabalhar, o que quer aprender, quem quer se tornar. E, a partir daí, espero que você comece a entender como criar o que deseja criar.

Capítulo

1.3

HERÓIS

Os estudantes de mestrado ou doutorado procuram os melhores professores que estão trabalhando nos melhores projetos, mas, quando esses mesmos estudantes saem para procurar um emprego, eles focam em dinheiro, benefícios e cargos. No entanto, o único fator que pode fazer com que um emprego seja espetacular ou uma total perda de tempo são as pessoas. Concentre-se em conhecer a sua área e use esse conhecimento para entrar em contato com os melhores dos melhores, pessoas que você respeita profundamente. Seus heróis. Esses prodígios (em geral humildes) ajudarão você a ter a carreira que deseja.

..

Se pudermos falar em deuses do design e da codificação de software, eles são Bill Atkinson e Andy Hertzfeld. A foto deles aparecia estampada nas revistas que eu lia religiosamente de cabo a rabo desde a minha infância. Eu usei tudo o que eles criaram – o revolucionário Mac, o MacPaint, o Hypercard, o Lisa.

Eles eram meus heróis. Quando os conheci pessoalmente, foi como se estivesse conhecendo o presidente. Os Beatles. O Led Zeppelin. Minhas mãos estavam suadas quando apertei a mão deles, eu mal conseguia respirar. Mas, depois de um tempo, quando finalmente consegui enxergar além do fascínio e da idolatria que sentia por eles, percebi que eram pessoas acessíveis, pessoas com quem era fácil conversar – uma raridade no mundo dos gênios. E eu podia passar horas conversando com eles. Sobre codificação, sobre design e UX (experiência do usuário), sobre um milhão de coisas que me interessavam. Cheguei a lhes mostrar o produto que minha startup, a Constructive Instruments, havia criado.

Acho que foi por isso que consegui o emprego na General Magic, apesar de haver uma fila de pessoas dormindo à porta deles para conseguir uma entrevista e eu não passar de um nerd desconhecido do interior. Não porque eu puxei o saco dos fundadores ou porque stalkeei (com todo o respeito) a diretora de RH antes e depois da entrevista (naquela era pré-e-mail, liguei para ela todos os dias durante um mês – antes e depois da entrevista), mas porque fiz de tudo para acumular uma montanha de informações práticas e úteis. Eu passava a maior parte do tempo criando – chips, software, dispositivos, empresas – e o resto do tempo lendo tudo o que conseguia sobre o setor. Foi isso que me diferenciou – e é isso que pode diferenciar qualquer um. Bill Gurley, o vice-presidente incrivelmente inteligente, sarcástico e contestador do Vale do Silício e um negociador do Texas, diz o seguinte: "Não posso fazer de você o mais inteligente ou o mais brilhante, mas você pode ser o mais experiente. Você pode coletar mais informações do que qualquer outra pessoa".

E, se você for dedicar tanto tempo à coleta de informações, é melhor aprender sobre algo que seja de seu interesse, mesmo se não estiver tentando conseguir um emprego com isso. Siga a sua curiosidade. Munido desse conhecimento, você pode ir atrás dos melhores dos melhores para tentar trabalhar com eles. E não estou falando de stalkear o Elon Musk se você gosta de carros elétricos. Pesquise quem se reporta a ele. E quem se reporta a essa pessoa. E qual empresa concorrente mataria para contratar essas pessoas. Domine as subdisciplinas e veja quem lidera a mais interessante para você. Encontre os especialistas no Twitter ou no YouTube e mande uma mensagem,

24 | CRIAR

um comentário, uma conexão no LinkedIn. Vocês se interessam pelas mesmas coisas, têm as mesmas paixões – então diga o que pensa, faça uma pergunta inteligente ou apenas fale sobre alguns detalhes fascinantes que a sua família e os seus amigos acham profunda, desesperada e infinitamente chatos.

Faça uma conexão. Essa é a melhor maneira de conseguir um emprego em qualquer lugar.

Se isso parece impossível – se você segue seus heróis no Twitter, mas acha que eles nunca vão prestar atenção em você –, é um prazer lhe dizer que isso é uma grande bobagem. Duvido que eu seja o herói de alguém, mas sou um designer de produtos experiente e bem relacionado que teve a sorte de criar uma ou outra tecnologia famosa. A maioria das pessoas presume que não vou dar atenção a pessoas aleatórias que me mandam mensagens no Twitter ou e-mails não solicitados do nada. Mas, às vezes, eu presto atenção.

Não quando a pessoa só me escreve para pedir um emprego ou em busca de financiamento. Mas eu tendo a notar pessoas que vêm com algo interessante para compartilhar. Algo inteligente. Especialmente se elas continuarem voltando. Se elas me mandaram uma coisa interessante na semana passada, outra nesta semana e continuarem trazendo notícias, tecnologias ou ideias fascinantes e forem persistentes, vou começar a lhes dar valor. Vou me lembrar delas e responder. E isso pode se transformar em uma apresentação, uma amizade, uma indicação ou, quem sabe, um emprego em uma das empresas do nosso portfólio.

A ideia é persistir e oferecer algo de valor. Não apenas pedir, mas também dar alguma coisa. Você sempre terá algo a oferecer se for interessado e engajado. Você sempre poderá trocar boas ideias, ser generoso e encontrar um jeito de ajudar.

Dê uma olhada no exemplo de Harry Stebbings, um cara inteligente, autêntico e incrivelmente gentil que criou o podcast 20 Minute VC em 2015 e então passou a convidar pessoas para participar. Ele se expôs e arriscou. Foi persistente. Foi solícito e educado. E começou a ganhar visibilidade – primeiro com um CEO, depois com outro, com fundadores, investidores e altos executivos. Inclusive comigo – foi uma das entrevistas de podcast que mais gostei de dar.

Depois de cada podcast, ele pergunta ao entrevistado, em particular: "Quem são as três pessoas que você conhece e respeita que você acha que eu deveria entrevistar? Será que você poderia me apresentar a elas?"

Em 2020, ele conseguiu alavancar seu sucesso e sua rede de relacionamentos para atrair um pequeno fundo de capital de risco. Em 2021, esse fundo arrecadou US$ 140 milhões adicionais.

No momento em que escrevo estas palavras, Harry Stebbings tem 24 anos.

Veja bem, não estou dizendo que todo tweet ou mensagem do LinkedIn aos seus heróis vai se transformar em um financiamento de US$ 140 milhões. Mas pode se transformar em um emprego. Ou até em uma chance de trabalhar com os seus heróis.

E qualquer emprego em que você trabalhe com os seus heróis é um bom emprego.

Contudo, se puder, tente entrar em uma empresa pequena. O ideal é que seja uma empresa de 30 a 100 pessoas criando algo que vale a pena criar, com alguns prodígios com os quais você pode aprender, mesmo se não trabalhar com eles todos os dias.

Você pode até conseguir entrar no Google, na Apple, no Facebook ou em alguma outra empresa gigantesca, mas não vai ser fácil conseguir trabalhar diretamente com as estrelas. E saiba que você não vai causar um verdadeiro impacto. Não por muito tempo. Você não passa de um mosquito nas costas de um elefante. No entanto, será um mosquito bem pago comendo chips de couve grátis; então, se optar por esse caminho, aproveite o salário enquanto trabalha em seu pequeno pedaço de algum projeto vasto e interminável. Depois, dedique seu tempo livre a conhecer as estruturas e divisões, as microdisciplinas, os processos, as pesquisas, os projetos de longo prazo e o pensamento de longo prazo que uma empresa pode ter quando sua sobrevivência

26 | CRIAR

não depende de lançar o produto amanhã. É bom saber dessas coisas. [Veja também: "Capítulo 4.2: Você está pronto?"] Mas cuidado para não ficar preso entre os dedos do elefante e nunca conseguir ver o panorama geral. É fácil confundir navegar por processos, pela burocracia, por planos de carreira, por promoções e pela política da empresa com um verdadeiro crescimento pessoal.

Uma empresa pequena tem menos recursos, menos equipamentos, orçamentos minúsculos. Pode não se tornar um sucesso e pode nunca ganhar dinheiro. Pode não oferecer um monte de regalias (o que talvez seja uma vantagem). As startups que gastam todo o seu financiamento em instrutores de pingue-pongue e cerveja grátis não estão focadas nas coisas certas. [Veja também: "Capítulo 6.4: Que se danem as massagens".] Já em uma empresa pequena, você vai trabalhar com uma variedade maior de pessoas talentosas – em vendas, marketing, desenvolvimento de produto, operações, jurídico, talvez até garantia da qualidade ou atendimento ao cliente. As empresas menores também têm pessoal especializado, mas normalmente não têm silos. E têm uma energia diferente. A empresa toda está focada em trabalhar de forma colaborativa para concretizar uma ideia preciosa. As pessoas evitam tudo o que é desnecessário; burocracia e política de escritório costumam ser raras nessas empresas. Tudo o que você ou qualquer outra pessoa faz tem o potencial de garantir a sobrevivência. Todos estão juntos no bote salva-vidas.

E é um privilégio estar nesse bote salva-vidas com pessoas que você respeita profundamente. Pode ser o melhor momento da sua carreira. Pode ser o melhor momento da sua vida. E não precisa terminar quando vocês chegarem à terra firme.

Wendell e Brian Sander estiveram entre as muitas pessoas incríveis com quem trabalhei na General Magic. Pai e filho, ambos insanamente brilhantes, com os pés no chão, vivem e respiram engenharia. Brian foi meu chefe na General Magic e os dois Sanders me ajudaram a descobrir como criar o MagicBus, um barramento periférico digital para o Magic Link. Hoje, as ideias e patentes que criamos juntos são a base de dispositivos USB em todo o mundo. Foi um sonho realizado.

Quando a General Magic implodiu, cada um de nós seguiu um caminho diferente. Mas nunca perdi o contato com eles. Dez anos depois, contratei Brian para trabalhar comigo no iPod. E Brian contratou o pai.

Um dia, Wendell e eu estávamos entrando no prédio principal da Apple, o Infinite Loop 1, e esbarramos com Steve Jobs. Steve ficou empolgadíssimo. Wendell havia sido o funcionário nº 16 da Apple, mas fazia anos que Steve não o via.

– Wendell! O que você anda aprontando? Onde está trabalhando?

E Wendell respondeu:

– Trabalho aqui. Estou trabalhando no iPod. Com o Fadell.

Quando você tem a chance de trabalhar com lendas, heróis e deuses, percebe que eles não são nada daquilo que você inventou na sua cabeça. Eles podem ser gênios em uma área e não saber absolutamente nada de outra. Podem levantar seu moral elogiando seu trabalho, mas você também pode ajudá-los, sacar coisas que eles deixaram passar e construir com eles um relacionamento que não seja calcado na adoração de heróis, mas em respeito mútuo.

Vou dizer que não há nada no mundo mais gratificante do que ajudar seu herói e conquistar sua confiança – vê-lo perceber que você sabe do que está falando, que pode confiar em você, que você é alguém que merece ser lembrado. E ver como esse respeito evolui à medida que você passa para o próximo emprego e para o seguinte.

Isso é que os heróis têm de mais incrível. Você pode se inspirar neles e usar isso como motivação. Se fizer direito e ouvir com atenção, eles compartilharão décadas de aprendizado. E, um dia, você poderá retribuir o favor.

Capítulo
1.4

NÃO OLHE (SÓ)
PARA BAIXO

O trabalho de um colaborador individual – uma pessoa que não gerencia outras – costuma ser o de criar algo que precisa ser concluído naquele dia ou em uma semana ou duas. Um colaborador individual é responsável pelos detalhes, e a maioria dos colaboradores individuais, para manter o foco no trabalho, precisam que os líderes e a equipe executiva definam um destino e tracem um caminho.

No entanto, o colaborador individual que vive olhando para baixo, com os olhos fixos nos prazos apertados e nas minúcias de seu trabalho, pode dar de cara com uma parede.

Como colaborador individual, você precisa fazer duas coisas de vez em quando:

1. **Olhe para cima.** Olhe além do próximo prazo ou projeto e veja todos os milestones (marcos) dos próximos meses. Depois estenda o seu olhar até o objetivo final: a missão. No mundo ideal, essa deve ser a razão pela qual você está trabalhando no projeto. À medida que o seu projeto avança, veja se a missão ainda faz sentido para você e se o caminho para atingi-la ainda é viável.

2. **Olhe ao redor.** Saia da zona de conforto e afaste-se por um momento da sua equipe imediata. Converse com pessoas de outros departamentos da empresa para conhecer as perspectivas, as

necessidades e os interesses delas. Esse networking interno é sempre valioso e pode sinalizar de antemão se o seu projeto não estiver indo na direção certa.

..

Eu só olhei para cima quando o céu estava caindo na minha cabeça. Caindo com tudo. Antes disso, um ou outro asteroide passava pelo meu cubículo na General Magic – quando os componentes de uma boa tela sensível ao toque ainda não haviam sido inventados, o software que eu havia acabado de escrever "quebrava a compilação" ou as imprescindíveis redes móveis mal funcionavam –, mas eu só tirava o pó do teclado e continuava digitando.

Eu confiava que Bill, Andy e Marc saberiam conduzir o navio. Tudo o que eu precisava fazer era provar meu valor. Essa é a única desvantagem de trabalhar com seus heróis. Você fica tão ocupado aprendendo com eles que presume que eles estejam de olho no panorama geral. Você acredita que eles vão ver que o navio está se aproximando de um iceberg.

Pense em um projeto como uma linha reta no tempo – há um começo e (espero) um fim. Todos avançam no mesmo ritmo, dia após dia, em linhas paralelas – uma linha para a engenharia, outra para o marketing, as vendas, as relações públicas, o atendimento ao cliente, a manufatura, o jurídico e por aí vai.

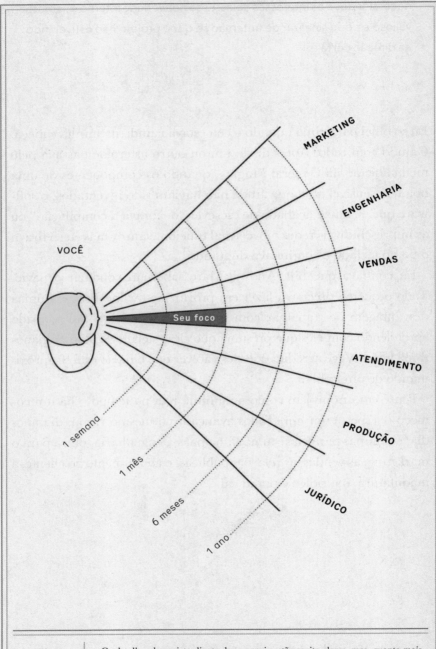

Fig. 1.4.1 Os detalhes do projeto diante do seu nariz estão muito claros, mas, quanto mais você olha para a frente e para os lados, menos clareza tem. Colegas diferentes estão olhando para pontos diferentes nessa linha do tempo.

O CEO e a equipe executiva olham principalmente para o horizonte – eles passam 50% do tempo planejando o futuro nebuloso de meses ou anos adiante, 25% do tempo focados nos milestones dos próximos um ou dois meses e os últimos 25% do tempo apagando incêndios. Eles também observam todas as linhas paralelas para garantir que todos estejam avançando no mesmo ritmo e na mesma direção.

Os gerentes geralmente se mantêm focados em duas a seis semanas no futuro. Seus projetos são bem especificados e detalhados, apesar de ainda terem alguns pormenores em aberto. Os gerentes devem olhar para todos os lados – eles olham muito para baixo, às vezes olham mais adiante e passam um bom tempo olhando de um lado a outro, verificando o andamento do trabalho das outras equipes e garantindo que tudo está convergindo para o próximo milestone.

Os colaboradores individuais passam 80% do tempo olhando diretamente para baixo – no máximo uma ou duas semanas adiante – e se focam nos detalhes do trabalho diário. Nos estágios iniciais da carreira, é assim que deve ser. Você deve se concentrar em fazer a sua parte específica de cada projeto, fazer bem e passar a bola para frente.

Cabe à equipe executiva e aos gerentes ficarem de olho nos obstáculos adiante. Cabe a eles alertar sobre os obstáculos para que você, um colaborador individual, possa ajustar o curso ou, pelo menos, botar um capacete.

No entanto, às vezes, eles não fazem isso.

É por isso que os colaboradores individuais devem olhar para cima 20% do tempo. E devem olhar ao redor. Quanto antes eles começarem a fazer isso, mais rápido avançarão na carreira e mais subirão.

Seu trabalho não se limita a fazer o seu trabalho. Também requer pensar como pensa o seu chefe ou o CEO. Você precisa saber qual é o objetivo final, ainda que esteja tão longe dele que não tenha como saber como será quando chegar lá. Esse conhecimento é importante para o seu dia a dia – conhecer o destino permite estabelecer prioridades para as tarefas e tomar decisões sobre o que e como fazer. Contudo, também é importante sentir que a direção para a qual está indo ainda faz sentido para você – sentir que você ainda acredita nela.

E você não pode ignorar as outras equipes que trabalham ao seu lado.

32 | CRIAR

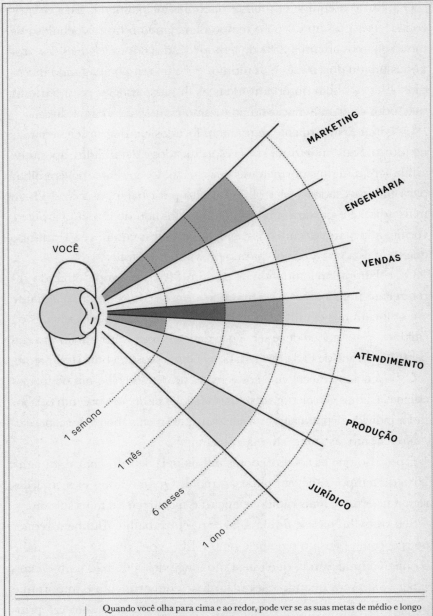

Fig.
1.4.2

Quando você olha para cima e ao redor, pode ver se as suas metas de médio e longo prazos ainda fazem sentido e conhecer as necessidades e interesses das equipes ao seu redor. Converse com os clientes internos, os fornecedores internos e as equipes do marketing e do atendimento – as pessoas que estão mais próximas dos clientes da empresa. É assim que você saberá se está no caminho certo ou se as coisas saíram dos trilhos.

Não olhe (só) para baixo | 33

A primeira vez que um asteroide caiu em cheio na minha cabeça foi durante um almoço com Tracy Beiers. Como gerente de produto e uma experiente profissional de marketing da Microsoft, ela já tinha visto de tudo quando trabalhou no Windows 1.0.

– Não entendo por que alguém precisaria do limão – ela comentou.

Ela se referia a um pequeno emoji animado que havíamos acabado de adicionar. Ele passaria andando pelos e-mails, fazendo coisas que nem os emojis modernos poderiam sonhar em fazer. "Ah", eu pensei. "Ela não é uma engenheira. Ela não entende..." Então me apressei a explicar: era tão inovador! Veja só como fizemos! Não é legal? Você não acha?

– É, achei bonitinho, sim – ela deu de ombros. – Mas eu só quero um e-mail que funcione. Eu não ligo para o limão. Ninguém vai ligar para um limão ambulante.

Poxa... Todo mundo da equipe de engenharia tinha adorado. Então eu disse:

– Fale um pouco mais.

Eu nunca tinha abordado o produto do ponto de vista dela. Ela me forçou a tirar meus óculos cor-de-rosa de engenharia e tecnologia e olhar para o que estávamos criando da perspectiva de um ser humano comum.

Foi uma conversa difícil – eu fiquei pasmo, perplexo. Mas foi uma conversa valiosíssima para nós dois. Eu queria entender a perspectiva dela. Ela queria entender o meu lado do negócio. Acima de tudo, ela queria saber que diabos eu estava fazendo.

Ela se preocupava não só com o fato de os recursos que estávamos criando serem interessantes, porém inúteis, como também com a possibilidade de nunca chegarmos a criá-los.

– Acabamos de trabalhar com o marketing da Sony em uma campanha publicitária que diz que o Magic Link vai ser capaz de fazer todas essas coisas. É verdade? Nós temos mesmo como entregar isso?

Aquela devia ser a quinta vez que adiávamos nossa data de lançamento. Muitos dos recursos que tínhamos prometido aos investidores

34 | CRIAR

e parceiros não estavam funcionando. O produto era lento e bugado. Ela queria saber o que estava acontecendo nos bastidores – não apenas o que ouvia da liderança.

Onde a comunicação wireless vai funcionar? Onde não vai funcionar? Qual realmente vai ser a experiência do cliente? O que vai precisar ser sacrificado?

Eu contei tudo. Depois perguntei o que ela achava. Foi aí que me dei conta de que o céu estava caindo.

Eu não tinha percebido, mas todas aquelas pessoas trabalhando paralelamente a mim podiam ver coisas às quais eu era completamente cego. Elas tinham uma visão totalmente diferente do nosso mundo – uma visão que eu queria conhecer e entender.

Novas perspectivas estão por toda parte. Você não precisa puxar um monte de gente que está passando na frente da sua empresa para olhar o seu produto e dizer o que pensam. Comece com os clientes internos. Todas as pessoas de uma empresa têm clientes, mesmo que não estejam criando nada. Você está sempre colaborando com alguém – a equipe criativa colabora com o marketing, que colabora com os designers de aplicativos, que colaboram com os engenheiros – cada pessoa da empresa colabora com alguém, ainda que seja apenas com um colega de outra equipe.

Você também é cliente de alguém, então converse com quem está fazendo o trabalho para você. Apresente algo de valor ou faça uma pergunta pertinente. Tente conhecer os obstáculos da pessoa e saber o que a empolga.

Converse com as equipes mais próximas do cliente, como o marketing e o atendimento – encontre pessoas que se comunicam com os clientes no dia a dia e veja o que elas têm a dizer.

Adote uma atitude de curiosidade e interesse. Quando você olha para cima e ao redor, a ideia não é descobrir se a sua empresa está se dirigindo para o penhasco para saber quando pular fora. A ideia é saber como fazer seu trabalho melhor. É coletar ideias de como ajudar o seu projeto e a missão de sua empresa a terem sucesso. Você está começando a pensar como o seu chefe; é o primeiro passo para se tornar um gerente ou um líder.

Ao fazer isso, você pode começar a ver as coisas com mais clareza.

Você verá que as coisas ficarão menos nebulosas e mais concretas.

Quando finalmente olhei para cima e ao redor, percebi que estávamos dando murro em ponta de faca e batendo a cabeça contra uma parede que nunca iria se mover. Nossa missão continuava inspiradora, porém nosso caminho estava bloqueado. Então me foquei na missão, mas encontrei um novo objetivo, um novo destino. Dei uma guinada e saí da rodovia, da rota conhecida. Foi assim que encontrei meu próximo emprego.

O mais incrível de criar algo com uma equipe é que você avança lado a lado com outras pessoas. Todos vocês estão olhando para os pés e mapeando o horizonte ao mesmo tempo. Algumas pessoas verão coisas que você não consegue e você verá coisas que são invisíveis para os outros. Então, não pense que fazer o trabalho significa se trancar em uma sala – uma parte enorme do trabalho consiste em avançar com a equipe. O trabalho é chegar ao destino juntos. Ou encontrar um novo destino e levar a equipe junto.

Parte

II

CRIE SUA CARREIRA

Eu queria salvar a General Magic.

Quando a ficha cruelmente caiu de que só os nossos amigos nerds estavam dispostos a comprar o Magic Link, eu, todo nervoso, apresentei uma ideia aos meus heróis: vamos pivotar. Em vez de fazer um dispositivo de comunicação e entretenimento para o público geral, vamos focar no público corporativo.

O cliente-alvo da General Magic era, sem brincadeira, a pior caricatura de um americano comum: jogado no sofá, bebendo cerveja, assistindo futebol, sem pensar em nada. É uma maneira terrível de imaginar o seu cliente. Mesmo reiterando que tudo o que estávamos fazendo era para esse cliente, de nada adiantava. Porque, mesmo que esse cliente caricatural existisse, ele jamais compraria o Magic Link. Isso foi antes da internet ser acessível remotamente, quando a maioria das pessoas não tinha computador, não tinha e-mail, não conseguia imaginar jogar games ou ver filmes em um dispositivo móvel.

Era 1992. Esse cara literalmente não tinha por que querer colocar um computador no bolso.

Contudo, o público empresarial poderia querer. Eles estavam começando a usar e-mail, agendas e anotações digitais. Eles precisavam ter todos os contatos em um dispositivo móvel em vez de um laptop de cinco

38 | CRIAR

quilos. Eles eram como o meu pai – sempre em trânsito de uma cidade a outra. Viviam saindo apressados de carros e aviões para colocar moedas em telefones públicos e ouvir os recados de suas secretárias eletrônicas, tentando fechar acordos e chegar a tempo a reuniões, em uma era anterior aos telefones celulares. Eles tinham um problema que poderíamos resolver.

Era tão claro, tão maravilhosamente óbvio. Faça um produto para pessoas que já viram a necessidade e sentem o desconforto do problema todos os dias. Bastaria pegar o Magic Link e colocar um teclado nele. Remover todos os balangandãs e penduricalhos – acabar com os limões ambulantes – e concentrar-se no trabalho. Criar um dispositivo móvel orientado às necessidades dos profissionais, à interface do usuário e a aplicativos de produtividade. Adicionar processamento de texto e planilhas. Comecei a conversar com pessoas da General Magic na tentativa de instigar o interesse delas. Primeiro apresentei a ideia aos meus colegas, depois à equipe de liderança.

– A ideia é boa, mas… – eles diziam.

Passamos um tempo nessa dança, com todo mundo tentando ser legal comigo. Tentando fazer acontecer. Mas no fim a resposta foi um sonoro e retumbante "não". Daria muito trabalho – teríamos que mudar muito. Não dá para fazer isso agora. Temos outras prioridades.

Mas a Philips entrou no meu radar. Como importante parceiro e investidor da General Magic, a Philips já estava criando alguns semicondutores e componentes de processador para nós, então foi fácil falar com eles. E eles gostaram da ideia: criar um computador de bolso focado no público empresarial na Philips, mas usando o hardware e o software da General Magic. Eu poderia manter o sonho vivo e a Philips poderia manter-se relevante no novo mundo de dispositivos baseados em software.

Assim, em 1995, saí pela última vez da General Magic, onde apostávamos corrida com carrinhos de controle remoto pelos corredores e fazíamos pegadinhas uns com os outros com cachorros-quentes escondidos no teto, e entrei em um mundo totalmente oposto. Eu sabia que a Philips seria diferente, mas foi um choque.

Escritórios austeros com paredes forradas de painéis de madeira escura com manchas de fumaça de cigarro dos anos 1970, sem cubículos, com reuniões constantes e chefes que só diziam não a tudo. Uma velha guarda de velhos holandeses reclamando da dificuldade de encontrar café da marca Douwe Egberts e frikandel (se você não sabe o que é, sorte a sua). Eu via por toda parte o mesmo terno de mau gosto que tinha descartado depois da minha primeira entrevista na General Magic.

Eu tinha 25 anos e nunca havia tido subordinados nem montado uma equipe. Agora eu era um dos diretores de tecnologia (CTOs) de uma empresa gigantesca de quase 300.000 pessoas. Eu já tinha enfiado o pé em muitas jacas na minha carreira, mas estava diante de uma floresta de jaqueiras com novas e empolgantes jacas nas quais meter o pé. A síndrome do impostor chegava a ser opressiva.

Então fui informado de que todos os novos funcionários precisariam se submeter a um teste de drogas.

Nada esclarece mais a cultura de uma empresa do que uma política tão incrivelmente idiota. Ninguém do Vale do Silício se dignaria a tamanha humilhação — fazer xixi em um copo de plástico por um emprego de engenheiro? Eu não conseguiria contratar ninguém. Então eu disse à Philips:

– De jeito nenhum!

Nas entrelinhas dessa declaração estava um monte de palavrões que não seria legal dizer em voz alta. Então fiz um acordo:

– Eu faço o teste. E, se der negativo, ninguém da minha equipe vai ter que fazer.

Por sorte, meu teste deu negativo e contratamos alguns talentos incríveis.

Feito isso, arregaçamos as mangas e fomos negociar com a General Magic com o objetivo de obter uma versão do sistema operacional deles que fizesse o que precisávamos. Eu conhecia o código e sabia que poderíamos fazer dar certo. Mas, àquela altura, a General Magic estava afundando rapidamente. Sem receita, sem clientes, com todo mundo em pânico. Marc Porat tinha feito muitas promessas para muitas pessoas e a empresa não estava conseguindo cumprir o prometido. Depois de meses suando a camisa para tentar extrair um sistema operacional da General Magic, recebi a ligação:

40 | CRIAR

— Tony, não vai rolar. Sinto muito!

Lá estava eu, com um cargo de chefia, uma equipe em crescimento, um orçamento e uma missão na qual acreditávamos, mas sem sistema operacional e com seis meses jogados no lixo. Diante desse cenário, desistimos do sonho de salvar a General Magic, escolhemos com relutância o Windows Microsoft CE como o nosso sistema operacional e botamos a mão na massa.

Se a General Magic era uma tábula rasa com uma centena de artesãos criando cada elemento do zero com todo amor e carinho, a Philips era um monte de peças genéricas de Lego. Aqui estão todas as peças que temos. Vejam o que vocês conseguem fazer com isso.

E foi o que fizemos. Em 1997, lançamos o Philips Velo.

Fig.
2.0.1

Lançado em agosto de 1997, o Philips Velo tinha 17 x 9,5 centímetros, pesava 374 gramas e custava US$ 599,99. O dispositivo permitia a profissionais em trânsito mandar e-mails, atualizar suas agendas e trabalhar em planilhas e documentos. O software da Velo tinha como base o Windows CE, mas o grosso do hardware era da General Magic.

Crie sua carreira | 41

O Velo se parecia muito com a ideia que eu havia apresentado na General Magic: uma tela sensível ao toque e um teclado, uma interface mais simples, um foco explícito em ferramentas de negócios.

No ano seguinte, lançamos o Philips Nino, o irmão caçula do Velo.

Tanto o Velo quanto o Nino ganharam prêmios e foram aclamados pela crítica. Eram os mais rápidos, com a melhor "pegada" na mão e tinham a maior duração de bateria em comparação com qualquer dispositivo rodando no Windows CE na época. Posso dizer com confiança que criamos as melhores ferramentas móveis em Windows para o público empresarial.

Lançamos toda a campanha de marketing, fizemos anúncios de TV e impressos e esperamos os clientes aparecerem.

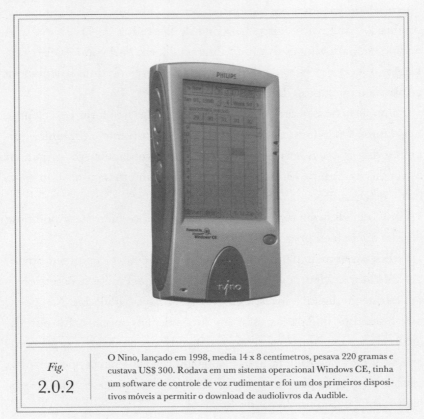

Fig.
2.0.2

O Nino, lançado em 1998, media 14 x 8 centímetros, pesava 220 gramas e custava US$ 300. Rodava em um sistema operacional Windows CE, tinha um software de controle de voz rudimentar e foi um dos primeiros dispositivos móveis a permitir o download de audiolivros da Audible.

42 | CRIAR

Contudo, na época, os eletrônicos eram vendidos em lojas físicas e só podiam se encaixar em duas categorias: equipamento de áudio/vídeo ou computador. As lojas não tinham um corredor para "novas tecnologias". Havia impressoras de um lado da loja e aparelhos de som do outro, então boa sorte para quem estivesse tentando encontrar um assistente pessoal digital.

A Best Buy colocou o Velo na seção de calculadoras.

A Circuit City colocou o Nino com os laptops.

Os clientes não faziam ideia de onde encontrar nossos dispositivos. Quando pediam informação, nem os vendedores sabiam do que se tratava.

Ninguém sabia como vender nossos produtos. Onde vendê-los. Para quem vendê-los. Nem os varejistas. Nem a Philips. Nossa equipe de vendas só ganhava bônus pela venda de aparelhos de DVD e TV. A equipe de marketing estava mais interessada em barbeadores elétricos. Então, o Velo e o Nino acabaram enfiados atrás de uma calculadora científica e um laptop da Toshiba.

Como seria de esperar nesse cenário, as vendas não foram excelentes, mas também não foram péssimas. Foi muito frustrante – tínhamos juntado todas as peças certas, menos uma: uma verdadeira parceria com as vendas e o varejo. Outra lição aprendida com um tapa na cara e um balde de água fria.

Então decidi fazer algo diferente, mas não tão diferente a ponto de desistir do meu emprego.

Pedi transferência para o time de estratégia e novos empreendimentos da Philips. Meu novo trabalho era ajudar a Philips a desenvolver sua estratégia digital e investir em novas startups badaladas. Na época, novas startups badaladas estavam surgindo aos montes. Eu parecia uma criança em uma loja de doces. Investimos no TiVo – o primeiro gravador de vídeo digital, uma tecnologia revolucionária que permitia pausar e gravar a programação de TV ao vivo – e na Audible, o primeiro serviço de audiolivros on-line.

Na verdade, meu primeiro contato com a Audible tinha acontecido quando estávamos criando o Nino. Eles estavam prestes a lançar o seu próprio dispositivo, mas não estavam muito empolgados com a ideia. Não queriam criar um hardware, mas sabiam que precisavam de um se quisessem demonstrar o mercado de conteúdo que queriam se tornar. Adorariam demonstrar seu potencial no hardware de outra empresa, mas não havia mais ninguém criando dispositivos capazes de reproduzir áudio. Nem mesmo para os seus minúsculos arquivos de palavras faladas em som mono.

Assim, o Nino se tornou um dos primeiros dispositivos do mundo a adotar a Audible. E foi um sucesso. As pessoas adoraram.

Se podíamos tocar audiolivros, por que não tocar música? Só precisaríamos de uma memória maior. Estéreo. Uma qualidade melhor de saída de som.

Passei muito tempo pensando em como fazer isso, brincando com a tecnologia. Em 1999, fiz um convite para minha festa de aniversário de 30 anos na forma de um CD com uma coletânea personalizada que eu tinha gravado com áudio em Red Book e MP3 – "Gimme Some Lovin'", "Instant Karma", "Private Idaho". Mesmo sabendo que quase ninguém tinha um player de MP3 na época.

Mas eu sabia do potencial de um novo tipo de dispositivo: um dispositivo projetado exclusivamente para reproduzir áudio.

Um dia, passei três horas conversando a respeito disso com o CEO da RealNetworks, uma tecnologia muito popular na época, a primeira a criar o streaming de áudio e vídeo na internet. Eu tinha marcado uma reunião com os CEOs das nossas duas empresas para colocar o software da RealNetworks no hardware da Philips. Mas o CEO da Philips estava atrasado. Muito, muito atrasado.

Quando ele finalmente chegou, eu tinha um novo emprego.

Entrei na RealNetworks para criar um novo tipo de player de música. Eles me disseram que eu poderia montar uma equipe no Vale do Silício e usar a tecnologia da empresa para desenvolver uma nova visão. O recrutador deles foi muito convincente e, sinceramente, a melhor coisa

44 | CRIAR

que encontrei na Real. Quando conheci os outros líderes de equipe, percebi que alguns viviam pela política de escritório. Tanto que hoje um deles é um senador dos Estados Unidos. Eles tentaram me fazer assinar intermináveis contratos de não concorrência. E, já no meu primeiro dia, voltaram atrás em sua promessa e me disseram que eu teria que me mudar para Seattle. Entrei na minha nova sala, minúscula e escondida em um canto do prédio, me desviei do gigantesco poste estrutural que havia bem no meio dela e, duas semanas depois, dei meu aviso prévio.

Não foi fácil. A decisão de ficar ou sair, ter a segurança de um salário ou preservar a sanidade mental, ficar na grande corporação ou abandonar o barco para abrir um negócio – não é fácil para ninguém.

Gerenciar pessoas é igualmente difícil. Como gerenciar uma equipe quando você nunca foi um chefe antes? Como tomar decisões quando a equipe está dividida sobre o que fazer? Como definir um processo para todos avançarem em direção a um objetivo em comum? Como saber se você está indo na direção certa? Ou se é melhor desistir?

Quanto antes você se der conta da existência dessas perguntas, melhor. Qualquer pessoa que esteja avançando na carreira precisará respondê-las em algum momento.

E vou ser sincero: na primeira vez que aparecerem, você tem grandes chances de pisar na bola. Acontece com todo mundo. E tudo bem. Você vai aprender, crescer e melhorar. Mas, para fazer com que esse primeiro grande salto em direção à liderança seja menos assustador, anotei algumas dicas que podem ajudar.

Capítulo

2.1

VIDA DE GESTOR

Se você está pensando em ser gerente, é importante saber seis coisas:

1. **Você não precisa ser gerente para ter sucesso.** Muitas pessoas presumem que o único caminho para ter um salário melhor e mais respeito na empresa é liderar uma equipe. No entanto, um cargo de liderança não é a única opção para ganhar um bom salário, ter influência na empresa e até ser mais feliz. É claro que, se quiser ter subordinados porque acha que vai adorar essa vida, vá em frente. Contudo, mesmo se for o caso, lembre-se de que você não precisa ser um chefe para sempre. Vi muitas pessoas voltarem a ser colaboradores individuais, depois darem a meia-volta e voltarem a ser chefes no próximo emprego.

2. **Não esqueça que, assim que você se tornar gestor, deixará de fazer o trabalho que o levou ao sucesso até esse ponto.** Você não vai mais fazer as coisas que domina e o seu trabalho passará a ser investigar como os outros fazem essas coisas e ajudá-los a melhorar. Agora o seu trabalho vai ser comunicar, comunicar e comunicar, contratar e demitir, definir orçamentos, avaliar funcionários, conduzir reuniões individuais, participar de reuniões com a sua equipe e com outras equipes e outros líderes, representar a sua equipe nessas reuniões, definir metas e manter as pessoas no caminho certo, resolver conflitos, ajudar a encontrar soluções criativas para problemas aparentemente sem solução, proteger sua equipe da política do escritório,

46 | CRIAR

orientar o seu pessoal e perguntar "O que posso fazer para ajudar?" o tempo todo.

3. **Gerenciar é uma disciplina.** A administração é uma habilidade aprendida, não um dom. Você não nasce com isso. Você precisará aprender uma série de novas habilidades de comunicação e instruir-se com sites, podcasts, livros, cursos ou a ajuda de mentores e outros líderes experientes.

4. **Ser exigente e esperar um excelente trabalho não é microgerenciar.** Seu trabalho é garantir que a equipe produza um trabalho de alta qualidade. Você só cruza a fronteira do microgerenciamento quando começa a se concentrar nos detalhes do processo em vez de focar no resultado do trabalho das pessoas.

5. **É mais importante ser franco do que ter estilo.** Todo mundo tem um estilo – extrovertido, introspectivo, emotivo, analítico, empolgado, reservado. Você pode ter sucesso com qualquer estilo, desde que nunca deixe de dizer respeitosamente à equipe as verdades incômodas e difíceis que precisam ser ditas.

6. **Não se preocupe se alguém da equipe for mais brilhante do que você.** Na verdade, é isso que você deve querer. Você deve estar sempre treinando alguém da sua equipe para fazer o seu trabalho. Quanto melhor essa pessoa for, mais fácil será para você subir de cargo e até começar a gerenciar gerentes.

··

Você domina o que faz. É, digamos, um contador espetacular. E sua equipe quer um gestor que tenha um profundo conhecimento do trabalho, que possa ajudá-la e representá-la diante da liderança da empresa. Você dá duro para ser promovido e consegue o cargo. Parabéns! Agora você lidera uma equipe de contabilidade.

Sem problemas. Você é um contador que vai dizer aos outros contadores como fazer o trabalho, certo? Você sabe fazer isso. Será uma equipe fantástica.

Você se aprofunda nos detalhes do trabalho da equipe – quer ver o que ela faz e como faz. E vê que o trabalho é feito de um jeito estranho, de um jeito que você jamais faria. E por que está demorando tanto? Você foi promovido por fazer bem o trabalho, então decide mostrar a todos como fazer direito. Você quer ensinar-lhes – passo a passo, detalhe por detalhe – como ter o mesmo sucesso que você.

Não dá muito certo. Os membros da equipe acham que você não confia neles. E, como agora você tem tanta coisa para fazer por concentrar-se em cada detalhe do processo de todas as pessoas da equipe, ninguém sabe o que deve fazer ou o que é mais importante. As pessoas começam a reclamar para você e sobre você. Todo mundo fica nervoso.

Quanto mais as coisas dão errado, mais você se volta a fazer o que sabe. E você sabe fazer contabilidade. Então, em vez de se tornar um gerente contábil melhor, você se concentra em ser o melhor contador da equipe. Você começa a assumir as tarefas que a equipe deveria fazer. Evita dar feedback negativo e protege a equipe de preocupações porque não quer desmotivar ainda mais as pessoas. Tenta incentivá-las dizendo:

– Vamos superar isso! Eu vou mostrar como se faz! Vejam como eu faço e façam igual!

É assim que acontece. É assim que pessoas normais e sensatas se transformam em chefes insuportáveis, obcecados em controlar cada detalhe e microgerenciar tudo. É assim que os projetos desaceleram e entram em colapso por falta de orientação e liderança. Essa é a armadilha na qual muitas pessoas caem quando são colocadas no comando de uma equipe. Algumas ficam presas nessa situação para sempre.

Porque, quando você vira chefe, deixa de ser contador. Ou designer. Ou pescador. Ou artista. Ou qualquer coisa que você gostava muito de fazer. Vivo lembrando às pessoas: se você ainda está fazendo o que

48 | CRIAR

adorava fazer no seu cargo anterior, é bem provável que esteja fazendo a coisa errada. Hoje você lidera uma equipe de pessoas que fazem o que você costumava fazer bem. Agora, você deve passar pelo menos 85% do tempo gerenciando. Se não estiver fazendo isso, não está fazendo o trabalho certo. O trabalho é gerenciar. E não é fácil fazer isso.

Quando eu era o Chief Technology Officer da Philips, minha equipe instalou um giroflex no escritório, aquela luz de viatura de polícia. Ele era ligado quando havia um problema ou quando achavam que eu estava de mau humor. De algum jeito misterioso, eles sabiam quando alguma pessoa ou algum grupo seria chamado à minha sala para "uma conversinha". Às vezes, uma conversinha acalorada.

O giroflex era uma piada, um jeito de descontrair. Mais ou menos.

Minha equipe tinha umas oitenta pessoas. Eu era vice-presidente e Chief Technology Officer. E só tinha 25 anos. Era a primeira vez na vida que eu liderava uma equipe.

Eu nunca tinha feito um treinamento de gestão. Nunca tinha tido um chefe de verdade. Não tinha um modelo de um bom chefe para saber o que fazer.

Minhas startups tiveram funcionários, mas nunca uma verdadeira estrutura organizacional. Nenhum processo top-down, nenhuma avaliação de desempenho, nenhuma reunião para esclarecer funções e responsabilidades. Eu era um fundador, mas não um CEO de verdade. Em grande parte do tempo eu atuava como um colaborador individual em uma equipe de cinco a dez pessoas, e estávamos todos juntos no mesmo barco. Ninguém gerenciava ninguém. [Veja também: Figura 5.2.1, no Capítulo 5.2.]

Era mais ou menos assim na General Magic também. Nossa cultura era clara: não precisávamos de chefes. Todo mundo lá era inteligente e sabia o que fazer. Então, qualquer um que tentasse ser chefe de verdade era praticamente ignorado.

Era ótimo. Até que a equipe cresceu. Até que tivemos de lançar algo e voltar todas essas mentes brilhantes em uma única direção. Até que todos tivemos de chegar a um acordo sobre o que era necessário e o que seria deixado de fora.

Então, quando entrei na Philips depois da General Magic, eu sabia que a minha equipe precisaria de mais estrutura, deveria ter prazos definidos, um plano e uma liderança clara. Sabia que eu precisaria ser chefe.

Sem problemas, eu pensei. Sou um engenheiro que vai dizer a outros engenheiros como fazer o trabalho, certo?

Entra em cena o giroflex. O estresse. E a frustração – para mim e para a equipe –, as perguntas e os questionamentos incessantes. O microgerenciamento.

Quando você é chefe, não é mais apenas responsável pelo trabalho. Passa a ser responsável pelas pessoas. Pode parecer óbvio – afinal, é para isso que serve um chefe –, mas é difícil encarar essa realidade quando, de repente, oitenta pessoas estão olhando para você esperando que você saiba como liderá-las.

Então, antes de decidir ser chefe, pense muito bem se esse é o caminho certo para você. Porque você não precisa fazer isso. Especialmente se não tem vontade de seguir por esse caminho, mas acredita que galgar pela hierarquia seja a única maneira de avançar na carreira. Muitas pessoas não deveriam ser forçadas a cargos de liderança – se você não é a pessoa mais sociável e comunicativa do mundo, se só quer se focar no trabalho ou se adora as vitórias e realizações do dia a dia, talvez o nebuloso estilo de gestão do "pode ser que a sua equipe tenha sucesso um dia" não seja um grande motivador para você.

Um talentoso colaborador individual é de enorme valor para qualquer equipe, a ponto de muitas empresas lhe pagarem tanto quanto pagariam a um gerente. Um colaborador individual verdadeiramente espetacular será líder no que escolheu fazer e também se tornará um líder cultural informal, alguém que as pessoas da empresa toda procurarão em busca de conselhos e orientação. A Apple reconhece e recompensa formalmente os melhores colaboradores individuais com seu programa Distinguished Engineer, Scientist or Technologist – algo como "engenheiros, cientistas ou tecnólogos de destaque". Os engenheiros de Nível 8 do Google têm muita influência e autoridade na empresa. Esse tipo de reconhecimento para colaboradores individuais é mais comum no setor da tecnologia, mas está sendo adotado em outros setores também.

Ao considerar esse caminho, é importante ter uma visão muito clara de até onde você pode chegar como colaborador individual em uma empresa. Organizações maiores geralmente têm níveis claramente definidos, então é importante descobrir qual é a trajetória de um colaborador individual nessa organização para ver se o seu trabalho vai ser valorizado.

Muitas empresas também oferecem a opção de liderar frentes de trabalho, como um meio do caminho entre ser um colaborador individual e a gestão formal de uma equipe. Nesse contexto, o colaborador tem alguma autoridade para questionar, moldar e orientar os resultados da equipe, mas ninguém se reporta a ele e ele não lida com orçamento, organograma ou reuniões de gestão.

Eu poderia ter seguido por esse caminho. Poderia ter escolhido continuar trabalhando como engenheiro, talvez como líder de equipe. Sem dúvida, teria sido mais simples. Mais tranquilo.

Mas, quando finalmente comecei a olhar para os lados na General Magic, percebi que codificar e criar o design de hardware não era tão interessante para mim quanto ver como o produto inteiro – todas as partes do negócio – se juntava em uma coisa só. [Veja também: Capítulo 1.4: Não olhe (só) para baixo.] Ficou muito claro para mim que eu jamais poderia garantir o sucesso sendo apenas um engenheiro espetacular. A melhor tecnologia não é garantia de sucesso – basta comparar o Windows 95 e o Mac OS.

Muitos componentes intangíveis precisavam se alinhar para dar uma chance de sucesso a qualquer projeto. Vendas, marketing, gestão de produto, relações públicas, parcerias, finanças – eram áreas desconhecidas e misteriosas para mim, mas eram extremamente, às vezes desesperadamente, necessárias. Enquanto eu olhava só para baixo, trabalhando, trabalhando e trabalhando, espremendo o que eu podia de um orçamento de engenharia de US$ 5 milhões, o marketing recebia entre US$ 10 e 15 milhões. Eu precisava saber por quê. Então fui lá e perguntei.

Isso mudou tudo. Assim que comecei a conversar com as diferentes equipes, me dei conta do meu superpoder.

Muitos engenheiros só confiam nos outros engenheiros, assim como os vendedores só confiam nos outros vendedores. As pessoas gostam de pessoas que pensam como elas. Então os engenheiros tendem a se afastar, por exemplo, das funções criativas, de vendas e de marketing – funções mais soft, menos técnicas.

Da mesma forma, muitas equipes de marketing, vendas e criação não gostam de falar com a engenharia. São números demais. É tudo muito quadrado, preto ou branco, zero ou um. Geeks demais reunidos num só lugar fazendo nerdices.

Eu queria entender tanto o lado soft quanto o lado hard. E eu gostava dos dois lados. Eu também conseguia traduzir as coisas soft para os engenheiros e os uns e zeros para o pessoal criativo. Eu conseguia juntar todas as peças e ter uma visão geral da empresa.

Para mim era empolgante, estimulante, inspirador. Era tudo o que eu queria fazer. Entretanto, para isso, eu precisaria ser um gestor. Eu via um grande apelo no trabalho, mas o mais importante era: alguém tinha de assumir esse papel para concretizarmos a missão. A equipe precisava disso.

Então aprendi a me afastar – pelo menos um pouco.

Uma das partes mais difíceis de gerenciar é abrir mão. Não querer botar a mão na massa e fazer você mesmo o trabalho. Você precisa dominar o medo de que seu afastamento dos detalhes do trabalho leve a problemas no produto ou ao fracasso do projeto. Precisa confiar na equipe – dê a ela espaço para ser criativa e oportunidades para brilhar.

52 | CRIAR

No entanto, você não pode exagerar – não pode deixar tanto espaço a ponto de não ter mais ideia do que está acontecendo ou se surpreender com o produto que está sendo criado. Não pode deixar o produto cair na mediocridade só porque não quer parecer controlador. Mesmo que as suas mãos não estejam mais na massa, criando o produto, elas ainda precisam estar ao volante.

Examinar o produto em detalhes e se importar profundamente com a qualidade do que a sua equipe está produzindo não é microgerenciamento. É exatamente o que você deve estar fazendo. Lembro que Steve Jobs levava uma lupa de joalheiro ao laboratório e examinava pixels individuais em uma tela para ter certeza de que os gráficos da interface do usuário estavam desenhados corretamente. Ele dedicava o mesmo nível de atenção a cada componente do hardware, a cada palavra na embalagem. Foi assim que aprendemos o nível de detalhamento esperado na Apple. E foi isso que começamos a exigir de nós mesmos.

Você deve se focar em garantir que a equipe esteja criando o melhor produto possível. Cabe a você decidir o resultado. E cabe à equipe decidir como chegar a esse resultado. Quando você se aprofunda no *processo* do trabalho da equipe, em vez do verdadeiro trabalho que resulta dele, é que você entra com os dois pés no microgerenciamento. (É claro que o processo pode não ser bom e levar a resultados ruins. Nesse caso, cabe ao chefe se aprofundar e rever o processo. Esse também é o trabalho do chefe.)

Algo que ajuda é definir o processo desde o começo – o processo de desenvolvimento de produto, o processo de design, o processo de marketing, o processo de vendas. Nosso cronograma é este, devemos trabalhar assim e devemos colaborar assim. Todo mundo – o chefe e a equipe – concorda com o que foi definido e, feito isso, o chefe precisa se afastar. Precisa deixar a equipe trabalhar.

A partir daí, o trabalho dele será, em reuniões regulares com a equipe, garantir que as coisas estejam indo na direção certa.

Essas reuniões devem ser estruturadas para que você e a equipe tenham o máximo de clareza possível. Você deve ter uma pauta semanal para ajudar a manter as suas prioridades em mente e lembrar as perguntas que precisa fazer à equipe. [Veja também: "Capítulo 4.5: Quando você se mata pelo trabalho".] Faça uma lista de todas as suas preocupações para cada projeto e cada pessoa. Analise se a lista está ficando longa demais, se você precisa mergulhar mais a fundo ou se precisa se afastar.

Você também deve fazer reuniões individuais com os membros da sua equipe para ficar a par do que está acontecendo. Como é muito fácil transformar reuniões individuais em bate-papos informais que não levam a lugar algum, da mesma forma como você precisa ter um processo para conduzir as suas reuniões com a equipe, as reuniões individuais semanais devem ter uma pauta, um propósito claro e beneficiar os dois lados. Você deve obter as informações das quais precisa sobre o andamento do trabalho e os membros da equipe devem receber um feedback sobre o desempenho deles. Tente ver a situação do ponto de vista deles – fale sobre os medos deles e as suas próprias preocupações, dê um feedback claro, conheça as metas, esclareça dúvidas.

Não tenha medo de admitir que você não sabe tudo. Você pode dizer: "Preciso da sua ajuda". Se for a sua primeira vez em um cargo de liderança ou se você acabou de entrar na empresa ou no departamento, não tente esconder isso das pessoas.

– É a primeira vez que faço isso. Ainda estou aprendendo. Diga o que eu posso fazer para melhorar as coisas.

É isso. No entanto, requer uma grande mudança de atitude. Já vi muita gente se fechar – com medo de as pessoas perceberem que eles não sabiam o que estavam fazendo. Mas é claro que você não sabe o que está fazendo – fingir que sabe não vai enganar ninguém e só vai dar mais corda para você se enforcar. Se você foi promovido a um cargo de liderança pela primeira vez, é bem provável que esteja liderando pessoas que eram seus colegas. Colegas que o conhecem e confiam em você. Não perca essa confiança. Diga às pessoas:

54 | CRIAR

– Sei que sou chefe agora, mas ainda podemos conversar como sempre fizemos.

E então seja sincero com elas. Mesmo quando as coisas não estiverem indo bem, não deixe de lhes dizer a dura verdade. Arranque o Band-Aid. Se um de vocês estiver nervoso, você pode começar a conversa com algo positivo; vá com calma, mas não ignore o elefante na sala, não fique pisando em ovos e evitando dizer o que precisa ser dito. É importante lembrar que, mesmo quando você tem que criticar o trabalho ou o comportamento de alguém, não está fazendo isso para ofender, magoar ou prejudicar a pessoa. Você está lá para ajudar. Você quer que a pessoa cresça, melhore. Então diga o que a está impedindo de crescer e melhorar. Em seguida, trace um plano para vocês trabalharem nisso juntos.

É bem provável que você precise fazer avaliações formais de desempenho por escrito a cada seis meses – ou até com mais frequência, se trabalhar em uma empresa como o Google ou o Facebook, onde parece que as pessoas vivem em algum tipo de ciclo de avaliação. Contudo, essas avaliações formais devem ser apenas um exercício de anotar as coisas sobre as quais vocês já vinham falando semana a semana. A equipe deve receber o seu feedback – tanto positivo quanto negativo – na hora e não deve ser forçada a esperar e ser pega de surpresa alguns ou vários meses depois.

Não aprendi tudo isso com alguma fórmula mágica; foi aos trancos e barrancos, na base da tentativa e erro, mas, principalmente, me empenhando para melhorar. Não me tornei um engenheiro simplesmente estalando os dedos para conseguir um emprego – eu suei a camisa para isso. Estudei muito na faculdade. Tive anos de prática. O mesmo processo é necessário para gerenciar pessoas.*

Comecei fazendo alguns cursos de gestão. Nenhum curso trará todas as respostas, mas qualquer curso é melhor que nada. Em seguida, fiz questão de ir muito além dos cursos básicos que qualquer grande em-

---

* Se quiser saber mais sobre isso, me aprofundo na minha jornada e no que sei sobre o gerenciamento no podcast *Tim Ferriss Show*.

presa oferece e me pus a investigar e me aprofundar. Comecei a ler livros sobre o assunto e percebi que grande parte da gestão se resume à maneira como você administra os seus próprios medos e ansiedades. Isso me levou aos livros de psicologia. E isso me levou à terapia. E à ioga. Comecei a fazer terapia e praticar ioga em 1995, muito antes de virar moda. Não porque eu era louco ou porque o cargo de liderança estava me enlouquecendo. Fiz terapia e ioga para encontrar o equilíbrio, mudar a maneira como eu reagia ao mundo, me conhecer melhor, entender minhas emoções e compreender a percepção que as pessoas tinham de mim.

O segredo para mim foi separar os problemas da empresa dos meus problemas pessoais, discernir quando as minhas ações estavam frustrando a equipe e quando algumas coisas estavam totalmente fora do meu controle. Não é fácil descobrir essas coisas sozinho – é complicado investigar sua própria mente, assim como é difícil fazer ioga no começo sem a orientação de um instrutor. Meu terapeuta foi meu instrutor, meu professor – ele me ajudou a entender por que eu estava sendo um microgerente. Ele me mostrou quais partes da minha personalidade eu precisava controlar para ser um bom líder de equipe.

Antes de aprender a criar uma pequena distância entre o que eu sentia e o que precisava expressar no trabalho, eu deixava muitas das minhas preocupações e medos transparecerem na minha voz e nas minhas interações com as pessoas. A sua equipe é como um amplificador do seu estado de espírito; então, quando eu estava frustrado, esses sentimentos ricocheteavam pelo escritório e voltavam dez vezes mais fortes. Quanto mais nervoso eu ficava ao ver que não estávamos avançando conforme o esperado, mais essas frustrações infectavam o resto da equipe. Então eu tive que aprender a me modular, a controlar um pouco o meu estilo pessoal até chegar a um estilo de gerenciamento eficaz.

Mas não tentei mudar quem eu era. Você sempre vai ser quem é. Se tiver que transformar completamente a sua personalidade para se tornar um gerente, viverá fingindo e sempre ficará desconfortável nesse cargo.

56 | CRIAR

Sou um cara ruidoso e efusivo. Nunca vou ser como o Sundar Pichai, o CEO do Google e da Alphabet. Sundar é um cara tranquilo, gentil, brilhante e altamente analítico – ele sempre pensa muito sobre as coisas antes de dar uma resposta ponderada. Eu praticamente só tenho um volume: entre alto e MUITO EMPOLGADO. Uma vez, meu filho me deu de presente um medidor de decibéis – uma piada, é claro, mas com ele percebi que é comum eu atingir entre 70 e 80 decibéis quando falo. Sou como um bar lotado, um despertador, um aspirador de pó. Mesmo se todos os livros de negócios do planeta me dissessem para falar com um tom calmo e tranquilo com a equipe, eu não seria capaz de fazer isso o tempo todo.

Meu estilo de liderança é ruidoso, efusivo e, acima de tudo, focado na missão. Escolho um objetivo e corro a toda velocidade, sem deixar nenhum obstáculo me impedir, e espero que todos corram comigo.

Sei também que o que me motiva pode não ser o que motiva a minha equipe. O mundo não é feito apenas de Tony Fadells (e sejamos todos gratos por isso). Há também pessoas normais, sãs, com família, vida pessoal e muitas coisas que elas podem e precisam fazer, todas essas coisas competindo por seu tempo.

Então, como chefe, é preciso encontrar o que conecta você com a sua equipe. Como compartilhar sua paixão com ela, como motivá-la?

A resposta, como sempre, se resume à comunicação. Você precisa saber explicar as suas razões à equipe. Por que isso me empolga tanto? Por que essa missão faz tanto sentido? Por que esse pequeno detalhe é tão importante que estou enlouquecendo por causa dele enquanto mais ninguém parece achar que faz diferença? Ninguém quer seguir um líder que se engaja em grandes batalhas com moinhos de vento sem motivo. Para unir as pessoas ao seu redor, para realmente formar uma equipe, para contagiá-las com a mesma energia e motivação que fervilha dentro de você, é preciso dar-lhes o porquê.

Às vezes, você também precisa complementar com uma pitada de "o quê". O que eu ganho com isso? Qual vai ser minha recompensa se conseguirmos fazer o que você está propondo? Mesmo que a sua equipe esteja entusiasmada com a missão, não se esqueça da motivação extrínseca. Sua equipe é composta de seres humanos. Eles podem precisar de um aumento, uma promoção ou até uma festa. Um elogio. Descubra o que os faz se sentirem valorizados. Saiba o que os deixa satisfeitos e felizes no trabalho.

É seu trabalho ajudar as pessoas a ter sucesso. É sua responsabilidade garantir que elas possam se tornar as melhores versões de si mesmas. Você precisa criar um ambiente onde elas possam surpreendê-lo — e onde elas possam superá-lo.

Muitas pessoas resistem a essa ideia — você pode não querer contratar pessoas capazes de fazer o seu trabalho, e é ainda mais aterrorizante contratar alguém capaz de fazer o seu trabalho *melhor* do que você. Muitos novos CEOs de startups me dizem:

— Bom, mas, se eu contratar alguém para fazer isso... o que eu vou fazer?!

A resposta, é claro, é que o trabalho que você contratar alguém para fazer vai deixar de ser seu. Se você é gerente, líder ou CEO, seu trabalho é ser gerente, líder ou CEO. Você precisa abrir mão de se orgulhar das realizações individuais e começar a se orgulhar das vitórias da equipe como um todo.

Kwon Oh-hyun, ex-CEO da Samsung Semiconductor e também, para mim, um parceiro, um irmão mais velho e um mentor incrível na época em que trabalhamos juntos no iPod, traduziu essa ideia da seguinte forma: "A maioria dos chefes tem medo de que seus subordinados sejam melhores que eles. Mas você precisa pensar em ser um chefe que seja como um mentor ou um pai. Qual pai ou mãe quer que seu filho *não* tenha sucesso? Você quer que seus filhos tenham mais sucesso que você, não é?"

É claro que a possibilidade de ser ofuscado causa uma ansiedade natural. É normal pensar: "Espere aí, como posso ser chefe da Jane se ela é melhor que eu? Se ela se destaca nisso e eu não, todo mundo vai achar que ela é que deveria ser a chefe".

58 | CRIAR

E estou aqui para lhe dizer que isso até pode ser verdade. Mas é uma coisa boa.

Se um subordinado seu for espetacular em algo, isso só mostrará à empresa que você montou uma equipe espetacular – e que deve ser recompensado por isso. Sempre deve haver pelo menos uma ou duas pessoas na sua equipe com potencial para serem suas sucessoras. Essas devem ser as pessoas com quem você tem mais reuniões individuais, que você leva consigo para as reuniões de liderança, que todos vão começar a notar.

Quanto mais elas forem notadas, melhor. Vai ser muito mais fácil para você ser promovido, porque terá um sucessor claro para comandar a equipe quando você passar para outra função.

Não é por acaso que todos parabenizam os pais quando os seus filhos realizam alguma grande conquista – porque a conquista do filho também reflete a influência dos pais. Os pais podem se orgulhar das realizações dos filhos porque conhecem o tempo, o esforço, a orientação, as conversas difíceis e o trabalho duro que foram necessários.

Se você for chefe, parabéns, porque agora você também é pai. Não porque deve tratar seus funcionários como crianças, mas porque agora é sua responsabilidade ajudá-los a superar os fracassos e alcançar o sucesso. E se empolgar quando eles chegarem lá.

Uma das pessoas que gerenciei na Apple foi Matt Rogers. Ele foi o primeiro estagiário da equipe de engenharia do iPod, entrou na equipe quando ainda estava na faculdade. Cinco anos depois, já era o gestor sênior de software do iPod e do iPhone. Era claramente brilhante – um ser humano incrível e um talento fantástico. Quando saí da Apple e comecei a pensar em abrir outra empresa, fui conversar com Matt. E acabamos abrindo a Nest juntos.

Na Nest, contratamos um estagiário chamado Harry Tannenbaum. Harry é um cara analítico, incansável, estratégico. Cinco anos depois, ele era diretor de business analytics e e-commerce do Google Nest. Um ano depois disso, era diretor de hardware do Google. Depois que

Matt saiu da Nest, ele ligou para Harry. Eles abriram uma empresa juntos em 2020.

Eu morro de orgulho dos dois.

Mal posso esperar para conhecer a próxima geração de talentos que eles encontrarão, orientarão e com quem abrirão empresas.

Se você for um bom chefe e montar uma boa equipe, os membros dessa equipe vão decolar. Então, veja-os como se fossem seus filhos. Celebre com eles quando forem promovidos. Encha-se de orgulho quando eles arrasarem em uma reunião do conselho ou apresentarem seu trabalho para a empresa toda. É assim que você se torna um bom gestor de pessoas. É assim que você se apaixona pelo trabalho.

Capítulo
2.2

DADOS *VERSUS* OPINIÕES

Você toma centenas de pequenas decisões todos os dias, mas algumas delas são cruciais. São aquelas que forçam você a tentar prever o futuro, que colocam muitos recursos em risco. Nesses casos, é importante saber o tipo de decisão que é preciso tomar.

Orientada por dados: você pode coletar, analisar e discutir fatos e números que permitirão tomar a decisão com muita confiança. Essas decisões são relativamente fáceis de tomar e defender, e a maioria das pessoas da equipe concorda com a resposta.

Orientada por opiniões: você precisa seguir a sua intuição e a sua visão sobre o que pretende fazer, sem o benefício de dados suficientes para orientar ou defender sua decisão. Essas decisões são sempre difíceis e sempre questionadas – afinal, cada um tem uma opinião.

Toda decisão tem elementos de dados e opinião, mas um desses lados sempre pesa mais que o outro. Às vezes, você terá que apostar mais nos dados; outras vezes, vai analisar todos os dados mas, no fim, terá que confiar na intuição. E confiar na intuição é aterrorizante. Muitas pessoas não têm uma boa intuição para seguir ou não acreditam em si mesmas a ponto de segui-la. Leva tempo para desenvolver essa confiança. Então, elas tentam transformar uma decisão orientada por opiniões em uma decisão orientada por dados. No entanto, os dados não têm como resolver um problema baseado em opiniões. Você pode coletar uma montanha de dados, mas nesses casos eles sempre serão inconclusivos. Isso leva à paralisia da análise – a morte por pensar demais.

Dados *versus* opiniões | 61

Se você não tiver dados suficientes para tomar uma decisão, precisará de insights para basear sua opinião. Os insights podem ser lições importantes sobre os seus clientes, o seu mercado ou o posicionamento do seu produto – algo relevante que lhe dê uma ideia intuitiva do que deve fazer. Você também pode coletar informações externas, conversando com especialistas e deliberando com a sua equipe. Você não chegará a um consenso, mas, se tudo der certo, conseguirá formar uma intuição para seguir. Dê ouvidos à sua intuição e assuma a responsabilidade pelo que vier a seguir.

..

Na General Magic, vivíamos falando sobre criar um produto para aquela caricatura do americano comum, mas ninguém nunca tinha encontrado o sujeito ou falado com ele.

Fizemos testes com usuários quando terminamos a parte da engenharia, mas tenho certeza de que fizemos pouca ou nenhuma pesquisa com usuários antes disso. Como não fazíamos ideia do que o americano comum poderia querer, criamos recursos que seriam interessantes para nós e simplesmente presumimos que o resto do mundo também se interessaria.

Eu era um colaborador individual na época. Achava que a liderança sabia o que estava fazendo. [Veja também: "Capítulo 1.4: Não olhe (só) para baixo".]

Depois fui para a Philips. Agora eu estava na equipe de liderança. E o pêndulo foi com tudo para o outro lado.

Não havia mais espaço para suposições. Não havia mais espaço para criar produtos com base na intuição. Levei um monte de pessoas da General Magic comigo e estávamos todos nos recuperando do fracasso do Magic Link. Sabíamos que não poderíamos cometer os mesmos erros. Precisaríamos definir muito bem o nosso cliente-alvo e saber exatamente o que ele queria. Dessa vez, nosso produto seria baseado em dados claros e inequívocos. Nos anos 1990, isso significava fazer painéis de consumidores. Essa metodologia de pesquisa de mercado estava no auge da moda. Então contratamos uma empresa de consultoria e dissemos que nosso alvo eram "profissionais em trânsito". Eles montaram painéis em diferentes estados, pagando a um grupo de trinta a quarenta pessoas cem dólares por cabeça para passar algumas horas vendo nossa apresentação.

E mostramos tudo a elas. *Tudo*.

A certa altura, tínhamos dez protótipos diferentes para o minúsculo teclado do Velo. Qual deles dava uma sensação tátil melhor? Qual parecia ser mais prático? Qual parecia funcionar melhor? Você olhou para o teclado ou para a tela enquanto digitava? Você digitou usando todos os dedos? Só os polegares? Você gosta do cinza? Do preto? Do azul? Do cinza azulado?

Nos debruçávamos sobre as fitas de vídeo das sessões. Observávamos a expressão no rosto das pessoas, analisávamos os seus dedos, estudávamos as suas respostas em nossos formulários. Os consultores faziam o mesmo, reuniam tudo e entregavam um relatório seis semanas depois.

O cliente tem sempre razão, certo?

Só que os painéis de clientes não sabem nada de design. As pessoas simplesmente não sabem articular o que querem com clareza suficiente para apontar com certeza para uma ou outra direção, em especial se estiverem diante de algo completamente novo que nunca usaram antes. Os clientes sempre vão ficar mais à vontade com o que já existe, mesmo se for terrível.

Entretanto, caímos na mesma armadilha que todo mundo. Ficamos encantados com os consultores, empolgados com os números. E acabamos ficando muito dependentes deles: todo mundo queria dados para não ter que tomar as decisões por conta própria. Em vez de avançar com um design, alguém dizia:

— Bom, vamos testar para ver no que dá.

Ninguém queria assumir a responsabilidade pelas decisões.

Então, você fazia um teste de mercado. E mais um. Na segunda-feira, o painel de clientes escolhia a opção X. Na sexta-feira, o mesmo grupo escolhia a opção Y. Enquanto isso, pagávamos milhões de dólares a consultores que levavam um mês e meio para colocar seu próprio viés em tudo.

Os dados não eram um guia. Na melhor das hipóteses, eram uma muleta. Na pior, sapatos de cimento. Eram a paralisia da análise.

Isso não acontecia só com os painéis de clientes daquela época. Se fosse 2016 e não 1996, teríamos nos debruçado em testes A/B – a ferramenta onipresente da era da internet. Um teste A/B não passa de um experimento digital no qual você testa a opção A e a opção B com os clientes. Alguns clientes veem um botão azul, outros veem um botão laranja e você vê qual botão recebe mais cliques. É uma ferramenta incrível – infinitamente mais rápida que os painéis de clientes e muito mais fácil de interpretar.

Contudo, se tivéssemos usado os testes A/B, provavelmente chegaríamos aos mesmos resultados confusos e teríamos o mesmo medo de tomar a decisão errada que acaba matando qualquer produto.

Apesar de muitas empresas testarem furiosamente cada elemento de seu produto e seguirem os resultados às cegas, os testes A/B e os testes com usuários não fazem parte do design de um produto. Eles não passam de ferramentas. São, como o nome já diz, um teste. Na melhor das hipóteses, um diagnóstico. Podem até indicar que algo não está funcionando, mas não dirão como consertar. Ou podem mostrar uma opção que resolve um problema hiperlocal, mas que acaba criando outro problema mais adiante.

Então, cabe a você decidir as opções, criar os testes e realmente saber o que é preciso testar. Você precisa ponderar muito bem quais serão as opções A e B, em vez de deixá-las serem aleatoriamente atribuídas por um algoritmo ou atirar para todos os lados para ver o que cola. E isso requer insight e conhecimento de toda a jornada do cliente. Você precisa de uma hipótese, e essa hipótese deve fazer parte

64 | CRIAR

de uma visão mais ampla do produto. Você pode até fazer um teste A/B para decidir o melhor lugar para o botão "Comprar" no site ou se o botão deve ser azul ou laranja, mas não deve usar esse teste para ver se um cliente deveria ou não comprar o seu produto pela internet.

Se você estiver testando a essência do seu produto, se a funcionalidade básica for flexível e mudar dependendo dos caprichos de um teste A/B, é sinal de que o seu produto não tem essência, não tem alma. Há um vazio onde a visão do seu produto deveria estar e você só está tentando preencher o vácuo com um monte de dados.

No nosso caso – e no caso de todos os produtos de primeira geração –, poderíamos estar fazendo isso até agora e ainda assim não ter uma resposta clara e inequívoca. Nunca haveria dados suficientes para fazer uma escolha segura e garantida.

Se um produto realmente for novo, não há nada para comparar, nada para otimizar, nada para testar.

Acertamos na nossa decisão de definir com clareza nosso cliente-alvo, conversar com ele e descobrir quais problemas ele tinha. Mas, depois de fazer isso, era o nosso trabalho descobrir a melhor maneira de resolver esses problemas. Acertamos na nossa decisão de pedir opiniões e coletar feedback sobre os nossos designs. Todavia, depois de fazer isso, era o nosso trabalho usar esses insights para avançar em uma direção na qual acreditávamos.

Demorou um tempo, mas nossa equipe finalmente se deu conta disso – paramos de gastar dinheiro com consultores, paramos de girar em círculos, começamos a avançar e a confiar em nós mesmos e nas opiniões de pessoas talentosas ao nosso redor.

Tomamos decisões. Eu tomei decisões. Vamos incluir isso. Vamos deixar isso de fora. É assim que vai funcionar.

Nem todo mundo da equipe concordou comigo. Isso é inevitável quando alguém precisa tomar uma decisão final. Nesses momentos, é sua responsabilidade como chefe ou líder explicar que não se trata de uma democracia, mas sim de uma decisão orientada por opiniões que não será tomada por consenso. Contudo, também não é uma ditadura. Você não pode sair dando ordens sem se explicar.

Mostre à equipe como você chegou a essa conclusão. Explique todos os dados que você analisou, todos os insights que coletou e por que tomou essa decisão. Peça a opinião das pessoas. Ouça sem reagir. Pode acontecer de só a minoria dos membros da equipe concordar com a decisão; pode acontecer de alguém dar uma opinião que o leve a mudar de ideia. Caso contrário, faça o discurso: Eu entendo a posição de vocês. Aqui estão os pontos que fazem sentido para os nossos clientes, aqui estão os que não fazem sentido. Precisamos seguir em frente e, nesse caso, eu tenho que seguir a minha intuição. Vamos lá.

Mesmo se algumas pessoas da sua equipe não adorarem essa resposta, elas o respeitarão. E vão confiar em você – elas saberão que podem opinar e questionar as suas decisões e que você está aberto a ouvir o que elas têm a dizer. E poderão respirar fundo, dar de ombros, voltar para a equipe delas, comunicar o "porquê" da decisão e entrar no barco.

Essa abordagem sempre funcionou para mim. Foi assim que minha equipe na Philips passou a aceitar minhas decisões.

Mas a liderança em constante rotação da Philips nunca as aceitou. Até os 45 minutos do segundo tempo antes do lançamento, eles nos pediam dados para provar a existência de um mercado para nossos produtos. No entanto, quando você está fazendo algo novo, não há como provar definitivamente que as pessoas vão gostar do seu produto. Tudo o que você pode fazer é colocá-lo no mundo (ou pelo menos na frente de clientes ou usuários internos mais complacentes) e ver o que acontece.

É importante nesse estágio ter um chefe que entenda os tipos de decisões que você precisa tomar. Você precisa de um líder que confie em você, que esteja disposto a apoiar você.

Mas líderes como esses – seres humanos como esses – são difíceis de encontrar.

A maioria das pessoas prefere não admitir a existência de decisões orientadas por opiniões ou que cabe a elas tomar essas decisões. Porque, se você seguir a sua intuição e ela estiver errada, não vai poder culpar ninguém. Por outro lado, se tudo o que você fez foi seguir os dados e ainda assim tomou a decisão errada, a culpa não foi só sua. Alguém pisou na bola – e não foi você.

Essa é uma tática muito usada por pessoas que só querem se proteger. A culpa não foi minha! Eu tomei as decisões com base nos dados que me mandaram! Os dados não mentem!

É por isso que alguns líderes, executivos e acionistas exigem dados mesmo quando não há dado algum, e seguem esses dados imaginários direto para o fundo do abismo. Pessoas como essas seguem os dados às cegas sem qualquer questionamento e acabam se perdendo no meio da floresta. Se possível, elas sempre vão preferir retirar o fator humano da equação.

Essas pessoas também tendem a contratar grandes e caríssimas consultorias (e, na minha opinião, inúteis) sem pensar duas vezes. Elas vão questionar a sua decisão, arrancá-la das suas mãos e passá-la para pessoas que não têm ideia alguma do contexto nem conhecimento algum do seu produto, da empresa ou da cultura.

Nesses casos, você precisa descobrir o que está acontecendo para tentar conduzir a liderança em uma direção diferente. Veja algumas razões que podem levar um líder a engavetar sua ideia e contratar consultores para validá-la ou refutá-la:

1. **Para postergar.** Ele pode estar esperando alguma coisa – uma promoção ou um bônus – e não quer correr nenhum risco por enquanto.
2. **Por medo de prejudicar sua posição na empresa.** Ele pode estar convencido de que a consequência do fracasso será perder o projeto ou a posição ou – se o fracasso for espetacular – o emprego.
3. **Ele não tem tempo ou não quer se dar ao trabalho.** Ele não acha que vale a pena o esforço de se aprofundar para realmente entender a decisão, escolher entre o leque de opções diante dele e correr o

risco. Ele só quer que alguma outra pessoa faça isso e o ajude a sair bem na fita.

4. **Ele sabe o que quer, mas não quer chatear ninguém.** Ele quer ser visto como "legal" e vai continuar sondando o terreno, pedindo cada vez mais dados até você ficar exausto e exasperado.

Então, o que você faz quando um chefe está decidido a ir em direção ao abismo, de preferência jogando todo o dinheiro pela janela para pagar alguns consultores? Ou o que você faz se tiver dados, mas eles não forem conclusivos – ou seja, ninguém pode dizer com certeza para onde eles levam? Ou o que você faz se precisar convencer a sua equipe a segui-lo mesmo sem ter como provar que está indo na direção certa?

Você conta uma história. [Veja também: "Capítulo 3.2: O porquê do storytelling".]

Conte uma história para convencer as pessoas a dar um salto de fé e fazer algo novo. Todas as nossas grandes decisões se resumem a isto: acreditar em uma história que contamos a nós mesmos ou que outra pessoa nos conta. Criar uma narrativa verossímil capaz de unir todas as pessoas é crucial para avançar e tomar decisões difíceis. Por exemplo, o marketing é feito de contar histórias. E o storytelling é o coração das vendas.

Não se esqueça de que você também está vendendo alguma coisa – sua visão, sua intuição, sua opinião.

Não se limite ao clássico e batido slide: "Esta é a Jane. Esta é a vida dela e é assim que a vida dela vai mudar quando usar o nosso produto". É importante ajudar as pessoas a ver as coisas da perspectiva do cliente, mas isso é só uma parte do que você precisa fazer. Seu trabalho nesse momento é criar uma narrativa que convença a liderança de que eles podem confiar na sua intuição, de que você já coletou todos os dados que poderiam ser coletados, de que você tem um histórico de boas decisões, de que entende as preocupações dos tomadores de decisão e está mitigando os riscos, de que você tem um profundo conhecimento dos clientes e de suas necessidades e, principalmente, de que a sua proposta terá um impacto positivo nos negócios. Se você contar bem essa história, se levar as pessoas nessa jornada, elas seguirão a sua visão, mesmo se não houver dados concretos para confirmar sua proposta.

Nada no mundo é 100% certo. Até pesquisas científicas com resultados totalmente baseados em dados são cheias de ressalvas – não fizemos esse tipo de amostragem, havia essa variante, precisamos fazer mais testes. A resposta pode não ser a resposta. Sempre há uma chance de estarmos errados.

Então não fique esperando encontrar os dados perfeitos. Isso não existe. Você só precisa dar o primeiro passo e entrar em território desconhecido. Pegue tudo o que aprendeu e faça a melhor estimativa possível do que vai acontecer a seguir. A vida é assim. A maioria das decisões que tomamos se baseia em dados, mas não é tomada por causa dos dados.

Como disse Ivy Ross, vice-presidente de design de hardware do Google e um designer brilhante, empático, perspicaz de um modo revigorante e com o menor ego que eu já vi: "Não são dados *ou* intuição; são dados *e* intuição".

Você precisa dos dois. Deve usar os dois. E, às vezes, os dados só podem levar até certo ponto. Quando isso acontece, tudo o que você pode fazer é fechar os olhos e saltar. Só não olhe para baixo.

Capítulo
2.3

FDPs

Ao longo da carreira, você encontrará alguns FDPs — sim, você leu certo, estou falando de "Filhos Da Puta". São (principalmente) homens e (às vezes) mulheres que vêm em diferentes formatos e sabores de egoísmo, puxação de tapete ou facadas nas costas, mas todos têm uma característica em comum: você não pode confiar neles. Eles podem e vão ferrar você e a sua equipe, seja em benefício próprio ou só para colocá-lo para baixo e eles saírem como heróis. Você os encontrará em todos os níveis da empresa, como colaboradores individuais e chefes, mas a maior concentração fica perto do topo – de acordo com Simon Croom, professor da Universidade de San Diego, até 12% da liderança sênior corporativa exibe traços de psicopatia. [Veja também: "Capítulo 5.1: Contratação".]

Você também encontrará pessoas com as quais pode ser muito difícil trabalhar – rudes, grosseiras, mandonas ou irritantes – e que podem ser confundidas com FDPs, mas cujas motivações e ações contam uma história muito diferente.

É importante distinguir o tipo de pessoa com quem você está lidando para saber como trabalhar com ela – ou, se necessário, saber a melhor maneira de evitá-la.

Aqui estão os diferentes FDPs com os quais você pode ter de lidar.

1. **FDPs políticos:** pessoas que dominam a arte da politicagem corporativa, mas não fazem nada além de receber os créditos pelo traba-

70 | CRIAR

lho dos outros. Esses FDPs costumam ser incrivelmente avessos ao risco – estão 100% focados em sobreviver e chegar ao topo botando os outros para baixo. Não fazem nada – dão um jeito de sumir na hora de trabalhar e tomar decisões difíceis –, mas não hesitam em apontar e gritar "Eu avisei!" quando o projeto de alguma outra pessoa tem um problema, além de entrar em cena para "consertá-lo". Eles geralmente não se manifestam em grandes reuniões porque não querem errar na frente dos chefes – não podem correr o risco de fazer feio. Contudo, fazem de tudo nos bastidores para prejudicar você e todos os outros que não estão do lado deles. Esses FDPs costumam montar uma coalizão de FDPs em torno deles – pessoas que pensam como eles e acham que esse é o caminho para o sucesso. E sempre haverá alguém que eles odeiam, contra quem eles conspiram e que querem tirar do caminho de alguma forma.

2. **FDPs controladores:** microgerentes que engessam sistematicamente a criatividade e minam a satisfação da sua equipe. É impossível ter uma conversa racional com esses FDPs. Eles se ressentem de qualquer boa ideia que não tenha vindo deles e sentem-se ameaçados por qualquer pessoa da equipe que seja mais talentosa que eles. Nunca dão crédito às pessoas pelo trabalho, nunca elogiam e muitas vezes roubam as ideias e os créditos dos outros. Esses são os FDPs que dominam as grandes reuniões – que monopolizam as discussões e ficam na defensiva e irritados quando alguém contesta suas ideias ou sugere alternativas. Esse tipo pode ser muito bom no que faz – eles lapidam incansavelmente suas habilidades, depois as usam para dar uma facada nas costas de todos ao seu redor.

3. **FDPs arquetípicos:** são péssimos no trabalho e em todo o resto. São os babacas ignóbeis, invejosos e inseguros que você evitaria em uma festa, mas que inevitavelmente se sentam ao seu lado no escritório. Como não têm como entregar resultados no trabalho e são profundamente improdutivos, fazem o possível para desviar a atenção

de si mesmos. Mentem, inventam fofocas e manipulam os outros para desviar a atenção e para ninguém perceber que eles são imprestáveis. A única coisa boa desses FDPs é que eles normalmente não duram muito na empresa – as pessoas não demoram a perceber que eles não contribuem com nada. E ninguém gosta de trabalhar com eles.

Além disso, os FDPs podem ter atitudes diferentes.

Agressivos: eles surtam. Eles gritam. Eles o acusam de todo tipo de mentira. Eles zombam de você nas reuniões e o humilham na frente de seu chefe. Esses FDPs são fáceis de identificar.

Passivo-agressivos: eles sorriem. Concordam com você. São amigáveis. Mas, pelas suas costas, espalham fofocas maldosas e tentam puxar seu tapete o tempo todo. Esta é, de longe, a variedade mais perigosa de FDP – você só percebe quem eles são quando sente a facada nas costas.

Você também vai encontrar outro tipo de pessoa no trabalho que pode ser confundida com o FDP controlador. Embora nossa primeira reação seja colocá-los na mesma categoria dos egoístas, eles têm uma motivação bem diferente: melhorar o trabalho sempre, não beneficiar a si mesmos ou prejudicar os outros. E o mais importante é que você pode confiar neles. Nem sempre você vai concordar com as decisões deles, mas eles querem o bem de todos e ouvirão a voz da razão se for para melhorar o produto e beneficiar o cliente. Isso faz deles fundamentalmente diferentes dos verdadeiros FDPs. Mas nem por isso é mais fácil trabalhar com eles.

4. **FDPs orientados pela missão:** pessoas fervorosas ao extremo – e um pouco malucas. Essas criaturas não têm papas na língua, passam por cima da política do escritório e esmagam a delicada ordem social de "como as coisas são feitas aqui". Assim como os verdadeiros FDPs,

72 | CRIAR

não é fácil lidar nem trabalhar com eles. No entanto, ao contrário dos verdadeiros FDPs, eles se importam. Eles dão a mínima. Eles ouvem. Eles se empenham ao máximo e pressionam a equipe a melhorar – muitas vezes contra a vontade da equipe. São implacáveis quando sabem que estão certos, mas são abertos a mudar de ideia e não hesitam em elogiar o trabalho dos outros se o elogio for merecido. Um bom jeito de saber se você está trabalhando com um FDP orientado pela missão é ouvir as histórias míticas sobre eles – sempre há alguns contos fantasiosos sobre alguma coisa maluca que eles fizeram, e as pessoas que trabalharam de perto com eles sempre dizem que, no fundo, até que são legais. O mais revelador é que a equipe confia neles, respeita o que fazem e fala com carinho da experiência de trabalhar com eles, porque eles impeliram a equipe a fazer o melhor trabalho de sua vida.

··

Muita gente acha que eu sou um FDP.

Geralmente é porque eu dou uns gritos de vez em quando. Eu peço com jeitinho algumas vezes e, se vejo que não estamos chegando a lugar algum, paro de pedir com jeitinho. Eu me pressiono e pressiono as pessoas ao meu redor. Não arredo o pé. Espero o melhor – de mim mesmo e de todo mundo. Eu me importo profundamente com a nossa missão, a nossa equipe, os nossos clientes. Não consigo deixar de me importar.

Então eu pressiono. Se parece que tem alguma coisa errada, se eu acho que dá para melhorar ou que o cliente pode conseguir mais, sou implacável. Não largo o osso. [Veja também: "Capítulo 6.1: Tornando-se o CEO".] Pressiono os especialistas, que já sabem como se faz e como sempre foi feito, a encontrar uma maneira diferente de fazer. E é muita pressão. Não é fácil trabalhar comigo. Eu jamais diria que é.

Entretanto, pressionar para atingir a grandeza não faz de você um FDP. Não tolerar a mediocridade não faz de você um FDP. Questionar as suposições não faz de você um FDP. Antes de colocar alguém na categoria de "só mais um FDP", você precisa saber o que motiva essa pessoa a ser assim.

Há uma diferença enorme entre ser impetuoso e fervoroso em benefício do cliente e intimidar as pessoas para aplacar o próprio ego.

A diferença nem sempre é clara para quem está na outra ponta. É difícil entrar em um furacão e pensar: "Tudo bem, é só um furacão entusiasmado pela missão. Só preciso esperar ele perder a força e apresentar alguns dados e argumentos racionais".

Alguns furacões podem ser convencidos com a razão; outros, não.

Então, eis como lidar com pessoas como eu, como aplacar um furacão: pergunte por quê.

Cabe à pessoa fervorosa — especialmente se ela for líder — explicar a decisão e garantir que você consiga ver o ponto de vista dela. Se ela conseguir explicar por que algo é tão importante, você pode entender a lógica dela e entrar no barco ou apontar possíveis problemas.

Então, pergunte. Não tenha medo de revidar. A pessoa terá mais respeito por você se você defender o que acredita. Os FDPs orientados pela missão querem ser melhores no trabalho e concretizar a missão — eles querem ter certeza de que a empresa está indo na direção certa.

Assim, se você questionar algo em benefício do cliente, esse FDP ouvirá o que você tem a dizer e mudará de ideia. Ou não.

Eu sempre dizia à minha equipe da Apple quando Steve Jobs surtava:

— Sim, essa ideia dele é insana. Mas a sanidade prevalecerá! Ele pode estar errado hoje, mas sei que vai chegar à resposta certa mais cedo ou mais tarde. Só precisamos encontrar uma abordagem mais efetiva e apresentar bons argumentos para convencê-lo de que a nossa ideia é melhor.

Prepare-se para um pouco de vento e granizo, mas não se preocupe em ser arrastado: um FDP orientado pela missão pode destruir seu trabalho, mas não fará ataques pessoais. Ele não vai xingar nem demitir você por discordar dele.

74 | CRIAR

Essa é a diferença entre um FDP orientado pela missão e um controlador.

Os FDPs controladores se recusam a ouvir. Eles nunca vão admitir que pisaram na bola. Nem os FDPs políticos. Eles ignoram problemas claros e rechaçam argumentos razoáveis, seja porque não têm como se beneficiar politicamente da situação ou porque seu ego é incapaz de aceitar o que eles veem como um tipo de ameaça. Eles não protegem o produto, o cliente ou a equipe. Só protegem a si mesmos.

E, para deixar claro, Steve Jobs não era um FDP. É verdade que, às vezes, ele passava dos limites — afinal, era um ser humano —, mas eu não botava panos quentes nem dava desculpas para esse tipo de comportamento e, de qualquer maneira, não era corriqueiro. Steve era um FDP orientado pela missão, um furacão fervoroso.

A melhor coisa para o produto sempre acabava vencendo, porque o produto era tudo o que importava. Steve sempre focava no trabalho. Sempre.

São os FDPs que vivem focados nas pessoas — em controlar as pessoas — que fazem do trabalho um inferno. Os verdadeiros FDPs sempre levam para o lado pessoal. São motivados pelo ego, não pelo trabalho. Desde que saiam ganhando, não dão a mínima para o que vai acontecer com o produto ou as consequências para o cliente. Esses FDPs colocam cada vez mais barreiras e armadilhas no caminho e o impedem de criar algo do qual você possa se orgulhar.

Como o gerente que disse a uma amiga minha, sem nem disfarçar:

— Você está proibida de falar com o CEO!

Durante o desenvolvimento do produto, o CEO costumava ligar para a minha amiga com perguntas ou ideias ou só para fazer um brainstorming. Era mais fácil e rápido para o CEO obter as informações falando diretamente com ela em vez de passar pelo gestor dela.

O gerente ficou furioso. Como ela ousava desrespeitar a hierarquia social? Não é assim que fazemos as coisas aqui!

Então ele declarou:

— Você está proibida de falar com o CEO. Está proibida de ligar para ele. Está proibida de mandar e-mails diretamente para ele. Só passando por mim.

Mas não era ela que ligava para o CEO. Era o CEO que ligava para ela. E ela não era burra. Se o CEO quisesse falar com ela, ela não ia se recusar a responder. Ela propôs ao chefe contar tudo o que eles conversavam, mas ele não aceitou. Em vez de se empenhar para ter as respostas que o CEO queria, ele simplesmente a proibiu de falar com o CEO.

Ela revirou os olhos e ignorou a ordem. No entanto, ainda precisava lidar com esse cara para concluir seu projeto. Então ela fez a única coisa que você pode fazer quando é forçado a trabalhar com um FDP controlador:

1. Soterre-o debaixo de uma montanha de gentileza.
2. Ignore-o.
3. Tente contorná-lo.
4. Peça demissão.

Nessa ordem.

Comece dando à pessoa o benefício da dúvida. Ela pode só ter tido alguma experiência ruim antes ou um péssimo relacionamento com alguém da sua equipe. Ou ela pode simplesmente não saber como trabalhar com você. Pode ser que vocês descubram que tudo isso não passa de um grande mal-entendido – você vai superar o problema e mostrar a ela que vocês podem ter um relacionamento produtivo.

Comece vendo se não é você que está causando o problema – se você fez alguma coisa que passou uma impressão errada ou causou um problema sem querer. Tenha uma conversa aberta e comece reconhecendo que vocês começaram com o pé esquerdo. Seja amigável. Seja gentil. Tente elogiá-la em público – dê-lhe os créditos por algo que fez (mesmo se tiver feito errado). Isso pode bastar para colocar o relacionamento nos trilhos.

Ou não.

Se você fez tudo o que podia – a consultou, a tratou com justiça, teve algumas conversas francas – e recebeu uma grande montanha de nada em troca, a melhor abordagem é se defender. Se você tiver um bom gestor, peça ajuda para protegê-lo da pessoa em questão. Veja se sua liderança consegue reorganizar as coisas para você não precisar mais lidar com o FDP nem ouvir a sua opinião.

Se isso não ajudar, apenas o ignore. Pare de envolvê-lo nas suas decisões. Peça desculpas, não permissão – e, com o tempo, nem se dê ao trabalho de se desculpar. Se você estiver fazendo algo que a empresa valoriza, o FDP poderá espernear e armar as tramoias que quiser, mas as mãos dele estarão atadas. Não seja agressivo nem antipático – só continue fazendo seu trabalho.

Essa atitude pode lhe dar tempo suficiente para concluir seu projeto em paz.

Ou não.

Depois de semanas sendo ignorado, depois de tentar me tripudiar de reunião em reunião, depois de desfeita atrás de desfeita, um FDP com quem trabalhei me chamou na sua sala, na presença do RH, me olhou diretamente nos olhos e disse:

– Vamos colocar o pau na mesa e ver qual é o maior. Posso garantir que é o meu.

Uma coisa é inegável: isso foi difícil de ignorar.

Fiquei lá sentado tentando processar o que ele tinha dito. O que ele esperava que eu dissesse? Ou fizesse? Ele queria que eu lhe desse um soco? Qual era o objetivo daquilo? Foi um momento tão bizarro que eu fiz a coisa certa: fiquei em silêncio olhando para ele. Ele continuou falando – aquele tinha sido apenas o começo do discurso. Mas eu não entrei na briga. Não reagi. Só revi os meus conceitos. Tudo bem, então é isso que esse cara realmente é. Este é o jogo que estamos jogando. Ele não está na minha equipe. Ele não merece o meu respeito.

Agora eu precisava ir para a ofensiva. E eu precisava de ajuda.

Se você está tendo problemas com um FDP, provavelmente não é o único. Encontre pessoas que concordam que essa pessoa mais atrapalha do que ajuda – converse com pessoas que trabalham com ela, fale com o RH. Encontre o momento certo e converse com a liderança dela – normalmente a liderança vai concordar e dizer que já está fazendo algo a respeito dessa pessoa. É bem provável que leve uma eternidade e o processo seja conturbado, mas, se tudo der certo, o FDP vai sair do seu projeto e da sua vida.

Se não der certo, você pode tentar uma transferência para outra equipe. Mas, quando você está lidando com um verdadeiro FDP, é bem provável que a pessoa já tenha uma reputação na empresa. Se a outra equipe souber que aceitar o seu pedido de transferência vai provocar a ira do FDP em questão, ela poderá decidir que o incômodo não vale a pena. Já vi um caso em que uma vítima de um FDP se tornou um pária na empresa – nenhuma outra equipe topava aceitá-la, por medo de o gestor que a perdeu sair em busca de vingança.

Nesse ponto, você pode perceber que tem apenas uma opção.

Pedir demissão.

Diga ao seu chefe, ao RH e a quem quiser ouvir que você tentou de tudo e não tem mais como trabalhar com essa pessoa. [Veja também: "Capítulo 2.4: Pedindo demissão".]

Se você for valorizado, a liderança provavelmente vai tentar encontrar uma maneira de neutralizar a situação e manter você na empresa. O segredo é sempre entregar um projeto importante para a empresa. Se você entrega resultados e o FDP não, é questão de tempo para ele passar a ser reconhecido pelo que é – um verdadeiro FDP – e acabar isolado ou ineficaz. Pode levar muito, muito tempo, mas em geral as opiniões do FDP começam a perder influência e ninguém mais lhe dá ouvidos.

Mas nem sempre.

Às vezes, mesmo se ele for expulso da organização, ele ainda pode fazer da sua vida um inferno.

Então, sempre fique de olho nas redes sociais. Não se limite a observar os rumores internos; lembre-se de checar o Glassdoor, o Facebook, o Twitter, o Medium, o LinkedIn e – que raiva – até o Quora. O TikTok.

78 | CRIAR

Qualquer coisa. Pessoas iradas vão falar mal de você em qualquer lugar. As redes sociais são a nova arma no arsenal de todo FDP. Se ele não conseguir o que quer de você no trabalho, pode tornar as coisas muito, muito pessoais para todo mundo ver – literalmente, todo mundo.

É sempre problemático e incrivelmente desagradável quando isso acontece, mas, se a pessoa for um FDP controlador ou apenas um FDP comum, provavelmente vai acabar dando um tiro no próprio pé e a verdade vai prevalecer.

Os FDPs políticos são diferentes.

O problema dos FDPs políticos é que eles costumam formar coalizões com outros FDPs políticos. Pessoas boas veem esse tipo de pessoa sendo promovido e acham que esse é o caminho certo para avançar na empresa. A coalizão de FDPs cresce e então eles se concentram quase exclusivamente em pisar na cabeça dos outros para subir, manipulando a situação para a liderança não perceber o que está acontecendo.

Os FDPs políticos costumam se dar bem em grandes organizações, onde podem usar o tipo de táticas maquiavélicas que faz você parecer louco e paranoico quando as descreve. Eles encontram pessoas medíocres no trabalho e as protegem em troca de lealdade. Descobrem o que os outros estão fazendo de errado – alguém está tendo um caso na empresa –, manipulam o RH para fazer vista grossa e essas pessoas ficam em dívida para o resto da vida.

É como a máfia. Mas, em vez de matar pessoas, eles matam boas ideias.

Os FDPs políticos precisam de um exército para semear a discórdia ou descobrir fofocas e usá-las a seu favor. É assim que eles controlam as pessoas. É assim que eles se safam.

Como combater a máfia?

Reúna as pessoas com quem trabalha e trace um plano para melhorar a qualidade do trabalho e a performance de vocês. Mas vocês não farão isso para se proteger, ou para ganhar promoções, poder, bônus ou o que quer que os FDPs queiram. Vocês se unirão a serviço dos clientes.

As panelinhas políticas são pirâmides do tipo cada um por si, ao estilo de *No Limite*, com cada FDP fazendo de tudo para chegar ao topo. Já o seu grupo deve se concentrar em se ajudar e proteger os clientes das terríveis decisões dos FDPs. Quando uma aliança de FDPs começa a espalhar mentiras, rouba ideias ou assume projetos que não têm competência para assumir, eles vão criar uma narrativa e repeti-la à exaustão para a liderança. Vão fazer isso até ser impossível ignorá-los.

É nesse ponto que a sua equipe precisa ter uma contranarrativa. A teoria da assimetria da mentira, chamada de lei de Brandolini, estará em jogo aqui: "A energia necessária para refutar uma mentira é muito maior que a energia necessária para produzi-la".

Então vocês precisam criar uma excelente narrativa e chegar às reuniões prontos para apoiar uns aos outros. Garanta que todos conheçam o roteiro. Coletem dados para sustentar os seus argumentos, para que não seja apenas a palavra de vocês contra a deles. Então, quando o FDP vier com a mentira, a sua equipe terá munição para refutá-la.

Se tudo der certo, vocês vão conseguir neutralizar a máfia, ou pelo menos fazer com que eles se voltem a presas mais fáceis. E uma vantagem desse tipo de batalha é que você cria vínculos duradouros com um grupo diversificado de pessoas maravilhosas.

Depois de impedir os FDPs de estragar o produto e ferrar com os clientes, podemos parar de criar narrativas. Parar de jogar os joguinhos idiotas que nunca quisemos jogar. Podemos voltar ao trabalho que adoramos fazer.

O lance dos FDPs é que eles são tão horrendos que ficam gravados na sua memória. Eles ganham um capítulo inteiro no seu livro. Mas a maioria das pessoas só quer ir ao escritório e fazer um bom trabalho. A maioria das pessoas que causam problemas não são mal-intencionadas ou maquiavélicas – elas estão tendo dificuldades, são gestores de primeira viagem, estão no emprego errado ou só estão tendo um dia péssimo. Pode ser que o filho não esteja dormindo direito. Pode ser que a mãe tenha falecido. Até as pessoas mais legais e gentis do planeta podem agir como babacas às vezes. Ou podem ser furacões fervorosos que estão pressionando para que você vá mais longe do que você achava que seria capaz, porque sabem que você tem talento e que não está atingindo todo o seu potencial.

A maioria das pessoas não é FDP.

E, mesmo se forem, também são seres humanos. Então não comece tentando demitir a pessoa. Comece com gentileza. Tente trabalhar em paz com ela. Presuma o melhor das pessoas.

E, se não der certo, lembre-se de que tudo o que vai, volta. Mesmo que leve um tempo.

Capítulo
2.4

PEDINDO DEMISSÃO

É importante ser persistente. Se você tiver entusiasmo por algo, precisará ser obstinado, o que pode implicar receber um salário menor por um tempo ou ficar em uma empresa problemática para poder terminar o seu projeto.

Em algum momento, porém, você pode não ter outra opção além de se afastar. Veja como saber se está nessa situação:

1. **Você perdeu sua paixão pela missão.** Você está na empresa pelo salário ou para conseguir o cargo que deseja, mas cada hora que passa no trabalho parece uma eternidade. Fuja como o diabo foge da cruz! Nada vale o tormento de um trabalho que faz da sua vida um inferno.

2. **Você já tentou de tudo.** Você ainda é apaixonado pela missão, mas a empresa não ajuda. Você conversou com o seu chefe, com outras equipes, com o RH e com a liderança sênior. Tentou entender os obstáculos e apresentou soluções e opções. Mesmo assim, seu projeto não está indo a lugar algum, é impossível trabalhar com o seu chefe ou a empresa está desmoronando. Nesse caso, você deve sair desse emprego, mas se ater à missão e encontrar outra equipe que esteja em uma jornada parecida com a sua.

Uma vez que a decisão esteja tomada, é importante sair do jeito certo. Você assumiu um compromisso, então tente terminar o

82 | CRIAR

máximo possível do que começou. Encontre um ponto de ruptura natural em seu projeto – o próximo grande milestone – e tente sair nesse momento. Quanto mais tempo você estiver em uma empresa e quanto mais alta for a sua posição, mais tempo levará para fazer a transição. Os colaboradores individuais normalmente conseguem dar apenas algumas semanas ou alguns meses de aviso prévio. Já os CEOs podem precisar de um ano ou mais.

..

Eu saí da Philips depois de concluir meus projetos e garantir que tinha explorado todos os caminhos para levar minha equipe ao sucesso. Saí porque nunca superaríamos a concorrência quando todos estivessem usando o mesmo sistema operacional da Microsoft que ditava a maioria dos nossos recursos. Pedi demissão depois de quatro anos de trabalho duro, frustração, aprendizado e crescimento pessoal e profissional.

Pedi demissão da RealNetworks depois de duas semanas porque tinha ficado claro que eu iria odiar aquele emprego.

Mesmo assim, fiquei quatro semanas depois de dar meu aviso prévio. Apresentei opções para diferentes negócios que eles poderiam abrir, esbocei planos de negócios e apresentações de projetos. Eu queria deixá-los com algo tangível – um bom trabalho baseado em boas ideias – para ninguém dizer que eu entrei e saí só para ferrar com eles (apesar de eu ter certeza de que tenham falado isso de mim mesmo assim).

Contudo, eu precisava cair fora de lá. Assim que eles voltaram atrás em sua palavra e me disseram que eu precisaria me mudar para Seattle, perdi toda a confiança naquela empresa. Não dá para trabalhar com pessoas nas quais você não tem como confiar. Minha intuição me dizia que minha situação naquela empresa seguiria ladeira abaixo a partir daquele ponto.

A maioria das pessoas no fundo sabe quando deveria pedir demissão, mas mesmo assim passa meses – ou até anos – se convencendo do contrário. Eu soube desde o início que ali teria um bom salário, mas minha vida seria um inferno.

E quero deixar bem claro: nem todo o dinheiro do mundo compensa um emprego que você odeia.

Vou precisar repetir: nem todo o dinheiro, promoções, cargos ou regalias do mundo compensam um emprego que você odeia.

Sei que pode parecer hipocrisia vindo de mim, um cara rico e que teve muita sorte na vida. Mas não enriqueci aceitando altos salários ou cargos pomposos para fazer um trabalho que eu sabia que odiaria. Eu sigo a minha curiosidade e a minha paixão. Sempre. Isso requer deixar dinheiro na mesa – tanto dinheiro que as pessoas achavam que eu tinha pirado. "Você vai mesmo dar as costas para a chance de liderar o iPhone, vai dar as costas para a Apple? Para aquele dinheiro todo? Você enlouqueceu?"

Mas valeu cada centavo.

Qualquer um que já esteve preso a um trabalho que odiava sabe como é isso. Cada reunião, cada projeto inútil, cada hora se estende até a eternidade. Você não respeita o seu chefe, revira os olhos para a missão, sai cambaleando e exausto porta afora no fim do dia, volta para casa se arrastando e passa o tempo todo reclamando com a família e os amigos até eles ficarem tão infelizes quanto você. É um tempo, uma energia, uma saúde e uma alegria que desaparecem da sua vida para sempre. Mas o cargo, o status, o salário… fazem valer a pena, não é?

Não fique preso. O simples fato de você não conhecer opções melhores não significa que elas não existam. Você pode ganhar dinheiro em outro lugar. Pode arranjar outro emprego.

Quando começar a dizer às pessoas que está procurando um novo trabalho ou que deixou seu emprego, é bem provável que novas oportunidades surjam. Vejo isso acontecer com amigos o tempo todo. Eles postam uma atualização no LinkedIn e as pessoas entram em contato imediatamente. Olha só! O fulano está disponível. Sei de uma vaga perfeita para ele.

84 | CRIAR

É claro que, como em tudo na vida, ajuda conhecer as pessoas certas.

Não deixe de fazer networking para conhecer essas pessoas. Não estou falando de ir a conferências e sair distribuindo cartões de visita ou QR codes como quem faz boca de urna ou de encurralar potenciais empregadores enquanto eles tentam se aproximar da mesa do bufê no coffee break. Estou falando de firmar novos relacionamentos, não só profissionais − converse com pessoas de fora da sua bolha. Aproveite para conhecer outras realidades. Conheça alguns seres humanos diferentes. Nunca deixe de fazer networking − mesmo quando estiver em um bom emprego.

Em 2011, fui almoçar com um executivo que havia acabado de sair da Apple e estava abrindo uma nova empresa. Ele tinha trabalhado na Apple desde o fim dos anos 1990 e havia sido um protegido de Steve Jobs durante anos antes disso. Qualquer um acharia que ele teria todas as vantagens do mundo − ele passara a última década trabalhando nos níveis mais altos da empresa mais famosa do Vale do Silício, ao lado de seu líder mais dinâmico. Seria de se esperar que houvesse uma fila para financiar a sua nova empresa. Quem não agarraria a oportunidade de trabalhar com ele?

Mas era como se ele tivesse acabado de sair da prisão. Ele nunca conversava com ninguém fora da esfera de influência de Steve. Não sabia a quem recorrer, como captar recursos. A Apple era sua única janela para o mundo e, quando saiu da empresa, ele ficou perdido. No fim, acabou dando um jeito. Mas levou muito mais tempo do que ele esperava.

Então, não fique preso.

E não pense no networking como um meio para um fim − como fazer um favor para a pessoa ficar lhe devendo uma. Ninguém quer sentir que está sendo usado.

Cultive a sua curiosidade, converse e forme vínculos com as pessoas para saciar essa curiosidade. Saiba como as outras equipes da sua empresa trabalham e o que elas fazem. Converse com os concorrentes − afinal, todos vocês estão trabalhando para resolver os mesmos problemas

Pedindo demissão | 85

e eles só escolheram uma abordagem diferente. Você quer que os seus projetos tenham sucesso, então não se restrinja a conversar apenas com os colegas de equipe no almoço – almoce com os seus parceiros, com os seus clientes, com os clientes dos seus clientes, com os parceiros dos seus parceiros. Converse com todo mundo, informe-se sobre as ideias e os pontos de vista de pessoas diferentes. Ao fazer isso, você pode ajudar alguém, fazer uma amizade ou acabar tendo uma conversa interessante.

Uma conversa interessante pode se transformar em uma entrevista de emprego. Ou não. Mas pelo menos vai ser interessante. Pelo menos você poderá ter um vislumbre das possibilidades. Vai poder fazer incursões por outros caminhos com outra conversa. E outra. E mais outra. Até que você veja uma luz no fim do túnel: uma empresa, um emprego ou uma equipe que reacenda em você a vontade de trabalhar. Você poderá voltar a ter um senso de propósito.

Quando isso acontecer, saia do antigo emprego. Peça demissão sem pensar duas vezes.

Contudo, não se limite a entrar na sala do seu chefe, jogar a carta de demissão na mesa dele e dar as costas para tudo o que você fez até agora. Mesmo se odiar o seu emprego, não deixe um emaranhado de pontas soltas. Termine o que puder, arrume o que não puder e, de preferência, faça a transição para a próxima pessoa que ficará com as suas responsabilidades. Pode levar semanas ou até meses. Se você for gestor ou líder sênior, sei que vai parecer uma eternidade – por exemplo, minha transição para sair do Google Nest levou nove meses. Na Apple, levou vinte meses.

As pessoas não vão se lembrar de como você começou. Vão se lembrar de como você saiu.

Mas não deixe que isso o impeça de tomar a decisão de sair.

Quando entrar em um lugar que tem uma missão na qual você acredita, tudo vai mudar.

É claro que você pode ter de sair desse emprego também. Porque, uma vez que se compromete com uma missão, com uma ideia, é a isso

86 | CRIAR

que você deve se ater. A empresa é secundária. Se você encontrar uma fonte de inspiração, agarre as melhores oportunidades para concretizá--la. Eu me apaixonei por dispositivos eletrônicos pessoais e segui essa paixão em cinco empresas. Levou muito tempo para essa minha paixão se pagar financeiramente, mas eu adorava trabalhar com isso e continuei encontrando novas oportunidades nesse sentido. Em cada emprego vi uma abordagem diferente, uma nova perspectiva do mesmo problema, até que desenvolvi uma detalhada visão de 360 graus do desafio que eu queria resolver e de todas as soluções possíveis. A ideia era muito mais preciosa do que a empresa que pagava meu salário.

É um equilíbrio. Na RealNetworks, foi só uma sucessão de promessas não cumpridas, uma perda imediata de confiança, mas tive a chance de trabalhar em outras empresas por quatro anos, cinco anos, quase uma década. Se você encontrou uma boa oportunidade de seguir a sua paixão, não desista antes de tentar fazê-la dar certo na sua empresa atual.

Se alguma coisa não estiver dando certo, não se limite a reclamar com pessoas que não têm poder para resolver o problema, dar de ombros e desistir. Não basta falar com seu chefe. Especialmente se o chefe for o problema.

Se a missão que você considera tão empolgante está sendo ofuscada por jogos políticos, má administração, rotatividade da liderança ou simplesmente decisões ruins, não seja tímido. Mergulhe no networking. Converse com todo mundo. Evite se queixar ao lado do bebedouro ou espalhar fofocas, evite reclamar sem pensar em soluções. Apresente sugestões para resolver os problemas difíceis que você e a sua equipe estão enfrentando. Fale com o seu chefe, com o RH, com outras equipes – encontre líderes relevantes dispostos a ouvir. Se tudo der certo, alguns vão concordar com você, contestar sua visão ou ajudar a ajustar a sua perspectiva. Tudo será útil. Peça a opinião deles.

Isso inclui a liderança sênior. Os executivos. Você pode até falar com membros do conselho e investidores, se tiver acesso a eles. Foi o que eu fiz – na Philips, na Apple. Suba o máximo que puder na hierarquia para informar as pessoas sobre os problemas. É bem provável que você queira sair da empresa de qualquer jeito se esses problemas não forem resolvidos, então você não tem nada a perder.

A maioria das pessoas do topo tem interesse em saber o que está acontecendo abaixo delas. Elas podem recompensar você por apresentar o problema. Podem até estar frustradas com as mesmas coisas (mesmo se não disserem isso a você).

E, sim, você provavelmente vai enfurecer o seu chefe — é sempre complicado passar por cima dele. Eu deixava meus chefes furiosos sempre que passava por cima deles para falar com algum outro executivo. Então, caso o seu chefe pergunte, diga o que você está fazendo — e explique o porquê. Nesse caso, é melhor pedir perdão, não permissão. Lembre-o que já falou com ele sobre o problema, mas que nada mudou. Explique o problema e apresente as soluções que está propondo; diga com quem conversou e o que espera que aconteça.

Se seguir por esse caminho — se passar por cima do seu chefe e começar a fazer barulho por toda a empresa —, garanta que os problemas que está levantando não sejam relacionados a você mesmo.

Uma vez, tivemos uma enorme reunião geral na Apple — o tipo de encontro que só acontecia duas, talvez três vezes por ano na empresa. Um cara se levantou durante a sessão de perguntas e respostas e perguntou a Steve Jobs por que ele não tinha recebido um aumento ou uma boa avaliação. Steve olhou para ele, sem acreditar, e disse, pasmo:

— Posso lhe dizer por quê: porque você está fazendo essa pergunta na frente de dez mil pessoas.

Ele foi demitido logo em seguida.

Não seja esse cara.

Você pode ter problemas pessoais — o salário não é suficiente para pagar as contas, faz anos que você não recebe uma promoção — ou pode ter problemas com o projeto no qual está trabalhando. Tudo bem pedir demissão por causa de problemas pessoais, mas você não tem por que reclamar dos seus problemas para todo mundo da em-

88 | CRIAR

presa. Pior ainda é fazer isso na frente de dez mil pessoas – e viver reclamando só para um executivo sobre o seu pacote de ações da empresa é quase tão ruim quanto.

Se você for chamar a atenção de todos, que seja em prol da missão, não para benefício pessoal. Pense bem sobre os problemas que estão prejudicando o seu projeto. Anote soluções razoáveis e inteligentes. Apresente-as à liderança. Essas soluções podem não funcionar, porém o processo será no mínimo instrutivo. Não importune ninguém, mas seja persistente, escolha bem o momento certo, seja profissional e não se preocupe com as consequências caso o seu plano não dê certo. Diga que você quer muito que o projeto tenha sucesso, mas que, se não der para resolver esses problemas, provavelmente vai pedir demissão.

Mas não vale blefar para conseguir uma vantagem como se fosse uma negociação. Muitas pessoas jogam no lixo a sua carreira em uma empresa porque tiveram um acesso de raiva. Você nunca pode ameaçar pedir demissão, mudar de ideia e decidir ficar. As pessoas perderão instantaneamente o respeito por você. Você precisa ir até o fim.

Sua ameaça de pedir demissão pode ser suficiente para a empresa levar você a sério e fazer a mudança que está propondo. Ou não. Ameaçar pedir demissão jamais deve ser uma tática de negociação – deve ser a sua última cartada.

Mesmo que a liderança reconheça que você tem razão e prometa uma grande mudança, pode demorar um tempo para alguma coisa mudar. Ou pode nunca acontecer. Contudo, vale a pena tentar. Pedir demissão sempre que as coisas ficam difíceis não só não é bom para o seu currículo como também destrói qualquer chance de fazer algo do qual você possa se orgulhar. Coisas boas levam tempo. Coisas espetaculares levam ainda mais tempo. Se você pular de um projeto a outro, de uma empresa a outra, nunca terá a experiência de começar e terminar algo significativo.

Não é bom ficar trocando de emprego o tempo todo. Um emprego não é uma blusa que você pode tirar quando as coisas esquentam.

Muitas pessoas abandonam o barco assim que precisam mergulhar de cabeça e se comprometer com o trabalho árduo e desgastante de fazer algo concreto. Quando você olha o currículo dessas pessoas, o padrão é claro.

Um currículo de duas páginas pode contar a história de um livro de trezentas páginas quando você sabe o que está procurando. E muitos enredos têm furos gigantescos.

Então, antes de pedir demissão, é melhor ter uma história. Uma história boa, convincente e baseada em fatos. Você vai precisar ter uma justificativa para a sua saída. E necessitará de uma justificativa para explicar por que quer entrar na empresa para a qual for se candidatar. Devem ser duas narrativas muito diferentes. Você precisará delas para a entrevista, mas também para si mesmo – para garantir que realmente pensou bem nas coisas e garantir que está escolhendo bem o próximo emprego.

A sua história para explicar por que saiu da empresa anterior precisa ser sincera e justa, e a sua história para o seu próximo emprego precisa ser inspiradora: é isso que eu quero aprender, esse é o tipo de equipe com a qual quero trabalhar, essa é a parte da missão que me empolga.

Mantenha isso em mente quando os recrutadores entrarem em contato. Porque, se você for bem-sucedido, eles vão procurá-lo. Saber quando pedir demissão e aceitar a proposta de um recrutador é um processo de duas etapas: primeiro é necessário saber que o seu emprego atual não serve mais para você, depois decidir que um novo emprego será melhor. Muitas pessoas confundem os dois, ficam deslumbradas com a proposta do recrutador e ignoram as oportunidades que têm em seu emprego atual. Ou não fazem networking internamente e desconhecem as oportunidades existentes na empresa. Vi muitas pessoas abandonarem o barco antes de fazer a lição de casa, pessoas que não pensaram bem antes de pedir demissão. Elas normalmente voltam uns três a seis meses depois, com o rabo entre as pernas, pedindo o antigo emprego de volta.

90 | CRIAR

Também não seja essa pessoa.

No entanto, quando perceber que não tem outra opção, que realmente não tem outra opção – e não estiver apenas encantado com as promessas de um recrutador –, não hesite em virar as costas.

Eu saí da Apple três vezes. A primeira vez foi logo depois de lançarmos o iPod. Nossa equipe moveu montanhas para entregar o dispositivo meses antes do que qualquer pessoa acreditava ser possível e o produto foi recebido com uma chuva de elogios. Conseguimos essa façanha apesar de meu chefe ter feito de tudo para levar o crédito pelo trabalho duro da nossa equipe [Veja também: "Capítulo 2.3: Fdps".]

Eu tentei de tudo – argumentar com ele, ignorá-lo, brigar com ele, apaziguar o ego dele – até o projeto estar concluído. Minha equipe trabalhou dez meses sem parar. Então pedi o que havia sido prometido – o cargo que já deveria ser meu:

– Quando vou ser promovido a vice-presidente?

E ele disse:

– Vamos esperar um ano. Essas coisas levam tempo. Ninguém é promovido tão rápido.

Ele sabia muito bem que eu merecia um cargo mais alto desde o começo, que estava me enrolando (você pode ler a história completa em *Steve Jobs*, de Walter Isaacson, se estiver curioso). Entretanto, eu tinha entregado o que prometi. Na verdade, mais do que prometi.

Tentei manter a calma. Apresentei meus argumentos. Ele só deu de ombros, deu uma risadinha e disse:

– Foi mal. Agora não vai rolar.

A última gota de respeito que eu tinha por ele foi pelo ralo.

Eu ainda acreditava na missão. Eu me orgulhava do que havíamos feito. Estava animado para continuar. Mas não tinha como contornar esse cara. Ele ia me ferrar de qualquer jeito, mesmo se eu continuasse entregando resultados espetaculares. É o tipo de ferida que não cicatriza.

Eu não tinha mais paciência. Então, disse a única coisa que me restava dizer:

Pedindo demissão | 91

– Estou pedindo demissão.

Às vezes, a única maneira de se salvar é virar as costas.

Duas semanas depois, enquanto eu juntava as minhas coisas, recebi um telefonema de Cheryl Smith, a líder de recursos humanos encarregada de supervisionar a nossa equipe do iPod. Era uma parceira incrível que tinha aberto meus olhos para o funcionamento da máquina da Apple e me orientado quando entrei na empresa.

– Fiquei sabendo do que aconteceu – ela disse. – Não faz sentido algum. Você não pode sair da empresa! Vamos sair para caminhar um pouco.

Quanto mais andávamos pelo campus da Apple e eu lhe contava os detalhes do que tinha acontecido, mais alto falávamos e mais gesticulávamos efusivamente. Ela ficou do meu lado, disse que daria um jeito, me disse para aguentar firme – mas era tarde demais para mim. Vinte e quatro horas depois, eu saí da Apple para sempre.

No dia seguinte, algumas horas antes de os seguranças chegarem para me escoltar porta afora, recebi um telefonema de Steve Jobs.

– Você não vai a lugar nenhum. Vamos conseguir o que você quer.

Marchei até a sala do meu chefe. Cheryl estava esperando do lado de fora com um grande sorriso.

Apesar de meu chefe estar sorrindo, dava para ver que ele estava odiando cada minuto.

– Não é assim que fazemos as coisas por aqui – ele murmurou enquanto assinava os documentos para me promover.

À noite, cheguei à minha festa de despedida e disse:

– Vou ficar!

Depois de um tempo, tive de pedir demissão de novo; dessa vez, para proteger o produto e a equipe. E depois mais uma vez – para proteger a minha sanidade e a minha família. Tudo isso acompanhado de muito drama, é claro. Muito, muito drama. Não foi fácil dar as costas para a minha equipe, para Steve.

Só que eu sabia que era a coisa certa a fazer. Depois de uma década dedicando toda a minha energia à Apple, era hora de partir.

92 | CRIAR

Às vezes, de nada valem todos os cálculos, as negociações, as discussões com seu chefe e as reuniões com o RH. Às vezes, simplesmente, não dá mais para ficar. Quando esse momento chegar, você provavelmente saberá.

Peça demissão e vá fazer algo que você vai adorar fazer.

Parte

III

CRIE SEU PRODUTO

A tecnologia básica do primeiro iPod não foi projetada pela Apple.

Nem foi projetada para um dispositivo portátil.

No fim dos anos 1990, as pessoas começaram a encher os seus discos rígidos com arquivos de áudio MP3. Pela primeira vez, música de qualidade boa (o bastante) pôde ser armazenada em arquivos suficientemente pequenos para permitir baixar grandes bibliotecas de música em um computador.

No entanto, mesmo se você tivesse um sistema de som de última linha, não tinha como usá-lo para ouvir as músicas baixadas. Os aparelhos de som eram feitos para tocar fitas e CDs, então as pessoas tocavam as músicas que baixavam nos alto-falantes furrecas do computador.

Em 1999, vi o potencial de criar algo melhor. Não um player de MP3, mas uma jukebox digital.

O novo dispositivo permitiria ao usuário converter todos os seus CDs em MP3 para poder ouvi-los, além das músicas que ele baixasse, em sua TV e sistema de som doméstico. Antes do famoso slogan do iPod "mil músicas no seu bolso", tentamos fazer "mil CDs no seu home theater".

Pelo menos foi a ideia que apresentei à RealNetworks. Mas apresentei à empresa errada, para as pessoas erradas, tudo errado. Então eu pensei – que se dane. Eu mesmo faço.

94 | CRIAR

As famosas palavras que lançaram mil startups.

Chamei a minha startup de Fuse Systems.

A inspiração veio de um projeto da Philips. Eles tentaram criar um home theater + DVD player que rodava no Windows, então permitia navegar na internet pela TV e ouvir áudio da internet (lembrando que estamos falando de uma era pré-Wi-Fi).

Era a semente de uma ideia excelente. As conexões de internet domésticas estavam acelerando, de 56 kbps para a velocidade espantosa de 1 mbps, possibilitando downloads de áudio e até de vídeos pixelados do tamanho de um selo. Estava claro que as coleções de músicas e filmes das pessoas passariam para os computadores. Contudo, ninguém queria ouvir música nos tristes e sombrios computadores corporativos que rodavam com Windows disponíveis nos anos 1990. Os home theaters eram muito melhores – tinham HDTV e som surround. Mas só os mais refinados geeks do audiovisual sabiam instalá-los.

A Philips viu isso, mas não conseguiu capitalizar a ideia. Eles ficaram obcecados com o Windows e criaram um PC que tinha a ilusão de poder ser um aparelho de som. Ficaram cegos pelo que seriam capazes de fazer e deixaram de questionar por que alguém iria querer isso. Dei uma olhada e pensei: não. Não, não e não. Não dá para usar o Windows – eu tinha passado anos dando murro em ponta de faca com o sistema operacional da Microsoft e sabia que era um beco sem saída para eletrônicos de consumo. Quem quer esperar dois minutos para a TV inicializar? E seria preciso simplificar o home theater para todos os consumidores que não eram geeks. Criar algo plug and play que qualquer um poderia comprar e sair usando.

Eu queria criar um componente capaz de se conectar à internet, mas que não se parecesse com um computador. O Fuse daria às pessoas uma verdadeira experiência de eletrônicos de consumo: você poderia configurar e encomendar um home theater completo, incluindo um CD/DVD player que salvaria as suas músicas em um disco rígido integrado. Em seguida, poderia conectar-se à primeira loja on-line do mundo para baixar mais músicas e, no futuro, filmes e programas de TV. O TiVo estava na crista da onda na época, mas eu queria que o Fuse fosse mais longe.

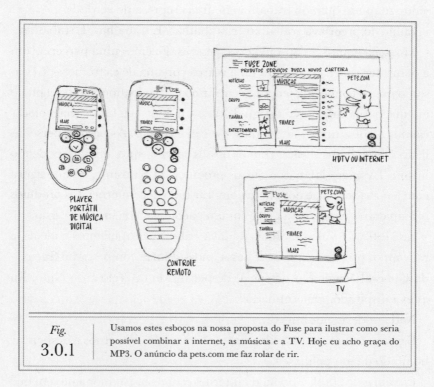

Fig.
3.0.1
Usamos estes esboços na nossa proposta do Fuse para ilustrar como seria possível combinar a internet, as músicas e a TV. Hoje eu acho graça do MP3. O anúncio da pets.com me faz rolar de rir.

Consegui um pequeno capital inicial para abrir uma empresa. E não seria só um bico, uma pequena startup criada por universitários que não sabem direito o que estão fazendo. Eu precisaria abrir uma empresa de verdade. Uma empresa séria.

Eu ia acertar dessa vez. Enfrentaríamos os maiores players do mundo. Iríamos peitar a Sony.

Mas primeiro eu tinha que convencer as pessoas a vir trabalhar comigo. Dei as costas à enorme infraestrutura da Philips, suas montanhas de processos e dinheiro, e fui direto para uma tábula rasa. Eu tinha uma excelente ideia, mas não tinha muito mais do que isso. E todas essas pessoas que eu estava tentando recrutar... elas esperavam ser pagas. Esperavam assistência médica. Esperavam uma empresa com um departamento de contas a pagar, um RH e todas as coisas que ninguém valoriza muito quando trabalha em uma empresa de verdade.

Então eu precisava trabalhar. E trabalhar. E trabalhar. E trabalhar.

Montei a equipe – contratei doze pessoas. Fizemos uma parceria com a Samsung, que na época era uma marca coreana de eletrônicos de consumo pouco conhecida tentando entrar no mercado americano. O plano era que nós criaríamos o design de tudo e a Samsung fabricaria; colocaríamos a nossa marca no produto e o venderíamos. As pessoas personalizariam seu home theater com os nossos componentes digitais, podendo incluir TVs, alto-falantes e outros produtos da Samsung, só que agora com a nossa marca, e poderiam comprar tudo pela internet. Os produtos seriam entregues na casa delas em um pacote fácil de instalar e usar.

Era 1999. O Vale do Silício nadava em dinheiro, talentos e ideias, e estávamos prestes a embarcar nessa onda. Eu iria compensar o fracasso da General Magic e o potencial desperdiçado do Velo e do Nino. Eu estava inspirado. Determinado.

Nada poderia nos impedir.

E essas, é claro, são as palavras que levaram mil startups a despencar no fundo de um penhasco.

Em abril de 2000, a bolha da internet estourou. No momento em que comecei a procurar financiamento, o fluxo constante de dinheiro que vinha sendo despejado no Vale do Silício secou da noite para o dia. [Veja também: "Capítulo 4.3: Casamento por interesse".]

Fiz oitenta propostas para diferentes empresas de capital de risco. Oitenta. Todas deram em nada. Os investidores corriam para salvar as startups nas quais já tinham investido (demais) e ninguém tinha interesse em financiar produtos eletrônicos caros enquanto o mercado de ações afundava, empresas faliam e bilhões de dólares escorriam pelo ralo. O timing é tudo e meu timing não poderia ter sido pior. Não consegui levantar nem um centavo.

Um dia, no auge da minha tentativa desesperada de conseguir financiamento para a minha empresa, fui almoçar com um velho amigo da General Magic. Contei sobre o projeto e falei sobre as dificuldades – a mistura turbulenta e nauseante de empolgação com o que estávamos criando e o horror da possibilidade de ter que matar o projeto. Ele lamentou, comeu seu sanduíche e me desejou tudo de bom.

No dia seguinte, ele almoçou com um colega que trabalhava na Apple. O colega da Apple comentou que a empresa estava lançando um novo projeto. Será que por acaso meu amigo não conhecia alguém com experiência na criação de dispositivos portáteis?

Recebi uma ligação da Apple no dia seguinte.

Como você escolheu este livro para ler, já deve conhecer o resto da história. Comecei prestando consultoria para a Apple, na esperança de ganhar dinheiro suficiente para pagar meus funcionários ou talvez alavancar meu trabalho para convencer a Apple a comprar a Fuse. Colocar as minhas esperanças na Apple era um grande tiro no escuro. Steve Jobs já tinha voltado ao comando, mas a Apple tinha passado toda a década anterior em uma espiral de morte, lançando uma série de produtos medíocres que tinham levado a empresa à beira do colapso. O Macintosh não estava conseguindo conquistar nem 2% de participação de mercado nos Estados Unidos; as vendas de computadores estavam estagnadas. Na época, o valor de mercado da Apple era de cerca de US$ 4 bilhões. O da Microsoft era de US$ 250 bilhões.

A Apple estava morrendo. Mas a Fuse estava morrendo mais rápido.

Então aceitei o emprego.

98 | CRIAR

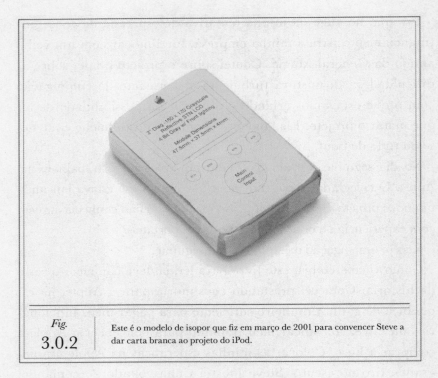

Fig.
3.0.2

Este é o modelo de isopor que fiz em março de 2001 para convencer Steve a dar carta branca ao projeto do iPod.

- A Apple me ligou na primeira semana de janeiro de 2001.
- Algumas semanas depois, tornei-me o consultor responsável por investigar as possibilidades do iPod. Só que ainda não era o iPod. O codinome era P68 Dulcimer – e não tinha equipe, protótipos, design, nada.
- Em março, Stan Ng e eu apresentamos a ideia do iPod a Steve Jobs.
- Na primeira semana de abril, tornei-me funcionário em tempo integral da Apple e levei a equipe da Fuse comigo.
- No fim de abril, Tony Blevins e eu encontramos nosso fabricante, a Inventec, em Taiwan.
- Em maio, contratei DJ Novotney e Andy Hodge, as primeiras adições à equipe original da Fuse.
- Em 23 de outubro de 2001 – dez meses depois de eu ter começado a trabalhar na Apple –, nasceu o iPod, nosso bebê gordinho de plástico e aço inoxidável.

Foi um privilégio enorme liderar a equipe que fez as primeiras dezoito gerações do iPod. Então tivemos outra oportunidade incrível – o iPhone. A minha equipe criou o hardware – o metal e o vidro que você segura na mão – e o software básico para rodar e fabricar o aparelho. Escrevemos o software para a tela sensível ao toque, criamos o modem, o celular, o Wi-Fi, o Bluetooth etc. Depois repetimos a façanha para o iPhone de segunda geração. E de novo para a terceira geração.

Fig. 3.0.3 — Este foi o primeiro iPod, lançado em outubro de 2001 com o famoso slogan "mil músicas no seu bolso". Tinha 10,21 x 6,17 centímetros, custava US$ 399 e era muito parecido com a visão original que eu tinha tido para a Fuse sete meses antes.

Quando me dei conta, já era 2010.

Passei nove anos na Apple. Foi lá que finalmente cresci. Lá eu não mais gerenciava apenas uma equipe; eu liderava centenas, milhares de pessoas. Foi uma enorme mudança na minha carreira e uma grande transformação pessoal.

CRIAR

Depois de uma década de fracassos, eu finalmente tinha feito uma coisa – na verdade, duas coisas – que as pessoas realmente queriam. Eu finalmente tinha acertado.

No entanto, não pareceu um sucesso no começo. Na verdade, nem no fim. Eu ainda tinha que ralar muito no trabalho, a cada passo do caminho.

Foi na Apple que aprendi a traçar um limite – o produto já está pronto o suficiente? Já está bom o suficiente?

Foi onde aprendi o verdadeiro significado de design.

E foi onde aprendi a organizar o meu cérebro e a minha equipe diante de uma pressão intensa, opressiva e interminável.

Então, se você estiver entrando em uma nova fase de sua carreira, navegando para níveis cada vez mais altos, montando equipes, construindo relacionamentos, tentando se familiarizar a territórios cada vez mais desconhecidos e, ao mesmo tempo, passando a ser responsável por muito mais do que antes, sob um estresse tremendo, estou aqui para compartilhar o que aprendi.

Capítulo

3.1

TRANSFORME O INTANGÍVEL EM TANGÍVEL

As pessoas se distraem com facilidade. Nosso cérebro é programado para focar a nossa atenção em coisas tangíveis que podemos ver e tocar, a ponto de negligenciarmos a importância de experiências e sentimentos intangíveis. Entretanto, quando você está criando um novo produto, não importa se ele é feito de átomos ou elétrons[*], para empresas ou consumidores, a coisa concreta que você está construindo não passa de uma pequena parte de uma vasta, intangível e desconhecida jornada de usuário que começa muito antes de um cliente colocar as mãos em seu produto e termina muito depois.

Então, não se limite a fazer um protótipo do seu produto e sair achando que ele está pronto. Faça o maior número de protótipos que puder, levando em conta a experiência completa do cliente. Transforme o intangível em tangível para não negligenciar as partes menos chamativas, porém incrivelmente importantes da jornada. Você deve ser capaz de mapear e visualizar exatamente como um cliente descobre, considera, instala, usa, conserta e até devolve seu produto. Tudo isso importa.

··

Quando era criança, passei muito tempo com meu avô construindo coisas – casas de passarinho, carrinhos de rolimã. Consertávamos bicicletas e cortadores de grama ou fazíamos reformas na casa.

---

[*] Nota da Editora: No mundo da tecnologia, átomos são uma metáfora para hardware ou produtos visíveis, enquanto elétrons e bits simbolizam software.

102 | CRIAR

Eu adorava fazer essas coisas. Grande parte da vida de uma criança é confusa e fora de seu controle, mas era fácil entender e controlar os objetos físicos. Eu os construía, segurava nas mãos, entregava às pessoas. Era gratificante. Irrefutável.

Mesmo depois de mergulhar de cabeça na programação, nunca questionei minha antiga crença de que o computador era a chave para tudo. Os elétrons não eram nada sem os átomos.

Foi por isso que me animei tanto com a chance de entrar na General Magic depois de me formar. Eu vinha programando e programando, mas agora iria criar uma *coisa*. Um dispositivo, um objeto físico, um computador como aquele que mudara a minha vida.

No entanto, quanto mais tempo eu passava fazendo coisas – na General Magic, na Philips, na Apple –, mais eu percebia que muitas coisas não precisam ser feitas.

Depois do iPod, muitas pessoas começaram a me apresentar seus dispositivos. As pessoas diziam:

– O Tony é o cara do hardware, ele vai adorar a sua ideia.

E a primeira coisa que eu fazia quando alguém vinha todo orgulhoso me entregar seu belo e refinado protótipo era deixá-lo de lado.

– Como você vai conseguir resolver seu problema sem isso?

Eles ficavam pasmos. Como o "cara do hardware" não quer dar uma olhada no meu fabuloso gadget?

As pessoas costumam se empolgar com a ideia de fazer algo com átomos – elas se aprofundam no design, na interface, nas cores, nos materiais, nas texturas – e ficam imediatamente cegas para soluções mais simples e fáceis. Mas é incrivelmente difícil fazer qualquer coisa com átomos – não é um app, que você pode copiar e atualizar com um clique. O hardware só vale a dor de cabeça de ser fabricado, embalado e enviado se for extremamente necessário e transformador. Se o hardware não for indispensável para possibilitar a experiência como um todo, ele não deveria existir.

Transforme o intangível em tangível | 103

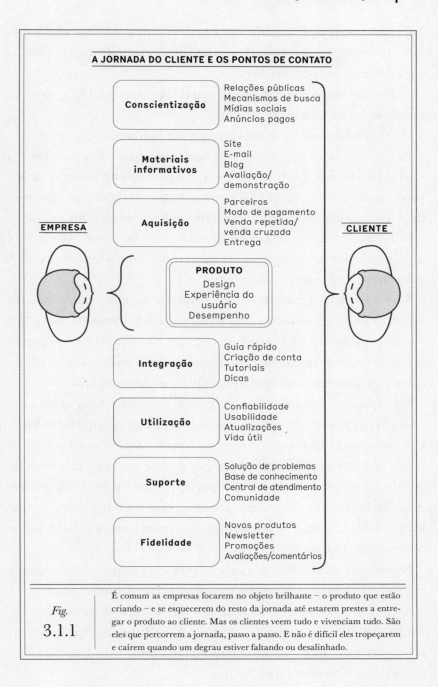

Fig. 3.1.1 — É comum as empresas focarem no objeto brilhante – o produto que estão criando – e se esquecerem do resto da jornada até estarem prestes a entregar o produto ao cliente. Mas os clientes veem tudo e vivenciam tudo. São eles que percorrem a jornada, passo a passo. E não é difícil eles tropeçarem e caírem quando um degrau estiver faltando ou desalinhado.

104 | CRIAR

É claro que às vezes o hardware é necessário – isso não pode ser evitado. Contudo, mesmo quando isso acontece, eu ainda digo às pessoas para deixá-lo de lado. Eu digo:

– Não me diga o que esse objeto tem de tão especial. Diga que diferença ele faz na jornada do cliente.

O seu produto não deve ser apenas o seu produto.

Deve ser toda a experiência do usuário – uma cadeia que começa quando alguém fica sabendo da sua marca e termina quando o seu produto desaparece da vida da pessoa, devolvido ou descartado, vendido a um amigo ou deletado em uma explosão de elétrons.

Seu cliente não diferencia entre sua publicidade, seu aplicativo e seus atendentes de suporte ao cliente – tudo isso é a sua empresa. A sua marca. Tudo isso é uma coisa só.

Mas nós esquecemos. Acontece muito de as empresas pensarem na experiência do usuário como somente aquele momento no qual o cliente pega em um objeto ou dá um toque em uma tela. O momento no qual eles efetivamente usam a *coisa* – seja ela feita de átomos, bits ou ambos. A *coisa* é mantida sob os holofotes, no centro do palco.

Foi o que aconteceu no início da Nest. Todo mundo estava obcecado com o termostato – criando o design, a inteligência artificial, a interface do usuário, os componentes eletrônicos, as partes mecânicas, as cores, as texturas. Pensamos meticulosamente em cada elemento da instalação, como deveria ser a sensação de girar o botão, a intensidade da luz quando o usuário passasse perto do termostato. Trabalhamos incansavelmente no hardware e no software, garantindo que o dispositivo em si fosse perfeito.

No entanto, não dedicamos atenção suficiente ao que provavelmente era a parte mais importante da experiência do cliente: o aplicativo.

A equipe achou que seria simples – afinal, era só um aplicativo. Tínhamos feito um protótipo inicial em 2011 ao começar a pensar na experiência, mas não tínhamos voltado a ele nem feito ajustes à medida que o termostato evoluía.

Achamos que seria fácil fazer isso depois. Mais cedo ou mais tarde – provavelmente mais tarde. Havia tantas outras coisas a fazer, e era só um aplicativo de celular. Depois a gente vê, vai ser fácil e rápido.

Essa foi uma das vezes em que surtei um pouco. Tudo bem, surtei total.

O aplicativo não era um elemento qualquer ou algo que poderíamos incluir depois – era tão importante quanto o termostato em si. As pessoas precisariam controlar o termostato de qualquer lugar do mundo. Ou sentadas no sofá. O aplicativo seria absolutamente crucial para o nosso sucesso e era uma das coisas mais difíceis de acertar.

O termostato era importante, é claro, mas ocupava apenas uma pequena fração da jornada do cliente:

- 10% da experiência dos nossos clientes estava no site, na publicidade, na embalagem e no display nas lojas: primeiro teríamos que convencer as pessoas a comprá-lo, ou pelo menos a considerá-lo e pesquisá-lo.
- 10% era a instalação: seguir as instruções para colocar o termostato na parede com o mínimo de dificuldades e quedas de energia.
- 10% estava na aparência do aparelho e em como o cliente podia interagir com ele: ele tinha que ser bonito para que as pessoas quisessem ter um em casa. Mas, depois de uma semana, ele aprendia as suas preferências e os horários nos quais você costumava ficar fora de casa e você não precisaria mexer muito nele. Se fizéssemos o nosso trabalho direito, os clientes só interagiriam com ele de vez em quando, durante ondas de frio ou calor inesperadas.
- 70% da experiência do cliente estava no celular ou no computador das pessoas: você usaria o aplicativo para aumentar o aquecimento a caminho de casa, para ver no "Histórico de utilização" quanto tempo o ar-condicionado ficara ligado ou para fazer ajustes na sua programação. Você abriria o e-mail para ver um resumo da energia usada no mês. E, se você tivesse um problema, acessaria o nosso site e acionaria o suporte ao cliente ou leria um artigo de apoio.

106 | CRIAR

Se pisássemos na bola em qualquer uma dessas partes da experiência do cliente, a Nest fracassaria. Cada etapa da jornada precisa ser espetacular para conduzir os clientes naturalmente à próxima etapa e ajudá-los a superar os momentos de atrito entre elas.

Há obstáculos entre a Conscientização e a Aquisição, entre a Integração e a Utilização, entre todas as etapas da jornada, que você precisa ajudar os clientes a superar. Em cada um desses momentos, o cliente pergunta "por quê?"

Por que eu deveria me importar?

Por que eu deveria comprar esse produto?

Por que eu deveria usar esse produto?

Por que eu deveria continuar usando esse produto?

Por que eu deveria comprar a próxima versão?

Seu produto, seu marketing e seu suporte precisam preparar o terreno e alinhar tudo – comunicar-se e engajar-se continuamente com os clientes, dar as respostas das quais eles precisam para sentirem que estão em um caminho tranquilo e desimpedido, em uma única jornada, contínua e inevitável.

Para fazer isso direito, você precisa prototipar a experiência toda – dar a cada parte da jornada o peso e a realidade de um objeto físico. Não importa se o seu produto for feito de átomos, bits ou ambos, o processo é o mesmo. Faça esboços. Crie modelos. Monte mood boards. Esquematize a estrutura do processo em modelagem de arame. Escreva comunicados de imprensa imaginários. Crie modelos detalhados para mostrar como um cliente percorreria a jornada de um anúncio até o site e até o aplicativo e quais informações ele veria em cada ponto de contato. Anote as reações que você gostaria de obter dos adotantes iniciais (early adopters), as manchetes que gostaria de ver na imprensa, os sentimentos que deseja evocar em todos. Torne a coisa visível. Concreta. Tire-a da sua cabeça e transforme em algo que você possa tocar. E não espere até o seu produto ficar pronto para começar – mapeie a jornada toda à medida que decide o que o seu produto fará.

Transforme o intangível em tangível | 107

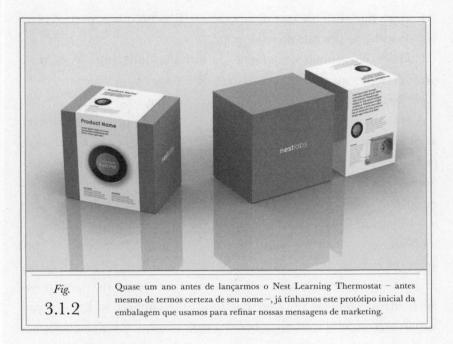

Fig.
3.1.2

Quase um ano antes de lançarmos o Nest Learning Thermostat – antes mesmo de termos certeza de seu nome –, já tínhamos este protótipo inicial da embalagem que usamos para refinar nossas mensagens de marketing.

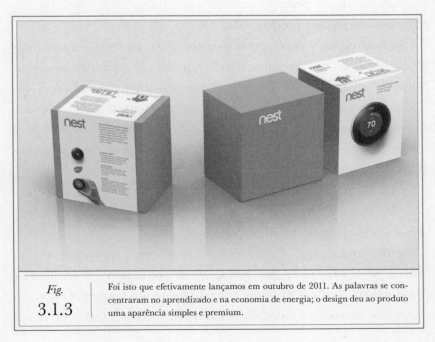

Fig.
3.1.3

Foi isto que efetivamente lançamos em outubro de 2011. As palavras se concentraram no aprendizado e na economia de energia; o design deu ao produto uma aparência simples e premium.

108 | CRIAR

É assim que você hackeia o seu cérebro. É assim que hackeia o cérebro de todas as pessoas de sua equipe.

Comece do primeiro momento da jornada do cliente. Você deve prototipar seu marketing muito antes de ter algo para vender.

Na Nest, isso significava nos focar na embalagem.

A embalagem puxaria todo o resto. O nome do produto, o slogan, as principais funcionalidades, sua ordem de prioridade, as principais proposições de valor − todos esses elementos foram literalmente impressos em uma caixa de papelão que passávamos o tempo todo segurando, olhando, ajustando e revendo. As limitações físicas da caixa nos forçaram a focar exatamente no que queríamos que as pessoas soubessem em primeiro, segundo e terceiro lugar. Para caber no pequeno espaço, a equipe criativa tinha elaborado descrições claras e específicas que poderíamos usar mais tarde em nossos vídeos, em nossa publicidade, no nosso site e em comunicados à imprensa. Para evocar a marca Nest, eles tinham coberto a caixa com fotos aconchegantes e significativas que permitiriam às pessoas imaginar o objeto em sua própria casa, em sua própria vida.

Transformamos a caixa em um microcosmo de todo o nosso marketing para que um cliente andando por uma loja pudesse pegá-la e entender imediatamente tudo o que queríamos que ele soubesse.

Mas, para prototipar esse momento corretamente − para realmente entender o que acontece no meio segundo que uma pessoa leva para ver a embalagem e estender a mão para pegá-la −, você não pode simplesmente chamar essa pessoa teórica de "alguém".

Tínhamos que conhecer nosso público-alvo. Quem eram essas pessoas? Por que elas pegariam a caixa? O que elas gostariam de saber? O que era mais importante para elas?

Pegamos tudo o que aprendemos sobre o setor e os clientes potenciais da Nest, sobre os fatores demográficos e os fatores psicográficos, e criamos duas personas distintas, uma mulher e um homem. O homem gostava de tecnologia, adorava seu iPhone, vivia em busca de novos gadgets. A mulher era quem decidia – ela decidia o que ficava em casa e o que era devolvido. Ela também adorava objetos bonitos, mas era cética em relação a tecnologias muito novas e ainda não testadas.

Demos a eles nomes e rostos. Fizemos um mood board para a casa, os filhos, os interesses e os empregos deles. Sabíamos as marcas das quais eles gostavam, o que mais os irritava em casa e o quanto eles gastavam para aquecer a casa no inverno.

Precisávamos olhar através dos olhos deles para saber por que o homem poderia pegar a caixa. E depois poderíamos convencer a mulher a não devolver o produto.

Com o tempo, incluímos mais personas – casais, famílias, colegas de quarto – à medida que fomos conhecendo os nossos clientes. Mas começamos com duas – dois seres humanos que todos nós podíamos imaginar, cujas fotos podíamos tocar.

É assim que a prototipagem funciona. É como você transforma conceitos abstratos em representações físicas. Você transforma a sua arquitetura de mensagens em palavras e imagens em uma caixa. [Veja também: Figura 5.4.1, no Capítulo 5.4.] Você transforma "alguém andando em uma loja" na Beth da Pensilvânia.

E continua pela jornada. A cada passo do caminho, ao longo de cada elo da corrente.

Quando criamos os primeiros protótipos funcionais do termostato, pedimos para pessoas de verdade testarem. Como sabíamos que a instalação tinha potencial para ser um grande obstáculo, mal conseguíamos respirar na expectativa de saber o que elas tinham achado. As pessoas levaram um choque tentando fazer a instalação? A casa pegou fogo? Largaram o projeto no meio do caminho porque era complicado demais?

Pouco tempo depois, nossos testadores voltaram com as respostas: deu tudo certo. O termostato está funcionando! Mas levou mais ou menos uma hora para instalar.

Que droga. Uma hora era tempo demais. A Beth da Pensilvânia não gostaria da ideia de desligar a energia, abrir um buraco na pa-

110 | CRIAR

rede e mexer em fios desconhecidos por uma hora. Precisaria ser um projeto faça você mesmo fácil, uma melhoria rápida.

Então, nos debruçamos sobre os relatórios – o que estava levando tanto tempo? O que tínhamos deixado passar?

Acontece que não tínhamos deixado passar nada. Só que nossos testadores tinham passado os primeiros trinta minutos procurando ferramentas – o descascador de fios, a chave de fenda; não, espere aí, precisamos de uma chave Phillips. Onde foi que eu deixei aquela chave Phillips pequena?

Uma vez que eles juntavam todo o necessário, o resto da instalação voava. Vinte, trinta minutos no máximo.

Acho que a maioria das empresas teria suspirado de alívio. A instalação levava vinte minutos, então era isso que eles diriam aos clientes. Ótimo. Problema resolvido.

No entanto, esse seria o primeiro momento no qual as pessoas interagiriam com nosso dispositivo. Sua primeira experiência com o Nest. Elas estavam comprando um termostato de US$ 249 – e esperavam uma experiência diferenciada. Precisávamos superar suas expectativas. Cada minuto, desde abrir a caixa até ler as instruções, desde instalar o termostato na parede até ligar o aparelho pela primeira vez, tinha que ser incrivelmente tranquilo. Uma experiência suave, confortável e alegre.

E nós conhecíamos a Beth. Procurar uma chave de fenda na gaveta da cozinha – depois na caixa de ferramentas na garagem; não, espere aí, talvez esteja mesmo na gaveta – não evocaria nela uma sensação de conforto e alegria. Ela estaria revirando os olhos nos primeiros cinco minutos. Ficaria frustrada e irritada.

Então mudamos o protótipo. Não o protótipo do termostato – o protótipo da instalação. Adicionamos um novo elemento: uma pequena chave de fenda. Vinha com quatro opções de cabeça e cabia na palma da mão. Era elegante e bonitinha. Mas, acima de tudo, era incrivelmente prática.

Transforme o intangível em tangível | 111

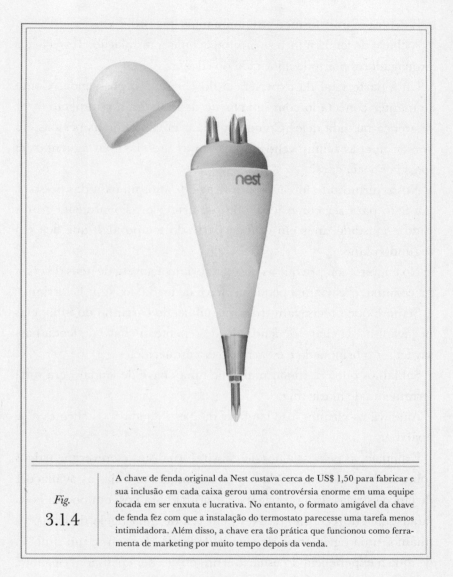

Fig.
3.1.4

A chave de fenda original da Nest custava cerca de US$ 1,50 para fabricar e sua inclusão em cada caixa gerou uma controvérsia enorme em uma equipe focada em ser enxuta e lucrativa. No entanto, o formato amigável da chave de fenda fez com que a instalação do termostato parecesse uma tarefa menos intimidadora. Além disso, a chave era tão prática que funcionou como ferramenta de marketing por muito tempo depois da venda.

Agora, em vez de vasculhar caixas e gavetas tentando encontrar a ferramenta certa para tirar o termostato velho da parede e instalar o novo, os clientes apenas abriam a caixa do Nest e encontravam exatamente o que precisavam. Um único objeto transformou um momento de frustração em um momento de alegria.

E depois se transformou em muito mais que isso.

A chave de fenda nunca se limitou apenas à instalação. Teve efeitos propagadores por toda a jornada do cliente.

Uma parte vital da experiência do cliente é o pós-venda. Como se manter conectado com seu cliente de maneira a realmente fazer diferença na vida dele? Como continuar encantando as pessoas em vez de apenas tentar vender mais coisas até elas não aguentarem mais ver a sua cara?

Nosso termostato foi feito para ficar dez anos na casa das pessoas. Foi feito para ser como uma obra de arte – ocasionalmente admirado e ajustado, mas em grande parte do tempo algo que fica em segundo plano.

No entanto, sempre que as pessoas abriam a gaveta de itens diversos na cozinha, elas viam a pequena chave de fenda do Nest. E sorriam.

Sempre que precisavam trocar as pilhas do carrinho do filho, elas pegavam nossa chave de fenda. E, de repente, a chave de fenda passava a ser o brinquedo e o carrinho era esquecido.

Sabíamos que era muito mais que uma chave de fenda – era uma ferramenta de marketing.

Ajudava os clientes a se lembrar da Nest. Ajudava os clientes a se apaixonar.

E ajudava as pessoas a nos descobrir. Jornalistas escreveram artigos sobre a chave de fenda. Ela era mencionada em todas as avaliações de cinco estrelas. Era propaganda gratuita para nós, um boca a boca fantástico. Na recepção da Nest, em vez de uma tigela de balas, tínhamos uma tigela cheia de chaves de fenda. Tornou-se um símbolo de toda a experiência do usuário – um objeto bem pensado, elegante, duradouro e incrivelmente útil.

É por isso que eu não deixaria ninguém retirar a chave de fenda da caixa.

Foi uma batalha constante a cada nova geração do termostato. A chave de fenda era cara. Cada uma delas reduzia as nossas margens.

Então sempre havia um pelotão de funcionários exigindo que ela fosse removida – eles não conseguiam entender a razão de aumentarmos nosso custo dos produtos vendidos (CPV) dessa maneira.

O que eles não viam é que o custo da chave de fenda não era um item do CPV. Era uma despesa de marketing. E uma despesa de suporte ao cliente. Aquela chave de fenda nos poupou muito dinheiro em atendimento por telefone. Em vez de clientes nos ligando furiosos, tivemos clientes satisfeitos elogiando na internet a excelente experiência que tiveram com o produto.

Se não tivéssemos pensado na instalação com o mesmo cuidado e a mesma atenção dedicados ao termostato, jamais teríamos a ideia de incluir uma chave de fenda em cada caixa.

Se não tivéssemos pensado em todo o ciclo de vida do cliente – desde a descoberta, passando pelo suporte até a fidelidade –, teríamos feito o tipo de chave de fenda minúscula e descartável que acompanha alguns móveis baratos para os clientes montarem em casa. Em vez disso, incluímos quatro cabeças – mais que o necessário para instalar o termostato – a fim de que as pessoas pudessem usar a ferramenta ao fazer praticamente tudo. Para que a Nest ficasse na mente das pessoas pelo tempo em que a chave de fenda ficasse na gaveta da cozinha. Até por mais tempo que isso.

Quando uma empresa dedica esse tipo de cuidado e atenção a cada parte da jornada, as pessoas percebem. Nosso produto era bom, mas foi a jornada como um todo que definiu a nossa marca. Foi isso que tornou a Nest especial. É o que torna a Apple especial. É o que permite às empresas ir além de seus produtos e criar uma conexão – não com usuários e consumidores, mas com seres humanos. É assim que você cria algo que as pessoas vão adorar.

Capítulo
3.2

O PORQUÊ DO STORYTELLING

Todo produto deve ter uma história, uma narrativa que explique por que ele precisa existir e como resolverá os problemas do seu cliente. Uma boa história de um produto inclui três elementos:

» Faz um apelo tanto ao lado racional quanto ao lado emocional das pessoas.
» Simplifica conceitos complicados.
» Lembra as pessoas do problema que está sendo resolvido – concentra-se no "porquê".

Esse "porquê" é a parte mais crucial do desenvolvimento do produto – tem que vir em primeiro lugar. Só depois de ter uma resposta robusta para explicar a necessidade do seu produto é que você pode se concentrar em como ele vai funcionar. Só não se esqueça de que as pessoas que encontrarem o seu produto pela primeira vez não terão o contexto que você tem. Você não pode simplesmente jogar o "o quê" nos clientes antes de lhes explicar o "porquê".

Tenha em mente que os clientes não são os únicos que vão ouvir essa história. É contando a história que você atrai pessoas para a sua equipe ou investidores para a sua empresa. É essa história que os seus vendedores incluem no slide da apresentação de vendas e que você inclui na apresentação para o conselho de administração.

A história do seu produto, da sua empresa e da sua visão deve orientar tudo o que você faz.*

··

Eu estava na arquibancada assistindo Steve Jobs revelar o iPhone ao mundo em 2007.

Passei dois anos e meio esperando por este dia.

De vez em quando surge um produto revolucionário que muda tudo e a Apple tem sido... bom, uma pessoa teria muita sorte se tivesse a chance de trabalhar em apenas um desses produtos em toda a sua carreira. A Apple teve muita sorte. Conseguiu lançar alguns desses produtos revolucionários no mundo.

Em 1984, lançamos o Macintosh. O Macintosh não mudou apenas a Apple. Mudou toda a indústria de computadores.

Em 2001, lançamos o primeiro iPod. O iPod não só mudou a maneira como ouvimos música, como mudou toda a indústria da música.

E hoje estamos apresentando três produtos revolucionários. O primeiro é um iPod com tela multi-touch widescreen. O segundo é um celular revolucionário. E o terceiro é um dispositivo inovador de comunicação pela internet.

Então, três coisas: um iPod multi-touch widescreen; um celular revolucionário; e um inovador dispositivo de comunicação pela internet. Um iPod, um celular e um dispositivo de comunicação pela internet. Um iPod, um celular... vocês estão sacando? Não estou falando de três dispositivos separados, é um dispositivo só, que chamamos de iPhone. Hoje, a Apple vai reinventar o celular, e aqui está.

---

* Se você tiver interesse em saber mais sobre design e o storytelling por trás dele, recomendo ouvir minha conversa com Peter Flint em seu podcast NFX.

116 | CRIAR

Essa é a parte do discurso que todo mundo lembra. A escalada até chegar à surpresa, o brilhantismo da preparação da narrativa. As pessoas ainda escrevem a respeito. Elas celebraram seu aniversário de dez anos.

Mas o resto do discurso foi igualmente importante. Depois de preparar o terreno, ele lembrou o público do problema que a Apple estava resolvendo para eles.

– Os celulares mais avançados são chamados de smartphones, pelo menos é o que dizem. O problema é que eles não são muito inteligentes nem são muito fáceis de usar.

Ele passou um tempo falando sobre os celulares e os smartphones comuns e os problemas de cada um deles antes de apresentar os recursos do novo iPhone.

Ele usou uma técnica que mais tarde batizei de o "vírus da dúvida". É uma maneira de entrar na cabeça das pessoas, lembrá-las de uma frustração que elas têm todos os dias, deixá-las irritadas de novo. Se puder infectá-las com o vírus da dúvida – "Talvez a minha experiência não seja tão boa quanto achei que fosse, talvez desse para ser melhor..." –, você as estará preparando para a sua solução. Você as enfurece com as soluções que elas têm no momento para elas se empolgarem com uma nova maneira de fazer as coisas.

Steve era mestre em fazer isso. Antes de revelar o que um produto fazia, ele sempre dedicava um tempo para explicar por que você precisava dele. E fazia tudo parecer tão natural, tão fácil.

Eu já tinha visto outros CEOs lançarem outros produtos antes e muitos deles deixavam transparecer que não conheciam bem o seu novo produto supostamente revolucionário. Às vezes, eles nem sabiam como segurar o produto direito. Mas os clientes e a imprensa sempre ficavam maravilhados com as apresentações de Steve.

– É um milagre – eles diziam. – Ele é tão tranquilo, tão controlado. Nada de discursos decorados e slides cheios de texto – ele sabe do que está falando e tudo se encaixa.

Nunca parecia um discurso. Parecia uma conversa. Uma história.

A razão é simples: Steve não se limitava a decorar um roteiro para a apresentação. Ele contava uma versão da mesma história todo santo dia por meses e meses durante o desenvolvimento – para nós, para os amigos, para a família. Ele vivia trabalhando na história, refinando-a. Sempre que recebia um olhar perplexo ou um pedido de esclarecimento por parte de sua involuntária plateia inicial, ele aparava as arestas e fazia ajustes, até ter uma narrativa perfeita.

Era a história do produto. Ela orientava o que fazíamos.

Se uma parte da história não funcionasse, uma parte do produto também não funcionaria e precisaria ser alterada. Por isso que o iPhone tinha uma tela de vidro e não de plástico e não tinha um teclado físico. Porque a história do "celular milagroso" não convenceria se a tela ficasse arranhada na primeira vez que você o colocasse no bolso ou se você fosse forçado a ver filmes em uma tela minúscula. Estávamos contando a história de um celular que mudaria tudo. Então era isso que precisávamos criar.

Quando digo "história", não me refiro apenas a palavras.

A história do seu produto é seu design, seus recursos, imagens e vídeos, o que os clientes estão dizendo, as dicas dos analistas, as conversas com atendentes de suporte. É a soma do que as pessoas veem e sentem sobre essa coisa que você criou.

A história não existe apenas para vender o produto. Ela existe para ajudar você a definir o produto, a entendê-lo e a entender os seus clientes. É o que você diz aos investidores para convencê-los a lhe dar fundos; aos novos funcionários para convencê-los a entrar na sua equipe; aos parceiros para convencê-los a trabalhar com você; e aos profissionais da imprensa para convencê-los a se importar com o que você está criando. E, no fim da linha, é o que você diz aos clientes para convencê-los a querer o que você está vendendo.

E tudo começa com o "porquê".

Por que essa coisa precisa existir? Por que faz diferença? Por que as pessoas vão precisar disso? Por que elas vão cair de amores por essa coisa?

118 | CRIAR

Para descobrir esse "porquê", você precisa entender o cerne do problema que está tentando resolver, o problema real que seus clientes enfrentam repetidas vezes. [Veja também: "Capítulo 4.1: Como identificar uma excelente ideia".]

E precisa se ater a esse "porquê" mesmo enquanto cria o "o quê" – os recursos, a inovação, a resposta para todos os problemas dos seus clientes. Porque, quanto mais você trabalha em algo, mais o "o quê" fica em primeiro plano – o "porquê" se torna tão óbvio, uma intuição, uma parte de tudo o que você faz, que você nem precisa mais expressá-lo. Você se esquece da importância do "porquê".

Quando mergulha no "o quê", você se esquece das pessoas. Você acha que todo mundo consegue ver o que você vê. Mas não é verdade. Elas não passaram semanas, meses, anos trabalhando nisso. Então, você precisa fazer uma pausa e articular com clareza o "porquê" antes de convencer alguém a se importar com o "o quê".

Você precisa fazer isso independentemente do que você estiver vendendo – mesmo que seja um software de pagamentos B2B. Mesmo se estiver criando soluções de deep tech para clientes que ainda não existem. Mesmo que esteja vendendo lubrificantes para uma fábrica que compra a mesma coisa faz vinte anos.

Você está competindo por market share (participação de mercado) e por mind share (participação da marca na mente do consumidor). Se os seus concorrentes contarem histórias melhores que a sua, se eles jogarem o jogo e você não, não importará que o produto deles seja pior que o seu. Eles vão chamar atenção e você não. Para quaisquer clientes, investidores, parceiros ou talentos que fizerem uma pesquisa superficial, eles aparecerão como os líderes da categoria. Quanto mais as pessoas falarem sobre os seus concorrentes, maior será o mind share deles e mais pessoas falarão sobre eles.

Você precisa encontrar uma oportunidade de criar histórias que fiquem na mente dos clientes e que os mantenham falando sobre você. Mesmo que os seus clientes já conheçam você e o seu produto, ou que eles sejam altamente técnicos, você ainda tem como eliminar alguns atritos para eles. Você pode explicar por que eles precisam de uma determinada versão de lubrificante ou fornecer informações que eles nunca souberam antes. Ou pode explicar por que comprar o produto da sua empresa é melhor que comprar o produto de um concorrente. Você pode conquistar a confiança deles ao mostrar que realmente sabe o que está fazendo e conhece as necessidades deles. Ou pode lhes oferecer algo útil; conectar-se com eles de uma maneira diferente para eles terem a segurança de que estão fazendo a escolha certa. Você conta uma história com a qual eles conseguem se identificar.

Uma boa história é um ato de empatia. Reconhece as necessidades de quem a ouve. Combina fatos com sentimentos para alimentar tanto o lado racional quanto o lado emocional do cliente. Primeiro, você precisa de insights e informações concretas para o seu argumento não parecer vago e confuso. Não é preciso apresentar todos os dados, mas o suficiente para dar solidez aos seus argumentos, para convencer as pessoas de que você está ancorado em fatos reais. Cuidado para não exagerar − se a sua história for somente informativa, é bem possível que as pessoas concordem com você, mas não se convençam a agir. Talvez daqui a um mês. Talvez daqui a um ano.

Então você tem que apelar para as emoções − conectar-se com algo que importa para as pessoas. Preocupações, medos. Ou lhes mostrar uma visão cativante do futuro, dando um exemplo humano. Explique como será a experiência de uma pessoa real com o produto − como o produto melhorará o dia da pessoa, a vida de sua família, o seu trabalho, ou seja, como será a mudança que a pessoa experimentará. Só não dê tanta ênfase ao vínculo emocional a ponto de o seu argumento parecer original, mas desnecessário.

Contar uma boa história é uma arte. Mas também é uma ciência.

E nunca esqueça que o cérebro dos seus clientes nem sempre funciona como o seu. O seu argumento racional pode formar um vínculo emocional. Ou a sua história emocional pode dar às pessoas um argumento racional para comprar seu produto. Alguns clientes da Nest olharam para o nosso belo termostato, que criamos com tanto amor para fazer um apelo a seu coração e alma, e disseram "É... É bonito", mas tiveram uma reação emocional e empolgada ao potencial de poupar vinte e três dólares em sua conta de energia.

Cada pessoa é diferente. E cada uma vai receber a história que você está contando de um jeito diferente.

É por isso que as analogias podem ser uma ferramenta tão eficaz no storytelling. Elas simplificam conceitos complicados e criam uma ponte direta para uma experiência comum.

Essa foi outra lição que aprendi com Steve Jobs. Ele vivia dizendo que as analogias dão superpoderes aos clientes. Uma excelente analogia permite a um cliente sacar instantaneamente um recurso difícil e descrever esse recurso aos outros. Foi por isso que o slogan das "mil músicas no seu bolso" teve tanto apelo. Todo mundo tinha CDs e fitas cassete que só permitiam ouvir entre dez e quinze músicas, um álbum por vez, em grandes aparelhos de som. Em vista disso, "mil músicas no seu bolso" representou um contraste incrível: permitiu que as pessoas visualizassem essa coisa intangível – todas as músicas que elas adoravam, juntas em um só lugar, fáceis de encontrar, fáceis de levar por toda parte – e lhes deu uma maneira de dizer aos amigos por que esse novo iPod era tão legal.

Tudo na Nest era cheio de analogias. Elas estavam no nosso site, nos nossos vídeos, nos nossos anúncios, até nos nossos artigos de suporte e nos nossos guias de instalação. Não dava para ser de outro jeito. Porque, para entender a fundo muitos dos recursos dos nossos produtos, você precisaria de um profundo conhecimento sobre sistemas de climatização, redes elétricas e a forma como a fumaça refrata em um laser para detectar um incêndio – enfim, um conhecimento que quase ninguém tem. Então a gente resolveu trapacear. Em vez de tentar explicar tudo, usamos as analogias.

Lembro-me de que havia um recurso complexo projetado para aliviar a carga das usinas de energia nos dias mais quentes ou mais frios do ano, quando todos os usuários aumentavam o aquecimento ou o ar-condicionado ao mesmo tempo. Geralmente isso acontecia durante apenas algumas horas da tarde em alguns dias por ano – uma ou mais usinas de energia a carvão eram acionadas para evitar apagões. Então criamos um recurso que previa quando esses momentos ocorreriam e o Nest Thermostat intensificava o ar-condicionado ou o aquecimento antes do horário de pico e desligava sozinho quando todas as outras pessoas estivessem intensificando seus sistemas de climatização de ambiente. Quem se inscrevia no programa ganhava um crédito na conta de energia. À medida que cada vez mais pessoas aderiram ao programa, todo mundo saiu ganhando – as pessoas garantiam uma temperatura confortável em casa e poupavam dinheiro na conta de luz, e as empresas de energia não precisavam acionar suas usinas de energia mais suja.

Tudo isso é muito bom, mas eu acabei de usar um monte de palavras para explicar. Então, depois de inúmeras horas quebrando a cabeça e tentando todas as soluções possíveis, decidimos reduzir o conceito todo a apenas três palavras: Rush Hour Rewards.

Todo mundo entende o conceito da hora do rush – o momento quando muitas pessoas saem de casa ou do trabalho ao mesmo tempo e o trânsito fica lento a ponto de quase parar. A mesma coisa acontece com a energia. Não precisávamos explicar muito mais que isso – a hora do rush é um problema, mas, quando a hora do rush acontece com o uso de energia, você pode se beneficiar dela. Você pode ganhar um "reward", uma recompensa. Pode até poupar dinheiro em vez de ficar "preso no trânsito" com todo mundo.

Fizemos uma página inteira para explicar o conceito, com a ilustração de um carro e pequenas usinas de energia em funcionamento. Acho que até exageramos um pouco e estendemos demais a metáfora – mas sabíamos que a maioria das pessoas não teria tempo nem paciência para se aprofundar nas explicações.

122 | CRIAR

Para a maioria dos clientes, nós simplificamos o conceito. Com três palavras e uma analogia, ajudamos as pessoas a entender que, na hora de pico de energia, o Nest Thermostat podia lhes poupar dinheiro.

É uma história. Uma história bem curta, que é o melhor tipo.

As histórias curtas são fáceis de lembrar. E mais importante ainda é que são fáceis de repetir. Quando outra pessoa conta a história do seu produto, ela sempre alcançará mais pessoas e fará mais para convencê-las a comprar seu produto do que tudo o que você mesmo alardear sobre o produto nas suas próprias plataformas. Faça de tudo para contar uma história tão boa que deixe de ser sua — para que seu cliente a aprenda, a adore, a internalize, se aproprie dela. E conte essa história a todo mundo que você conhece.

Capítulo
3.3

EVOLUÇÃO *VERSUS* DISRUPÇÃO *VERSUS* EXECUÇÃO

Evolução: um pequeno passo incremental para fazer algo melhor.

Disrupção: uma bifurcação na árvore evolucionária – algo fundamentalmente novo que muda o status quo, geralmente por adotar uma abordagem nova ou revolucionária para um problema antigo.

Execução: efetivamente fazer o que você prometeu e fazer bem.

A primeira versão (V1) do seu produto deve ser disruptiva, não evolucionária. No entanto, a disrupção por si só não garante o sucesso – você não pode ignorar os fundamentos da execução achando que basta oferecer uma disrupção brilhante. E, mesmo se você executar bem a sua ideia, pode não ser suficiente. Se você estiver revolucionando um setor importante e entrincheirado, também pode precisar de uma disrupção no marketing, no canal, na fabricação, na logística, no modelo de negócios ou em alguma outra coisa que nunca lhe ocorreu.

Presumindo que a V1 tenha sido pelo menos um sucesso de crítica, a segunda versão do seu produto normalmente será uma evolução da primeira. Refine o que você fez na V1 usando dados e insights de clientes reais e dobre a aposta na disrupção original. A execução sobe de patamar – agora você sabe o que está fazendo e deve ser capaz de fornecer um produto muito mais funcional.

124 | CRIAR

Você pode continuar evoluindo esse produto por um tempo, mas sempre procure novas maneiras de criar disrupções. Você não pode se dar ao luxo de começar a pensar na disrupção só quando a concorrência ameaçar chegar perto ou seu negócio começar a estagnar.

Se você vai dedicar o seu coração e a sua alma à criação de algo novo, essa criação deve ser disruptiva. Deve ser ousada. Deve mudar *alguma coisa*. Não precisa ser um produto – a Amazon foi um serviço disruptivo muito antes de começar a fabricar o próprio hardware. Você pode criar uma disrupção na maneira como as coisas são vendidas, entregues, atendidas, financiadas. Pode criar uma disrupção na maneira como as coisas são promovidas, vendidas ou recicladas.

A disrupção deve ser importante para você pessoalmente – quem não quer fazer algo empolgante e significativo? –, mas também deve ser importante para a saúde do seu negócio. Se você realmente criou algo disruptivo, a concorrência não deve conseguir replicá-lo rapidamente.

O importante é encontrar o equilíbrio certo – que não seja tão disruptivo a ponto de impossibilitar a execução nem tão fácil de executar que ninguém vai se importar. Você precisa escolher suas batalhas.

Só não deixe de ter batalhas.

Se você for pouco ambicioso – se criar algo apenas evolucionário, apenas mais um passo em um caminho que todo mundo conhece –, quando apresentar a sua criação para as pessoas mais espertas que você conhece em uma variedade de áreas, elas só vão bocejar.

– É… Tudo bem.

O bocejo será quase audível.

Você precisa de algo que as leve a parar tudo o que estão fazendo e dizer:

– Uau. Quero saber mais.

A disrupção que você estiver criando, não importa qual seja, será o que definirá o seu produto – o que fará as pessoas notarem.

Evolução *versus* disrupção *versus* execução | 125

E será o que as fará rir. Se você estiver criando disrupções em indústrias grandes e arraigadas, é quase certo que seus concorrentes não vão lhe dar muita bola no começo. Eles dirão que o que você está fazendo é uma brincadeira, não uma ameaça. Vão rir da sua cara.

A Sony riu do iPod. A Nokia riu do iPhone. A Honeywell riu do Nest Learning Thermostat.

No começo.

Nos estágios do luto, é o que chamamos de negação.

Em pouco tempo, à medida que seu produto, processo ou modelo de negócio disruptivo ganha força com os clientes, seus concorrentes começam a ficar preocupados. Eles passam a prestar atenção. E, quando eles perceberem que você pode roubar a participação de mercado deles, ficarão irritados. Furiosos. Quando as pessoas chegam ao estágio da raiva do luto, elas atacam, socam alguma coisa. Quando as empresas ficam com raiva, elas reduzem os preços, tentam humilhá-lo pagando anúncios publicitários, criam uma repercussão negativa na imprensa para tentar prejudicá-lo, fazem novos acordos com canais de vendas para deixá-lo de fora do mercado.

E podem processá-lo. Se não puderem inovar, elas apelarão para processos judiciais.

A vantagem é que um processo judicial é uma prova de que você oficialmente chegou lá. Fizemos uma festa no dia em que a Honeywell processou a Nest. Ficamos empolgados. Aquele processo ridículo (eles processaram nosso termostato por ser redondo) significava que éramos uma ameaça concreta e que eles sabiam disso. Então abrimos o champanhe. É isso aí. Estamos chegando para invadir a praia de vocês.

Não tínhamos intenção alguma de dar o braço a torcer. Sabíamos que a Honeywell tinha passado décadas processando pequenas empresas inovadoras para forçá-las a sair do mercado. Eles pressionavam as empresas menores até que elas não tivessem outra escolha além de ser adquiridas pela Honeywell por uma ninharia. Qualquer ameaça era rapidamente eliminada. Mas eu e o assessor jurídico geral da Nest, Chip Lutton, tínhamos enfrentado juntos batalhas como essa na época da Apple e não estávamos dispostos a ceder com um acordo. [Veja também: "Capítulo 5.7: Acionando os advogados".]

Se a sua empresa for disruptiva, você precisará estar preparado para reações e emoções fortes. Algumas pessoas cairão de amores pelo que você criou. Outras vão odiá-lo violenta e implacavelmente. Esse é o perigo da disrupção. Nem todo mundo a receberá de braços abertos. A disrupção tem o poder de fazer inimigos.

Você não estará protegido nem mesmo se estiver criando algo novo dentro de uma grande empresa. Nesse caso, você terá de lidar com política do escritório, ciúmes e medo. Você está tentando mudar as coisas, e a mudança é assustadora, em especial para pessoas que pensam que dominaram uma área e estão completamente despreparadas para uma grande mudança.

Basta uma grande coisa nova e assustadora para começar uma avalanche. Talvez duas.

Mas não exagere. Não tente mudar tudo de uma vez. Não faça o Amazon Fire Phone.

Eu lembro quando Jeff Bezos mencionou a ideia pela primeira vez. Estávamos em um café da manhã falando sobre a possibilidade de eu entrar no conselho da Amazon. Jeff sugeriu que a empresa tinha planos para fazer uma nova linha de dispositivos da marca Amazon, especialmente um celular. Seria espetacularmente disruptivo: tudo apareceria em 3D, você poderia ter um raio X de qualquer mídia, poderia escanear qualquer coisa do mundo e comprá-la na Amazon. O dispositivo mudaria tudo.

Eu disse que ele já tinha criado um dispositivo disruptivo – o Kindle. Era maravilhosamente inovador e tinha uma plataforma única que ninguém conseguiria duplicar. Para colocar a Amazon no celular das pessoas e mudar a forma como as pessoas compravam on-line, ele não precisaria criar um dispositivo totalmente novo. Ele só precisaria de um aplicativo realmente espetacular que pudesse ser instalado nos dispositivos de todos os outros fabricantes.

Eu disse a ele:

– Eu, no seu lugar, não faria o celular.

Ele fez o celular.

Eu não fui chamado para o conselho da Amazon.

Quando foi lançado, o Fire Phone fazia tudo o que ele tinha prometido – mas não fazia nada direito. Eles tentaram fazer demais, mudar demais. As disrupções se transformaram em meros penduricalhos e o projeto foi um fracasso. Foi uma dura e dolorosa lição e um erro que eles nunca mais cometeram. Fazer. Fracassar. Aprender.

Essa é a parte complicada das disrupções – elas requerem um equilíbrio extremamente delicado. Quando fracassam, costuma ser por uma das três razões a seguir:

1. Você se concentra em fazer uma coisa incrível, mas esquece que ela precisa ser parte de uma experiência. [Veja também: Figura 3.1.1, no Capítulo 3.1.] Desse modo, você ignora os milhões de pequenos detalhes não tão empolgantes – especialmente na V1 – e acaba com uma pequena demonstração interessante que não se encaixa na vida de ninguém.

2. Você começa com uma visão disruptiva, porém a deixa de lado porque a tecnologia é difícil, cara demais ou não funciona bem o suficiente. Você garante uma execução primorosa de todo o resto, mas a única coisa que teria diferenciado o seu produto acaba desaparecendo.

3. Você muda coisas demais, rápido demais, e as pessoas comuns não conseguem entender o que você fez. Esse foi um dos (muitos) problemas do Google Glass. A aparência, a tecnologia – era tudo tão novo que as pessoas não tinham ideia do que fazer com o dispositivo. Não havia um entendimento intuitivo quanto à utilidade. É como se a Tesla decidisse criar carros elétricos com cinco rodas e dois vo-

lantes. Você pode trocar o motor, trocar o painel – mas ainda tem que parecer um carro. Você não pode afastar demais as pessoas de seu modelo mental. Pelo menos, não no começo.

Essa terceira razão explica por que o iPod de primeira geração não tinha a loja de músicas iTunes. Não havia um mercado digital de música, o termo "podcast" estava a meses de distância e os usuários apenas copiavam os seus CDs usando o iTunes ou os pirateavam na internet.

Não foi porque não pensamos nisso. Vislumbramos vários recursos do iTunes enquanto criávamos o iPod. Mas não tivemos tempo de executá-los e a disrupção que estávamos criando já era significativa. Precisaríamos levar as pessoas dos CDs para o MP3, o que já seria um grande salto. Só teríamos sucesso se elas tivessem tempo para recuperar o equilíbrio antes de propormos um novo salto.

Quando começamos a trabalhar na V2 e na V3, incluir um mercado digital tornou-se o próximo passo lógico. Com isso, estaríamos maximizando e capitalizando nossa disrupção inicial. Havia muitas vitórias fáceis para colher, então continuamos refinando, evoluindo. V4, V5, V6.

Quanto mais evoluíamos, mais queríamos mudar. A certa altura, mostramos a Steve designs radicalmente novos com os quais estávamos muito, muito empolgados – eram menores e mais leves, inovadores e bonitos. E tínhamos removido a roda de navegação. Ele olhou para os nossos protótipos e disse:

– Eles são ótimos. Mas vocês perderam de vista o que significa ser um iPod.

O mundo via a roda de navegação e pensava "iPod". Então removê--la não era uma evolução – era uma disrupção que não fazia sentido naquele momento. Se tivéssemos seguido adiante, teríamos feito um player de música menor e mais leve e teríamos enfraquecido nossa própria marca.

Lição aprendida.

Quando está evoluindo, você precisa saber com muita clareza qual é a essência que define o seu produto. Qual é a chave para o seu conjunto de recursos e o seu branding? O que você treinou o cliente para procurar? No caso do iPod, era a roda de navegação. No caso do Nest Learning Thermostat, era a tela redonda e clean com um grande visor de temperatura no meio.

Para manter a essência do seu produto, normalmente um ou dois elementos precisam ficar inalterados enquanto todo o resto gira e muda ao redor deles.

E essa é uma restrição valiosa. Você precisa de algumas restrições para forçá-lo a mergulhar fundo e ser criativo, para forçar limites que você nem sabia que existiam.

Na Apple, estendíamos os nossos limites sem parar. Sabíamos que precisávamos lançar um iPod novo e muito melhor a cada ano, pronto para ser dado de presente de Natal. Foi a primeira vez que a Apple estabeleceu esse tipo de ritmo, já que os produtos Mac sempre foram orientados por atualizações de processadores por parte dos nossos fornecedores. [Veja também: "Capítulo 3.5: Batimentos cardíacos e algemas".] Mas, na nossa cabeça, dava para ouvir os passos da Sony e dos outros concorrentes prestes a nos alcançar e nos ultrapassar. Estávamos na liderança, mas tínhamos que continuar evoluindo e executando de forma impecável para defender a nossa posição. O iPod de cada ano tinha que ser consideravelmente melhor que o modelo do ano anterior – fosse no hardware, no software ou em ambos. Precisávamos manter um bom espaço entre nós e a concorrência e dar aos clientes uma razão para comprar o novo modelo.

Então aprendemos a prometer pouco e entregar muito. Éramos conservadores em relação a recursos importantes, como a duração da bateria – durante todo o desenvolvimento fazíamos de tudo para atingir um número com o qual Steve ficaria satisfeito. Treze horas, quatorze horas. Mas, nos bastidores, vivíamos tentando melhorar – aumentar um minuto aqui, um minuto ali.

130 | CRIAR

Em seguida, lançávamos o iPod mais recente com as especificações mais recentes: quatorze horas de duração da bateria.

Os analistas colocavam as mãos no novo iPod e viam que ele não apenas cumpria a promessa, como fazia muito mais. A bateria durava horas a mais do que eles esperavam.

Repetimos a façanha repetidamente, ano após ano, e ninguém nos alcançou. A cada vez era uma nova surpresa. Um novo encantamento. E isso contribuiu para consolidar tanto a reputação de excelência da Apple quanto a experiência do usuário e o design do iPod.

Essa marcha implacável fez muito para definir a marca iPod e manter as pessoas prestando atenção na Apple. E nossos concorrentes ficaram muito, muito desanimados. Meus amigos na Philips me contaram que toda vez que eles pensavam em uma boa ideia para superar o iPod, nós lançávamos um recurso semelhante em alguns meses e eles eram forçados a começar tudo de novo. Era desanimador. Avançávamos tão rápido que, quando eles nos alcançavam, já tinham ficado para trás.

Mas não dá para evoluir eternamente.

Com o tempo, a concorrência começou a se aproximar. O iPod passou por cima de todos os outros players de MP3 como um rolo compressor, tínhamos mais de 85% de participação no mercado global – mas os fabricantes ultracompetitivos de celulares começaram a encontrar maneiras de pegar um pedaço da nossa torta. Eles incluíram o recurso de tocar MP3 em seus celulares, vendo o potencial de colocar tudo em um único dispositivo: telefonemas, mensagens de texto, o jogo da cobrinha e, ainda por cima, música.

Ao mesmo tempo, todo mundo estava comprando celulares e os provedores de internet estavam se tornando muito melhores, mais rápidos e mais baratos. Estava mais do que claro que era só uma questão de tempo para a maioria das pessoas começar a usar streaming de músicas em vez de baixá-las. Isso mudaria tudo para o negócio do iPod.

Então, ou o cenário mudaria à nossa revelia ou nós mudaríamos o cenário.

Evolução *versus* disrupção *versus* execução | 131

Tivemos que nos transformar.

Tirando o Mac, o iPod tinha sido o único novo produto de sucesso da Apple em quinze anos. Em alguns períodos, chegou a representar mais de 50% da receita da Apple. Era extremamente popular e continuava crescendo rapidamente. Definiu a empresa para milhões de clientes que não tinham um Mac.

No entanto, decidimos sacrificar essa vaca leiteira. Precisaríamos fazer o iPhone, mesmo sabendo que isso provavelmente mataria o iPod.

Era um risco enorme. Contudo, como acontece com qualquer disrupção, a concorrência não fica eternamente chafurdada na negação e na raiva. Mais cedo ou mais tarde, eles alcançam a aceitação e, se ainda lhes restar uma centelha de vida, começam a trabalhar furiosamente para alcançar você. Ou então você pode inspirar toda uma nova onda de empresas que usarão sua disrupção inicial como um trampolim para ultrapassá-lo.

Quando vê que a concorrência está se aproximando, você precisa fazer algo novo. Precisa mudar fundamentalmente quem você é como negócio. Precisa se manter em movimento.

Você não pode ter medo de causar uma disrupção naquilo que levou ao seu sucesso. Mesmo que o sucesso tenha sido enorme. Basta olhar para a Kodak. Basta olhar para a Nokia. Empresas que ficam muito grandes, muito à vontade, muito obcecadas em preservar e proteger a primeira grande inovação que as colocou no mapa – essas empresas não conseguem se sustentar por muito tempo. Elas tropeçam. Elas desabam. Elas morrem.

Se você nunca teve uma participação de mercado tão boa quanto tem hoje, corre o grande risco de ficar engessado e estagnado. É hora de arregaçar as mangas e se forçar a sair da sua zona de conforto. O Google, o Facebook, todos os gigantes da tecnologia deverão passar por uma disrupção a qualquer momento – ou serão forçados por lei a isso.

A Tesla poderia ter caído na mesma armadilha. Ela começou com uma grande disrupção – revolucionou a indústria automobilística, tor-

132 | CRIAR

nou os carros elétricos atraentes para os consumidores pela primeira vez. Entretanto, como todas as montadoras do mundo seguiram o exemplo, a Tesla corria o risco de se tornar apenas mais um carro elétrico em um mercado saturado. Então ela começou a eletrificar diferentes tipos de veículos e inovar redes de recarga, varejo, serviços, baterias e cadeias de suprimentos. Está garantindo que a concorrência seja forçada a transformar totalmente todas as partes de suas operações para entrar na corrida. Quando todas as montadoras oferecerem um veículo elétrico, o consumidor vai se concentrar em todos esses outros aspectos nos quais a Tesla já causou disrupções e que ela trouxe ao mercado.

A concorrência, direta e indireta, é inevitável. Alguém está sempre de olho, tentando explorar toda e qualquer vulnerabilidade de um concorrente mais bem-sucedido.

Durante anos, a principal fonte de receita da Microsoft foi a venda do Windows para corporações gigantescas. Era uma cultura orientada pelas vendas, não orientada pelo produto. O produto não mudara muito, ano após ano, mesmo muito tempo depois de a internet nascer e mudar todo o resto. Mesmo muito tempo depois de ficar claro que o modelo de negócios da Microsoft estava morrendo. Mesmo muito tempo depois de a cultura da empresa afundar em um profundo mal-estar e a indústria descartá-la por ser um dinossauro.

Depois de anos de dificuldades, porém, o novo CEO, Satya Nadella, abalou a cultura da empresa e os forçou a olhar para outros produtos e modelos de negócios. Eles se diversificaram. Tiveram muitas tentativas frustradas – muitos produtos fracassados. Muitos ramos quebraram – mas muitos deram frutos: os produtos Surface, a computação em nuvem Azure. Eles pararam de ver o Windows como a vaca leiteira da empresa e transformaram o Office em um serviço de assinatura on-line. Saíram do buraco que eles mesmos tinham cavado, de seu pântano estagnado, e a Microsoft voltou a fazer produtos inovadores e com grande apelo aos consumidores, como o Hololens e os produtos Surface.

Evolução *versus* disrupção *versus* execução | 133

É claro que a maioria dos fundadores adoraria fundar uma empresa que cresceu tanto a ponto de correr o risco de ficar estagnada. Quase ninguém chega tão longe.

A maioria não passa do primeiro estágio – da primeira disrupção. É fácil dizer "mude alguma coisa que seja importante para as pessoas", mas é infinitamente mais difícil ter uma grande ideia e executá-la de uma maneira que se conecte com os clientes. [Veja também: "Capítulo 4.1: Como identificar uma excelente ideia".]

Especialmente porque uma disrupção espetacular pode não ser suficiente. Você pode ter que causar disrupções em coisas que nunca imaginou.

Se a Nest tivesse provocado uma disrupção apenas no hardware – se tivéssemos nos limitado a criar o Nest Learning Thermostat –, teríamos fracassado. Totalmente.

Também tivemos que causar disrupções no canal de vendas e na distribuição.

Na época, as pessoas comuns não compravam os próprios termostatos. Qualquer pessoa podia comprar um em lojas de ferragens, mas eles eram intencionalmente complicados, feitos para uma pessoa comum não conseguir instalá-los com facilidade. E, como não eram vendidos na internet, você não podia fazer comparações e ver o preço abusivo que os técnicos estavam cobrando. Então, se o seu termostato quebrava, você era obrigado a chamar um técnico para substituí-lo. E, se o seu aquecedor ou ar-condicionado desse problema, eles tentariam lhe empurrar um termostato novo (mesmo se não fosse necessário).

Para cada venda de um novo e sofisticado termostato da Honeywell, o técnico ganhava um pequeno bônus pelo trabalho bem feito. Se ele vendesse muitos termostatos, a Honeywell o premiava com uma viagem de férias para o Havaí.

Era um mercado entrincheirado, onde os players existentes faziam de tudo para manter os concorrentes afastados. Um técnico não tinha qualquer incentivo para vender ou instalar um Nest Learning Thermostat. Nós não dávamos bônus – na verdade, eles ganhariam menos vendendo os nossos termostatos que os da concorrência. E, com certeza, não pagaríamos nenhuma viagem para o Havaí. Éramos uma empresa minúscula, e a Honeywell tinha passado décadas comprando a fidelidade dos instaladores.

Em vista dessa situação, tivemos que contornar completamente o canal existente. Foi necessário criar um novo mercado: vender diretamente para os consumidores em um mundo onde os consumidores não compravam termostatos. E tivemos que vender em lugares onde os termostatos nunca haviam sido vendidos antes. Nosso primeiro parceiro de varejo foi a Best Buy, e eles não faziam ideia de onde colocar o Nest. Eles não tinham um corredor de termostatos.

Mas fiz de tudo para não repetir os erros da Philips. Não iríamos deixar o Nest escondido entre um aparelho de som e uma TV. Então dissemos à Best Buy que não queríamos um corredor de termostatos – queríamos um corredor de Casa Conectada. É claro que eles também não tinham isso. Então inventamos juntos.

Não entrei no negócio de termostatos para causar disrupções na Best Buy. No entanto, foi o que tivemos que fazer para vender termostatos.

Se você fizer direito, uma disrupção alimentará a próxima. Uma revolução será a peça de dominó que derrubará a próxima. As pessoas vão rir de você e dizer que é ridículo, mas isso só significa que elas estão começando a prestar atenção. Você encontrou algo que vale a pena fazer. Continue fazendo.

Capítulo
3.4

A PRIMEIRA AVENTURA –
E A SEGUNDA

Quando você lidera uma equipe ou projeto para lançar a V1 – a primeira versão de um produto que é novo tanto para você quanto para a sua equipe –, é como sair para acampar na floresta com os amigos pela primeira vez. Você acha que tem tudo o que precisa para acampar e escalar, mas a verdade é que nunca fez isso antes. Então você avança hesitando. Vai aos poucos, devagar. Mas faz o que pode para descobrir do que vai precisar, para onde seguir, e entra na floresta.

No ano seguinte, você decide repetir a aventura. Dessa vez é a V2. E é totalmente diferente – você sabe para onde vai, sabe o que é preciso para chegar lá e conhece sua equipe. Agora você tem confiança para ser mais ousado, assumir riscos maiores, ir mais longe do que jamais imaginou.

Mas, na primeira jornada, você não contará com essas vantagens. Você precisará tomar muitas decisões orientadas por opiniões sem o benefício de dados ou da experiência para guiá-lo. [Veja também: "Capítulo 2.2: Dados ou opiniões?"]

As ferramentas das quais você precisa para tomar essas decisões estão abaixo, organizadas por ordem de importância:

1. **Visão**: saiba o que você quer fazer, por que está fazendo isso, para quem é e por que as pessoas vão comprar. Você vai precisar de um líder forte ou de um pequeno grupo para garantir que a visão seja entregue intacta aos clientes.

2. **Insights dos clientes:** trata-se do que você aprendeu por meio de levantamentos com clientes ou pesquisas de mercado ou simplesmente vendo o mundo através dos olhos dos clientes: do que eles gostam, do que não gostam, quais problemas costumam enfrentar e quais soluções achariam interessantes.

3. **Dados:** para qualquer produto realmente novo, dados confiáveis serão limitados ou inexistentes. Isso não é impedimento para tentar coletar informações objetivas – o escopo da oportunidade, a maneira como as pessoas usam as soluções existentes etc. No entanto, essas informações nunca serão definitivas. Elas não tomarão as decisões por você.

Quando você começar a fazer iterações com um produto existente, na V2, sua segunda aventura, você terá experiência, terá clientes e terá o luxo de tomar muitas decisões orientadas por dados. Contudo, tome cuidado: um foco míope em números pode atrasá-lo ou tirá-lo do caminho. Você ainda precisará das mesmas ferramentas mencionadas, mas em uma ordem diferente.

1. **Dados:** você terá condições de ver como os clientes usam o seu produto atual e de testar novas versões. Poderá confirmar ou refutar palpites com dados concretos de clientes pagantes reais. Esses dados lhe permitirão consertar as pisadas de bola que você deu quando estava apenas seguindo sua intuição.

2. **Insights dos clientes:** uma vez que as pessoas se comprometem a pagar pelo seu produto, elas passam a ser uma fonte muito mais confiável de informações. Eles podem dizer o que não está funcionando bem e o que gostariam de ver no futuro.

3. **Visão:** presumindo que você tenha acertado minimamente sua versão 1.0, essa visão original pode ficar em segundo plano em relação aos dados e aos insights que você pode obter de clientes reais.

Entretanto, a sua visão original não deve ser totalmente deixada de lado enquanto você faz as iterações. Mantenha sempre em vista a sua missão e os seus objetivos de longo prazo para que o propósito fundamental do seu produto não se perca no caminho.

Você também deve manter em mente que não está apenas criando a V1 ou a V2 de seu produto – você está construindo a primeira ou a segunda versão de sua equipe e de seus processos.

Equipe da V1: é composta, principal ou unicamente, de novos integrantes trabalhando juntos. Vocês ainda estão se conhecendo, tentando saber se podem confiar uns nos outros e quem não vai abandonar o barco quando as coisas ficarem difíceis. Precisarão concordar com um único processo, o que muitas vezes é mais difícil que concordar com um produto. As pessoas vão discordar com base em experiências que tiveram no passado e a confiança pode desmoronar rapidamente. O risco de fazer algo novo é sempre agravado pela falta de confiança na equipe.

Equipe da V2: você pode ter de atualizar partes de sua equipe à medida que suas ambições aumentam, mas muitos dos mesmos colegas de equipe que enfrentaram a tempestade da V1 estarão dispostos a voltar para o campo de batalha pela V2. Se tudo der certo, vocês terão conquistado a confiança uns dos outros, já terão estabelecido um bom processo de desenvolvimento e terão encontrado maneiras de acelerar as coisas. Essa confiança mútua permitirá assumir riscos maiores e criar produtos mais empolgantes.

..

A equipe de marketing comprou uma briga ferrenha com Steve Jobs para decidir como seria o teclado do iPhone. Muitos de nós, porém, nos rebelamos. Em 2005, o celular "inteligente" mais popular era de longe o BlackBerry – carinhosamente conhecido como Crackberry. Algumas pessoas não viviam sem ele. A BlackBerry detinha 25% do mercado e crescia rapidamente. E os fãs hard core do BlackBerry sempre diziam que a melhor coisa de seu gadget favorito era óbvia. Era o teclado.

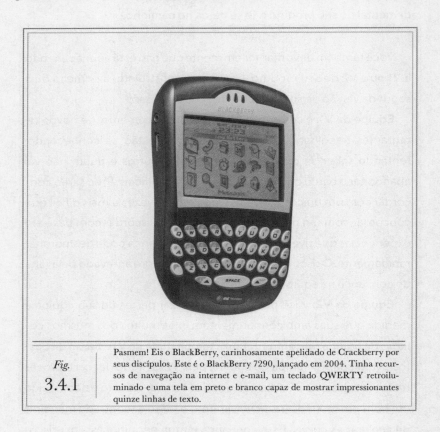

Fig. 3.4.1 — Pasmem! Eis o BlackBerry, carinhosamente apelidado de Crackberry por seus discípulos. Este é o BlackBerry 7290, lançado em 2004. Tinha recursos de navegação na internet e e-mail, um teclado QWERTY retroiluminado e uma tela em preto e branco capaz de mostrar impressionantes quinze linhas de texto.

Ele era resistente e durável como um tanque. Levava algumas semanas para se acostumar a ele, mas depois você era capaz de enviar mensagens de texto e e-mails com uma rapidez incrível. A digitação era satisfatória. A pegada nas mãos era boa. Sólida.

Então, quando Steve compartilhou com a equipe a sua visão para o primeiro celular da Apple – uma grande tela sensível ao toque sem teclado físico –, foi quase possível ouvir as pessoas perderem o fôlego. As pessoas sussurravam pelos corredores:

– Vamos mesmo fazer um telefone sem teclado?

Os teclados touchscreen eram terríveis. Todo mundo sabia que eles eram terríveis. Eu sabia que eles eram terríveis. Eu tinha criado dois deles – primeiro na General Magic e depois na Philips. Era preciso usar uma caneta, tocando sem parar na tela, sem qualquer feedback, escorregando e deslizando, e tudo era arrastado, lento. Nunca era natural. Por isso eu duvidava da existência da tecnologia necessária para fazer uma tela sensível ao toque que correspondesse às nossas expectativas. Não houvera muitos avanços técnicos na área desde que eu começara a trabalhar nela em 1991. O maior avanço tinha sido o Graffiti da Palm, que forçava o usuário a escrever usando um sistema de taquigrafia hieroglífica para o dispositivo conseguir entender.

A equipe de marketing estava menos preocupada com a tecnologia e mais preocupada com as vendas. Eles *sabiam* que as pessoas queriam teclados físicos. Depois de um longo período no qual só os vendedores da Apple tinham a aprovação da empresa para usar BlackBerrys, o marketing finalmente conseguiu acesso a eles para ver por que os dispositivos estavam causando tanto furor. E eles também se apaixonaram. Então eles tinham certeza de que não seríamos capazes de competir com os smartphones existentes sem um teclado físico. Os profissionais que passavam muito tempo em trânsito simplesmente não comprariam celulares sem um teclado físico – eles eram viciados em seus Crackberries.

Steve não deu o braço a torcer.

O iPhone seria algo novo. Completamente diferente. Não seria para profissionais em trânsito. Seria para pessoas comuns. Contudo, ninguém tinha como saber como as pessoas comuns reagiriam porque o mercado consumidor tinha passado uma década completamente intocado. Quando o "smartphone" de primeira geração da General Magic caiu de cara no chão como uma jaca podre, nenhuma outra empresa ousou criar dispositivos pessoais para o consumidor comum.

A maioria dos fabricantes de hardware dos anos 1990 e início dos anos 2000 fez o que eu fiz: voltaram-se a ferramentas de negócios.

140 | CRIAR

A Philips, a Palm, a BlackBerry. Todos se voltaram a profissionais que precisavam principalmente escrever e-mails, enviar mensagens de texto e atualizar documentos. Não ver filmes. Não ouvir música. Não brincar na internet ou tirar fotos ou se conectar com os amigos.

Fig.
3.4.2

O iPhone original lançado em 2007 era minúsculo – menor que qualquer iPhone dos dias de hoje. Media 11,5 x 6,1 centímetros, pesava 135 gramas e tinha uma tela de 3,5 polegadas. Em comparação, o iPhone 13 mini mede 14,7 x 6,4 centímetros, pesa 141 gramas e tem uma tela de 5,4 polegadas.

E o iPhone seria minúsculo – a Apple não queria que fosse muito maior que um iPod para ser fácil de levar no bolso. No fim, a tela acabaria medindo 3,5 polegadas. E Steve não estava disposto a sacrificar metade desse espaço para um teclado de plástico que só poderia ser mudado pelo fabricante.

Um teclado físico prende o usuário às limitações de um mundo físico. E se você quiser escrever em francês? Ou japonês? Ou árabe? E se quiser usar emojis? E se precisar adicionar ou remover uma função? E se quiser ver um vídeo? Não dá para girar um celular na horizontal se metade do dispositivo for ocupado por um teclado.

Fig. 3.4.3 — É fácil ver o ponto de vista de Steve ao comparar o BlackBerry Curve 8310 (lançado em agosto de 2007) com o iPhone original (lançado em junho de 2007). A tela do BlackBerry tinha apenas 2,5 polegadas. O teclado era tão robusto que quase não sobrava tela.

Eu concordei com Steve. Em princípio. Eu só não achava que seríamos capazes de fazer o que ele estava propondo com qualquer tecnologia que eu tinha visto até o momento. Eu precisava de dados suficientes

142 | CRIAR

para saber se poderia concretizar a visão. Então, estabelecemos desafios semanais para as equipes de hardware e software com o objetivo de criar um protótipo melhor. Com que rapidez poderíamos chegar lá? Qual era a taxa de erro? Como as teclas seriam menores que os dedos do usuário, os erros seriam inevitáveis. De que forma contornaríamos esses erros e os corrigiríamos? Em qual velocidade? Quando cada tecla seria ativada – ao pressionar a tela ou ao levantar o dedo da tela? Como iria soar? Na ausência de um feedback táctil, precisaríamos de um feedback auditivo. E depois havia o teste qualitativo: a sensação era boa? Eu queria usar o teclado? Ele me irritava? Tivemos que mudar os algoritmos em todos os níveis do sistema – muitas, muitas e muitas vezes.

Depois de oito semanas, o protótipo estava longe de ser perfeito, mas estava chegando lá. Considerando tudo o que melhoramos em apenas alguns meses, decidi que, apesar de não ser tão bom quanto um teclado físico, seria bom o suficiente. Eu me convenci.

Mas o marketing não quis saber.

Depois de semanas e semanas de discussão, Steve bateu o pé. Não havia dados que provassem definitivamente que funcionaria. Não havia dados que provassem que não funcionaria. Era uma decisão orientada por opiniões e a opinião de Steve era a que mais contava.

– Ou vocês entram no barco agora ou estão fora da equipe – Steve declarou. O marketing não quis comprar a briga.

É claro que, no fim, Steve provou que estava certo. O iPhone mudou tudo. E só foi possível porque ele se recusou a abrir mão de sua visão.

No entanto, isso não quer dizer que não abrir mão de sua visão sempre levará ao sucesso.

Nem para Steve Jobs.

A maioria das pessoas não sabe qual era a função original do iPod. A função do iPod não era só tocar música – ele foi criado para vender computadores Macintosh. O raciocínio de Steve Jobs foi o seguinte: vamos criar algo espetacular que só vai funcionar com os nossos Macs. As pessoas vão gostar tanto que voltarão a comprar Macs.

Na época, a Apple estava à beira da morte. Sua participação de mercado era quase zero – inclusive nos Estados Unidos. Mas o iPod resolveria esse problema. Ele salvaria a empresa.

Então, na cabeça de Steve Jobs, o iPod jamais funcionaria com um PC. Não faria sentido algum, já que o objetivo da coisa toda era a Apple vender mais computadores.

Foi por isso que a primeira geração do iPod não teve muito sucesso.

Os analistas do setor caíram de amores pelo novo dispositivo. As pessoas que já tinham computadores da Apple também. Infelizmente, na época elas não eram muito numerosas. O iPod custava US$ 399. O iMac básico custava US$ 1.300. Apesar de o iPod ser, de longe, o melhor player de MP3 do mercado, ninguém pagaria US$ 1.700 pelo pacote completo da Apple só para ter uma experiência mais fácil para ouvir Radiohead.

Contudo, isso não nos impediu. No mesmo dia em que lançamos a primeira versão, já havíamos começado a trabalhar na segunda. A V2 seria mais fina, mais potente, mais bonita. Fomos falar com Steve e dissemos que precisaria funcionar nos PCs também.

Não.

De jeito nenhum.

Seria quase impossível forçar Steve a abandonar seu plano original. Compramos a briga, porém, e tentamos provar a ele que já não se tratava mais de uma decisão orientada por opiniões. Era orientada por dados. Já estávamos na V2. Tínhamos uma receita de verdade e insights de clientes pagantes de verdade (embora não houvesse muito de nenhum dos dois).

Estávamos trabalhando nas iterações. Estávamos voltando a entrar na floresta. Era hora de colocar a visão no banco do passageiro.

Conseguimos convencê-lo a considerar um meio-termo para o iPod de segunda geração – adicionar o Musicmatch Jukebox (basicamente o principal concorrente do iTunes, só que no PC), que permite transferir a sua biblioteca de músicas de um computador rodando Windows para o iPod. E mesmo isso foi uma luta.

144 | CRIAR

Até que decidimos que deveríamos pedir a Walt Mossberg, o famoso analista de tecnologia, para dar o voto decisivo (sem o conhecimento de Walt!). Foi uma armação, é claro. Acho que Steve queria alguém para culpar caso não desse certo.

No fim, Steve estava errado. Permitir que o iPod funcionasse com PCs impulsionou instantaneamente as vendas. Na terceira geração, já estávamos vendendo dezenas de milhões. Depois, centenas de milhões. Foi isso que mudou as coisas para a Apple. Foi o que salvou a empresa. Ironicamente, foi até o que salvou o Mac – os fãs do iPod começaram a procurar outros produtos da Apple e os Macintosh voltaram a vender.

Mas a lição aqui não é que Steve Jobs era falível. É claro que ele era. Ele era humano.

A lição é sobre quando e como a visão e os dados devem orientar as suas decisões. No começo, antes de você ter clientes, a visão é mais importante do que basicamente qualquer outra coisa.

Entretanto, você não precisa criar sua visão sozinho. Na verdade, provavelmente não deveria. Trancar-se sozinho em uma sala para criar um manifesto de sua visão única e resplandecente é quase uma receita para enlouquecer. Troque ideias com pelo menos uma pessoa – de preferência um pequeno grupo. Esboce a missão juntos. Depois a concretizem juntos.

Vocês podem acabar criando algo mágico e que mudará o mundo. Ou não.

Você sempre corre o risco de se agarrar bravamente à sua visão para criar a V1 diante de todos os obstáculos e a visão se revelar errada. [Veja também: "Capítulo 3.6: Três gerações".] O que você criou simplesmente não funciona. Pode ter havido uma decisão orientada por dados que você achou que fosse orientada por opiniões. Ou você fez um cálculo errado ou errou no timing ou algum fator que você não tinha como controlar mudou no ambiente macro.

Nesse ponto, você precisa voltar e, por mais doloroso que seja, fazer uma análise franca e minuciosa para descobrir a razão do seu fracasso. Esse é o momento em que você precisa coletar dados. Seu instinto o levou até esse ponto e chegou a hora de encontrar dados para ajudá-lo a entender por que seu instinto estava errado.

Pode se revelar um fracasso sem volta. Você pode ter ficado sem dinheiro, perdido a equipe ou a sua credibilidade. Mas a única maneira de seguir em frente é fazer uma análise honesta do passado. Aprenda as suas lições – especialmente as mais difíceis. E tente de novo. De volta à prancheta. À V1.

Mais cedo ou mais tarde, sua visão vai melhorar. Você vai aprender a confiar em seus instintos de novo. E vai chegar ao outro lado: à V2. Agora a história é muito diferente.

Ao criar a segunda versão do seu produto, você pode conversar com clientes reais e saber exatamente o que eles pensam e o que querem ver em seguida. Pode fazer todas as coisas que queria desesperadamente incluir na V1, mas não tinha como. Pode analisar os números, conhecer os custos e os benefícios. Pode confirmar seus insights com informações, testes A/B, gráficos e números. Pode ajustar e adaptar-se às necessidades dos seus clientes, e cada vez mais decisões poderão ser orientadas por dados gloriosos, simples, claros e objetivos.

Antes de esse momento chegar, no entanto, você precisa passar pelo sprint e pela maratona da V1. Precisa de pessoas nas quais confia que não vão abandonar a corrida no meio do caminho. E precisa saber quando parar.

Se esperar que seu produto fique perfeito, você nunca vai terminar. Por outro lado, é muito difícil saber quando o produto está terminado – saber quando você precisa parar de criar e simplesmente colocar seu produto no mundo. Quando está bom o suficiente? Quando você chegou perto o suficiente de sua visão? Quando os problemas inevitáveis são "ignoráveis" a ponto de você conseguir conviver com eles?

Normalmente, sua visão será muito mais grandiosa que o que se materializará na V1. Sempre haverá outra revisão, sempre haverá algo que você quer fazer, mudar, adicionar, ajustar. Em que momento você deve se afastar do que está fazendo e simplesmente… parar? Enviar o produto. Libertá-lo. Ver o que acontece.

146 | CRIAR

Um truque é escrever um comunicado à imprensa.

Mas não o escreva quando terminar. Escreva quando começar.

Comecei a fazer isso na Apple e acabei percebendo que outros líderes faziam a mesma coisa (estou olhando para você, Bezos). É uma ferramenta incrível para se focar no que realmente importa.

Para escrever um bom comunicado à imprensa, você precisa se concentrar. O objetivo de um comunicado à imprensa é despertar a curiosidade das pessoas – levar os jornalistas a se interessarem pelo que você está fazendo. Você tem que chamar a atenção deles. Precisa ser sucinto e interessante, destacar as coisas mais importantes e essenciais que seu produto pode fazer. Não pode simplesmente listar tudo o que quer fazer – precisa priorizar. Quando escreve um comunicado à imprensa, você passa um recado: "Essa é a notícia. É isso que realmente importa".

Então passe um tempo desenvolvendo o melhor comunicado à imprensa que puder. Consulte o pessoal de marketing e de relações públicas, se precisar. Eles o ajudarão a aparar as arestas e chegar ao essencial.

Feito isso, semanas, meses ou anos depois, quando você estiver chegando perto de terminar, enquanto estiver discutindo os recursos que quer adicionar, o que deve ser deixado de fora, o que importa, o que não importa – tire o seu comunicado à imprensa da gaveta. Leia-o.

Se você lançasse o produto como está, daria para divulgar esse comunicado à imprensa e ele ser, em grande parte, verdadeiro? Se a resposta for sim, parabéns: seu produto provavelmente está pronto, ou pelo menos bem perto disso. Você alcançou a essência da sua visão. Todo o resto provavelmente seria "bom de se ter", mas não uma prioridade.

É possível que, desde que começou, você tenha precisado mudar tanto o produto a ponto de o comunicado à imprensa original não ter nada a ver com o que você criou. Pode acontecer.

Tudo bem. Escreva outro comunicado à imprensa. Enxágue. Repita.

Esta é uma aventura e aventuras nunca acontecem conforme o planejado. É por isso que elas são divertidas. E assustadoras. É por isso que vale a pena embarcar nelas. É por isso que você respira fundo, cerca-se de excelentes pessoas e entra em território desconhecido.

Capítulo

3.5

BATIMENTOS CARDÍACOS E ALGEMAS

Você precisa de restrições para tomar boas decisões e a melhor restrição do mundo é o tempo. Quando está algemado a um prazo apertado, você não pode continuar tentando isso e aquilo, mudando de ideia, dando os toques finais em algo que nunca será concluído.

Quando se algema a um prazo – de preferência uma data externa e imutável como o Natal ou uma grande conferência –, você se força a executar e a ser criativo para terminar a tempo. O *batimento cardíaco externo*, a restrição, estimula a criatividade, que, por sua vez, alimenta a inovação.

Antes de lançar a V1, seu prazo externo é sempre um pouco instável. Os fatores desconhecidos são numerosos demais para tentar seguir um prazo a ferro e fogo. Então a melhor maneira de manter todo mundo em movimento é criando prazos internos fortes – batimentos cardíacos que a sua equipe usa para definir a agenda:

1. **Batimentos cardíacos da equipe:** cada equipe cria seu próprio ritmo e seus próprios prazos para entregar sua peça do quebra-cabeça. Em seguida, todas as equipes se alinham com os...

2. **Batimentos cardíacos do projeto:** esses são os momentos nos quais diferentes equipes se sincronizam para garantir que o produto ainda faça sentido e que todas as partes estejam avançando na velocidade certa.

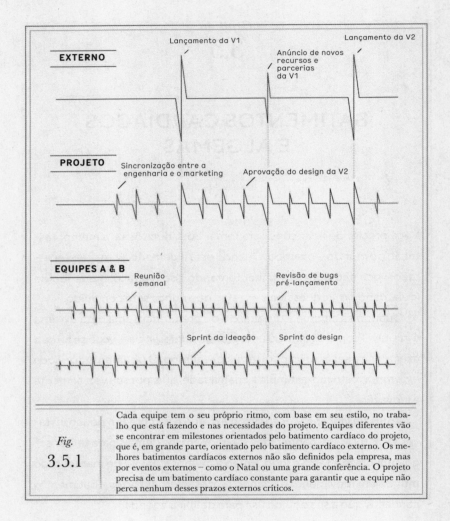

Fig. 3.5.1 — Cada equipe tem o seu próprio ritmo, com base em seu estilo, no trabalho que está fazendo e nas necessidades do projeto. Equipes diferentes vão se encontrar em milestones orientados pelo batimento cardíaco do projeto, que é, em grande parte, orientado pelo batimento cardíaco externo. Os melhores batimentos cardíacos externos não são definidos pela empresa, mas por eventos externos – como o Natal ou uma grande conferência. O projeto precisa de um batimento cardíaco constante para garantir que a equipe não perca nenhum desses prazos externos críticos.

Quando entrei na General Magic, o plano era ter o produto pronto em nove meses. No entanto, o lançamento foi adiado em seis meses. E mais seis meses. E mais seis. E assim foi por quatro anos.

É bem possível que só tenhamos lançado o nosso produto porque a Apple lançou o Newton e os investidores começaram a pressionar.

Foi quando encontramos nossa primeira restrição: a concorrência se aproximando.

O Magic Link só foi lançado quando teve que ser lançado. Só começamos a tomar as decisões difíceis – isso fica, isso cai fora, isso está bom o suficiente, isso não está bom – quando não tivemos outra escolha. Não podíamos mais ficar girando sem parar, tentando alcançar a perfeição. A General Magic estava se debatendo e precisava de um par de algemas. Precisava definir uma data para o lançamento e se ater a ela.

Mas esta é sempre a crise da V1: quando lançar? Você ainda não tem clientes, ainda não disse ao mundo exatamente o que está fazendo. É muito fácil continuar fazendo ad infinitum.

Então você precisa se forçar a parar. Crie um prazo e algeme-se a ele. Para a primeira versão do iPhone, nos demos dez semanas.

Dez semanas para ver se iria funcionar. Se conseguiríamos chegar a uma versão mínima capaz de provar que essa era a direção certa a seguir.

Nosso conceito inicial era um iPod + celular: manter a roda de navegação e mudar tudo ao seu redor. Em três semanas, já tinha dado para ver que não daria certo. A roda de navegação era o principal elemento do design, mas não poderíamos transformá-la em um teclado de celular sem transformar a coisa toda em um telefone com discador rotativo.

A hipótese inicial – de que poderíamos reutilizar o design e o hardware icônicos do iPod – se provou incorreta. Então apertamos o botão reset. Nova hipótese. Desta vez começaríamos do zero, então nos demos cinco meses.

O segundo conceito tinha o formato básico e o design industrial de um iPod Mini, mas com uma tela inteira e sem a roda de navegação – bem parecido com o que temos hoje.

Encontramos uma série de novos problemas com o design do segundo protótipo do iPhone – não estávamos conseguindo acertar a engenharia. As antenas, o GPS, as câmeras, as proteções térmicas. Nunca tínhamos feito um celular antes, muito menos um smartphone, e muitas das nossas premissas estavam erradas. De novo.

Botão reset. Recomeçar.

150 | CRIAR

Fig.
3.5.2

Este modelo de iPod + celular na verdade não fomos nós que fizemos – veio de um fabricante que ouviu rumores de que estávamos trabalhando em um celular e quis nos apresentar sua ideia. Este dispositivo esquisito mostra a impossibilidade de criar o design de um celular em torno da roda de navegação. A metade superior gira 180 graus para você poder usar a tela se estiver discando um número de telefone ou enviando mensagens de texto – não é uma má ideia, mas não é um iPhone.

Foi só na terceira versão que nos familiarizamos com os diferentes componentes a ponto de criar a V1 certa.

Contudo, jamais teríamos chegado a esse terceiro design se não tivéssemos nos imposto prazos rigorosos para os dois primeiros – se não tivéssemos parado depois de alguns meses, apertado o botão reset e seguido em outra direção.

Impusemos o maior número possível de restrições: em termos de tempo, dinheiro e número de pessoas na equipe.

Este último ponto é importante.

Batimentos cardíacos e algemas | 151

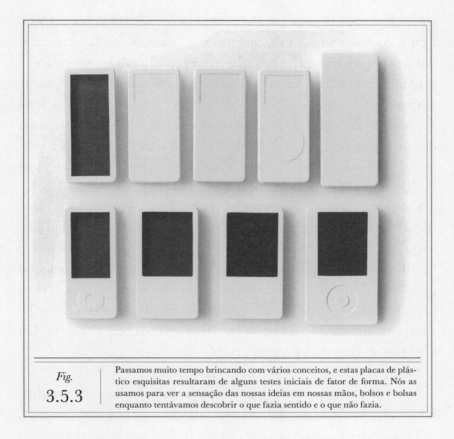

Fig.
3.5.3

Passamos muito tempo brincando com vários conceitos, e estas placas de plástico esquisitas resultaram de alguns testes iniciais de fator de forma. Nós as usamos para ver a sensação das nossas ideias em nossas mãos, bolsos e bolsas enquanto tentávamos descobrir o que fazia sentido e o que não fazia.

Não saia por aí contratando pessoas só porque você pode contratar um monte de gente. Na maioria dos projetos, no estágio de definição você consegue ir longe com umas dez pessoas ou até menos. Você não vai querer montar uma equipe grande e depois ser forçado a definir o design por consenso ou deixar um monte de pessoas no banco de reserva esperando você decidir o que fazer.

No fim do primeiro projeto do iPhone, tínhamos cerca de oitocentas pessoas trabalhando nele. Mas você consegue imaginar o que teria acontecido se todas essas oitocentas pessoas estivessem na equipe desde o início, nos vendo abandonar a visão e reiniciar o projeto? E abandonar a visão e reiniciar o projeto de novo alguns meses depois? Teria sido um

152 | CRIAR

caos. Oitocentas pessoas entrando em pânico e nós tendo que tranquilizar a equipe o tempo todo, mantendo o otimismo, tentando manter todas as pessoas em sincronia com um número astronômico de iterações.

Então, mantenha o seu projeto pequeno pelo maior tempo possível. E não aloque muito dinheiro no início. As pessoas tendem a fazer grandes idiotices quando têm um orçamento gigante – incluem coisas demais no design, pensam demais. Isso inevitavelmente leva a processos mais longos, cronogramas mais longos e batimentos cardíacos mais lentos. Muito, muito mais lentos.

Em geral, qualquer produto criado do zero não deve levar mais que 18 meses para ser lançado – 24 meses no máximo. O ideal é algo entre 9 e 18 meses. Isso se aplica a hardware e software, átomos e bits. É claro que algumas coisas levam mais tempo – uma pesquisa pode levar décadas, por exemplo. Mas, mesmo se levar dez anos para pesquisar uma questão, verificações regulares ao longo do caminho garantem que você ainda esteja correndo atrás da resposta certa. Ou ainda esteja fazendo a pergunta certa.

Todo projeto precisa de um batimento cardíaco.

Antes do lançamento da V1, esse batimento cardíaco é exclusivamente interno. Você ainda não está falando com o mundo externo, então precisa ter um ritmo interno forte que o impulsione em direção à data de lançamento definida.

Esse ritmo é feito de marcos importantes – reuniões do conselho, reuniões gerais ou milestones do projeto em determinados momentos do desenvolvimento do produto – em que todos, incluindo engenharia, marketing, vendas e suporte, possam fazer uma pausa e sincronizar uns com os outros. Isso pode acontecer no intervalo de algumas semanas ou de alguns meses, mas precisa acontecer para manter todos em sintonia com o anúncio ao mundo externo.

E, para manter o batimento cardíaco do projeto, cada equipe precisará produzir seus próprios resultados em seu próprio ritmo. O batimento cardíaco de cada equipe será diferente – podem ser sprints

Batimentos cardíacos e algemas | 153

de seis semanas ou avaliações semanais ou check-ins diários. Pode ser um scrum, uma cascata ou um kanban – qualquer modelo ou abordagem de gerenciamento de projetos que funcione para vocês. O batimento cardíaco de uma equipe criativa será muito diferente do batimento cardíaco de uma equipe de engenharia; uma empresa que fabrica hardware terá batimentos cardíacos mais lentos que os de empresas que trabalham exclusivamente com elétrons. Não importa qual seja esse batimento cardíaco, seu trabalho é mantê-lo estável para que a sua equipe saiba o que se espera deles.

Aprendi isso na Philips, na primeira vez que tive que criar um batimento cardíaco do zero.

Quando começamos, toda a equipe era muito jovem e sem experiência em gerenciamento de projetos, então contratamos alguns consultores para nos ajudar a criar um cronograma. Eles sugeriram organizar nossas tarefas em metades de dia. A equipe estimaria quantas metades de dia seriam necessárias para concluir cada parte do projeto e dividiríamos todos os meses, semanas e dias necessários para realizar todas as tarefas imagináveis. Em seguida, criamos cronogramas detalhados de 12 a 18 meses com base na carga de trabalho individual de todos.

Parecia fazer todo o sentido do mundo. Apertamos a mão dos consultores, aprovando o resultado. Excelente! Temos uma programação de verdade! Agora temos como chegar lá! Até nos darmos conta de que:

1. Ninguém pode estimar com precisão o tempo ou todas as etapas necessárias.
2. É inútil tentar entrar nesse nível de detalhamento ao pensar tão adiante no futuro. Alguma coisa sempre acontecerá para estragar o seu plano.
3. Estávamos gastando tanto do nosso tempo criando a programação e discutindo o que podia e o que não podia ser feito em metade de um dia, que era impossível visualizar o contexto geral por trás de tantos dias cortados pela metade.

154 | CRIAR

Sempre que o produto mudava e evoluía, a gente começava a se atropelar. Começávamos a pressionar todo mundo a nos dizer quantas metades de dia eles levariam para lidar com a mudança, em vez de apenas lidar com ela. Passávamos horas toda semana "repassando o cronograma" com cada membro da equipe em vez de realmente trabalhar.

Depois de alguns meses, jogamos o sistema todo no lixo. Chega de metades de dia. Organizamos nosso tempo em partes maiores – semanas, meses. Começamos a adotar uma visão macro para os nossos projetos. Isso nos permitiu construir a V1 do Velo em cerca de dezoito meses. Então a entregamos, nova e reluzente, para as vendas e o marketing.

Eles não tinham a menor ideia do que fazer com aquilo. Nunca tinham visto o produto antes. Não sabiam como vendê-lo, onde vendê-lo, como anunciá-lo. Nós nunca tínhamos parado para pensar neles e agora eles não sabiam o que pensar de nós.

Tínhamos estabelecido nosso batimento cardíaco interno, mas nunca o sincronizamos com nenhuma outra equipe. Ninguém mais conseguia acompanhar o nosso ritmo. Estávamos dançando em nosso próprio ritmo, certos de que todos os olhos estavam fixos em nós – só que o nosso parceiro de dança estava do outro lado do salão pegando uma bebida, pensando em barbeadores elétricos.

Precisávamos de milestones internos para o projeto – check-ins regulares para garantir que todos soubessem como o produto havia evoluído e pudessem avançar a sua parte do negócio no ritmo adequado. E para garantir que o produto ainda fizesse sentido. Para ver se o marketing continuava gostando dele. Para ver se as vendas continuavam gostando dele. Para ver se o suporte ainda conseguia explicá-lo. Para garantir que todos soubessem o que estavam criando e conhecessem o plano para lançá-lo.

Esses milestones desaceleram as coisas em curto prazo, mas acabam acelerando todo o desenvolvimento do produto. E resultam em um produto melhor.

Batimentos cardíacos e algemas | 155

Até que um dia, mais cedo ou mais tarde, vocês terminam. Ou pelo menos terminam o suficiente. E você atinge o primeiro batimento cardíaco externo da V1.

Você torce para tudo correr bem. Torce para o mundo gostar do que vocês criaram. Torce para que eles queiram mais, para que o primeiro batimento cardíaco externo seja seguido de outro. E outro.

Quando você passa da V1 para a V2, o ritmo de seus anúncios para o mundo externo e, talvez, o de seus concorrentes, começará a orientar seus batimentos cardíacos internos.

Mas tome cuidado.

Se estiver criando algo digital – um aplicativo, um site, um software –, você pode literalmente mudar o seu produto a qualquer momento. Pode adicionar recursos toda semana. Pode recriar a experiência toda uma vez por mês. No entanto, poder fazer essas coisas não significa que você deva fazê-las.

Os batimentos cardíacos não devem ser muito rápidos. Se uma equipe viver atualizando o produto, os clientes começarão a se irritar. Eles não vão ter tempo para aprender como o produto funciona – muito menos para dominá-lo – antes de serem forçados a aprender tudo de novo.

Dê uma olhada no Google. O batimento cardíaco deles é errático, imprevisível. Funciona para eles – pelo menos na maior parte das vezes –, mas poderia ser muito melhor. É possível dizer que o Google tem apenas um grande batimento cardíaco externo por ano: a conferência Google I/O – e a maioria das equipes não se preocupa em se alinhar com ele. Eles normalmente lançam o que querem quando querem ao longo do ano, às vezes com um grande esforço de marketing por trás, outras vezes com simples campanhas por e-mail.

Desse modo, eles nunca têm uma comunicação coesa com seus clientes sobre a organização como um todo. Uma equipe faz isso, outra faz aquilo, seus anúncios ou se sobrepõem ou deixam de aproveitar oportunidades claras de criar uma narrativa. E ninguém, nem os clientes, nem os funcionários, consegue acompanhar.

156 | CRIAR

Você precisa de pausas naturais para que as pessoas possam alcançá-lo – para que os clientes e os analistas possam lhe dar um feedback que você consiga integrar na próxima versão. E para a sua equipe saber o que o cliente não está entendendo.

Mas você também não pode desacelerar muito. Os batimentos cardíacos das empresas que trabalham com átomos em vez de elétrons costumam ser lentos demais. Porque os átomos são assustadores: você não tem como relançar um átomo.

É preciso equilibrar muito bem o processo e o timing certos – nem rápido nem devagar demais.

Então olhe para o próximo ano.

Depois de lançar a sua V1, entre duas e quatro vezes no ano do lançamento, você deve anunciar algo para o mundo. Novos produtos, novos recursos, novos designs ou atualizações. Algo concreto que faça por merecer a atenção das pessoas. Não importa se a sua empresa for grande ou pequena, se você estiver criando hardware ou aplicativos, para empresas ou consumidores, esse é o ritmo certo para os clientes. Para seres humanos. Mais anúncios ou grandes mudanças e você vai começar a confundir as pessoas; menos anúncios e elas começarão a se esquecer de você. Então tenha pelo menos um grande lançamento e um a três lançamentos menores por ano.

Os batimentos cardíacos externos da Apple costumavam bater mais alto na conferência anual MacWorld em San Francisco. Esse evento orientava o ritmo da empresa toda. Os maiores anúncios sempre tinham que ser feitos na MacWorld.

E a MacWorld sempre acontecia em janeiro.

A principal razão para isso era que os organizadores da MacWorld eram uns grandes pães-duros. A primeira semana do ano era a época mais barata para alugar um espaço para conferências em San Francisco, já que turistas e profissionais faziam uma pausa nas viagens após a correria do fim de ano. De qualquer maneira, a MacWorld era pequena. Nos anos 1990, a Apple estava em dificuldades e sua base de clientes era pequena, de modo que os poucos fãs que iam à conferência eram os geeks do Vale do Silício que já estavam por perto. A cidade de San Francisco não se importava em receber os geeks em janeiro e reservar os espaços mais lucrativos da primavera e do verão para conferências maiores que atraíam mais pessoas de outras cidades.

Então a MacWorld era em janeiro.

Mas isso significava que a Apple nunca podia tirar férias coletivas no fim do ano. Absolutamente tudo tinha que ser feito até 1º de janeiro. Se você trabalhasse em determinadas equipes da Apple, sua família simplesmente se resignava a nunca mais vê-lo do Dia de Ação de Graças até o Ano Novo. A maioria das equipes só ressurgia depois da MacWorld, abatida, porém vitoriosa, esfregando os olhos à luz do sol. Isso continuou por anos, anos e anos.

Até que Steve Jobs finalmente disse:

– Que se dane.

Ele decidiu que a Apple já podia ignorar a MacWorld. Ele determinou um novo batimento cardíaco.

O antigo batimento cardíaco tinha grandes anúncios na MacWorld em janeiro e lançamentos menores na Apple Worldwide Developers Conference (WWDC) em junho e em setembro.

Mas o novo batimento cardíaco estabeleceu anúncios menores em março, depois um grande estardalhaço na WWDC no meio do ano e mais anúncios menores no terceiro trimestre.

Agora a Apple tem tanta coisa para mostrar que faz anúncios em março, junho, setembro e outubro, pouco antes dos feriados de fim de ano.

Mas não em janeiro. Nunca em janeiro. Eles aprenderam bem essa lição.

Infelizmente, você nem sempre pode se dar ao luxo de controlar seu batimento cardíaco. Ele pode se basear em alguma outra conferência. Pode orbitar ao redor dos produtos de outra empresa.

Por muito tempo, os batimentos cardíacos do Macintosh dependeram da IBM, da Motorola e da Intel – os fabricantes de seus processadores. Se um novo processador atrasasse, os novos Macs também

158 | CRIAR

atrasariam. Foi por isso que o Macintosh passou tanto tempo usando os processadores Intel – porque eles eram os mais confiáveis de todos, ou pelo menos os que menos pisavam na bola. Mas nem a Intel era 100% previsível, e qualquer pequena mudança em sua programação causava uma interminável confusão e um turbilhão de reajustes no lado da Apple.

Não havia como criar um batimento cardíaco constante para os clientes do Mac ou um ritmo razoável para a equipe da Apple se a empresa continuasse dependendo dos processadores Intel. Então, do mesmo modo como Steve decidiu assumir as rédeas da programação dos anúncios, ele acabou decidindo que a Apple precisava fazer os seus próprios processadores.

Era a única maneira de imbuir o mundo de previsibilidade.

E não há nada de que as pessoas gostem mais do que de um mundo previsível.

Gostamos de pensar que não somos governados por calendários e agendas, que podemos nos livrar das correntes do hábito a qualquer momento – mas a maioria das pessoas adora uma rotina. É um alento saber o que vem a seguir. As pessoas precisam disso para planejar suas vidas e seus projetos.

A previsibilidade permite à sua equipe saber quando deve estar de cabeça baixa focada no trabalho e quando deve estar olhando ao redor para se alinhar com as outras equipes ou para garantir que vocês continuam indo na direção certa. [Veja também: "Capítulo 1.4: Não olhe (só) para baixo".]

A previsibilidade lhe permite codificar um processo de desenvolvimento de produto em vez de recomeçar do zero a cada vez. Permite criar um documento vivo com pontos de verificação, milestones, cronogramas e planos para treinar novos funcionários e ensinar a todos: é assim que fazemos. Este é o modelo de como criar um produto.

No fim das contas, é essa previsibilidade que lhe possibilitará cumprir o prazo.

Batimentos cardíacos e algemas | 159

Faça de tudo para não romper o ritmo de seu batimento cardíaco externo – mas saiba que às vezes isso vai acontecer de qualquer jeito. Alguma coisa vai quebrar. Alguma coisa vai levar mais tempo que o esperado. Quase sempre acontece na V1, quando você está começando do zero, tentando descobrir tudo de uma vez.

Mas, quando você acerta o processo e finalmente consegue lançar a V1, seu batimento cardíaco pode se estabilizar. Pode se firmar.

E, quando for lançar a V2, você conseguirá cumprir o prazo. E todo mundo – sua equipe, seus clientes, a imprensa – vai sentir o ritmo.

Capítulo

3.6

TRÊS GERAÇÕES

Há uma piada que diz que se leva vinte anos para criar um sucesso instantâneo. Nos negócios, leva entre seis e dez anos. Sempre leva mais tempo do que você imagina para encontrar o ajuste certo do produto ao mercado, chamar a atenção de seus clientes, criar uma solução completa e ainda ganhar dinheiro. Você normalmente vai ter que criar pelo menos três gerações de qualquer produto novo e disruptivo antes de acertar e gerar lucro. Isso vale para B2B e B2C, para empresas que criam usando átomos ou elétrons ou ambos, para startups novas em folha e produtos novos em folha.

São três os estágios da lucratividade:

1. **Longe de gerar lucro:** com a primeira versão de um produto, você ainda está testando o mercado, testando o produto, tentando encontrar seus clientes. Muitos produtos e empresas morrem nesse estágio antes mesmo de ganharem um centavo.

2. **Atingindo a economia unitária (unit economics) ou margens brutas:** se tudo der certo, com a V2 você poderá ganhar um lucro bruto a cada produto vendido ou a cada cliente que assinar seu serviço. Mantenha em mente que nem uma economia unitária fantástica é suficiente para tornar uma empresa lucrativa. Você ainda estará gastando muito dinheiro só para administrar sua empresa e conquistar clientes por meio das vendas e do marketing.

3. **Atingindo a economia de negócios (business economics) ou margens líquidas:** com a V3, você tem o potencial de ganhar lucros líquidos a cada assinatura ou produto vendido. O que recebe em receita de vendas supera os custos do negócio e a empresa como um todo ganha dinheiro.

Leva tanto tempo para atingir as margens brutas e ainda mais tempo para obter margens líquidas porque aprender leva tempo. Tanto para a sua empresa quanto para os seus clientes.

Sua equipe terá que descobrir como encontrar o ajuste certo do produto ao mercado para a V1, depois consertar o produto e promovê-lo adequadamente para um público mais amplo com a V2 e só depois você poderá se concentrar em otimizar o negócio para ele ser sustentável e lucrativo com a V3.

E os clientes precisam de tempo para conhecer a sua empresa e o seu produto. A maioria das pessoas não é composta de adotantes iniciais – elas demoram um tempo para experimentar as novidades. Elas precisam de tempo para se acostumar com a ideia, tempo para ler algumas resenhas, tempo para perguntar aos amigos e depois esperar até a próxima versão, que provavelmente será ainda melhor.

••

Mais ou menos em 1992 ou 1993, eu andava pelos corredores da General Magic lendo *Atravessando o abismo*, de Geoffrey Moore. Muitos de nós estávamos lendo, discutindo e comentando os conceitos desse livro, mesmo enquanto mergulhávamos cada vez mais fundo no abismo e ficava claro que nunca conseguiríamos sair.

O "abismo" é o buraco no qual as empresas podem cair se as pessoas comuns – não apenas os adotantes iniciais – não comprarem o seu produto. Hoje, falamos em termos de "encontrar o ajuste do produto ao mercado".

Atravessando o abismo apresentou ao mundo o famoso gráfico da "curva de adoção do cliente" (a seguir). A ideia é bem simples: uma pequena porcentagem de clientes vai correr para comprar um novo produto assim que ele for lançado, mesmo se ele não funcionar muito bem – esses clientes só querem a última novidade. A maioria vai esperar um tempo até que todos os problemas tenham sido resolvidos.

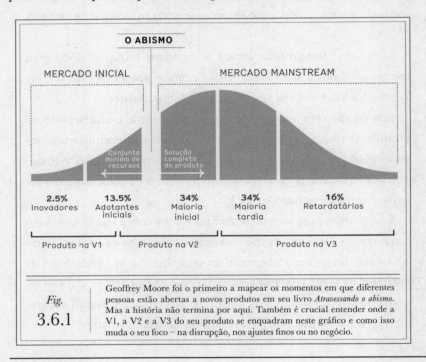

Fig. 3.6.1

Geoffrey Moore foi o primeiro a mapear os momentos em que diferentes pessoas estão abertas a novos produtos em seu livro *Atravessando o abismo*. Mas a história não termina por aqui. Também é crucial entender onde a V1, a V2 e a V3 do seu produto se enquadram neste gráfico e como isso muda o seu foco – na disrupção, nos ajustes finos ou no negócio.

Para quem é

V1	V2	V3
Inovadores e adotantes iniciais.	**Maioria inicial.**	**Maioria tardia e retardatários.**
São as pessoas que adoram tudo o que você faz – podem ser geeks, fãs de tecnologia ou apenas pessoas que adoram a sua empresa. Elas terão uma reação emocional a qualquer novidade legal e a comprarão sabendo que provavelmente vai estar cheia de defeitos.	São os lançadores de tendências. Eles observam os adotantes iniciais e leem algumas resenhas antes de se comprometer. Esperam que os bugs tenham sido resolvidos, um suporte ao cliente decente e uma maneira fácil de comprar e aprender a usar o produto.	São todos os outros clientes, aqueles que esperam a perfeição. Eles só comprarão o vencedor claro do mercado e não tolerarão qualquer aborrecimento ou chateação.

Produto

V1	V2	V3
Você está basicamente vendendo seu protótipo.	**Você está consertando as pisadas de bola que deu na V1.**	**Você está refinando um produto já excelente.**
Os custos de aquisição de clientes serão altíssimos; alguns recursos que você queria muito tiveram de ser cortados; seu marketing, vendas e suporte ao cliente serão um pouco instáveis; você não terá as parcerias das quais precisa; e ainda estará descobrindo tudo o que fez de errado.	Neste estágio, você saberá quais são os problemas e como corrigi-los – tanto os problemas inesperados que inevitavelmente vêm à tona depois do lançamento quanto os atalhos que você tomou na primeira vez. A V2 geralmente vem logo depois da V1 porque você aprendeu rápido e está morrendo de vontade de colocar tudo na próxima geração.	Seu foco deve ser menos no produto e mais no negócio e em aprimorar cada ponto de contato do ciclo de vida do cliente.

Terceirizar ou fazer internamente

V1	V2	V3
Descobrir as coisas e terceirizar.	**Começar a fazer mais coisas internamente.**	**Reter o conhecimento interno e terceirizar seletivamente projetos menores.**
Sua equipe é pequena e você precisa terceirizar várias funções – marketing, relações públicas, RH, jurídico. Isso lhe permite avançar rapidamente e fazer muitas coisas, mas sai caro e não é possível escalonar assim.	Você pega tudo o que aprendeu com as equipes terceirizadas com as quais trabalhou na V1 e começa a desenvolver as suas competências internas. [Veja também: "Capítulo 5.3: Crie designs para todos… mas não terceirize o problema".] Suas equipes e sua expertise crescem.	Algumas importantes equipes internas se concentrarão nos principais diferenciais do seu negócio. Pode ser fazer o branding internamente, o jurídico ou o que for mais importante para a sua empresa. À medida que essas equipes crescem e fazem mais, elas voltam a terceirizar, mas apenas tarefas específicas e menores que são supervisionadas de perto pela equipe interna.

164 | CRIAR

Produto		
V1	**V2**	**V3**
Ajuste do produto ao mercado.	**Produto lucrativo.**	**Empresa lucrativa.**
Você só acerta o suficiente para provar que existe um mercado para o produto e para você poder atravessar o abismo.	Neste ponto, você ampliará o mercado, começará a conquistar mais partes da jornada do cliente e poderá até ganhar um pouco de dinheiro por produto – mas provavelmente não o suficiente para cobrir os custos.	Presumindo que tenha alcançado margens brutas com a V2, você pode querer atingir margens líquidas com a V3. É quando você começa a negociar com parceiros para fechar acordos melhores, otimizar seu suporte ao cliente e canal de vendas e comprar novos tipos de mídia para o marketing do produto. Se tudo der certo, você finalmente conseguirá volume suficiente para começar a reduzir os seus preços e ganhar dinheiro de verdade. Com a V3, você tem a chance de acertar tudo – o produto, a empresa e o seu modelo de negócios.
Se você não puder provar que pelo menos os adotantes iniciais comprarão a sua V1, terá que voltar à prancheta e recomeçar do zero.		

Mas a história não termina por aqui. Se você não souber como a adoção do produto pelo cliente se relaciona com o desenvolvimento do produto e da empresa, está deixando de considerar uma parte muito importante do quebra-cabeça.

Depois que as empresas encontram o ajuste do produto ao mercado, elas podem começar a se concentrar na lucratividade. Por exemplo, as empresas que constroem com átomos se focam no CPV – custo dos produtos vendidos. Além da mão de obra direta, seu maior custo é a fabricação do produto em si. Por isso elas precisam reduzir o custo de produzir seu produto para alcançar a lucratividade.

Já as empresas que constroem com elétrons se focam no CAC – custos de aquisição de clientes. Além da mão de obra direta, seu dinheiro é gasto vendendo e dando suporte ao produto.

As empresas que constroem tanto com átomos quanto com elétrons precisam se preocupar com o CPV e o CAC, mas normalmente devem se concentrar em um de cada vez. Primeiro reduza o CPV e depois passe para o CAC. Crie o produto e depois adicione os serviços.

E, apesar das muitas diferenças entre átomos e elétrons, hardware e software, um fator tem o mesmo poder restritivo sobre os dois: o tempo.

Não importa o que você estiver criando, alcançar a lucratividade levará mais tempo do que você imagina. É quase certo que você não ganhará dinheiro com a V1. Você precisará se reinventar pelo menos três vezes. Às vezes muito mais.

E, mesmo que o seu cronograma seja mais curto – mesmo que você esteja apenas fazendo ajustes para acelerar um aplicativo –, seu produto ainda precisa aprender a engatinhar e depois a andar antes de poder correr. Um aplicativo ou serviço pode levar o mesmo tempo que levaria o lançamento de um produto físico. Leva tempo evoluir e mudar, responder ao feedback do cliente, fazer com que cada ponto da jornada do cliente seja tão robusto quanto o produto em si. E os clientes também precisam de tempo para aprender sobre você, experimentar o seu produto, decidir se vale a pena. Eles precisam de tempo para avançar na curva de adoção.

O iPod levou três gerações – e três anos – até atingir a lucrativa economia unitária.

O mesmo aconteceu com o iPhone. A primeira versão na verdade foi apenas para os adotantes iniciais – não tinha internet 3G, não tinha a loja de aplicativos e nosso modelo de precificação estava totalmente errado. Steve nunca quis que o celular fosse subsidiado – ele queria que todos soubessem seu verdadeiro preço para que pudessem avaliá-lo adequadamente – e também queria uma parte dos lucros do plano de dados. [Veja também: "Capítulo 6.4: Que se danem as massagens".] Mas o iPhone estava destinado a atravessar o abismo – o mundo caiu de amores por ele. As pessoas só precisavam que acertássemos os detalhes para que elas o comprassem.

Mas atravessar o abismo não é uma garantia, mesmo no caso de produtos que são objeto de tamanha adoração. E chegar a ganhar dinheiro é muito, muito mais difícil.

Com a internet, novos modelos de negócios contestam essa crença dominante. Mesmo assim, muitas empresas – Instagram, WhatsApp, YouTube, Uber – passaram por cinco, dez ou mais gerações antes de descobrir como ganhar dinheiro. Muitas outras empresas ainda não chegaram lá. As empresas não lucrativas continuam existindo porque têm um pool gigante de financiamento de capital de risco ou porque foram adquiridas por empresas de tecnologia ainda maiores. Elas se focaram em encontrar o ajuste do produto ao mercado e construir a sua base de usuários primeiro e deixaram para fazer iterações no modelo de negócios para ganhar dinheiro mais tarde. No entanto, isso não dá certo para todos. É preciso dar um rápido mergulho no abismo e, em seguida, uma longa e sinuosa volta por cima em direção à lucratividade em um enorme pool de capital. Isso pode condenar uma empresa à fatalidade como se ela tivesse caído no abismo ao primeiro passo.

Alguns anos atrás, as principais cidades do mundo foram inundadas por empresas de compartilhamento de patinetes elétricos e bicicletas. De repente, parecia que eles estavam por toda parte. Era justamente essa a ideia – essas empresas queriam obter a maior participação de mercado possível para adquirir clientes.

Elas tinham muito capital para comprar as bicicletas que quisessem e expandir, expandir e expandir.

Contudo, nunca conseguiram ganhar lucros. Elas não conseguiram chegar à V2 ou à V3. Quando começaram a descobrir o que fazer, o dinheiro acabou.

Hoje, empresas de compartilhamento de patinetes elétricos e bicicletas de segunda e terceira geração estão surgindo, mas estão adotando uma abordagem totalmente diferente depois de ver a extinção de seus antecessores. Elas são extremamente seletivas ao definir seus mercados e estão escolhendo os átomos certos – bicicletas e patinetes elétricos incrivelmente duráveis. Tomam muito cuidado com onde gastam dinheiro e dissecam a economia unitária em mínimos detalhes.

Esse tipo de foco em alguns poucos elementos-chave de diferenciação tem muito mais chances de levá-lo a alcançar seus objetivos do que sair atirando para todos os lados e esperar o melhor.

No começo, a Tesla estava tão focada no carro em si – na verdade, apenas em várias partes do carro – que quase nada mais importava. Eles basicamente não tinham suporte ao cliente – não dava para falar com ninguém ao telefone. Então, se o seu Tesla tivesse um problema, eles simplesmente iam à sua casa e levavam o carro embora. Você ficava sem carro e sem saber o que fazer a seguir.

Por sorte, o Vale do Silício, onde fica a sede da Tesla, está cheio de entusiastas da tecnologia e adotantes iniciais. Um amigo meu comprou um dos primeiros Tesla Roadsters – a V1 da empresa. Na verdade era um Lotus elétrico, que não tinha sido totalmente redesenhado de cabo a rabo, mas tinha um dos principais recursos da Tesla: freios regenerativos. Sempre que você pisava no freio, seu carro usava o motor como um gerador para carregar a bateria.

O problema era que meu amigo morava no alto de uma montanha. Ele subia a montanha e deixava o carro carregando durante a noite, mas, quando descia a montanha para ir ao trabalho de manhã, seus freios mal funcionavam. Acontece que ele não conseguia carregar 100% o Tesla – manter o pé no freio ao descer a montanha sobrecarregava a bateria. A Tesla precisaria consertar seus algoritmos de frenagem e recarga da bateria para evitar um acidente.

Mas meu amigo era a definição exata de um adotante inicial – ele simplesmente adorava o seu Roadster. Apesar de o carro passar mais tempo na oficina do que em sua garagem. Apesar de ele ter que ligar diretamente para os engenheiros quando tinha um problema.

168 | CRIAR

Os adotantes iniciais sabem que é impossível acertar tudo na V1. Tanto que ninguém nem mesmo consegue incluir na V1 tudo o que planejou originalmente. O produto e a base de clientes evoluem e crescem a cada iteração, e cada estágio traz diferentes riscos, desafios e investimentos. Ninguém consegue lidar com todos eles de uma vez. Nem em uma startup, nem em uma grande empresa.

Então você, seus funcionários e seus clientes precisam ter as expectativas certas. E seus investidores também.

Muitas pessoas esperam lucratividade imediata para o produto e para a empresa. Quando eu trabalhei na Philips, vi a maioria das novas categorias de produtos e negócios serem canceladas, inclusive produtos que estavam quase prontos para serem lançados. Criados. Testados. Feitos. Eles morriam na praia porque alguém do alto escalão queria se proteger. Todos os executivos que entravam na equipe sempre queriam alguma garantia de que os novos produtos gerariam lucros. [Veja também: "Capítulo 2.2: Dados ou opiniões?"] Eles exigiam provas de que o produto não só atingiria a economia unitária, como também alcançaria a economia de negócios. Mas essas provas não existiam.

Eles exigiam que prevíssemos o futuro com quase 100% de certeza. Exigiam provas de que um bebê poderia correr uma maratona antes mesmo de aprender a andar.

Esses caras não sabiam muito sobre bebês, muito menos sobre como criar um novo negócio.

É por isso que tantos projetos financiados na Kickstarter fracassam. Eles pensam: "Se eu fizer com US$ 50 e vender por US$ 200, vou ganhar dinheiro. Minha empresa vai ser um sucesso". Mas não é assim que as empresas funcionam. Esse lucro de US$ 150 vai para cada nova cadeira de escritório, para a assistência médica de seus funcionários, para cada atendimento de suporte ao cliente e cada anúncio no Instagram. Enquanto você não otimizar também a empresa, e não apenas o produto, nunca conseguirá construir algo duradouro.

Três gerações | 169

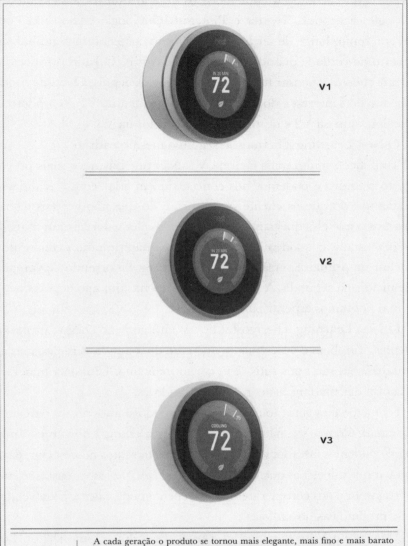

Fig.
3.6.2

A cada geração o produto se tornou mais elegante, mais fino e mais barato de fabricar. Dá para ver o salto da V1 para a V2 no produto em si. Quando lançamos a primeira geração, era o termostato mais moderno e bonito do mercado. No momento em que lançamos a V2, o original imediatamente pareceu pesado, desajeitado e obsoleto. Quando chegamos à V3, as mudanças no produto foram mais sutis, mas nosso negócio tinha sido completamente reinventado – os custos tinham sido reduzidos, estávamos vendendo em novos canais e em novos países, tínhamos fechado uma série de novas parcerias e o suporte ao cliente tinha sido otimizado.

Foi o que aconteceu com todos os gigantes da tecnologia atuais: Google, Facebook, Twitter e Pinterest. O Google passou um bom tempo muito longe de ser lucrativo. Eles só começaram a ganhar dinheiro de verdade quando criaram o AdWords. O Facebook decidiu atrair clientes e pensar no modelo de negócios depois. O mesmo pode ser dito do Pinterest e do Twitter. Eles criaram uma V1 do produto, o escalonaram na V2 e otimizaram os negócios na V3.

O Nest Learning Thermostat seguiu o mesmo padrão.

Tudo ficou muito mais fácil na V2. Não precisávamos mais prever tanto o futuro e pudemos nos concentrar em lidar com a realidade. Sabíamos do que os clientes gostavam e do que não gostavam. Sabíamos o que eles queriam e quais recursos eles valorizariam mais. E pudemos atacar a longa lista de coisas que não tínhamos conseguido incluir na primeira versão, mas que estávamos morrendo de vontade de incluir na segunda. A V2 foi lançada apenas um ano depois da V1 – mal podíamos esperar para lançá-la.

O Nest Learning Thermostat de terceira geração chegou três anos depois. Também é visivelmente diferente da segunda geração, mas as atualizações são mais sutis. Um corpo mais fino. Uma tela maior. A maioria das mudanças ocorreu nos bastidores.

Foi na terceira geração que realmente conquistamos nossos parceiros de canal. Com a V1, não tínhamos uma boa entrada no varejo. Tudo o que pudemos fazer foi vender os nossos termostatos no nest.com para provar que as pessoas queriam comprá-los. A V2 fez os varejistas se empertigarem e nos considerarem: "De repente pode valer a pena vender esse produto nas nossas lojas".

Mas com a V3 estávamos na Target, Best Buy, Home Depot, Lowe's, Walmart e Costco – e não era em alguma prateleira no fundo da loja. Criamos seções completamente novas em cada loja dedicadas a produtos domésticos conectados, criando um espaço não apenas para o Nest, mas também para o crescente ecossistema de casas inteligentes que estava começando a surgir ao nosso redor.

Todos os nossos parceiros viram que estávamos ganhando força e queriam vender nosso produto, então conseguimos acordos e contratos melhores. Melhoramos o suporte ao cliente, reduzimos o nosso custo por atendimento e melhoramos a nossa base de conhecimento.

Então, quando começamos a trabalhar no nosso segundo produto, o Nest Protect, um detector de fumaça e CO_2, era de se esperar que fosse mais fácil. Que tudo o que já tínhamos feito nos possibilitaria pular algumas etapas. Mas, assim que você começa a trabalhar em um novo produto, precisa apertar o botão reset – mesmo se trabalhar em uma grande empresa. Às vezes é ainda mais difícil na segunda vez porque toda a infraestrutura que foi construída para o primeiro produto acaba atrapalhando mais do que ajudando. Então, você ainda vai precisar passar por pelo menos três gerações antes de acertar.

Você cria o produto. Você conserta o produto. Você constrói o negócio.
Você cria o produto. Você conserta o produto. Você constrói o negócio.
Você cria o produto. Você conserta o produto. Você constrói o negócio.
A cada produto. A cada empresa. A cada vez.

Parte

IV

CRIE SEU NEGÓCIO

Preciso abrir essa empresa, não é?

Droga.

Fundar uma startup não estava nos meus planos. O plano era fazer uma pausa. Uma longa pausa. Eu precisava disso – eu finalmente tinha saído da Apple em 2010, depois de quase uma década correndo com os olhos grudados no chão. Tínhamos lançado as três primeiras gerações do iPhone e as grandes mudanças já haviam sido feitas. Depois de dezoito gerações do iPod, eu sabia como aquela história iria acabar – fazendo ajustes atrás de ajustes atrás de ajustes ad infinitum. Ou eu poderia ir trabalhar no iPad, que era basicamente um iPod Touch, que era basicamente um iPhone.

A maior razão que me levou a sair da Apple foi a minha família. Conheci minha esposa na Apple – Dani era vice-presidente de RH. Tínhamos dois filhos pequenos. E, apesar de sempre arranjarmos tempo para eles, também trabalhávamos muito. Era uma chance de ter uma vida diferente. Então, nós dois saímos da Apple. Depois, saímos do país.

Viajamos pelo mundo e fizemos de tudo para não pensar no trabalho. No entanto, não importava onde estivéssemos, não conseguíamos escapar de uma coisa: o maldito termostato. Aquele termostato irritante, impreciso, que consome muita energia, impensadamente idiota, impossível de programar, sempre deixando alguma parte da casa quente ou fria demais.

174 | CRIAR

Alguém precisava dar um jeito nisso. E acabei me dando conta de que esse alguém seria eu.

As grandes empresas não iam querer mexer nisso. A Honeywell e os outros concorrentes tradicionais tinham passado trinta anos sem fazer qualquer grande inovação. Era um mercado decadente e mal-amado, com menos de US$ 1 bilhão em vendas anuais totais nos Estados Unidos. Depois do fracasso de uma onda ecológica de inovações em 2007 e 2008, os investidores em tecnologia verde tinham dado as costas para os dispositivos de economia de energia sem olhar para trás. Uma pequena startup cheia de desconhecidos no setor e poucas conexões não teria credibilidade para levantar fundos. Eu já conseguia ouvir os capitalistas de risco ironizando:

– Termostatos? É sério? Você quer fazer termostatos? O mercado é minúsculo, insosso e difícil.

Um dia, eu estava passeando de bicicleta com Randy Komisar. Randy é um velho amigo, mentor e sócio da venerável empresa de capital de risco Kleiner Perkins. Nós nos conhecemos em 1999, quando eu fiz uma apresentação para convencê-lo a investir na Fuse. Durante aquele pedal, decidi testar a minha ideia com Randy e lancei a sugestão de um termostato inteligente.

Ele se ofereceu para me dar um cheque na hora.

Eu era exatamente o tipo de fundador de que os investidores gostam. Quatro startups fracassadas e anos de decepção profissional prepararam o terreno para uma década de sucesso. Eu tinha 40 anos, sabia exatamente como seria difícil e os erros que eu não voltaria a cometer. Eu tinha trabalhado com hardware e software em empresas minúsculas e enormes. Tinha contatos, credibilidade e experiência suficiente para ter consciência de tudo o que eu não sabia. E eu tinha uma ideia.

O termostato da sua casa deve aprender as temperaturas das quais você gosta e em que momentos você quer essas temperaturas. Deve se conectar ao seu smartphone para você poder controlá-lo de qualquer lugar. Deve desligar sozinho quando você não estiver em casa para poupar energia. E, é claro, deve ser lindo – algo que você teria orgulho de colocar na sua parede.

A única coisa que faltava era a disposição para mergulhar de cabeça. Eu não estava pronto para carregar outra startup nas costas. Não naquele momento da minha vida. Não sozinho.

Então um milagre aconteceu e Matt Rogers me estendeu a mão. Matt foi um dos primeiros estagiários do projeto do iPod e o vi disparar à frente de todos os outros em uma equipe de excelência que já tinha sido escolhida a dedo. Ele foi efetivado assim que se formou e logo se tornou um gerente fantástico – focado no desenvolvimento de equipes, sem medo de fazer perguntas ou forçar limites, insaciavelmente curioso por todos os aspectos do negócio.

Depois que saí da Apple, ele começou a ficar frustrado com o andamento das coisas. Saímos para um almoço e ele perguntou o que eu planejava fazer. Falei da minha ideia. Ele ficou empolgado. E, quando digo empolgado, imagine que Matt é uma máquina de movimento perpétuo com uma fonte inesgotável de energia. Ele imediatamente começou a se aprofundar no conceito, dando sugestões e ideias, ficando cada vez mais animado à medida que conversávamos.

Foi o empurrão do qual eu precisava para me comprometer. Ele era um parceiro de verdade, capaz de dividir a carga, que daria tão duro e se importaria tanto quanto eu. Nós já tínhamos aprendido a trabalhar juntos e concordávamos em como fazer produtos. Eu não precisava de outro executivo de meia-idade com décadas de experiência me dizendo o que não poderíamos fazer. Eu precisava de um cofundador de verdade. Eu precisava de Matt.

Juntos, pegamos a ideia e a transformamos em uma visão. O que apresentamos aos investidores foi um termostato conectado. Contudo, sabíamos que a empresa que estávamos construindo não se restringiria aos termostatos. Criaríamos uma grande variedade de produtos, reinventando objetos mal-amados, porém importantes, que todo mundo precisa ter em casa. E, sobretudo, criaríamos uma plataforma. A ideia era criar a casa conectada.

176 | CRIAR

O conceito não era novo. Os sistemas de casas conectadas já existiam há algumas décadas. Bill Atkinson, da General Magic, já havia tentado criar uma casa conectada nos anos 1990. Ele tentou criá-la sozinho, lutando para fazer algo que prestasse. E, ao longo dos anos, muitos milionários e fãs da tecnologia não se importaram em gastar um quarto de milhão de dólares para ter um elaborado sistema embutido nas paredes de suas casas. O sistema tinha sensores, telas, interruptores e controladores para termostatos, sistemas de alarme, luzes, música. Tudo muito bonito, muito chique. E uma grande porcaria. Uma grande pilha de lixo. Nada funcionava.

Os investidores suspiraram quando mencionamos isso em nossa apresentação. É verdade que eles tinham se deixado levar. É verdade que suas esposas e maridos ainda estavam furiosos com isso.

Queríamos uma abordagem diferente. Em vez de tentar colocar na casa das pessoas uma plataforma totalmente formada com todos os gadgets possíveis, começaríamos com apenas um produto realmente bom – um belo termostato que passaria pelo menos uma década na casa das pessoas. Depois que elas se apaixonassem pelo nosso termostato, comprariam mais produtos que se conectariam com ele. Os clientes poderiam montar uma casa conectada peça por peça, criando um sistema customizado de acordo com suas necessidades.

O termostato seria a nossa porta de entrada.

Mas primeiro precisaríamos criar o termostato.

Não seria difícil criar um termostato bonito. Um hardware lindo, uma interface intuitiva – isso nós sabíamos fazer. Tínhamos aperfeiçoado essas habilidades na Apple. Para criar um produto de sucesso e que fizesse diferença na vida das pessoas, precisaríamos resolver dois grandes problemas: o termostato precisaria poupar energia. E precisaríamos vendê-lo.

Na América do Norte e na Europa, os termostatos respondem pela metade da conta de energia de uma casa – algo em torno de US$ 2.500 por ano. Todas as tentativas anteriores de reduzir esse número – por fabricantes de termostatos, empresas de energia, órgãos públicos – fracassaram miseravelmente por uma série de razões. Nós não poderíamos fracassar e ainda precisaríamos simplificar ao máximo o processo para os clientes.

Depois, precisaríamos vender o nosso termostato. Na época, quase todos os termostatos eram vendidos e instalados por técnicos especializados. Nós jamais conseguiríamos entrar nesse clube do bolinha. Teríamos que encontrar uma maneira de entrar primeiro na mente das pessoas e depois em suas casas. E precisaríamos criar um termostato tão fácil de instalar que literalmente qualquer um poderia instalar sozinho.

Então arregaçamos as mangas e botamos a mão na massa.

Fig. 4.0.1 — O Nest Learning Thermostat foi lançado em outubro de 2011 por US$ 249. Tinha uma tela redonda exclusiva de 2,75 polegadas e media 8 x 8 x 4 centímetros. Vinha com o próprio aplicativo de celular e tinha uma inteligência artificial integrada que aprendia os horários dos moradores da casa e desligava automaticamente quando a casa estava vazia.

178 | CRIAR

Ficou maior do que gostaríamos. A tela não era bem o que eu tinha imaginado. Mais ou menos como o primeiro iPod, na verdade. Mas funcionava. Ele se conectava ao celular. Qualquer pessoa conseguia instalá-lo sozinha. O dispositivo aprendia as temperaturas que as pessoas preferiam. Ele desligava sozinho quando não tinha ninguém em casa. Ele poupava energia.

E as pessoas adoraram.

Antes do lançamento, como não sabíamos se alguém se interessaria, não quisemos gastar todo o nosso dinheiro e ficar com um monte de termostatos encalhados. Para a nossa surpresa, vendemos tudo no primeiro dia e passamos mais de dois anos tentando alcançar a demanda.

Pouco tempo depois, lançamos a segunda geração do termostato, consertando todos os problemas da primeira. Então nos concentramos no nosso próximo produto. Pense em outro dispositivo que toda casa tem e era ainda mais irritante que o termostato.

Fácil: o detector de fumaça.

Aquele detector de fumaça exasperador que vive dando alarme falso quando você está cozinhando e que dispara às 2 da manhã, fazendo você sair da cama de madrugada para cambalear pela casa tentando descobrir qual é o maldito detector que está com as pilhas fracas – que, é claro, sempre vai ser o mais difícil de alcançar.

Se tivéssemos imaginado a dificuldade de inovar os detectores de fumaça e CO_2, provavelmente nem teríamos começado. Tudo o que sabíamos era que os alarmes de fumaça estavam por toda parte, em todos os cômodos de todas as casas. E eles eram horríveis. Verdadeiramente, monumentalmente terríveis. Como eles eram exigidos por lei, os fabricantes de alarmes de fumaça não tinham incentivo algum para melhorá-los – terríveis ou não, eles tinham que estar em todos os lugares.

Eles eram tão universalmente horrendos que as pessoas literalmente arriscavam a vida para fazê-los calar a boca – tiravam as pilhas, arrancavam os detectores de fumaça da parede depois de muitos alarmes falsos ou os derrubavam do teto com uma vassoura no meio da noite só para acabar com o barulho infernal.

Foi assim que, em 2013, nasceu o detector de fumaça e CO_2 Nest Protect.

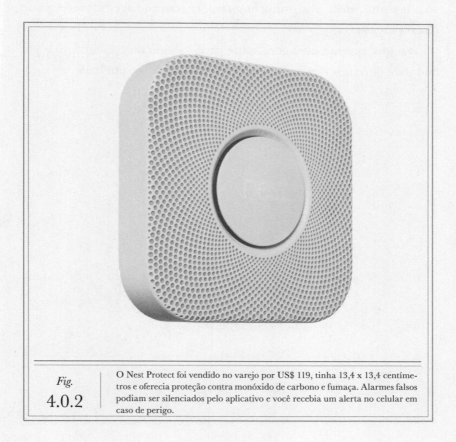

Fig. 4.0.2 — O Nest Protect foi vendido no varejo por US$ 119, tinha 13,4 x 13,4 centímetros e oferecia proteção contra monóxido de carbono e fumaça. Alarmes falsos podiam ser silenciados pelo aplicativo e você recebia um alerta no celular em caso de perigo.

Eu já tinha feito produtos de sucesso antes – o iPod, o iPhone –, mas a Nest foi minha primeira tentativa de construir uma empresa grande e bem-sucedida. Era a primeira vez que eu começava do zero – a partir de uma única célula de uma ideia – e observava essa célula se dividir e se transformar em um bebê totalmente formado. Nosso bebê. Nossa empresa.

CRIAR

Então, se você quiser abrir uma empresa ou criar um novo produto ou projeto dentro de uma grande empresa – ou se você já começou e está observando com alegria, temor e maravilhamento enquanto o seu bebê começa a ganhar vida própria –, eis o que aprendi sobre como escolher uma ideia, abrir uma empresa, encontrar investidores e quase morrer de estresse.

Eis o que aprendi até agora sobre cada estágio de crescimento – e o que você deve fazer quando o seu bebê deixar de ser um bebê.

Capítulo
4.1

COMO IDENTIFICAR UMA EXCELENTE IDEIA

Toda grande ideia tem três elementos:

1. Ela resolve o "porquê". Muito antes de decidir o que um produto fará, você precisa saber por que as pessoas vão querer esse produto. O "porquê" orienta o "o quê". [Veja também: "Capítulo 3.2: O porquê do storytelling".]

2. Ela resolve um problema que muitas pessoas têm no dia a dia.

3. Ela não sai da sua cabeça. Mesmo depois de pesquisar e aprender mais sobre ela, testá-la e constatar a dificuldade de fazê-la direito, você não consegue parar de pensar nela.

Antes de se comprometer a executar uma ideia – abrir uma empresa ou lançar um novo produto –, você deve se comprometer a pesquisá-la e testá-la primeiro. Faça o exercício de postergar a sua primeira intuição. O brilhante economista e psicólogo Daniel Kahneman, ganhador do Prêmio Nobel, cunhou o termo "intuição postergada" para descrever o conceito simples de que, para tomar decisões melhores, você precisa desacelerar.

Quanto mais incrível uma ideia parece ser – quanto mais ela fica na sua cabeça, cegando-o para todo o resto –, mais você deve esperar, prototipar e coletar o maior número possível de informações antes de

182 | CRIAR

se comprometer. Se essa ideia for consumir anos de sua vida, você deve pelo menos tirar alguns meses para pesquisá-la, elaborar planos de negócios e desenvolvimento de produto detalhados (o suficiente) e ver se continua empolgado com ela. Veja se ela continua na sua cabeça.

Lembrando que nem todas as decisões devem chegar a esse nível de detalhamento. A maioria das decisões do dia a dia pode e deve ser tomada rapidamente, sobretudo se você estiver fazendo uma iteração de algo que já existe. Não deixe de levar o tempo necessário, considerar as suas opções e pensar nos próximos passos, mas você não precisa passar um mês obcecado por todas as ideias que passarem pela sua cabeça.

..

As melhores ideias são analgésicos, não vitaminas.

As vitaminas fazem bem, mas não são indispensáveis. Você pode deixar de tomar as suas vitaminas por um dia, um mês, uma vida inteira e nunca notar a diferença.

No entanto, você vai notar rapidinho se esquecer de tomar um analgésico.

Os analgésicos eliminam instantaneamente algo que está incomodando. Uma irritação constante da qual você não consegue se livrar. E a melhor dor – por assim dizer – é aquela que você sente na sua própria vida. A maioria das startups nasce de pessoas que ficam tão frustradas com alguma experiência diária que começam a se aprofundar e tentar encontrar uma solução.

Nem toda ideia de produto precisa vir da sua própria experiência, mas o "porquê" sempre tem que ser nítido e fácil de articular. Você precisa ser capaz de dar uma explicação fácil, clara e convincente de por que as pessoas precisarão da sua solução. Essa é a única maneira de saber quais recursos a solução deve ter, se é o momento certo para ela existir, se o mercado para ela será minúsculo ou enorme.

Quando tiver um "porquê" robusto e convincente, você terá em mãos a semente de uma grande ideia. Mas não dá para construir um negócio com uma semente. Primeiro você deve descobrir se essa ideia é realmente forte o suficiente para justificar uma empresa. Precisa criar um plano de negócios e de implementação. E precisa saber se é algo no qual quer trabalhar pelos próximos cinco a dez anos de sua vida.

A única maneira de saber isso é ver se a ideia vai continuar na sua cabeça. O processo é sempre o mesmo:

- Primeiro você fica pasmo diante do brilhantismo da ideia. Como é que ninguém pensou nisso antes?

- Então você começa a investigar. Ah, tudo bem... alguém já pensou nisso antes. Eles tentaram e não deu certo. Ou você pode realmente ter se deparado com alguma coisa que ninguém nunca fez antes. E ninguém fez isso antes por causa de um obstáculo insano e impossível de contornar. Você começa a ver como seria difícil fazer isso – tem tanta coisa que você não sabe... Então deixa a ideia de lado.

- Mas você não consegue tirar a ideia da sua cabeça. Você pesquisa aqui e ali. Começa a esboçar, codificar ou escrever, fazendo pequenos protótipos do que essa coisa poderia ser. Sua mesa vive cheia de esboços em guardanapos. Seu notebook está cheio de ideias de recursos, ideias de vendas, ideias de marketing, ideias de modelos de negócios. Você acha que as pessoas que tentaram essa ideia antes podem ter usado a abordagem errada. Ou talvez o obstáculo que as impediu no passado agora possa ser resolvido com uma nova tecnologia – talvez o momento para essa ideia finalmente tenha chegado.

- É aí que a coisa começa a ficar mais concreta para você. Você decide se comprometer a realmente investigar, a cavar fundo para tomar uma decisão informada. Você precisa descobrir se deve ir ou não atrás dessa ideia.

- Um dia você descobre uma maneira de contornar esse obstáculo impossível. Você não se aguenta de felicidade! Até dar de cara com o próximo grande obstáculo no caminho. Que droga. Nunca vai dar certo. Mas você continua cavando, tentando e consultando especialistas e amigos, e percebe que pode haver uma maneira de contornar esse obstáculo também.

- As pessoas começam a lhe perguntar sobre o projeto – quando você vai começar? O que eu posso fazer para ajudar? Você já tem um investidor? Cada obstáculo se transforma em uma oportunidade, cada problema o leva a encontrar uma nova solução e cada solução o deixa mais empolgado com a ideia.

- Apesar de ainda haver um milhão de incógnitas, elas não são mais incógnitas desconhecidas. Você começa a conhecer o mercado, o setor. Você tem uma visão do que esse negócio pode se tornar. E começa a ganhar tração com base em todas as pesquisas que fez e todas as barreiras que superou. Parece que tudo está se encaixando. Você sente que essa é a decisão certa. Então você vai em frente e se compromete.

Para mim, esse processo todo levou dez anos. Esse foi o tempo que a ideia do termostato ficou na minha cabeça.

Sei que o meu exemplo é um tanto extremo. Se você tem uma ideia para um negócio ou um novo produto, não precisa esperar uma década para ter certeza de que vale a pena seguir em frente.

Contudo, precisa dedicar um mês – ou dois, ou seis – a pesquisar, sondar e fazer alguns protótipos, articulando a história do seu "porquê". Se, durante esse mês – ou dois, ou seis –, você ficar ainda mais animado com a ideia e não conseguir parar de pensar nela, pode levar a coisa mais a sério. Reserve pelo menos mais alguns meses – talvez até um ano – para analisar tudo de todos os ângulos, consultar pessoas de confiança, criar alguns planos de negócios e apresentações e preparar-se da melhor maneira possível.

Você não vai querer abrir uma empresa só para descobrir que a sua ideia aparentemente espetacular não passa de uma grande ilusão pronta para se desfazer diante do menor choque com a realidade.

Muitas startups do Vale do Silício têm essa mentalidade do "falhar rápido". Essa expressão da moda significa que, em vez de planejar meticulosamente o que quer criar, você constrói primeiro e deixa para pensar no resto depois. Você vai fazendo as iterações até "encontrar" o sucesso. Essa abordagem pode se manifestar de duas maneiras – ou você mergulha em um produto e depois faz iterações ainda mais rápidas até chegar a algo que as pessoas vão querer, ou larga seu emprego, abandona seus compromissos e fica sentado de braços cruzados pensando em ideias de startups até encontrar alguma com potencial para dar certo. A primeira abordagem às vezes funciona; a última, em geral, não dá em nada.

Não dá para escolher uma grande ideia atirando para todos os lados. Qualquer coisa que valha a pena fazer leva tempo. Tempo para entender. Tempo para preparar. Tempo para acertar. Você pode acelerar muitas coisas e achar atalhos para outras, mas não pode enganar o tempo.

Dito isso, admito que dez anos é um pouco demais. Entretanto, durante a maior parte dos dez anos que passei pensando sem qualquer compromisso em termostatos, nunca tive a intenção de criar um. Eu estava na Apple fazendo o primeiro iPhone e liderava uma equipe enorme. Estava aprendendo e crescendo, atolado até o pescoço no trabalho. Depois me casei, tive filhos. Eu estava ocupado.

Mas também passava muito frio. Um frio de congelar os ossos.

Sempre que eu e minha esposa íamos para a nossa cabana de esqui no Lake Tahoe na sexta-feira à noite depois do trabalho, tínhamos que ficar com nossos casacos de neve até o dia seguinte. A casa levava a noite inteira para esquentar porque, para poupar energia e dinheiro, a mantínhamos só um pouco acima do ponto de congelamento quando estávamos fora.

Era um problema que eu sentia na pele – literalmente. Entrar naquela casa gelada me deixava louco. Era um absurdo que não houvesse uma maneira de aquecê-la antes de chegarmos lá. Dediquei dezenas de horas e milhares de dólares tentando hackear equipamentos de

186 | CRIAR

segurança e computadores conectados a um telefone analógico para poder ligar o termostato remotamente. Passei metade das minhas férias mergulhado até o pescoço em fios e componentes eletrônicos espalhados pelo chão. Minha esposa revirava os olhos – você está de férias! Mas nada funcionava. Então, a primeira noite de toda viagem era sempre igual: entrávamos no bloco de gelo que era a nossa cama, sob os lençóis gelados, vendo nossa respiração se transformando em neblina, até a casa finalmente esquentar de manhã.

Depois, na segunda-feira, eu voltava para a Apple para trabalhar no primeiro iPhone.

Até que percebi que estava criando um controle remoto perfeito para um termostato. Se eu pudesse conectar o sistema de climatização ao meu iPhone, poderia controlar o termostato de qualquer lugar. No entanto, a tecnologia da qual eu precisava para fazer isso acontecer – comunicações confiáveis de baixo custo, telas e processadores baratos – ainda não existia. Então tentei deixar a ideia de lado. Me concentrar no trabalho. Não pensar no frio.

Um ano depois, decidimos construir uma casa nova e supereficiente no Lake Tahoe. Eu passava o dia trabalhando no iPhone, depois chegava em casa e me debruçava sobre as especificações da nossa casa, escolhendo acabamentos, materiais e painéis solares, até chegar ao sistema de climatização. Mais uma vez, o termostato voltou para me assombrar. Todos os termostatos top de linha eram horrendas caixas bege com interfaces de usuário bizarramente confusas. Eles se vangloriavam de ter telas sensíveis ao toque, relógios, calendários e mostrar fotos digitais. Nenhum deles poupava energia. Nenhum deles podia ser controlado remotamente. E, ainda por cima, custavam cerca de US$ 400. O iPhone estava sendo vendido por US$ 499.

Como esses termostatos feios e medíocres podiam custar quase o mesmo preço que a tecnologia mais avançada da Apple?

Os arquitetos e engenheiros da casa no Lake Tahoe não aguentavam mais me ouvir reclamando desse absurdo. Eu dizia:

Como identificar uma excelente ideia | 187

– Um dia, eu vou dar um jeito nisso. Vocês vão ver!

Eles reviravam os olhos – lá vem o Tony reclamar de novo!

No começo era só um desabafo nascido da frustração. Então as coisas começaram a mudar. O sucesso do iPhone reduziu os custos de componentes sofisticados até então inacessíveis. De repente, conectores, telas e processadores de alta qualidade estavam sendo fabricados aos milhões, a baixo custo, e poderiam ser utilizados para outras tecnologias.

A minha vida também estava mudando. Saí da Apple e comecei a viajar pelo mundo com a minha família. Em cada quarto de hotel, cada casa, cada país, cada continente – todos os termostatos eram péssimos. Ou passávamos frio, ou passávamos calor, ou não conseguíamos descobrir como usá-los. O mundo inteiro tinha o mesmo problema – esse produto esquecido e mal-amado que todos precisavam ter em casa gastava uma fortuna na conta mensal e desperdiçava quantidades incalculáveis de energia enquanto o planeta continuava aquecendo.

Depois disso, fiquei obcecado. Não conseguia me livrar da ideia de fazer um termostato conectado. Um termostato realmente inteligente. Que resolveria o meu problema e que pouparia energia. Que me permitiria usar toda a minha experiência até agora.

Então me deixei levar pela ideia. Voltei ao Vale do Silício e arregacei as mangas. Pesquisei a tecnologia, depois a oportunidade, o negócio, a concorrência, as pessoas, o financiamento, a história. Se eu fosse dar uma reviravolta na minha vida e na vida da minha família, correr um risco enorme, dedicar cinco a dez anos para criar um dispositivo diferente de tudo o que eu já tinha feito em um setor que eu não conhecia, então eu precisava me dar um tempo para aprender. Eu precisava esboçar designs. Precisava planejar os recursos e pensar nas vendas e no modelo de negócios.

Durante esse tempo, também criei o hábito de me exercitar, meio que de brincadeira, comigo mesmo e com as pessoas que eu mais respeitava. Quando alguém me perguntava:

– O que você anda aprontando? O que você anda fazendo?

188 | CRIAR

Eu dizia que tinha tido uma ideia — talvez uma grande ideia — e contava alguns detalhes para ver o que achavam, o que perguntavam. Eu estava desenvolvendo meu argumento de vendas, criando a história do produto exatamente como Steve teria feito. Então, quando as semanas de pesquisa e planejamento da estratégia começaram a se acumular, parei de dizer que era uma ideia e comecei a dizer que estava criando um produto. Mesmo que ainda não fosse exatamente verdade. Mas eu queria que parecesse real, tangível, concreto — queria fazer com que eles, e especialmente eu, realmente mergulhassem nos detalhes. Queria convencê-los, queria que eles levantassem dúvidas e questões e queria contar a história. Queria ver se eu não estava só construindo um castelo de areia.

Ficamos de nove a doze meses fazendo protótipos e modelos interativos, desenvolvendo software, conversando com usuários e especialistas e testando os protótipos e modelos com amigos antes de eu e Matt decidirmos entrar de cabeça e sair à caça de investidores.

Não tínhamos dados perfeitos garantindo que teríamos sucesso. Nem toda pesquisa ou intuição postergada do mundo tem como dar essa garantia. Acho que identificamos só uns 40% a 50% dos riscos de abrir essa empresa, com ideias de como mitigá-los. Mas sabíamos que as incógnitas que enfrentaríamos seriam variadas e enormes. No fim, mesmo com todo o nosso trabalho duro e preparação, a decisão de abrir a empresa e fazer o termostato foi orientada por opiniões. [Veja também: "Capítulo 2.2: Dados ou opiniões?"] Então seguimos nossa intuição. Estávamos morrendo de medo, mas também acreditávamos que era a coisa certa a fazer.

O interessante é que a intuição postergada normalmente não reduz o medo. Pelo contrário, quanto mais você entender a coisa, mais nervoso ficará. Porque vai começar a ver tudo o que pode dar errado; vai ver os milhões de coisas que podem matar a ideia, sua empresa e seu tempo.

Por outro lado, saber o que pode matá-lo aumenta a sua força.

E saber que você já superou alguns obstáculos importantes o torna ainda mais forte.

É por isso que não nos limitamos a apresentar a nossa visão nas reuniões com os investidores. Apresentamos o "porquê" – contamos a nossa história – e depois apresentamos os riscos. Muitas startups não sabem no que estão se metendo ou, pior ainda, tentam omitir os riscos de fracasso. Contudo, se os investidores encontrarem no seu plano buracos que você deixou passar, ignorou ou tentou esconder, eles perderão a confiança em você e não vão querer financiá-lo. Por isso, fizemos uma lista dos nossos riscos: criar uma inteligência artificial, compatibilidade com centenas de sistemas de climatização diferentes (e antigos), instalação pelo cliente, varejo e o maior problema de todos – será que alguém vai se importar? Será que o mundo vai querer um termostato inteligente? A lista de problemas com o potencial de destruir a empresa – e as medidas necessárias para mitigá-los – parecia interminável. Mas listá-los, dissecá-los, falar abertamente sobre eles foi o que finalmente convenceu os investidores de que realmente sabíamos no que estávamos nos metendo. E que poderíamos fazer dar certo.

Com o tempo, cada um desses riscos se tornou um grito de guerra para a equipe – em vez de evitá-los, nós os recebemos de braços abertos. Vivíamos dizendo:

– Se fosse fácil, todo mundo estaria fazendo a mesma coisa!

Estávamos inovando. Os riscos e a nossa capacidade de resolvê-los era o que nos diferenciava. Faríamos algo que ninguém acreditava ser possível.

No fim, foi isso que fez com que valesse a pena abrir a empresa.

Não estou dizendo que você deva esperar e pesquisar interminavelmente antes de tomar cada pequena decisão da sua vida. E, se você não estiver começando do zero – se estiver iterando –, tudo avançará em velocidade acelerada.

Levei uma década para decidir criar meu primeiro termostato. A decisão de criar uma segunda versão deve ter levado uma semana. Na

190 | CRIAR

verdade, já sabíamos como seria a segunda versão antes mesmo de terminarmos a primeira. Depois de provar o potencial de mercado e a tecnologia, só precisávamos fazer ajustes e melhorias. É claro que faríamos um termostato de segunda geração. Já tínhamos feito a parte difícil. [Veja também: "Capítulo 3.4: A sua primeira aventura – e a segunda".]

Se estiver otimizando, você já tem dados, restrições e experiência para servirem de guia. Como você já sabe o que foi preciso para chegar à V1, não será tão difícil chegar à V2. Não será um mistério. A V2 nunca é tão assustadora quanto a V1.

A V1 é sempre completa e absolutamente aterrorizante. Sempre. Ideias grandiosas, espetaculares e novas matam as pessoas de medo. Esse é um dos sinais de que uma ideia é excelente.

Se você está lendo este livro, provavelmente é curioso e engajado. Isso significa que você encontrará muitas, muitas, muitas boas ideias na sua vida. Parece que as boas ideias estão por toda parte. A única maneira de saber se elas são realmente excelentes – significativas, disruptivas, importantes, dignas do seu tempo – é aprender o suficiente sobre elas para ver seus enormes riscos potenciais, as desvantagens colossais, o desastre do tamanho do Titanic prestes a acontecer que espreita abaixo da superfície. Nesse ponto, você provavelmente vai desistir da ideia. Passará para outras oportunidades, outros empregos e jornadas. Até perceber que, não importa o que faça, você não consegue parar de pensar naquela ideia. E aí você para de fugir dela e começa a reduzir os riscos, um a um, até ter confiança de que vale a pena correr esses riscos.

Se isso não acontecer, a ideia não é tão boa assim. É só uma distração. Continue até encontrar uma ideia que grude na sua cabeça.*

---

* Se você ainda não sabe se deve ou não seguir em frente com uma ideia, falei mais sobre esse tema no podcast *Evolving for the Next Billion*.

Capítulo
4.2

VOCÊ ESTÁ PRONTO?

O mundo está cheio de pessoas que têm uma ideia e querem abrir uma empresa. Elas me perguntam se estão prontas. Será que eu tenho o que é preciso para criar uma startup de sucesso? Ou seria melhor lançar o meu projeto dentro de uma grande empresa?

A resposta é que você só vai saber quando der o salto e tentar. Veja o que você pode fazer para se preparar:

1. Trabalhe em uma startup.

2. Trabalhe em uma grande empresa.

3. Arranje um mentor para ajudar você a navegar.

4. Encontre um cofundador para compensar os seus pontos fracos e dividir a carga.

5. Convença pessoas a se juntarem a você. Sua equipe inicial deve ser composta de pessoas excelentes que trarão outras pessoas excelentes.

..

O empreendedor arquetípico é um jovem de 20 anos que tem a sorte de ter uma ideia brilhante no porão da casa dos pais e a vê se transformar em uma empresa próspera da noite para o dia. Na versão do

192 | CRIAR

cinema, ele transforma sua genialidade técnica em uma abordagem de liderança imperfeita, porém eficaz, e vai de ganhar uma mesada a ser um bilionário. Em seguida, ele compra um carro de luxo antes de aprender o verdadeiro valor da amizade.

Contudo, a realidade não é assim.

É claro que sempre há uma exceção, um prodígio incrível que vai até a lua montado em um unicórnio, mas os empreendedores de maior sucesso estão na casa dos 30 ou 40 anos. Não é por acaso que os investidores preferem financiar empreendedores de segunda viagem, mesmo que tenham fracassado da primeira vez. É porque esses fundadores passaram a juventude pisando na bola e aprendendo. A maioria segue o mesmo caminho que eu: dão duro, fracassam, correm riscos, vão para startups condenadas, tentam trabalhar em empresas gigantes, entram no emprego errado, têm a sorte de trabalhar em uma equipe fabulosa e saem cedo demais ou demoram muito para sair. Eles ricocheteiam de um lado para outro como uma bola de fliperama, dando de cara o tempo todo com algum obstáculo intransponível. Eles aprendem. A duras penas.

De acordo com Ali Tamaseb, em seu livro *Super Founders*, cerca de 60% dos fundadores de startups bilionárias abriram outra empresa antes de seu grande sucesso e muitos perderam muito dinheiro. Apenas 42% deles tiveram uma empresa comprada anteriormente por US$ 10 milhões ou mais, de modo que a maioria "fracassou" pelos padrões do capital de risco.

Contudo, eles saíram da experiência com a mentalidade básica de uma startup. Aprenderam os detalhes operacionais e como aquela pequena startup seria se tivesse sucesso. É isso. Esse é o segredo do sucesso.

O problema é que leva anos para chegar lá. E todo mundo quer um atalho.

Não há outra maneira de se preparar para abrir uma startup a não ser trabalhar em uma startup. Então, arrume um emprego. Encontre uma startup ou uma empresa pequena e ágil com fundadores que sabem (mais ou menos) o que estão fazendo. Você precisa de um modelo para imitar ou um "antimodelo" para saber o que não fazer. Fique na sala (ou em uma chamada de vídeo) observando tudo o que acontece para ter uma ideia dos elementos básicos:

Como é o organograma?

Como o pessoal de vendas trabalha?

Como o marketing deveria funcionar?

E o RH, o financeiro, o jurídico?

Você precisa ter um conhecimento prático de cada área – não para ser um especialista em cada uma delas, mas para saber quem deve contratar, quais devem ser as qualificações dessas pessoas, onde encontrá-las e quando você precisará delas. Por exemplo, você provavelmente não vai precisar de um RH no começo. Só vai precisar de alguém para fazer o recrutamento. Não vai precisar de um departamento de finanças, só da contabilidade. Você pode terceirizar o jurídico por enquanto, mas e o pessoal criativo? E quando vai precisar das operações? Quando vai precisar do suporte ao cliente? E de que tipo? O suporte ao cliente de lojas físicas é muito diferente do suporte ao cliente do comércio eletrônico.

Aproveite o seu emprego na startup para entender o negócio que está ajudando a construir. Depois, arrume outro emprego – dessa vez em uma grande empresa. Essa é a única maneira de lidar com os problemas e desafios enfrentados pelas empresas maiores, especialmente os que vão além do produto – a organização, os processos, a governança, a política. Quanto mais você puder aprender como cada tipo de empresa opera, menos dúvidas terá quando abrir a sua.

Mesmo se você tiver uma ideia brilhante para um produto que vai mudar o mundo, quando abrir seu negócio, vai precisar administrá-lo. Já é difícil o bastante fazer algo novo – as incógnitas desconhecidas que fazem você perder o sono à noite devem ter relação com o problema que está tentando resolver, não com a contratação de uma agência de marketing ou a decisão do tipo de advogado a ser contratado. Você não terá tempo para pisar na bola nos fundamentos nem poderá perder tempo aprendendo o básico.

O dinheiro acaba rápido. Se você não tiver confiança para avançar rapidamente, precisará desacelerar o tempo todo para consultar uma centena de pessoas sobre mil decisões. Você ficará atolado em opções e opiniões. "Qual é a melhor solução? Qual é a solução mais recente?" são perguntas que não vão sair da sua cabeça. Você vai perder seu destino de vista diante de todos os caminhos diferentes para chegar lá.

Não estou dizendo que você nunca deve consultar ninguém. É impossível fazer tudo sozinho.

Você vai precisar de um mentor ou um coach.

Vai precisar de uma equipe inicial espetacular.

E, provavelmente, vai precisar de um cofundador.

Abrir uma empresa é incrivelmente estressante e requer muito trabalho e sacrifício. Você precisa de um sócio que possa compensar os seus pontos fracos, para quem você possa ligar às 2 da manhã porque sabe que ele também vai estar acordado trabalhando na startup. Um sócio que saiba que pode ligar para você quando bater o desânimo e ele precisar de uma força. Vai ser uma jornada solitária, dolorosa, empolgante e exaustiva, e dividir a carga é a única maneira de evitar ser esmagado por ela.

No entanto, tome cuidado – mesmo se você tiver um cofundador, só pode haver um CEO. Ter cofundadores demais é uma receita garantida para problemas. Ter dois fundadores funciona bem. Três até pode dar certo. Nunca vi dar certo com mais do que isso.

Trabalhamos com uma startup que tinha quatro cofundadores. Todas as decisões eram tomadas por consenso, o que significava que cada decisão levava uma eternidade. Era a primeira empresa que eles abriam e até as questões mais básicas eram debatidas interminavelmente – quais pessoas contratar, quais mudanças fazer no produto, quais investidores aceitar e como estruturar o acordo. Quando não concordavam, eles pisavam em ovos, tentando ser legais, tentando ser razoáveis, moderando suas opiniões — até que a empresa foi ultrapassada pelos concorrentes, ficou sem dinheiro e o conselho teve que interferir, remover alguns fundadores e mudar a equipe inteira.

Dividir a carga é uma coisa; deixá-la toda nas costas dos outros é totalmente diferente. Se você vai liderar uma equipe, precisa estar pronto e disposto a liderar.

Você já deve saber exatamente quem serão seus primeiros funcionários. Deve ser capaz de fazer uma lista de cinco nomes sem hesitar. Se não tiver essa lista de nomes pronta antes de começar, provavelmente não deveria começar ainda.

Mas não basta ter uma lista. Você precisa contratá-los. Pelo menos alguns. E convencê-los a se comprometer. Comprometer-se realmente é muito diferente de apenas ouvi-los dizer:

— É isso aí! Que legal. Eu adoraria trabalhar com você.

Se não conseguir convencê-los a assinar o contrato de trabalho, talvez seja necessário repensar a coisa toda.

No começo, você não vai ter um RH para ajudar a encontrar e contratar uma equipe espetacular. Você nem vai ter um recrutador. Para contratar mais ou menos os 25 primeiros funcionários, tudo vai depender de você e de seu cofundador — da sua visão, da sua rede de contatos, da sua capacidade de convencer as pessoas de que vocês sabem o que estão fazendo. Você pode pedir a ajuda dos seus mentores e do seu conselho (e, se tudo der certo, dos seus primeiros investidores), pode acioná-los para melhorar a sua reputação, mas, no fim das contas, está vendendo a si mesmo e sua visão para o sucesso.

Você precisa de uma história que as pessoas possam ajudar a contar. [Veja também: "Capítulo 3.2: O porquê do storytelling".] Pessoas que você respeita. Pessoas que o ajudarão a criar algo espetacular. A sua equipe é a sua empresa. As primeiras contratações são cruciais — elas o ajudarão a arquitetar a sua empresa e a sua cultura.

Todos os membros da sua equipe inicial devem ser testados, comprovados e espetaculares no que fazem (se eles abriram uma startup que não

196 | CRIAR

deu certo, considere isso um bônus – significa que eles sabem o que não fazer dessa vez), mas também precisam ter a mentalidade certa. Ir de 0 a 1 não é pouca coisa e exige muito de todos, especialmente considerando a possibilidade de não dar em nada. Por isso, você precisa de colaboradores individuais entusiasmados para dar o salto com você, seja porque estão tão empolgados com a ideia quanto você, ou porque são simplesmente jovens ou ambiciosos, ou porque já tiveram algum sucesso financeiro e podem passar um tempo sem se preocupar em pagar as contas.

Cargos, salários e regalias nunca devem ser seu principal apelo. Isso não significa, porém, que você possa oferecer uma ninharia. Tente ser razoavelmente flexível e estruture a remuneração para que ela seja compatível com as pessoas que você está contratando. Algumas pessoas podem preferir receber em dinheiro em vez de uma participação na empresa, então você sempre deve dar essa opção. Entretanto, a maioria de sua equipe deve receber generosos pacotes de ações – eles também são donos da ideia, então também devem ser donos da empresa. Você vai querer que a sua equipe tenha interesse em seu sucesso para que, quando as coisas derem errado – o que é inevitável –, essas pessoas fiquem com você.

Nesse comecinho da sua empresa, você quer pessoas que estejam ao seu lado principalmente pela missão. Você quer paixão, entusiasmo e a atitude certa. E quer pessoas espetaculares que possam trazer outras pessoas espetaculares.

Essas pessoas são tão boas e tão queridas que são capazes de criar praticamente sozinhas grandes partes da sua organização. Não importa se foram gerentes de grandes equipes ou colaboradores individuais respeitados por todos – nos dois casos, costumam ser líderes experientes. Quando embarcam na sua empresa, uma onda de outras pessoas incríveis normalmente as seguirá.

Foi assim que criamos nossa equipe principal na Nest. Fomos atrás dos melhores dos melhores, e eles criaram seu próprio campo gravitacional atraindo cada vez mais talentos.

Um dia, no começo, passei os olhos pelo escritório com meu mentor, o valente, impetuoso e sábio Bill Campbell. Ficamos lá só sorrindo.

Conheci Bill quando ele fazia parte do conselho de administração da Apple. Entrei em contato com ele quando precisei de ajuda para abrir a Nest. Ele me olhou diretamente nos olhos, procurando por microexpressões, e perguntou:

– Você se acha um cara orientável?

O que significava: "Você vai ouvir? Você está aberto a aprender?" Essa era a única qualificação que você precisava para ter Bill como seu coach – a capacidade de admitir que não sabe tudo. Que vai pisar na bola. Que está aberto a aprender com esses erros, ouvir conselhos e agir coerentemente.

Bill estava longe de ser um cara técnico, nunca foi um engenheiro, mas conhecia a natureza humana. Sabia como trabalhar com as pessoas e extrair o melhor delas. Ele podia me dizer como conduzir uma reunião do conselho. Podia me dizer o que fazer se minha equipe não conseguisse avançar. E sempre podia ver problemas chegando a um quilômetro de distância. Quando via que eu estava prestes a entrar no caminho errado, ele colocava o dedo na boca, fazia um estalo e dizia:

– Sabe o que é isso? É o barulho de você descobrindo que existe vida inteligente aqui fora da sua cabeça.

É disso que você precisa quando vai abrir uma empresa ou iniciar um grande projeto novo – um coach. Um mentor. Uma fonte de sabedoria e ajuda. Alguém capaz de reconhecer um problema que está surgindo e alertá-lo antes que aconteça. Alguém que vai lhe dizer na sua cara que você não está conseguindo enxergar nada porque não há vida inteligente onde sua cabeça está e que lhe dará algumas dicas para olhar para fora e melhorar.

É possível improvisar sem ter um cofundador. É possível sobreviver por um tempo sem uma equipe. Mas é impossível ter sucesso sem um mentor.

Encontre pelo menos uma pessoa na qual você confia cegamente e que acredita em seu potencial. Não um life coach ou um consultor

198 | CRIAR

de liderança executiva, não uma agência, não alguém que leu muitos estudos de caso e acha que pode cobrar por hora. E não os seus pais – eles o amam demais para ser imparciais. Encontre um mentor operacional, inteligente e prestativo que já tenha feito isso antes, que goste de você e queira ajudar.

Você vai precisar da ajuda dele quando abrir a sua empresa. Ou até quando lançar um projeto dentro de uma grande empresa.

Só não pense que a última opção será mais fácil e que você poderá contornar as dificuldades de uma startup se abri-la dentro de uma grande corporação. As grandes empresas não são um atalho. Seus escritórios espaçosos e atraentes estão cheios de esqueletos de pequenos projetos inovadores que morreram na praia porque nunca tiveram qualquer chance de sucesso.

Você só deve criar uma "startup" dentro de uma grande empresa se ela puder oferecer algo muito especial – alguma tecnologia ou recursos que você não teria como acessar em nenhum outro lugar. E precisa garantir que tenha os incentivos e a estrutura organizacional certas, bem como o apoio da alta administração, se quiser ter qualquer chance de sucesso.

Você precisa lembrar que não passará de uma pulga nas costas de um elefante, competindo com outros fluxos de receita muito maiores, tentando chamar atenção e contribuir com algo útil. Mesmo se você trabalhar em uma empresa bilionária com recursos praticamente infinitos, não espere conseguir botar as suas mãos nesses recursos sem ter que lutar por eles. E não espere que as pessoas da empresa se arrisquem pelo seu projeto – ou seja, saiam de outra área mais estabelecida e respeitada para entrar na sua – sem uma recompensa tangível. O mesmo vale para quando você estiver recrutando fora da empresa – para convencer alguém a entrar no seu novo e pequeno projeto em uma grande empresa em vez de ir trabalhar em uma startup, você precisará explicar muito bem por que o seu projeto terá sucesso e valerá a pena para a pessoa. O cálculo de risco e recompensa terá que fazer sentido.

Conseguimos montar uma equipe tão espetacular para criar o iPod em parte porque nossa equipe teve a chance de ganhar planos de ações e bônus que nenhuma outra empresa além da Apple estava oferecendo. A outra razão importante era que podíamos contar com todo o apoio de Steve Jobs. Esses dois fatores nos permitiram recrutar pessoas extraordinárias – mesmo sem podermos lhes dizer no que elas trabalhariam antes de assinarem o contrato – e sobreviver aos anticorpos internos. Steve deu à nossa pequena equipe uma enorme vantagem – ele nos dava cobertura aérea e bombardeava qualquer pessoa que entrasse no nosso caminho. Houve momentos em que os anticorpos internos da Apple tentaram nos expulsar da organização – eles viviam nos dizendo:

– Temos outras prioridades, ajudaremos vocês se tivermos tempo.

Ou:

– Por que estamos nesse projeto? Não é essencial para a nossa empresa.

No entanto, desde que a nossa equipe estivesse fazendo pedidos sensatos (ou até insensatos, porém importantes), as equipes que impediam o nosso progresso recebiam uma ligação de Steve:

– Se eles estão pedindo alguma coisa, é só dar o que eles estão pedindo. O que é que vocês não estão entendendo? Isso é muito importante para a empresa!

Ninguém queria receber essa ligação. Eles aprenderam a não se jogar na frente do rolo compressor que era o Steve Jobs.

Então, se você não tiver um CEO disposto a lutar por você, se não tiver pacotes de remuneração para atrair uma excelente equipe, se não tiver os recursos de uma empresa gigante, mas tiver todos os custos, não tente iniciar o seu projeto dentro de outra empresa. Você provavelmente terá mais chances se tentar por conta própria. Deixe a sua ideia morrer ou abra uma startup de verdade.

Muitas startups são fundadas por empreendedores que acabaram de sair de grandes empresas. Eles viram uma necessidade, a apresentaram a seus chefes, foram rejeitados e tentaram por conta própria. Vi isso

200 | CRIAR

acontecer com Pierre Omidyar na General Magic. Ele passava as horas vagas escrevendo um código para permitir que as pessoas leiloassem itens colecionáveis umas para as outras. Quando viu que daria certo, perguntou se a General Magic teria interesse.

– Não, obrigado. Não temos interesse nessa sua ideia ridícula – foi a resposta. Então ele convenceu a General Magic a abrir mão dos direitos sobre o seu trabalho, pediu demissão e abriu uma pequena startup chamada eBay.

O sucesso de Pierre resultou de vários fatores – timing perfeito, uma excelente ideia, disposição de concretizar essa ideia, capacidade de implementá-la, capacidade de liderar. Ele também tinha uma grande vantagem que muitas pessoas não valorizam: tinha vindo de uma startup. Sabia como funcionava, tinha muitos exemplos do que fazer e do que não fazer.

Vi muitas pessoas saírem do mundo corporativo, decidirem abrir uma empresa e se virem completamente despreparadas para enfrentar o contexto de uma startup. Se elas nunca trabalharam em uma equipe pequena começando do zero, geralmente são um peixe fora d'água. Gastam dinheiro demais rápido demais. Contratam pessoas demais. Não dedicam o tempo necessário, não têm uma mentalidade de startup, não conseguem tomar decisões difíceis, ficam paralisadas buscando o consenso. Acabam fazendo produtos medíocres ou acabam não fazendo nada.

Não deixe que essa seja a sua história. Se você quer abrir uma empresa, se quer fazer qualquer coisa, criar algo novo, precisa estar pronto para trabalhar pela grandeza. E a grandeza não vem do nada. Você tem que se preparar. Tem que saber para onde está indo e se lembrar de onde veio. Tem que tomar decisões difíceis e ser o "FDP" orientado pela missão. [Veja também: "Capítulo 2.3: FDPs".]

Então faça a sua lição de casa. Saiba no que está se metendo. Confie na sua intuição.

E, quando chegar a hora, você estará pronto.

Capítulo
4.3

CASAMENTO POR INTERESSE

Sempre que levanta capital, você deve pensar nisso como um casamento: um compromisso de longo prazo entre duas pessoas com base em confiança, respeito mútuo e objetivos em comum. Mesmo se você receber fundos de uma enorme empresa de capital de risco, no fim tudo depende do relacionamento que você forma com um único sócio dessa empresa e de suas expectativas estarem alinhadas.

Como em um casamento, você não pode simplesmente se jogar nos braços de quem mostrar o mínimo de interesse. Vá com calma, encontre alguém com quem você seja compatível – que não fique fazendo joguinhos nem o pressione demais – e veja se esse é realmente o momento certo para sossegar. Você não vai querer se casar quando a sua empresa é tão jovem que ainda não sabe quem realmente é ou o que quer ser, ou só porque todos os seus amigos estão se casando, ou porque você tem medo de que, se não se comprometer agora, não consiga encontrar outro relacionamento.

Você também precisa conhecer o seu parceiro e as prioridades dele. Por exemplo, um capitalista de risco precisa responder aos Limited Partners (investidores em grande escala ou entidades como bancos, sindicatos de professores ou famílias muito ricas) que o financiam – de maneira que ele pode forçá-lo a vender ou abrir o capital antes de você estar pronto para mostrar valor a esses sócios. E uma empresa com um braço de capital de risco, como a Intel ou a Samsung, pode usar o investimento na sua empresa para conseguir um

202 | CRIAR

acordo melhor para ela às suas custas. Mesmo se os seus financiadores quiserem o seu bem – mesmo se o seu investidor-anjo for a sua mãe –, não significa necessariamente que o dinheiro esteja livre de riscos ou condições.

..

O capital de risco (venture capital) existe para facilitar as transações – você precisa de dinheiro, eles lhe dão dinheiro. Contudo, só funciona em função dos relacionamentos – o toma lá dá cá entre você e um capitalista de risco durante o processo de apresentação da proposta, a ajuda que um capitalista de risco lhe dá para recrutar executivos ou administrar seu conselho depois do acordo, as conexões que ele oferece para a sua próxima rodada de financiamento. O capital de risco não é alimentado por dinheiro. É alimentado por pessoas.

As regras para todo bom relacionamento humano são as mesmas: antes de entrar de cabeça em um grande compromisso com alguém, vocês precisam se conhecer. Confiar um no outro. Entender um ao outro.

Isso significa que você precisa estar pronto para ser esquadrinhado, examinado e – muito provavelmente – considerado aquém das expectativas. Você pode ser rejeitado umas dez vezes antes de encontrar "o amor da sua vida". É uma espécie de flerte particularmente brutal – só que, em vez de perguntar se pode pagar uma bebida à pessoa, você chega pedindo dinheiro. Não é nada divertido.

Outra coisa: você nunca vai ouvir o famoso "o problema não é você, sou eu". O problema é sempre você. Sua empresa, suas ideias, sua personalidade é que serão julgadas.

Não é fácil se expor assim; não é fácil se abrir. Isso continua sendo verdade mesmo quando parece que o mundo enlouqueceu – mesmo quando parece que qualquer maluco com uma proposta mequetrefe está sendo financiado.

Como foi em 1999. E como está sendo agora, em 2022.

O mundo dos investimentos é cíclico. O ambiente de financiamento está sempre mudando de um ambiente favorável aos fundadores para um ambiente favorável aos investidores. É como o mercado imobiliário – às vezes está bom para quem vende, às vezes para quem compra. Em um ambiente favorável aos fundadores, há tanto dinheiro fluindo para o mercado que os investidores bancam praticamente qualquer coisa porque não querem perder nenhum negócio. Já em um mercado favorável aos investidores, há muito menos capital disponível, os investidores ficam mais exigentes e os fundadores não conseguem condições tão boas.

Às vezes, o mercado enlouquece e parece que está chovendo dinheiro, que todas as regras foram jogadas no lixo e que o dinheiro nunca vai acabar.

Mas vai. Como acabou em 2000. Sempre há uma reversão à média. Mesmo com um mercado ensandecido, ainda não será fácil. Você ainda vai ter que suar a camisa. Os detalhes continuarão sendo importantes. Mesmo se parecer fácil, nunca é. São só os graus de dificuldade que variam – de muito difícil a quase impossível.

Então, antes de dar início a esse processo, primeiro você precisa se conhecer e ter muita certeza do que está pedindo. Você não vai ter uma segunda chance na sua primeira rodada. Precisa levar a coisa a sério. Precisa se preparar. E precisa saber no que está se metendo.

A primeira pergunta que você deve se fazer é a mais básica: a sua empresa realmente precisa de financiamento externo agora? Para muitas startups em estágio inicial pré-capital semente, a resposta é "não" com uma frequência surpreendente. Se você ainda está pesquisando, testando as coisas, vendo se a sua ideia tem fundamento, não precisa saltar imediatamente para o financiamento. Não tenha pressa. Exercite a intuição postergada.

Se acha que está pronto para receber fundos, como exatamente você planeja usar esse dinheiro? Você precisa construir um protótipo? Recrutar uma equipe? Pesquisar uma ideia? Obter uma patente? Convencer um parceiro potencial? Criar uma campanha de marketing?

204 | CRIAR

Qual é o valor mínimo necessário para atender às suas necessidades agora e de quanto você vai precisar mais tarde, à medida que essas necessidades mudarem?

Só depois de saber as respostas a essas perguntas você poderá decidir se tem um negócio no qual os investidores vão querer investir. Nem toda empresa é adequada para receber capital de risco. A maioria dos grandes capitalistas de risco é surpreendentemente avessa ao risco – eles não investem em startups que não forem capazes de provar que já estão em uma clara trajetória de crescimento. Os capitalistas de risco aprenderam na era da internet a esperar números antes de investir: taxas de crescimento, taxas de subscrição, taxas de cliques, taxas de cancelamento de assinatura, taxas de execução, todas as taxas. E os capitalistas de risco têm chefes a quem reportar – os Limited Partners, as pessoas e organizações que dão dinheiro a *eles*. Eles precisam mostrar que estão fazendo investimentos sensatos e altamente lucrativos com as equipes gerenciais certas.

Se decidirem investir, muitos grandes capitalistas de risco vão presumir que você precisa de uma grande injeção de dinheiro imediatamente para poder mostrar um grande retorno rapidamente. Essas expectativas e esse cronograma não fazem sentido para muitas startups.

Então não presuma que você precisa começar imediatamente a bater à porta dos capitalistas de risco famosos. Você tem muitas opções – capitalistas de risco gigantes que investem em centenas de empresas e distribuem dezenas e centenas de milhões de dólares; nichos menores ou capitalistas de risco regionais que investem em apenas um punhado de negócios; investidores-anjo que podem fazer uma pequena contribuição para você começar e estar preparado para os capitalistas de risco maiores no futuro; e empresas com braços de investimento que querem usar o seu produto ou fazer um acordo. Todas essas opções podem ser encontradas em qualquer lugar dos Estados Unidos e ao redor do mundo, não apenas no Vale do Silício. Hoje em dia, você pode encontrar dinheiro em qualquer lugar.

Não importa a fonte de capital que você escolher, tudo vai depender das pessoas com quem você trabalhará. Mesmo se conseguir uma reunião com a maior empresa de capital de risco de Palo Alto, você não apresentará sua proposta à empresa toda. Haverá uma pessoa na sala a qual você terá que impressionar e com a qual você terá que formar um relacionamento: o sócio. Ele é quem decidirá os termos do seu acordo e fará parte do seu conselho. É a pessoa com quem você vai se casar.

Trabalhei com um empreendedor que estava fazendo uma proposta para uma enorme e famosa empresa de capital de risco. Depois de uma excelente reunião, o capitalista de risco disse que eles estavam dentro e que enviariam um termo de compromisso imediatamente. Uma semana se passou, depois outra. Então o sócio-diretor começou a fazer joguinhos, tentando reduzir a avaliação (o valuation). Ele passava uma semana ignorando o empreendedor e então reaparecia exigindo respostas a uma montanha de perguntas. E continuou fazendo isso – por quatro, cinco, seis semanas.

Nesse meio tempo, o empreendedor começou a conversar com outros capitalistas de risco. Uma dessas empresas enviou um termo de compromisso no dia seguinte.

O empreendedor tinha uma decisão difícil a tomar. Esperar a resposta da famosa empresa de capital de risco ou fechar com um investidor menos conhecido, mas muito mais empolgado? Quem seria um sócio melhor? Quem ajudaria mais em longo prazo?

Então o empreendedor ligou para o grande capitalista de risco e deu a notícia: eles fechariam com outro investidor. O sócio ficou furioso – começou a gritar o tipo de coisa que se ouve de vilões nos filmes dos anos 1980.

– Mas isso é um absurdo! Quem você pensa que é para ousar fazer isso comigo?! – e desligou o telefone na cara do empreendedor, que nunca mais ouviu sequer uma palavra do sócio. Digo isso literalmente – esse sujeito continua sem falar com o empreendedor. Finge que ele não existe. Quando o vê em festas, vira para o outro lado.

206 | CRIAR

Entretanto, ser esnobado por aquele capitalista de risco foi muito melhor para o empreendedor do que aceitar o dinheiro dele e ter de suportar um FDP querendo dar ordens em sua startup. O empreendedor se livrou de uma encrenca. A enrolação toda tinha sido uma tática para abalar a confiança do empreendedor e forçá-lo a aceitar condições piores. Quando o joguinho saiu pela culatra, um dos nomes mais conhecidos do Vale do Silício se transformou em uma criança birrenta. Não é alguém com quem você vai querer ir para a cama, muito menos casar.

Não se esqueça de que, uma vez que você pega o dinheiro de um investidor, você fica preso a ele. E o equilíbrio de poder muda. Um capitalista de risco pode demitir um fundador, mas um fundador não pode demitir seu capitalista de risco. Você não tem como se divorciar dele mesmo diante de diferenças irreconciliáveis.

Se as coisas derem errado, vocês podem acabar em um casamento de fachada – ainda legalmente unidos, mas sem se falar. Quando um capitalista de risco decide que a sua empresa nunca vai dar lucro, ele basicamente o ignora. Ele não o ajudará. Não o apresentará a outros capitalistas de risco. Não o defenderá com os outros sócios. Só ficará observando de braços cruzados enquanto a sua empresa vai à falência.

Fique sempre de olho na maneira como um capitalista de risco o trata no momento em que deveria estar se comportando da melhor forma possível – quando vocês estiverem se dando bem e parecerem prestes a chegar a um acordo. Fique esperto se ele começar a fazer joguinhos. Veja alguns outros sinais de alerta:

- Capitalistas de risco que prometem mundos e fundos para convencê-lo a fechar com eles, mas não cumprem as promessas. Eles costumam repetir o mesmo discurso, prometendo que você vai receber toda a atenção personalizada do mundo, toda a ajuda do mundo, todos os recursos do mundo. Não deixe de conversar com outras startups que trabalharam com eles para saber o que realmente oferecem depois que as startups se comprometem.

- Capitalistas de risco que pressionam – que lhe dão um termo de compromisso para assinar na hora – para forçá-lo a entrar em pânico. Uma vez, um capitalista de risco me entregou um termo de compromisso quando eu estava saindo da reunião e tentou me pressionar a assiná-lo ali, na hora. Perguntei se eu estava em uma concessionária de carros usados e disse que só assinaria depois de ler os termos.

- Capitalistas de risco gananciosos que só investem se puderem ficar com um pedaço enorme da sua empresa. Um capitalista de risco normalmente precisa de 18% a 22% para fazer o modelo deles funcionar – tome cuidado se ele começar a pedir mais. Não presuma que ele é a sua única opção – se alguma coisa lhe disser que é melhor continuar procurando, então continue procurando.

- Alguns capitalistas de risco cortejam startups muito inexperientes para mandar nelas e lhes dizer o que fazer em vez de permitir que o fundador e o CEO administrem a empresa. Fornecer mentoria e coaching é uma coisa; sair dando ordens é totalmente diferente.

- Pode acontecer de um investidor potencial ver algo interessante na sua empresa – você pode não ter recebido dinheiro dos capitalistas de risco certos, o seu dinheiro pode estar acabando ou você pode ter tido um sucesso incrível. Então ele vai abordá-lo com uma proposta irrecusável, mas os termos da proposta dele prejudicam os outros investidores que ajudaram a chegar onde você está agora. Vemos muitos capitalistas de risco grandes e pequenos tentando jogar sujo para ganhar uma vantagem – eles podem tentar diluir o financiamento dos investidores anteriores ou incluir termos no acordo para afastar os futuros investidores. E, se as coisas não derem muito certo daqui a alguns anos, eles não vão pensar duas vezes antes de passar a perna em você também. Então tome cuidado quando o contrato não for padrão ou os termos parecerem bons demais para ser verdade – pode parecer que você está dando pouco para receber muito, mas, se algo lhe disser que tem alguma coisa errada, pode ser que o investidor esteja tentando achar uma porta aberta para entrar e virar o jogo mais adiante. Ele vai querer controlar a sua empresa mais cedo ou mais tarde.

Muitos fundadores se preocupam ao saber que um capitalista de risco demitiu CEOs ou fundadores no passado, mas isso não costuma ser um sinal de alerta. Faça a sua pesquisa e analise o histórico dele. Algumas famosas empresas de capital de risco se focam tanto na empresa que cortam a cabeça dos fundadores sem lhes dar uma segunda chance, mas a maioria dos capitalistas de risco costuma pensar muito bem antes de afastar os fundadores. Às vezes, pensam até demais. Os que evitam fazer isso normalmente têm uma boa razão para decidir seguir por esse caminho.

De qualquer maneira, é difícil generalizar uma empresa inteira. Esse tipo de decisão costuma depender das pessoas, como praticamente tudo na vida.

Então, quando você procurar um investidor, certifique-se de procurar a pessoa certa. Converse com fundadores que já tenham trabalhado com esse capitalista de risco — e que, durante esse período, tenham passado por momentos difíceis — e descubra qual sócio é operacional, prestativo e inteligente e qual sócio só está interessado no dinheiro.

Tente ser bem recomendado — seja por outro fundador, por seu mentor ou por um amigo de um amigo. Mesmo que a recomendação seja de alguém distante, é melhor que nada. A maneira mais difícil de conseguir uma reunião com um capitalista de risco é ligando para ele do nada. Antes de fazer a ligação, tente chamar a atenção da mídia e conseguir alguns elogios para que, quando o capitalista de risco for pesquisar o que você está fazendo, ele encontre alguma coisa.

Nunca esqueça que há uma fila de empreendedores batendo à porta dos investidores. Especialmente dos grandes capitalistas de risco, mas dos menores também. Você precisa de alguma maneira de se destacar da multidão e chamar a atenção deles.

A melhor maneira de fazer isso é com uma boa história. E conhecer o seu público. Até mesmo no Vale do Silício, a maioria dos capitalistas de risco não é técnica. Então, não se concentre na tecnologia, concentre-se no "porquê". [Veja também: "Capítulo 3.2: O porquê do storytelling".]

Não vai ser fácil colocar em quinze slides tudo o que você quer dizer – fazer a apresentação fluir em uma narrativa natural, apresentar bons argumentos emocionais e racionais, resumir a ideia para ajudar as pessoas a entenderem com facilidade os pontos importantes, mas não resumir tanto a ponto de parecer que você não se aprofundou nos detalhes. É uma arte.

Como toda forma de arte, requer prática. São grandes as chances de você ser terrível no começo. Não é fácil apresentar uma ideia. Você precisará mudar constantemente a sua apresentação, mudar a ordem das coisas, fazer ajustes e revisar.

É melhor evitar fazer a primeira apresentação ao maior e mais famoso capitalista de risco da sua área. Os capitalistas de risco conversam entre si; então, se você for rejeitado por um deles, os outros podem nem querer perder tempo com você. Se puder, faça a primeira apresentação a um capitalista de risco "amigável" – que lhe dará feedback, o ajudará a melhorar e depois, no mundo ideal, topará recebê-lo pela segunda vez.

Você não precisa chegar com a apresentação perfeita da primeira vez. Você pode dizer:

– Gostaria que você fosse o primeiro a dar uma olhada nessa minha ideia. Pode ser do seu interesse. Eu adoraria saber o que você acha.

Ouça o feedback que ele lhe der e aprenda. Você não precisa aceitar todos os conselhos ou críticas, mas deve entender as razões que levaram o investidor a dar esse feedback e ajustar a sua apresentação de acordo com o que fizer sentido.

Depois de se familiarizar com as peças no tabuleiro, você poderá planejar melhor a sua jogada. Poderá adaptar a história às pessoas que conhecerá. Começará a se sentir mais preparado.

210 | CRIAR

Só não se esqueça do outro fator que pode surgir e pegar você de surpresa: o tempo.

Obter financiamento levará mais tempo do que você imagina. Espere um processo de três a cinco meses. Pode acabar levando menos que isso – especialmente em um ambiente favorável aos fundadores –, mas eu não apostaria nisso. Muitas empresas esperam até ficar quase sem dinheiro, de repente percebem que estão à beira da falência e correm desesperadamente para agarrar qualquer financiamento que conseguirem. Sempre inicie o processo para obter financiamento quando você não estiver precisando do dinheiro. Você não vai querer estar na posição de, por precisar desesperadamente de dinheiro, ter de ceder à pressão e acabar tomando decisões apressadas. Também nunca deixe de ficar de olho nos feriados – férias de verão, Ano Novo Chinês, Natal e Ano Novo. As pessoas esquecem que os capitalistas de risco também tiram férias.

Veja mais algumas dicas para manter em mente no percorrer do processo:

- Não faça joguinhos. Da mesma forma como você não quer um investidor que faça joguinhos com você, ele não se interessará se você não for sincero e franco com ele.
- Ouça o feedback das pessoas sobre a sua apresentação e o seu plano, faça as alterações necessárias, mas se atenha à sua visão e ao seu "porquê" e não faça uma transformação completa com base nos caprichos de cada investidor com quem você falar.
- Diga com clareza aos investidores de quanto dinheiro você precisa e exatamente como planeja gastá-lo. Seu trabalho será criar valor para os investidores e dar um jeito de atingir os principais milestones para aumentar a avaliação da empresa. Assim, da próxima vez que levantar fundos, você não diluirá os investidores, os funcionários nem você mesmo.
- Os empreendedores acham que o valuation deles deve aumentar sempre, mesmo quando não atingem os milestones que estabeleceram

para si mesmos. No entanto, os investidores estão administrando um negócio – se você não entregar o que prometeu, seu valuation não vai aumentar e as suas próprias ações vão perder valor no mercado. Você também pode precisar diluir mais ao distribuir mais ações aos funcionários para retê-los nos tempos difíceis.

- Não presuma que a sua empresa terá o mesmo valuation que outras similares. Cada investimento tem seus próprios critérios e especificidades.
- Os investidores não gostam de quando os fundadores ou executivos não têm nada a perder – eles querem ver que você bota a mão no fogo pela sua empresa. Você pode ter que colocar algumas das ações que já possui em jogo para mostrar o seu compromisso aos novos investidores.
- Os investidores vão querer referências – vão querer conversar com os seus clientes como parte do processo de due diligence. Tenha um data room virtual com uma coletânea de arquivos para facilitar a vida deles.
- Nas reuniões subsequentes, seja sincero ao falar sobre os seus riscos e as medidas que planeja tomar para mitigá-los, sobre quem você precisa contratar e sobre os principais desafios pela frente.
- Tente fazer com que dois investidores igualmente influentes se equilibrem. Todos os capitalistas de risco se conhecem e conversam entre si – e ninguém quer irritar sócios potenciais. Então, se um dos seus investidores começar a fazer joguinhos, o outro pode interferir e botar ordem na casa. A sua empresa pode não importar muito para eles em longo prazo, mas normalmente ninguém quer arruinar a própria reputação diante dos outros capitalistas de risco, em especial na comunidade de Limited Partners.

Por fim, não esqueça que, mesmo se você tiver uma reunião incrível – todo mundo apreciou a apresentação, você adorou os investidores, a sala ficou transbordando de otimismo –, as pessoas que viram a sua apresentação ainda vão ter que convencer o comitê de investimentos a lhe dar dinheiro.

212 | CRIAR

Esse processo é diferente para cada capitalista de risco, então continue fazendo a pergunta: Qual é o próximo passo para nos levar ao sim? Qual é o próximo passo? Qual é o próximo passo?

É como jogar xadrez. Você sempre tem que pensar duas jogadas – e duas rodadas de investimento – à frente.

Mesmo se ainda não tiver interesse em capitalistas de risco. Mesmo se ainda só estiver procurando um anjo.

A grande vantagem dos investidores-anjo é que eles não precisam prestar contas a Limited Partners. Eles simplesmente acreditam em você. Querem ajudá-lo. E ninguém fica falando na orelha deles exigindo lucro imediato.

Os investidores-anjo costumam ser muito mais dispostos a correr riscos e podem financiar você antes de um capitalista de risco, dando muito mais tempo e margem de manobra para colocar a sua empresa nos trilhos sem tanto sofrimento.

Isso pode ser ótimo. Ou a falta de restrições pode ser um tiro no pé. [Veja também: "Capítulo 3.5: Batimentos cardíacos e algemas".] Ou a culpa pode ser como uma facada no seu coração.

Quando eu tinha 20 anos, peguei dinheiro emprestado do meu tio a fim de abrir a ASIC Enterprises, minha startup que fazia processadores para o Apple II. Mas a Apple parou de fabricar o Apple II e a ASIC virou pó, junto com o investimento do meu tio. Passei anos me sentindo péssimo – muito mal mesmo. Contudo, meu tio foi muito franco comigo. Disse que sabia que estava fazendo uma aposta, que estava apostando em mim, e sabia que provavelmente perderia.

Cinquenta por cento dos casamentos não dão certo, enquanto 80% das startups fracassam.

Se você abrir uma empresa, terá mais chances de fracassar do que de ter sucesso. Vai precisar superar a angústia do fracasso e de perder o dinheiro dos outros. Se e quando chegar a hora, terá que ser sincero e franco a respeito da situação; terá que reconhecer o que deu errado e o que aprendeu com isso.

Não há nada que você possa dizer para amenizar o baque. Perder o dinheiro de um capitalista de risco é uma coisa; perder o dinheiro da sua mãe é bem diferente. Se você pegar dinheiro de parentes e amigos, terá que dar tão duro — se não mais — quanto daria se recebesse dinheiro de um capitalista de risco. E terá que viver com a possibilidade de voltar para eles de mãos vazias.

Mesmo quando abri a Nest, eu não quis esse peso. Recusei-me a aceitar dinheiro de Xavier Niel, um bom amigo e empreendedor incrível que fundou a Free, uma prestadora francesa de serviços on-line. Eu não era mais um jovem de 20 anos e Xavier tinha uma situação financeira bem diferente do meu tio. No entanto, eu não queria que Xavier achasse que eu estava atrás de seu dinheiro. Nunca me esqueci do sentimento de fracasso, de ter que dizer a uma pessoa muito importante na minha vida que o dinheiro dela tinha virado pó. Xavier continuou insistindo e eu continuei recusando.

Um dia, estávamos juntos no palco logo depois do lançamento do Nest — na frente de dez mil pessoas — e ele se virou para a plateia e disse:

— Ele não me deixa investir!

Naquele ponto, como a Nest estava indo bem e o investimento não seria tão arriscado, finalmente concordei em aceitar o dinheiro dele. Acabou sendo ótimo, mas eu não queria que nada envenenasse o nosso relacionamento no começo. Já era muito estressante abrir a empresa e garantir a sua sobrevivência.

Não importa qual caminho você escolha — um capitalista de risco, um investidor-anjo, um investidor estratégico ou o bootstrapping —, nunca é fácil abrir uma empresa. Não é fácil conseguir fundos. Não há atalhos, nem um caminho fácil, nem espaço para o azar.

Entretanto, se fizer tudo direito, se escolher as pessoas certas, vai curtir a jornada com os seus investidores e eles ajudarão você nos tempos difíceis e inevitáveis para qualquer startup. Eles estarão lá na saúde e na doença e vocês terão um casamento feliz. Talvez até mais de um.

Depois disso, tudo o que resta a fazer é construir a empresa.

Capítulo
4.4

VOCÊ SÓ PODE TER UM CLIENTE

Não importa se a sua empresa for business-to-business (B2B), business-to-consumer (B2C), business-to-business-to-consumer (B2B2C), consumer-to-business-to-consumer (C2B2C) ou alguma sigla que ainda não foi inventada, você só pode servir a um mestre. Você só pode ter um cliente. A maior parte do seu foco e todo o seu branding devem ser direcionados para consumidores ou empresas – nunca para os dois.

A sua empresa deve se basear no que você sabe sobre o seu cliente – seus dados demográficos e psicológicos, seus desejos, suas necessidades e suas dores. Produto, equipe, cultura, vendas, marketing, suporte, precificação – tudo vai depender desse conhecimento.

Para a maioria das empresas, perder o principal cliente de vista é o começo do fim.

..

Antes da era dos servidores Linux, quando os servidores Windows dominavam o mercado, a Apple decidiu entrar no B2B. Criar seus próprios servidores. O projeto começou pouco antes de eu entrar na empresa – a Apple tentava desesperadamente descobrir como aumentar as vendas de computadores e atrair mais desenvolvedores. Os usuários corporativos precisavam rodar todo tipo de software corporativo em servidores e a Apple, uma marca de consumo por excelência, decidiu criar um servidor para empresas.

Foi um fracasso estrondoso. Não que fosse difícil criar a tecnologia – na verdade, essa foi a parte mais fácil. O problema era que o B2B simplesmente não estava no DNA da Apple. Eles não tinham o marketing, as vendas, o suporte ou os desenvolvedores. E os Chief Information Officers (CIOs) das empresas já estavam acostumados com os inúmeros serviços empresariais oferecidos pela Microsoft e pelo Windows. O hardware da Apple era só uma minúscula peça do quebra-cabeças que esses CIOs precisavam resolver para tomar uma decisão de compra. A equipe do servidor se virou do avesso tentando forçar uma união bizarra – uma macieira tentando fazer nascer uma laranja –, até que o iPod decolou e salvou a empresa, e o projeto do servidor acabou sendo cancelado.

Steve Jobs foi franco sobre a lição que aprendeu e garantiu que todos nós também a aprendêssemos: qualquer empresa que tentar fazer B2B e B2C ao mesmo tempo está fadada ao fracasso.

O seu cliente é um millennial que viu o seu anúncio no Instagram e comprou o seu produto para dar de presente de Natal para a irmã? Ou é o CIO de uma empresa da Fortune 500 que recebeu um e-mail da sua equipe de vendas, passou meses negociando preços e diferentes recursos e agora precisa de uma equipe de instrutores para treinar cinco mil funcionários da empresa? Você não tem como manter o foco nesses dois clientes ao mesmo tempo. Não tem como fazer um único produto para dois clientes completamente opostos – para duas jornadas totalmente diferentes.

Não quando está criando tecnologia. Ou prestando serviços. Ou vendendo em uma loja. Nem mesmo se estiver oferecendo um jantar.

É impossível contornar essa regra.

Mas toda regra tem exceções. Começar como B2C não significa que você nunca, jamais, poderá trabalhar com uma empresa. Um pequeno número de empresas muito específicas pode se dividir ao meio

216 | CRIAR

e ter sucesso: empresas do ramo de viagens como hotéis e companhias aéreas, varejistas como a Costco e a Home Depot (cuja grande inovação foi pegar um produto B2B e disponibilizá-lo para B2C). Produtos financeiros e bancos podem ser B2B e B2C ao mesmo tempo, já que algumas famílias funcionam como uma pequena empresa.

Entretanto, até essas empresas têm um branding totalmente voltado ao B2C. Esta é a outra regra: se você atender os dois, seu marketing ainda precisa ser B2C. Você não vai conseguir convencer uma pessoa comum a usar um produto B2B que claramente não foi feito para ela, mas pode convencer uma empresa a usar o seu produto se convencer os seres humanos que trabalham nessa empresa.

Foi assim que, apesar de tudo, a Apple acabou se consolidando com clientes empresariais.

Depois do lançamento do iPhone, os CIOs demoraram a adotá-lo em suas empresas. Embora os CEOs geralmente aceitem as recomendações dos CIOs sobre qualquer coisa relacionada à TI, dessa vez os CEOs se rebelaram e exigiram uma mudança. Eles adoravam os seus iPhones. Os funcionários também. E eles queriam usá-los no escritório.

Foi o sucesso da Apple em criar algo para os consumidores que levou ao sucesso da Apple no mercado empresarial. As pessoas se apaixonaram por seus iPhones e se perguntaram por que não levar essa facilidade para o trabalho também. Ninguém queria lidar com as terríveis ferramentas corporativas que exigiam dias ou semanas de treinamento para serem usadas. As pessoas queriam uma interface intuitiva, altas velocidades e um hardware sofisticado.

Uma das maiores demandas para criar a App Store na verdade veio das corporações. À medida que as empresas passaram a adotar o iPhone, elas começaram a procurar a Apple querendo fazer aplicativos para seus funcionários e seus departamentos de vendas. Se a Apple quisesse que as pessoas continuassem a usar seus celulares para trabalhar, teria que dar às empresas a possibilidade de criar os seus próprios aplicativos. E assim nasceu a App Store.

Você só pode ter um cliente | 217

Hoje a Apple tem equipes dedicadas a lidar com seus negócios B2B, mas os produtos nunca são criados para satisfazer os clientes empresariais. Mantendo-se puramente como uma empresa B2C, a Apple foi capaz de entrar no B2B sem mudar muito as suas prioridades ou o seu marketing ou tirar o seu core business dos trilhos.

Depois que Steve estabeleceu as regras, a Apple as seguiu. A empresa conhece bem o jogo.

Mas e se o jogo mudar? E se o mundo não se dividir apenas em B2B e B2C? E se houver novos mercados, novos serviços, novos modelos de negócios, novas siglas?

Uma das empresas com as quais trabalho é a DICE. É uma plataforma B2B2C de venda de ingressos e descoberta de músicas de última geração. Nos seus primeiros anos de existência, a DICE ficou dividida em três direções sem saber a qual de seus três clientes se dirigir: fãs de música (consumidores), casas de espetáculos (empresas) e músicos/agentes (empresas). Por um lado, como a DICE ganhava a maior parte do dinheiro com as casas de espetáculos, talvez as ferramentas devessem se direcionar a esses clientes. Por outro lado, a DICE queria criar uma excelente experiência para os fãs. E, ainda por outro lado, nada disso seria possível sem os artistas, então talvez eles devessem ser o foco da empresa.

A DICE precisava atrair os três clientes. Precisava manter os três satisfeitos para ter sucesso. Todavia, a DICE só tinha uma equipe e um produto. E, sempre que fazia concessões às casas de espetáculos, a experiência dos fãs e dos artistas saía prejudicada. Quando tentava agradar os artistas, as casas de espetáculos chiavam.

Meu conselho foi simples: nada mudou. As regras continuam as mesmas. Vocês precisam escolher um dos três. A razão pela qual vocês abriram a empresa foi se livrar dos cambistas e criar uma experiência incrível para os fãs. Vocês são B2B2C, mas não percam a sua missão de vista enquanto navegam pelo acrônimo. Os Bs (as empresas) são importantes, mas sem o C (consumidor) vocês não têm nada.

218 | CRIAR

Agora, a "regra de ouro" deles é: "nosso único cliente é o fã".

Eles fazem de tudo para que as casas de espetáculos e os artistas também acreditem nessa missão. Vivem lembrando que, se a DICE fizer o melhor para os fãs, todo mundo sairá ganhando. Os artistas, as casas de espetáculos, a DICE – no fim das contas, todos têm o mesmo mestre: a pessoa que compra o ingresso do show. O ser humano que só quer ver um grande espetáculo.

Nunca se esqueça disso sobre o B2B2C – não importa quantas empresas estiverem envolvidas: no fim das contas, é o consumidor final que carrega o modelo de negócios nas costas.

Mas as empresas esquecem. Principalmente quando evoluem de B2C para B2B2C. Elas geralmente começam sem nenhum modelo de negócios, nenhuma maneira de ganhar dinheiro, apenas muitos clientes usando o seu produto de graça. Só que o grátis nunca é realmente grátis. Mais cedo ou mais tarde, muitas dessas empresas percebem que a opção mais lucrativa é vender os dados dos usuários para as grandes empresas. Isso corresponde a aumentar as vendas B2B para poder revender os dados dos clientes centenas ou até milhares de vezes. Essa é a história do Facebook, do Twitter, do Google, do Instagram e de muitas, muitas outras empresas.

Essa história pode acabar mal. Quando a atenção e o foco se afastam do consumidor e se voltam para as empresas que efetivamente dão dinheiro, você corre o risco de entrar em alguns becos muito escuros.

E são sempre os consumidores que sofrem.

Então, não perca o foco. Não pense que você pode servir dois mestres. Não importa o que você estiver criando, sempre mantenha em mente o cliente para quem você está criando. Você só pode ter um cliente. Escolha bem.

Capítulo

4.5

QUANDO VOCÊ SE MATA PELO TRABALHO

Há dois tipos de equilíbrio entre vida profissional e pessoal:

1. **O verdadeiro equilíbrio entre vida profissional e pessoal:** é um estado mágico, quase mítico, no qual você tem tempo para tudo: trabalho, família, hobbies, amigos, academia, férias. O trabalho é só uma parte da sua vida e não interfere em nenhuma outra parte. Esse tipo de equilíbrio é impossível quando você abre uma empresa, lidera uma equipe que está tentando criar produtos ou serviços inovadores com prazos competitivos ou apenas está passando por momentos difíceis no trabalho.

2. **Equilíbrio pessoal quando você está trabalhando:** é quando você sabe que vai passar a maior parte do tempo trabalhando ou pensando em trabalho, então precisa criar oportunidades para dar um descanso para o seu cérebro e para o seu corpo. Se quer alcançar algum nível de equilíbrio pessoal, você precisa planejar a sua agenda para ter tempo para comer bem (de preferência com a família e os amigos), se exercitar ou meditar, dormir e pensar minimamente em qualquer outra coisa além da mais recente crise no trabalho.

Para sobreviver à ausência de um equilíbrio verdadeiro entre vida profissional e pessoal, você deve traçar com clareza uma estratégia organizacional. Precisa priorizar. É importante anotar tudo o que

220 | CRIAR

você precisa decidir e ter um plano para quando e como pretende falar a respeito com a sua equipe. Caso contrário, essas coisas vão ficar girando na sua cabeça sem parar, destruindo qualquer mínima chance que você tiver de relaxar por um minuto.

..

Meu conselho é o seguinte: não tire férias como o Steve Jobs fazia.

Ele costumava tirar duas semanas de folga, duas vezes por ano. As férias dele sempre vinham acompanhadas de uma onda de terror na Apple. As primeiras 48 horas eram tranquilas. Depois vinha uma enxurrada de ligações ininterruptas.

Como não estava preso em reuniões, se preocupando com o dia a dia, ele estava livre. Livre para sonhar com o futuro da Apple a qualquer hora do dia e da noite. Livre para ligar e perguntar o que achávamos sobre alguma ideia maluca que ele acabara de ter – o que você acha de óculos de vídeo para ver filmes do iPod Touch? Sim? Não? Ele queria uma opinião na hora ou que encontrássemos respostas rapidamente para ele poder decidir se deveria ou não seguir em frente com a ideia.

Ele trabalhava mais nas férias do que quando estava no escritório.

Esse tipo de foco maluco e incessante parece ser apenas mais uma lenda da Apple. O tipo de coisa que só um gênio maluco faria. Só que não.

Steve levou a coisa ao extremo, mas muitas pessoas não conseguem tirar o trabalho da cabeça. Eu não consigo. Eu arriscaria dizer que a maioria das pessoas não consegue, especialmente quando têm muito em jogo. Essas pessoas não se restringem aos CEOs e executivos – todo mundo tem momentos de dificuldade no trabalho. Há muito o que fazer e você sabe que vai ter que fazer ainda mais, então, mesmo quando não está trabalhando, está pensando no trabalho.

Às vezes, não há problema nisso. Mesmo. Às vezes você não tem outra opção. No entanto, quebrar a cabeça e passar a noite em claro ruminando sobre uma crise no trabalho é totalmente diferente de se permitir pensar sobre o trabalho de uma maneira criativa e não estruturada. Esta última opção dá ao seu cérebro a liberdade de parar de martelar os mesmos problemas com as mesmas ferramentas desgastadas. Você deixa a sua mente livre para encontrar novas ferramentas.

Às vezes, eu achava que era por isso que Steve tirava férias – não para relaxar, não para evitar a Apple, mas para se permitir explorar novos caminhos enquanto passava um tempo com a família. Em vez de tentar encontrar o verdadeiro equilíbrio entre a vida profissional e a pessoal ou permitir que outra pessoa o encontrasse, Steve corria a todo vapor. Ele se deixava consumir pela Apple de uma maneira que empurrava a sua vida toda para as margens, exceto a sua família.

A maioria das pessoas já teve esse tipo de colapso total do equilíbrio entre vida profissional e pessoal em momentos cruciais de alta pressão no trabalho. Mas, para Steve, era um estilo de vida. E, se você não for o Steve Jobs – se você tiver que pensar no trabalho o tempo todo, mas não quiser pensar no trabalho o tempo todo –, precisará ter um sistema.

Você precisa achar um jeito de manter a sanidade – administrar o inevitável turbilhão de tarefas, reuniões, planos, dúvidas, problemas, progressos e temores. E precisa arquitetar sua agenda para que seu corpo e sua mente não acabem exauridos ou inchados. Digo isso com autoridade porque foi o que aconteceu comigo – entrei em um colapso físico e mental na General Magic. Os seres humanos não foram feitos para sobreviver apenas à base de estresse e Coca Diet.

A General Magic foi uma coisa – foi no começo da minha carreira, quando fui pego na explosão, mas em uma explosão que não fui eu que causei. A Apple foi outra coisa completamente diferente. É difícil descrever a pressão dos meus primeiros anos lá. Especialmente bem no começo, quando administrava a minha startup ao mesmo tempo em que trabalhava como consultor na Apple, tentando salvar a minha equipe da Fuse. O estresse só aumentou depois que comecei a trabalhar no iPod em tempo integral.

222 | CRIAR

No início, o iPod era um projeto paralelo da Apple; nos meses e anos que se seguiram, o iPod tornou-se tão importante quanto o Mac, às vezes até mais. A empresa estava na expectativa, esperando para ver se teríamos sucesso. Não apenas precisávamos criar essa coisa completamente nova, como precisávamos produzi-la com uma rapidez incrível, seguindo as especificações exatas de Steve Jobs, fazer com que ela fosse linda e encantadora de uma maneira que mostrasse a todos do que a Apple era capaz e, ainda por cima, fazer dela um estrondoso sucesso comercial.

Depois de receber a carta branca de Steve, entrei no escritório em abril de 2001 sabendo que teríamos que projetar e construir o iPod até a próxima temporada de fim de ano – em sete meses. Não porque Steve tinha definido um prazo maluco. Quem definiu o prazo maluco fui eu. Steve achava que levaria entre 12 e 16 meses. Todo mundo achava.

Ninguém acreditava que conseguiríamos colocar o produto nas mãos dos clientes até o Natal. No entanto, eu tinha acabado de passar quatro anos na Philips, onde mais de 90% dos projetos eram cancelados e mortos. Se você não fizesse a diferença rapidamente ou se o seu projeto tivesse problemas ou começasse a se arrastar, alguém da Philips vinha com tudo, pronto para "salvar o negócio" do seu erro ou tirá-lo de você. [Veja também: "Capítulo 2.3: Fdps".] Eu não sabia se seria assim na Apple e não podia correr o risco.

Do mesmo modo, eu não podia correr o risco de a Sony lançar um player de música no Natal e nos deixar comendo poeira ou arriscar ser pego pela política interna da Apple. Éramos uma pequena equipe sugando recursos do core business, que estava sob uma enorme pressão financeira para ter sucesso. Outros grupos não estavam gostando da situação. Eles não gostavam de nós. Dava para sentir seus olhos nos vigiando, as facas para fora e as mãos prontas para puxar o tapete.

Tínhamos que provar o nosso valor. Trabalhamos incansavelmente. Meu trabalho era criar o iPod do zero, incluindo montar a equipe. Eu tinha que acompanhar de perto o trabalho do design e da engenharia, além de administrar as expectativas dos executivos, além de trabalhar com as vendas e o marketing para não repetir os erros da Philips, além de ir a Taiwan para supervisionar a fabricação, além de garantir que a minha equipe conseguisse lidar com o estresse, além de argumentar com Steve e outros executivos diariamente, além de tentar dormir entre uma coisa e outra.

Era impossível manter tudo na cabeça. Sempre havia uma nova crise, uma nova preocupação suplantando a minha maior preocupação de um segundo atrás. Havia incontáveis minúsculas peças móveis, inúmeras engrenagens que precisavam girar outras engrenagens que precisavam girar outras engrenagens de um relógio ainda em construção tocando o tempo todo na minha orelha.

Eu precisava me acalmar. Precisava encontrar um espaço. Precisava priorizar.

Todo mundo achava que eu era louco – e muitos ainda acham –, mas veja o que eu fazia: levava várias folhas de papel comigo por toda parte. Elas incluíam todos os principais milestones que deviam ser atingidos em cada área – engenharia, RH, finanças, jurídico, marketing, instalações etc. – e tudo o que precisávamos fazer para atingi-los.

Todas as questões mais importantes estavam anotadas naquelas folhas. Quando eu estava em uma reunião ou conversando com alguém, eu podia passar os olhos rapidamente por elas. Quais são os meus maiores problemas? Quais são os problemas dos nossos clientes? Qual obstáculo atual está impedindo ou postergando o avanço da equipe dessa pessoa? Quais são os próximos grandes milestones? Quais prazos nossas equipes se comprometeram a cumprir?

A melhor parte eram as ideias. Sempre que alguém tinha uma grande ideia que não teríamos como executar no momento – uma melhoria no produto ou na organização –, eu a anotava. Bem ao lado da lista de tarefas da semana, eu tinha uma lista de todas as coisas que mal podíamos esperar para começar a fazer. Eu as repassava de tempos em tempos para ver se ainda se aplicavam. Elas me ajudavam

224 | CRIAR

a me manter inspirado, animado e focado no futuro. E foi excelente para os membros da equipe. Eles viam que eu prestava atenção às suas ideias e que eu não me esqueceria delas.

A única maneira de registrar isso tudo — boas ideias, prioridades, obstáculos, prazos e os principais batimentos cardíacos internos e externos à frente — era fazer anotações em todas as reuniões. À mão. Não no computador ou no celular. [Veja também: Figura 3.5.1, no Capítulo 3.5.]

Escrever à mão era importante para mim. Eu não ficava olhando para uma tela, me distraindo com os e-mails. Um computador ou um smartphone entre você e a equipe é uma grande barreira ao foco e envia uma mensagem clara a todos os participantes de uma reunião: não importa o que eu estou vendo na minha tela, mas é mais importante do que você.

Eu não gosto de fazer anotações no computador. Às vezes, quando estou digitando, eu só... digito. Parece que aquilo que estou digitando não consegue chegar ao meu cérebro. E havia muito em jogo para eu me distrair, para não ouvir cada palavra que minha equipe tinha a dizer.

O ato de usar uma caneta, depois digitar as anotações e editá-las mais tarde, me forçava a processar as informações de um jeito diferente.

Todos os domingos à noite, eu repassava as minhas anotações, reavaliava e revia as prioridades de todas as minhas tarefas, vasculhava as boas ideias, depois atualizava as folhas em um computador e imprimia uma nova versão para usar no decorrer da semana. Essa repriorização contínua permitia que eu me distanciasse um pouco para ter uma visão mais ampla do que poderia ser combinado ou eliminado. Permitia identificar momentos nos quais estávamos tentando fazer demais.

Aos domingos, eu via por que estávamos tão sobrecarregados — tínhamos dito "sim" a coisas demais e precisávamos começar a dizer "não". Então vinha o trabalho duro de descobrir o que deveria ser delegado, o que deveria ser adiado e o que deveria ser riscado da lista. Eu me forçava a priorizar com base no que realmente importava em vez de me limitar a correr para apagar incêndios. Essa abordagem me permitia ficar de olho nos objetivos e nos milestones mais importantes à nossa frente, não apenas nos incêndios ou no recurso que mais nos empolgava naquele dia.

Então, no domingo à noite, eu enviava a lista inteira por e-mail para a minha equipe gerencial. Cada item tinha um nome associado a ele. Cada um podia ver no topo da lista no que eu estaria focado naquela semana, as tarefas pelas quais eles seriam responsáveis e quais seriam os próximos grandes milestones.

Toda segunda-feira fazíamos uma reunião sobre isso.

Todo mundo odiava o processo. Eu literalmente via as pessoas se encolhendo quando eu chegava com os papéis e elas passavam os olhos pelas folhas e viam aquela coisa que eu vinha pedindo há semanas. Aquela coisa que eu me recusava a esquecer porque ainda não tinha sido riscada da lista. No dia 3 de junho você disse que estaria pronto até o fim do mês. Já estamos em julho... em que pé estamos nesse projeto?

Não era microgerenciamento. Era responsabilizar as pessoas. Era manter tudo na minha cabeça ao mesmo tempo. Era me agarrar na tábua de salvação para não me afogar no mar de todas as coisas que eu tinha para lembrar.

Começou só com uma página. Acabou crescendo para oito, dez. Era trabalhoso. Antiquado. Interminável. Mas funcionava. Com o tempo, minha equipe aprendeu a dar valor à abordagem. Ela me mantinha (relativamente) calmo, me ajudava a focar. E ninguém precisava tentar adivinhar onde eu estava com a cabeça. Todo mundo sempre sabia o que era mais importante para mim – eles tinham as minhas prioridades por escrito, atualizadas, toda semana.

Muitos também adotaram a prática e muitos subordinados deles também fizeram o mesmo. Todo mundo odiava a lista, o e-mail, a reunião – até eles também começarem a ficar com muita coisa na cabeça. Até eles precisarem de uma maneira de administrar tudo.

226 | CRIAR

Não estou dizendo que isso funcione para todo mundo. Longe disso. Cada um precisa encontrar o seu próprio sistema. Você precisa estabelecer prioridades, administrar e organizar seus pensamentos e criar um cronograma previsível para a sua equipe acessar esses pensamentos.

Depois, precisa fazer uma pausa.

Uma pausa de verdade. Sair para uma caminhada, ler um livro, brincar com o seu filho, correr na esteira, ouvir música ou só ficar deitado no chão, olhando para o teto. O que for necessário para impedir que a sua mente fique girando freneticamente em círculos, ruminando sobre o trabalho. Depois de encontrar uma maneira de estabelecer as prioridades das suas tarefas, você precisa priorizar seu bem-estar físico e mental. Sei que é mais fácil falar do que fazer. A sua startup ou o projeto que você está liderando é o seu bebê. E bebês rolam escada abaixo, enfiam o dedo na tomada. Precisam de atenção constante.

O trabalho pode dar essa sensação. Mesmo se você sair de férias – e, se estiver iniciando um grande projeto, passará um bom tempo sem tirar férias –, é como deixar o seu filho com uma babá pela primeira vez. Você sabe que vai dar tudo certo, mas não deixa de dar uma ligada só para garantir. E liga de novo depois de uma hora. E talvez a caminho de casa. Você lembrou de dizer à babá que o bebê espirra quando está com sono? É melhor ligar de novo.

Com o tempo, você começa a confiar na babá. Você confia que a sua equipe é capaz de dar conta de tudo sem você. Depois de algumas gerações do iPod, tirei férias de verdade.

Eu gostaria de dizer que não foi como as férias de Steve Jobs – que eu me concentrei na minha família e nos meus hobbies e tirei um tempo só para relaxar. Mas não foi bem assim. Devo confessar que eu também passei o tempo todo pensando no futuro da empresa – só que de uma maneira diferente e menos focada do que eu fazia todos os dias no escritório. Eu me permiti explorar possibilidades livremente.

E não liguei nem mandei nenhum e-mail para falar com ninguém a respeito dessas possibilidades. Só falava com alguém do trabalho se houvesse uma verdadeira emergência.

Sempre que me ausentava, eu entregava as rédeas para uma pessoa diferente que reportava a mim. Agora o problema é seu! Era hora de a equipe aprender a fazer o que eu fazia. As férias são uma excelente oportunidade de desenvolver as competências da equipe e ver quem pode ficar no seu lugar nos próximos anos. Todo mundo acha que pode fazer o seu trabalho melhor do que você – até que realmente precisa fazer e entregar o trabalho. Então, mesmo se tiver um trabalho que demanda muito, você precisa tirar férias. É importante para a sua equipe.

Além disso, é um excelente momento para você tentar dormir. Por um período muito, muito longo, passei vários dias seguidos sem dormir o suficiente.

Eu dormia bem, muito bem, antes de 1992. Antes de inventarem o e-mail e todo mundo se comunicar em qualquer fuso horário, antes da internet, antes do Twitter. Desde então, sempre tem alguém em algum fuso horário em algum lugar do mundo querendo falar comigo às 4 da manhã.

Você só vai ter uma pausa quando se forçar a fazer uma. Faça todas as coisas que dizem para você fazer antes de ir dormir: evite cafeína, evite açúcar, deixe o quarto arejado, deixe o quarto escuro e, pelo amor de tudo o que é sagrado, deixe o celular longe da cama. Você é um viciado. Todos nós somos. Então não facilite – deixe seu celular carregando fora do quarto. Não seja o alcoólatra que deixa uma garrafa de uísque na mesa de cabeceira (eu gostaria de poder dizer que faço isso todos os dias, mas, ei, também sou humano).

Feito isso, abra um tempo na sua agenda para respirar. É muito fácil passar o dia inteiro correndo de uma reunião a outra, sem parar para comer ou ir ao banheiro, muito menos para descansar. No entanto, você precisa fazer essas coisas. Literalmente. Você tem que fazer. Caso contrário, vai entrar em colapso. Todos nós já vimos (ou fomos) pais

228 | CRIAR

com recém-nascidos à beira de um ataque de nervos – essa é a sensação. Parte do seu trabalho é não surtar e descontar na sua equipe.

Não é por acaso que Steve Jobs fazia uma caminhada entre uma reunião e outra e até durante as reuniões. Caminhar o ajudava a pensar, a ser criativo, a explorar possibilidades, mas também o forçava a tirar um tempo só para... caminhar. Para fazer uma pausa das reuniões, mesmo se fosse só por alguns minutos.

Então abra a sua agenda. Estude. Planeje. Estruture.

Coloque os próximos três a seis meses no papel.

Anote como seria um dia típico.

Como seria uma semana ou duas semanas típicas.

Faça isso para o próximo mês.

Depois, para os próximos seis.

Agora planeje seu dia, sua semana e seu mês incluindo um tempo para sentir-se um ser humano. Esse tempo pode ser dez minutos depois do almoço lendo um artigo interessante no Medium ou uma semana na praia daqui a seis meses. Mas você precisa planejar a sua agenda para incluir essas pausas e defender esse tempo com unhas e dentes quando as pessoas tentarem usá-lo para agendar outras coisas.

Então, o que você pretende incluir na sua agenda todos os dias, a cada dois dias, toda semana ou a cada duas semanas?

A cada 8 a 12 semanas?

A cada 6 a 12 meses?

Em longo prazo, você precisa planejar férias. No curto prazo, eis o que eu recomendo:

- 2 a 3 vezes por semana: bloqueie partes de sua agenda durante o dia de trabalho a fim de ter um tempo para pensar e refletir. Meditar. Ler sobre algum assunto que não envolva o seu trabalho. Pode ser qualquer coisa. Pode até ter a ver com o seu trabalho, mas não deve ser diretamente relacionado ao trabalho. Dê ao seu cérebro um tempo para recuperar o atraso. Aprenda, mantenha-se curioso, não se limite a reagir ao fluxo interminável de incêndios para apagar ou reuniões para participar.

- 4 a 6 vezes por semana: exercite-se. Levante-se. Vá pedalar, correr, malhar, fazer crossfit ou simplesmente saia para uma caminhada. Comecei a fazer ioga na Philips e já faz mais de 25 anos que mantenho a prática – e devo dizer que tem me ajudado muito. Você tem que silenciar tudo ao seu redor e se concentrar para fazer as posições de ioga direito. Você se conscientiza do seu corpo e sabe na hora quando não está muito bem. Encontre algo assim – algo que ajude a notar se você estiver física ou emocionalmente à beira do colapso.
- Coma bem: você é um atleta de alta performance, mas seu esporte é o trabalho. Não deixe de abastecer seu corpo. Não coma demais, não coma tarde demais, reduza os açúcares refinados, o tabaco, o álcool. Basta evitar se sentir fisicamente um lixo.

Se tudo isso parece lindo na teoria, mas totalmente impossível na prática porque você mal consegue dar conta dos e-mails, e é impensável arranjar um tempo para ir à academia ou programar meses inteiros da sua vida, pode ser preciso incluir outro item na sua lista de tarefas: um assistente.

Se você trabalhar em um cargo razoavelmente alto (diretor ou acima) em uma empresa razoavelmente grande gerenciando uma equipe razoavelmente grande, faz muito sentido ter um assistente. Se você for o CEO de qualquer empresa, não pode deixar de ter um.

Muitos jovens líderes se incomodam com a ideia de ter um assistente. Eu me incomodava. Parecia uma admissão de fraqueza, um sinal claro de um executivo arrogante que perdeu completamente a noção de realidade. E você não quer tirar vantagem de ninguém – forçar um assistente a fazer todo o trabalho por você enquanto você só colhe os créditos. De qualquer maneira, você não pode se dar ao luxo de contratar um assistente antes de contratar um diretor de engenharia ou preencher uma vaga nas vendas – você tem outras prioridades.

230 | CRIAR

Entretanto, como líder, você também tem trabalho a fazer. Se estiver passando grande parte do tempo marcando reuniões e vasculhando uma montanha de e-mails, ou – pior ainda – deixando de fazer essas coisas, você tem um problema. Todo mundo já conheceu (ou já foi) esse tipo de líder. A pessoa que fica para trás e passa duas semanas ignorando e-mails, marca três reuniões no mesmo horário e não aparece em nenhuma delas. Passa tanto tempo programando o trabalho que não tem tempo para trabalhar. Essas pessoas queimam o próprio filme e o da equipe. E o da empresa.

Não seja uma dessas pessoas.

Se você acha que pode pegar mal, não contrate um assistente só para você. Um bom assistente consegue dar suporte a três, quatro ou até cinco pessoas. Ou pode ajudar a sua equipe inteira – a comprar passagens, fazer relatórios de despesas ou realizar algum projeto especial. Pode ajudar todo mundo.

Só não esqueça que não existe um assistente perfeito com a capacidade de adivinhar o que você está pensando. Você não quer alguém que espalhe fofocas sobre você ou sobre a empresa. Quer alguém que se dê bem com todas as pessoas da equipe e que só leve as "fofocas" mais preocupantes para você. Quer alguém que aprenda rápido, que só precise ser ensinado uma vez e que, com o tempo, possa se adiantar às suas necessidades e resolver problemas antes de eles chegarem a você. Ele pode levar entre três e seis meses para aprender o caminho das pedras, e de repente vai parecer que você tem um novo superpoder. É como se você ganhasse outro par de braços ou mais seis horas no dia.

Essa pessoa não é só um subordinado. É um parceiro. Então não caia no clichê de usá-lo como lacaio. Minha incrível, faz-tudo, inteligente e gentil assistente Vicky trabalhou para um homem que um dia decidiu que precisava – absolutamente precisava – de melão orgânico imediatamente, apesar de estar no meio do nada, e a mandou em uma caçada que acabou levando horas. Não é assim que se trata uma preciosa máquina do tempo capaz de liberar dias e até semanas da sua vida.

Contudo, pode não ser suficiente ter um assistente espetacular. A pressão, o estresse, a lista infindável de afazeres e as reuniões intermináveis podem se tornar demais. Nesses momentos, saia sem olhar para trás. Saia para dar um passeio.

Às vezes, quando eu sabia que as coisas estavam indo ladeira abaixo, eu saía do escritório, remarcava minhas reuniões e dizia:

– Hoje está sendo um daqueles dias. Sei que não vou dar conta se piorar ainda mais.

Há momentos em que você simplesmente não tem como funcionar como ser humano, muito menos como líder. Você precisa saber reconhecer esses momentos e se afastar. Não tome uma decisão equivocada porque você está frustrado e sobrecarregado – esfrie a cabeça e volte no dia seguinte.

Nada disso que estou dizendo é revolucionário. Você deve ter aprendido tudo isso quando era criança: faça uma lista do que você precisa fazer, respire fundo e fique quietinho por um tempo quando estiver chateado ou nervoso, coma salada, faça exercícios, durma. Mas você vai esquecer. Todos nós esquecemos. Então pegue a sua agenda e faça um plano. Você vai ter que passar um tempo trabalhando muito. E tudo bem. Não é para sempre. Só que você provavelmente passou tempo demais batendo nos seus problemas com o mesmo martelo – é hora de fazer uma pausa e deixar o seu cérebro encontrar um pé de cabra. Ou um rolo compressor. Dê à sua mente um tempo para respirar.

Enquanto isso, deixe o celular longe da cama. E talvez faça um pouco de ioga.

Capítulo

4.6

CRISES

Mais cedo ou mais tarde, você vai deparar com uma crise. Acontece com todo mundo. Se não acontecer, quer dizer que você não está fazendo nada importante o bastante ou não está correndo nenhum risco. Quando estiver criando algo novo e disruptivo, em algum momento será surpreendido por um desastre completo.

Pode ser uma crise externa sobre a qual você não tem controle algum, uma pisada de bola interna ou apenas as dores de crescimento pelas quais todas as empresas passam. [Veja também: "Capítulo 5.2: Pontos de ruptura".] De qualquer maneira, quando chegar a hora, veja o que fazer:

1. Mantenha o foco em como resolver o problema, não em quem culpar. Você pode pensar nisso depois, mas não se deixe distrair com isso agora.

2. Como líder, você vai ter que botar as mãos na massa e se aprofundar nos detalhes. Não se preocupe com o microgerenciamento – à medida que a crise se desenrola, cabe a você dizer às pessoas o que e como fazer. Mas, assim que todo mundo se acalmar e começar a trabalhar para resolver a crise, deixe as pessoas fazerem o trabalho delas e saia do caminho.

3. Peça conselhos. De mentores, investidores, do seu conselho de administração ou de qualquer outra pessoa que você saiba que passou por algo parecido. Não tente resolver os problemas sozinho.

4. Depois que as pessoas superarem o choque inicial, caberá a você se comunicar constantemente. Você precisa falar, falar e falar (com a sua equipe, o resto da empresa, o conselho, os investidores e talvez também com a imprensa e os clientes) e ouvir, ouvir e ouvir (ouvir as preocupações da sua equipe e os problemas que estão surgindo, tranquilizar funcionários em pânico e o pessoal de relações públicas à beira de um ataque de nervos). Não se preocupe com a possibilidade de estar se comunicando demais.

5. Não importa se a crise foi causada por um erro seu ou da sua equipe ou se foi só um golpe de azar: se afetou os clientes, assuma a responsabilidade e peça desculpas.

..

Um dos recursos mais importantes do detector de fumaça e CO_2 Nest Protect era chamado de Wave to Hush (literalmente, "acene para silenciar"). A ideia era que, se você queimasse uma torrada, não precisaria agitar freneticamente um pano de prato ou uma vassoura para dissipar a fumaça e silenciar o alarme – bastaria ficar embaixo dele e acenar tranquilamente com o braço algumas vezes.

O Wave to Hush funcionava lindamente. Os clientes adoravam. E, acima de tudo, o Nest Protect realmente ajudava as pessoas – não apenas resolvia o problema irritante do alarme falso. Ouvíamos histórias incríveis de famílias que tinham escapado de incêndios e evitado o envenenamento por monóxido de carbono. Tínhamos um orgulho imenso do produto e das vidas e dos lares que ele salvava.

Então, meses depois do lançamento, durante testes de rotina em nosso laboratório, uma chama ficou muito maior e mais alta do que jamais havíamos visto. Ela subiu, dançou... acenou. Mal deu para acreditar, mas a bendita chama acenou. E silenciou o alarme.

Não sei se eu efetivamente disse "Tudo bem, ninguém entre em pânico", mas sem dúvida foi o que eu pensei na hora. Fui tomado pelo

234 | CRIAR

desânimo. Parecia que eu tinha levado um soco no estômago. Tivemos que sacar o manual de crises: primeiro determine o tamanho do problema. Era replicável? Era só um acidente em um teste zoado? Era real? E, se fosse real, era provável? Era uma chance em mil ou uma em um bilhão? Porque, se fosse real – e se fosse perigoso –, os próximos passos poderiam ser brutais: um recall do produto, alertar os clientes, notificar as autoridades. Ou, o que seria infinitamente pior, aquela chama maluca poderia aparecer em um incêndio de verdade na casa de alguém. Poderia desligar o nosso alarme justamente quando ele seria mais necessário.

Tivemos que trabalhar furiosamente para investigar todas as possibilidades:

1. Precisaríamos fazer um recall de todos os Nest Protect. Isso teria o potencial de matar o nosso produto, a reputação da nossa marca e todas as nossas vendas.
2. Seria possível resolver o problema com uma atualização de software.
3. Tinha sido só um erro de teste.

Não era o momento de me manter afastado e deixar a equipe decidir o que fazer por conta própria. Eu precisava garantir que as pessoas soubessem exatamente o que estavam fazendo e que tivessem as ferramentas para encontrar soluções o mais rápido possível. Eu tinha que entrar em cena para comandar e controlar.

Em uma crise, cada um tem o seu trabalho:

• Se for um colaborador individual, precisa receber e seguir as ordens. Continue fazendo o seu trabalho enquanto procura e sugere opções para resolver o problema. Tente não especular ou fofocar. Se tiver preocupações ou suspeitas, leve-as ao seu chefe e volte ao trabalho.
• Se for um gerente, precisa transmitir as informações da liderança sem sobrecarregar ou distrair a sua equipe. Verifique o progresso

da equipe uma ou duas vezes por dia – não muito mais que isso (mensagens de hora em hora só deixam todo mundo em pânico). Você precisa mostrar que está do lado deles, não só para garantir que o trabalho esteja sendo feito, mas também para garantir que eles estejam bem. Você é a primeira linha de defesa contra a exaustão. A pressão, o estresse, as noites mal dormidas e a junk food no meio da noite afetarão as pessoas. Você pode precisar dar uma folga a todos – mesmo durante uma crise.

Lembre-se de definir expectativas e limites. Vocês provavelmente terão que trabalhar no fim de semana. Tudo bem. Acontece. Mas diga à sua equipe que o plano é dar duro no sábado, mas que todo mundo vai ter que parar de trabalhar às 18h. E que vocês voltarão a conversar no domingo à noite.

- Se você for o líder de um grupo maior ou de uma empresa, provavelmente passou anos da sua vida desaprendendo o microgerenciamento. No entanto, se estiver diante de uma crise, precisará voltar a ser um microgerente.

Precisa mergulhar nos detalhes – todos os detalhes. Contudo, você não pode tomar todas as decisões sozinho ou consertar tudo sozinho. Você tem especialistas e precisará delegar a eles. Ajude a definir os micropassos necessários, mas deixe que eles deem esses passos sem você. Marque conversas de verificação de status de manhã e no fim do dia e, em vez de receber os habituais relatórios semanais ou quinzenais de sua equipe, comece a ir às reuniões diárias deles. Você precisa estar lá, ouvindo, fazendo perguntas e obtendo as informações necessárias em tempo real. Você pode ter que levar essas informações ao resto da empresa, aos investidores, à imprensa ou a qualquer outra pessoa que esteja acompanhando a situação com olhos de águia. Você precisa ser capaz de responder às perguntas *deles*. Precisa garantir que eles saibam que vocês vão resolver o problema.

Desmarque qualquer reunião não essencial. Concentre-se totalmente em resolver o problema. E tome cuidado para não perder

236 | CRIAR

o equilíbrio – lembre que você é um ser humano. Não piore a situação perdendo a cabeça e ignorando as coisas das quais precisa para manter a cabeça no lugar. Essas coisas podem incluir se exercitar, descansar, jantar com a família ou passar dez minutos deitado no chão debaixo da sua mesa cantarolando mentalmente. Faça o que funcionar melhor para você. E não esqueça que a sua equipe também é humana – as pessoas precisam ir para casa. Precisam dormir. Precisam comer. E precisam sentir que as coisas estão melhorando.

Então mantenha o foco delas nas soluções, não em encontrar o culpado pela crise. Todo mundo estará pensando nisso – e se foi culpa dessa ou daquela equipe? Será que eles fizeram um trabalho porco? Não vão faltar fofocas nem acusações. Mas não cabe à sua equipe encontrar os culpados. Nem a você. Não no começo.

Mais cedo ou mais tarde vocês chegarão lá, mas precisam sair do buraco primeiro. Precisam resolver o problema e decidir o que fazer a respeito dele e só depois se voltar às razões.

Não esqueça que, passado o choque inicial, depois que todo mundo se acalmar e voltar ao trabalho, eles provavelmente ainda estarão surtando por dentro, como você. Especialmente se a tarefa de encontrar uma saída para o desastre recair nos ombros deles. Garanta que as pessoas que estiverem tendo dificuldades tenham um canal de comunicação aberto para falar com você ou com o chefe delas. Comandar e controlar não significa decretar e ignorar.

Você está pousando uma dúzia de jatos supersônicos em um porta-aviões ao mesmo tempo – enquanto faz coletivas de imprensa e sessões de terapia quando sobra um tempo. Você não vai saber o que fazer com tanta preocupação, mas não poderá sair por aí arrancando os cabelos – recomendo vivamente já ser careca. A única coisa que você poderá fazer será dizer tranquilamente:

– Sim. Estou preocupado. Sei que vocês também estão. É uma situação terrível. Assustadora. Mas vamos superá-la. Já passamos juntos por coisa pior e conseguimos resolver. O plano é o seguinte...

Foi o que eu disse repetidamente na Nest. Meio que virou um mantra: Vamos superar isso. Já passamos por coisa pior. O plano é o seguinte... Vamos superar isso. Já passamos por coisa pior. O plano é o seguinte...

Por sorte, nunca vimos aquela chama bizarra na vida real – só nos testes. Acabou sendo um daqueles acasos que não poderíamos ter previsto nem contornado no design. Não foi culpa de ninguém. E as chances de acontecer no mundo real eram mínimas. Mas nada disso importava.

A solução foi retirar o Nest Protect das prateleiras enquanto investigávamos o problema e desativar o recurso Wave to Hush com uma atualização de software. Ainda era possível silenciar o alarme usando o aplicativo no celular, mas o aceno não funcionava mais. Dissemos aos clientes exatamente o que aconteceu. Não tentamos encobrir a verdade. Assumimos a culpa e nos oferecemos para reembolsar quem quisesse.

E funcionou. O Nest Protect e a nossa marca sobreviveram.

Sempre é uma tentação usar o juridiquês ou alguma outra coisa para encobrir algo – dizer "erros foram cometidos" e nunca admitir que quem cometeu os erros foi você. Não é uma boa estratégia. Pode ter certeza de que as pessoas vão perceber. E ficarão furiosas.

Se você for culpado de alguma coisa, não tente esconder. Conte a verdade e diga às pessoas o que aprendeu com o problema. Diga como você vai evitar que isso volte a acontecer. Sem tentar enganar, culpar alguém ou inventar desculpas. Apenas aceite a responsabilidade e aja como um adulto.

Todo fracasso é uma chance de aprender. Uma crise é um programa de doutorado.

Você vai sobreviver. Só não se esqueça de que você não precisa passar por isso sozinho. Em momentos de crise, é crucial conversar com alguém que possa dar bons conselhos. Você pode ser muito inteligente, saber muito e ser muito bom, mas sempre há uma pessoa por aí capaz de sugerir uma possível solução. Alguém que já passou pelo mesmo problema e pode mostrar a saída do túnel.

238 | CRIAR

Às vezes, a crise terrível, imprevisível e aparentemente sem solução que você está enfrentando na verdade é algo que a maioria das empresas em crescimento enfrenta e para o qual há uma solução óbvia que você simplesmente não consegue enxergar. Sua empresa pode estar crescendo rápido demais e você só precisa codificar a sua cultura ou incluir uma camada de gestão ou reformatar a pauta das reuniões. [Veja também: "Capítulo 5.2: Pontos de ruptura".]

Então, sempre que você vir a água subindo, converse com seu mentor. Ou com seu conselho. Ou com seus investidores.

É sua responsabilidade como líder não tentar resolver a crise sozinho. Não se tranque sozinho em uma sala, tentando freneticamente resolver o problema. Não se esconda. Não suma. Não pense que, se passar uma semana inteira trabalhando sem dormir, vai conseguir resolver o problema sozinho e ninguém precisará saber o que aconteceu. Peça conselhos. Respire fundo. Faça um plano.

Depois coloque as suas galochas e caminhe em direção ao maremoto.

O lado bom é que, quando a crise passar – supondo que você tenha sobrevivido, é claro –, você terá uma equipe que passou pelo inferno e voltou dele mais forte. Depois você pode descobrir as razões: O que causou a crise? O que podemos fazer para que não volte a acontecer? Alguém pode ser demitido, a equipe pode se reorganizar ou a maneira como você se comunica pode ter que mudar drasticamente. O processo pode ser demorado e desagradável.

Entretanto, quando vocês terminarem, não deixem de comemorar. Não deixem de fazer uma festa. E não deixem de contar a história.

A coisa mais valiosa que qualquer crise vai lhe dar é a história de como vocês quase foram destruídos, mas a equipe se uniu e salvou a situação. Essa história precisa ser incorporada ao DNA da sua empresa para que você possa sempre recorrer a ela.

Esta não será a última crise que você terá que enfrentar. Você se verá diante de muitos outros desastres. Se continuar contando essa história, porém, nenhuma crise será tão desoladora quanto a primeira que vocês superaram juntos. Você sempre poderá se voltar para a sua equipe e dizer:

– Lembrem-se da crise que vencemos juntos. Se sobrevivemos àquilo, podemos sobreviver a qualquer coisa.

É uma excelente ferramenta corporativa poder lembrar às pessoas do que pode acontecer, do que vocês aprenderam e de como evitar outros desastres no futuro. A história é, ao mesmo tempo, uma ferramenta de gestão e um marco cultural. O mais importante é que é verdade: a sua equipe realmente sobreviveu a isso. Agora vocês podem sobreviver a tudo.

Parte

V

CRIE SUA EQUIPE

Quando saí da Nest em 2016, a empresa já se estendia por três prédios em Palo Alto e mais dois na Europa. Tínhamos quase mil funcionários, várias linhas de produtos, parcerias de vendas em expansão em vários países, milhões de clientes, pôsteres gigantes expondo os valores da nossa empresa nas paredes, festas de gala no fim do ano. Mas, mesmo com as dificuldades resultantes da aquisição e do rápido crescimento, a cultura da Nest nunca mudou.

Um único e importante fator fazia da Nest a Nest: as pessoas.

A fonte de tudo o que era a Nest – a chave do nosso sucesso – eram os seres humanos que tínhamos contratado, a cultura que eles haviam criado, a maneira como pensavam, organizavam e trabalhavam juntos. A equipe era tudo.

Formar uma equipe e guiá-la por suas várias transições é sempre a parte mais difícil e gratificante de criar qualquer coisa. Foi o que aconteceu com a Nest desde o primeiro momento – antes mesmo de termos clientes, antes mesmo de termos um produto.

Quando tudo o que tínhamos eram os esquilos.

Eles viviam entrando nas nossas reuniões como quem não quer nada. A chuva também era um problema – quando chovia, precisávamos

242 | CRIAR

encher o chão de baldes. A porta da garagem fazia um barulho estrondoso sempre que ventava muito, tínhamos só um banheiro para a equipe inteira (e, como se isso não bastasse, o banheiro era medonho, todo decorado com mármore rosa) e as cadeiras surradas da era dos anos 1980 eram tenebrosas, principalmente as cadeiras executivas de couro. Acho que o escritório inteiro não tinha nenhuma cadeira com os quatro pés firmes no chão.

Era exatamente o que queríamos.

Era meados de 2010 em Palo Alto e a garagem que tínhamos alugado era cercada por grandes e belos campi de gigantes da tecnologia e inúmeras startups novinhas em folha que atraíam funcionários com promessas de escritórios luxuosos, cerveja de graça e horários flexíveis.

Nada disso importava para nós. Matt e eu éramos sérios, focados e estávamos contratando pessoas que tinham um grande senso de propósito, que não ficariam deslumbradas com regalias ou mesas de pingue-pongue no escritório. [Veja também: "Capítulo 6.4: Que se danem as massagens".] Nos divertíamos muito, mas ninguém brincava no trabalho.

A essa altura, bem no começo da Nest, a equipe tinha cerca de dez a quinze pessoas.

Muitos dos primeiros funcionários tinham vindo da Apple. Alguns deles eu conhecia desde a época da General Magic. Um deles desde a faculdade. Nosso vice-presidente de marketing era amigo de um amigo da Philips. A maior parte da equipe já tinha tido muito sucesso profissional.

Contudo, todos nós nos equilibrávamos precariamente nas mesmas cadeiras ruins. Móveis, cerveja e decoração, tudo isso custa dinheiro e, principalmente, tempo. Alguém precisa parar para pensar se devemos comprar um sofá marrom ou azul, ou qual fruta comprar, qual queijo, qual cerveja. Não queríamos desperdiçar nenhum centavo, nem um minuto sequer com nada que não fosse crucial para o negócio. Queríamos mostrar aos nossos investidores que éramos uma equipe de excelência capaz de fazer milagres com pouco dinheiro. A cada invasão de esquilos e a cada goteira no teto, nossa equipe declarava que éramos o contrário de todas as startups do Vale, que esbanjavam dinheiro em seus escritórios e não lançavam nada. Todos nós estávamos comprometidos com exatamente uma coisa: a nossa missão.

Aquelas pessoas trabalhando naquela garagem e aquela necessidade urgente de provar a nossa visão formavam o núcleo da cultura empenhada e orientada para a missão que definia a Nest.

Construir essa equipe da maneira certa – definindo exatamente de quais pessoas precisávamos, como contratá-las, como desenvolver processos de equipe e formas de pensar – era tão importante quanto criar o produto certo.

Tomamos de empréstimo algumas estruturas e normas de empresas e culturas das quais gostávamos e o resto criamos do zero. Fomos aprendendo à medida que avançávamos, fazendo um ajuste aqui e outro ali, até termos equipes e culturas que, juntas, poderiam criar algo espetacular.

Então, se você está tentando criar uma equipe e está descobrindo como e quem contratar, continue lendo para saber o que aprendi sobre algumas das principais equipes e competências da maioria das startups:

Design
Marketing
Gerenciamento de produto
Vendas
Jurídico

E o que aprendi quando essas equipes cresceram. E cresceram. E cresceram.

Capítulo
5.1

CONTRATANDO

Uma equipe quase perfeita é composta de pessoas inteligentes, apaixonadas e imperfeitas que complementam umas às outras. À medida que essa equipe crescer para além de dez, vinte, cinquenta pessoas, você precisará de:

» Recém-formados e estagiários ansiosos para aprender com a sua equipe experiente e tarimbada. Cada jovem que você dedica tempo para treinar é um investimento na saúde da sua empresa em longo prazo.

» Um processo de contratação definido que garanta que os candidatos sejam entrevistados por pessoas de toda a empresa com quem trabalharão diretamente.

» Uma abordagem meticulosa de crescimento para evitar diluir a sua cultura.

» Processos para garantir que os novos funcionários fiquem imersos na sua cultura e possam se desenvolver com base nela desde o primeiro dia.

» Uma maneira de manter as questões de RH e contratações na mente de sua equipe de liderança e das equipes de gestão subordinadas a ela. Deve ser o primeiro tópico da pauta de cada reunião de equipe.

Você também vai precisar demitir pessoas. Não tenha medo de fazer isso, mas também não seja cruel. Dê às pessoas muitas adver-

246 | CRIAR

tências e oportunidades de mudar, siga a lei ao pé da letra e, se nada der certo, faça o que for preciso e ajude-as a encontrar uma oportunidade melhor.

••

Uma das primeiras pessoas que entraram na Nest depois de mim e de Matt foi Isabel Guenette. Ela tinha 22 anos, tinha acabado de se formar, era brilhante, empática e de uma gentileza enorme, pronta para mudar o mundo. Nós a contratamos porque precisávamos de ajuda para pesquisar a lista interminável de coisas que não sabíamos: Quais são as centenas de sistemas de aquecimento existentes nos Estados Unidos? Quais fiações a maioria das pessoas tem nas paredes de suas casas?

Tudo bem que ela não sabia como criar termostatos – nós também não. Essa era a ideia. Nós precisávamos aprender. Então Isabel mergulhou fundo.

Ela aprendeu tanto e tão rápido que se tornou a gerente de produto do termostato e lançou com sucesso três versões em cinco anos. [Veja também: "Capítulo 5.5: O propósito dos gerentes de produto".]

Isabel teve tanto sucesso porque é inteligente, curiosa e capaz. No entanto, parte de seu sucesso também veio do fato de ela ser jovem. Ela não se deu conta do tamanho da tarefa que tinha diante de si – ela simplesmente foi lá e fez. E fez isso com alegria e entusiasmo.

As melhores equipes são multigeracionais – a Nest empregava pessoas de 20 a 70 anos. As pessoas experientes têm muita sabedoria que podem passar para a próxima geração e os jovens podem questionar antigas suposições. Eles muitas vezes conseguem ver oportunidades nas dificuldades, enquanto as pessoas mais experientes só veem as dificuldades.

E podem crescer com a sua empresa. Os funcionários testados e aprovados que entraram na sua empresa no começo vão sair mais cedo ou mais tarde. Todo mundo sai mais cedo ou mais tarde. Mas, antes de eles saírem, é importante que atuem como mentores e trei-

Contratando | 247

nem um exército de jovens. É assim que você mantém a sua empresa em desenvolvimento. É assim que você cria um legado.

Você não vai querer olhar ao redor, dez anos depois de abrir a sua empresa, e perceber que não tem ninguém com menos de 35 anos.

A política da Nest sempre foi contratar vários recém-formados e oferecer um programa de estágio. Não era uma política popular – não no começo. Os gerentes de recrutamento reclamaram e rangeram os dentes. Eles queriam contratar pessoas com muita experiência, jogar uma montanha de trabalho na cabeça delas e simplesmente deixá-las trabalhar.

Não me entenda mal – não tenho nada contra isso. A equipe sempre deve ter alguém – ou muitos alguéns – que já tenha feito o trabalho antes e saiba fazer de novo.

Entretanto, se você olhar para um jovem promissor ou para um funcionário empolgado com a possibilidade de mudar de carreira e só enxergar o tempo que levará para treiná-lo ou as chances de ele não dar certo, estará esquecendo o poder e a motivação de um talento ambicioso à beira de descobrir o seu potencial.

Alguém se arriscou com você no passado. Alguém o orientou, o ajudou a aprender com os erros, investiu tempo para ajudá-lo a crescer. Não só é seu dever proporcionar esse momento para a próxima geração como também é um bom investimento no sucesso da sua empresa em longo prazo.

De cada dez estagiários que participavam do nosso programa a cada ano, entre um e três recebiam ofertas para voltar nas férias de verão do ano seguinte ou eram efetivados.

Até os que não chamamos para voltar trabalharam em coisas reais, criaram recursos reais e chegaram mais perto de saber o que queriam fazer. Alguns até decidiram mudar de curso na faculdade. E contaram aos amigos a diferença que nosso programa de estágio fez na vida deles. De repente, vimos à nossa porta uma fila de talentos brilhantes vindos das melhores universidades do mundo.

248 | CRIAR

Foi quando os gerentes de recrutamento pararam de reclamar.

É uma luta encontrar talentos incríveis. Você não pode se dar ao luxo de ignorar algum segmento da população quando estiver tentando aumentar a sua equipe – há pools de jovens e idosos espetaculares, e mulheres e homens e trans e não binários e negros e latinos e asiáticos e do sudeste asiático e do Oriente Médio e europeus e indígenas do mundo todo que podem ter um profundo impacto na sua empresa. Pessoas diferentes pensam diferente e cada nova perspectiva, origem, histórico e experiência que elas trazem melhora a empresa. Aprofunda a sua compreensão de seus clientes. Ilumina uma parte do mundo que você não enxergava antes. Cria oportunidades.

Contratar uma equipe diversificada e talentosa é tão crucial para o seu sucesso que você vai querer entrevistar pessoalmente todas as pessoas que quiserem entrar na sua empresa. Só que é impossível fazer isso. Você só tem 24 horas por dia. A equipe inicial tem um número limitado de amigos e conhecidos talentosos que pode chamar para entrar na empresa. [Veja também: "Capítulo 4.2: Você está pronto?"] E, mais cedo ou mais tarde, você vai ter que confiar na equipe para tomar as próprias decisões de contratação.

Isso não significa que a contratação deva ser um vale-tudo. Você precisa de um processo. E os processos que eu vi não dão conta do recado.

As empresas geralmente seguem um dos dois métodos de contratação a seguir:

1. Velha guarda: o gerente de recrutamento encontra um candidato, marca entrevistas com algumas pessoas da equipe e o contrata. Simples. Direto. Burro.
2. Moderninhos: a decisão de contratar alguém é distribuída por uma multidão de funcionários (em geral aleatórios) e uma ferramenta de recrutamento sofisticada. Um candidato é entrevistado por um monte de pessoas, essas pessoas registram o seu feedback em um formulário de avaliação, a ferramenta de recrutamento

Contratando | 249

produz um relatório e o gerente de recrutamento chama o candidato se ele atingir todas as métricas. Idealista. Inovador. Burro.

O método da velha guarda ignora a opinião de muitas pessoas da empresa. O método moderninho envolve pessoas que não têm contexto suficiente para tomar uma decisão informada e as sobrecarrega. À medida que a sua empresa cresce e você não tem mais como depender de indicações dos funcionários existentes, pode ser necessário avaliar quinze candidatos para preencher uma única vaga. Exija que muitas pessoas assumam o fardo de entrevistar esses candidatos e elas começarão a se ressentir, odiar o processo e fazer o mínimo necessário para preencher o formulário de avaliação e voltar ao trabalho.

O ideal é garantir que o candidato seja entrevistado pelas pessoas certas. Ninguém trabalha no vácuo. Todo mundo tem clientes internos – pessoas a quem precisam entregar resultados. Os designers de aplicativos, por exemplo, criam designs para ser implantados pelos engenheiros. Nesse caso, os engenheiros são os clientes. Então, se você estiver contratando um designer de aplicativo, faz mais sentido garantir que ele seja entrevistado por um engenheiro.

Esse era o sistema que usávamos na Nest. Nós o chamávamos de Três Coroas. Veja como funcionava:

1. A Coroa 1 era o gerente de recrutamento. Ele aprovava a vaga e encontrava os candidatos.
2. As Coroas 2 e 3 eram os chefes dos clientes internos do candidato. Eles escolhiam uma ou duas pessoas de sua equipe para entrevistar o candidato.
3. O feedback era coletado, compartilhado e discutido e, em seguida, as Três Coroas se reuniam para decidir quem contratar.
4. Matt ou eu supervisionávamos tudo e tomávamos a decisão final nos raros casos em que as Coroas não chegavam a um acordo. Normalmente, quando precisávamos nos envolver, a resposta era: não, obrigado.

250 | CRIAR

Mesmo quando aceitávamos um candidato, sempre fazíamos isso cientes de que ninguém é perfeito. Sempre havia críticas, questionamentos. Então, era trabalho do gerente de recrutamento conhecer os possíveis problemas desde o começo, conversar sobre eles com a liderança e com o candidato e se comprometer a orientar o novo membro da equipe para ajudá-lo a superar esses desafios.

Não havia mistério, nenhuma caixa preta. Tudo era documentado. Todo mundo sabia o que esperar.

Então nos comprometíamos. Contratávamos o candidato. E, apesar de quaisquer ressalvas, quaisquer áreas potenciais de melhoria, todos os candidatos começavam com 100% de confiança. Depois de avaliar minuciosamente um candidato, checar as referências e decidir contratá-lo, você também precisa decidir confiar nele. Você não pode começar com confiança zero e esperar que a pessoa se prove para você.

Sempre que estiver embarcando em qualquer jornada – um novo funcionário, um novo emprego, uma nova parceria –, você precisa acreditar que vai dar certo. Acredite que as pessoas farão por merecer a sua confiança. É claro que haverá decepções – algumas pessoas vão derrubar a sua confiança para 90%, 50% ou até zero –, mas, se você deixar que isso o impeça de confiar nos outros, nunca saberá os relacionamentos e oportunidades que perdeu.

Você não pode se dar ao luxo de deixar isso acontecer. A contratação é importante demais. Você vai precisar de toda a ajuda que conseguir.

Por isso, é também crucial ter excelentes recrutadores – pessoas tão empolgadas com a empresa e com o produto quanto você.

Nosso primeiro recrutador na Nest foi José Cong. Nós sabíamos que precisávamos do José – ele tinha nos dado superpoderes de recrutamento nas equipes do iPod e do iPhone. A Nest não tinha como abrir mão da ajuda dele. E José tem dois diferenciais – tem um ótimo faro para o talento e é incrivelmente, imperturbavelmente, imensamente entusiasmado. Esse entusiasmo é contagiante e – o mais importante

Contratando | 251

– sincero. Ele tinha 100% de certeza de que a Nest mudaria o mundo e adorava contar o "porquê" – a história da empresa – com o tipo de zelo e alegria que verdadeiramente inspirava e empolgava os candidatos. [Veja também: "Capítulo 3.2: O porquê do storytelling".]

José trouxe um pequeno exército de candidatos – um mais talentoso que o outro – para a Nest. Feito isso, cabia a nós descobrir se esses candidatos se encaixavam na equipe. Cabia a nós entrevistá-los.

Então estabelecemos algumas regras básicas. Todas as pessoas da equipe sabiam o que estávamos procurando nas entrevistas e o que mais importava para nós, então podiam procurar mais ou menos as mesmas coisas. Esperávamos candidatos orientados para a missão, que fossem independentes e capazes de tomar decisões rapidamente, que se encaixassem na nossa cultura e que fossem apaixonados pelo cliente. Também tínhamos uma política de "evitar FDPs a qualquer custo" – uma descrição autoexplicativa e muito útil. Se um candidato tivesse muita experiência e fosse exatamente o que estávamos procurando, mas parecesse insuportavelmente arrogante, desdenhoso, controlador ou político, jogávamos o currículo dele no lixo sem pensar duas vezes.

É claro que, para descobrir se um candidato é um FDP, você precisa saber entrevistá-lo.

Acho que você não vai se surpreender com essa informação, mas não sou o entrevistador mais fácil do mundo. Eu me aprofundo nos detalhes, tento entrar na cabeça do candidato, talvez até estressá-lo um pouco para ver como ele lida com a pressão. Cada pessoa tem um estilo diferente, mas você não pode ser tão comedido a ponto de nunca mergulhar abaixo da superfície, nunca tentar saber quem essa pessoa realmente é. Uma entrevista não é um bate-papo descontraído. Você está lá por uma razão.

Em uma entrevista, sempre me interesso por três coisas básicas: quem o candidato é, o que ele fez e por que fez. Gosto de começar com as perguntas mais importantes: "O que desperta a sua curiosidade? O que você quer aprender?"

252 | CRIAR

Eu também pergunto: "Por que você saiu do seu último emprego?" Não é a pergunta mais original do mundo, mas a resposta é importante. Quero uma história que faça sentido. Se o candidato reclamar de um chefe ruim ou de ter sido vítima da política da empresa, eu pergunto o que ele fez a respeito disso. Por que ele não se empenhou mais para resolver o problema? Será que ele saiu de repente, sem treinar o seu sucessor? O que ele fez para sair do jeito certo? [Veja também: "Capítulo 2.4: Pedindo demissão".]

E por que ele quer entrar nesta empresa? Essa razão precisa ser completamente diferente da que o levou a sair do emprego anterior. Ele precisa ter uma nova história, uma história convincente, sobre o que o empolga, com quem ele quer trabalhar e como quer crescer e se desenvolver.

Outra boa técnica de entrevista é simular o trabalho – em vez de perguntar como o candidato trabalha, apenas trabalhe com ele. Escolha um problema para que vocês tentem resolvê-lo juntos. Escolha um tema que vocês dois conheçam por cima, no qual nenhum dos dois seja especialista – se você só escolher problemas que o candidato domina, ele sempre vai parecer inteligente; se só escolher problemas que você domina, você sempre parecerá saber de tudo e ele não. Mas o tema não importa tanto quanto o processo de vê-los pensar. Vá para o quadro branco, esboce o processo. Que tipo de perguntas ele faz? Quais abordagens ele sugere? Ele pergunta sobre o cliente? Parece empático ou desatento às necessidades alheias?

Você não está entrevistando só para ver se o candidato é capaz hoje de fazer o trabalho exigido dele. Você está tentando saber se ele tem as ferramentas necessárias para refletir sobre os problemas e as tarefas que você ainda não sabe que ele precisará fazer – e se ele pode evoluir para fazer o trabalho que precisará fazer amanhã.

As startups estão sempre evoluindo, assim como as pessoas que trabalham nelas. Saber disso, confiar na equipe e criar um verdadeiro processo de contratação permitiu que a Nest crescesse para 100, 200, 700 pessoas.

Contratando | 253

Contudo, tomamos o cuidado de não crescer rápido demais. Queríamos manter o DNA da nossa equipe inicial − o senso de urgência e o foco daquele pequeno grupo que trabalhava naquela garagem e se equilibrava naquelas cadeiras terríveis. A única maneira de fazer isso era integrar novas pessoas à cultura em uma velocidade razoável, para que elas pudessem aprender fazendo, observando, trabalhando com a equipe e absorvendo naturalmente a cultura. A melhor maneira de compartilhar e incorporar o DNA cultural é de uma pessoa a outra. Quando a sua empresa cresce rápido demais, as novas pessoas que você acabou de contratar provavelmente também precisarão contratar novas pessoas e uma semana de orientação não será suficiente.

Se tiver cinquenta pessoas que conhecem a sua cultura e incluir cem que não conhecem, você perderá essa cultura. A conta é simples.

Então, ao trazer novos funcionários − especialmente executivos −, você não deve simplesmente jogá-los na parte mais funda da piscina, entregar-lhes um manual com o logo da empresa e dar-se por satisfeito. O primeiro e o segundo mês são cruciais e devem ser um período de microgerenciamento positivo. Nesse período, está certo aprofundar-se bastante nos detalhes e não lhes dar muita liberdade. Pelo menos no começo. Uma pessoa que acaba de entrar na empresa vai precisar de toda a ajuda para se integrar totalmente à cultura. Explique em detalhes como você faz as coisas para elas não errarem muito e não se indisporem com o resto da equipe logo de cara. Converse com elas sobre o que está ou não está indo bem, o que você faria no lugar delas, o que é encorajado e o que é malvisto, a quem pedir ajuda e quem deve ser tratado com luvas de pelica.

Essa é a melhor maneira de mergulhar os novos integrantes na cultura, no estilo e nos processos da equipe. Dê a elas o empurrãozinho do qual elas precisam para começar a correr com o grupo, em vez de deixá-las na linha de partida lendo alguns documentos na esperança de alcançarem os outros.

254 | CRIAR

Nunca esqueça que é assustador entrar em uma nova equipe. Sem conhecer ninguém. Sem saber se você vai se encaixar. Sem saber se você vai ter sucesso.

Foi por isso que fiz questão de fazer "almoços com o CEO". Matt fez a mesma coisa. A cada duas ou quatro semanas, reuníamos uma equipe de 15 a 25 funcionários novos e antigos e tínhamos um almoço informal. A ideia era fazer a polinização cruzada com pessoas diferentes de grupos diferentes, misturando pessoas da empresa toda. Sem chefes, sem executivos, sem apresentações em PowerPoint. Só uma oportunidade para eles conhecerem o bicho-papão do topo da pirâmide e para eu conhecê-los. Eles me perguntavam sobre nossos produtos e nossas políticas, sobre mim e Matt e sobre nossa história na Apple. Sobre por que não dávamos cerveja de graça e por que usávamos tantos codinomes. [Veja também: "Capítulo 6.4: Que se danem as massagens".] Eu perguntava o que os empolgava, no que estavam trabalhando, por que tinham entrado na empresa.

Era a minha chance de explicar por que a contribuição deles era importante e falar sobre como os objetivos da equipe deles ajudavam a nossa empresa a concretizar a missão, sobre a nossa cultura, os nossos produtos, os novos projetos e o que estava e o que não estava dando certo. Os novos funcionários tinham a chance de esclarecer as suas dúvidas diretamente comigo e de conhecer funcionários antigos que já estavam imersos na nossa cultura, que poderiam ajudá-los e liderar pelo exemplo.

Qualquer funcionário podia comparecer a cinco almoços por ano. Cada almoço era uma inoculação cultural, uma vacina contra a indiferença e a apatia, contra achar que o seu trabalho não faz diferença e que ninguém no topo sabe quem você é.

Assim nós crescemos. As equipes se ramificaram e se individualizaram. Os colaboradores individuais tornaram-se gerentes. Os gerentes tornaram-se diretores.

Muitas pessoas se mostraram à altura do desafio. Muitas superaram todas as expectativas. E algumas não. As pessoas contratadas no começo podem não se adequar à equipe à medida que a empresa cresce. Ou você pode simplesmente ter contratado as pessoas erradas. Ou ter contratado pessoas medíocres. Ou ter contratado pessoas que não se encaixavam bem na sua cultura, apesar de serem espetaculares em outro ambiente.

Você pode contratar pessoas que simplesmente não terão sucesso na sua empresa.

E vai precisar demiti-las.

É importante lembrar que, apesar de o momento de conflito sempre ser horrível, esse momento é breve e faz parte do seu trabalho não se fixar nele, não passar muito tempo nele. Você precisa passar rapidamente de "não está dando certo" para "agora vou fazer tudo o que puder para ajudá-lo a encontrar um emprego que seja melhor para você". Pode parecer um contrassenso, mas demitir uma pessoa de um trabalho no qual ela está fracassando e para o qual ela é totalmente inadequada pode ser uma experiência surpreendentemente positiva. Nunca fiz uma demissão que não tenha se mostrado a melhor decisão para a pessoa e para a empresa.

Às vezes, a vida é um processo de eliminação. Às vezes, pode acabar sendo bom ser demitido. Mas uma demissão jamais deve ser uma surpresa (a menos que a pessoa tenha cometido um crime – o que, por incrível que pareça, já vi acontecer várias vezes na minha carreira).

Em circunstâncias normais, ninguém deveria ficar chocado por ser demitido nem deveria ter de perguntar por que isso está acontecendo. É claro que a pessoa pode não concordar. No entanto, qualquer pessoa que esteja com dificuldades deveria ter reuniões individuais toda semana ou duas vezes por mês para tratar do assunto. Nessas ocasiões, os problemas são discutidos abertamente, soluções são propostas e há um acompanhamento do que deu certo, do que não deu certo e do que acontecerá a seguir.

Assim como as pessoas se comprometem com a sua empresa quando entram nela, você se compromete com as pessoas. Se você estiver liderando uma empresa ou uma grande organização, caberá a você ajudar as pessoas a identificar as suas maiores dificuldades e lhes dar espaço e orientação para melhorar ou ajudá-las a encontrar um lugar na empresa onde elas possam ter sucesso.

Contudo, mesmo com toda a boa vontade e com todas as boas intenções do mundo, às vezes ficará óbvio para você e para a pessoa que está saindo que as dificuldades não têm solução, que a equipe perdeu a confiança nela e que o mundo está cheio de outras oportunidades maravilhosas e de outros empregos muito menos horríveis, os quais você terá o maior prazer de ajudá-la a encontrar. E quando a pessoa sair, normalmente será por vontade própria.

O processo pode levar um mês. Ou dois. Ou três. Mas, em geral, termina em bons termos e todo mundo sai mais feliz.

Porém, como já vimos, às vezes você percebe que contratou um FDP.

Um FDP em uma pequena startup pode levar à destruição da startup. Os FDPs têm o poder de destruir equipes e produtos em qualquer estágio de crescimento, em qualquer organização de qualquer tamanho. Quanto maior for a equipe, mais fácil será para o FDP se infiltrar e começar a destilar seu veneno discretamente.

Se você for o chefe de um tirano mesquinho e não confiável, a sua reação automática será querer eliminar essa maçã podre o mais rápido possível. Só que você ainda terá que ir com calma – informá-lo sobre a situação, dar-lhe uma chance de mudar. As leis para demitir pessoas diferem de país para país, e é importante conhecê-las e segui-las à risca. Muitas pessoas não hesitarão em processá-lo se acreditarem que foram demitidas injustamente. Muitas pessoas que você achou que seriam excelentes podem acabar arrastando toda a sua organização para o buraco.

Essa é uma das coisas mais dolorosas do crescimento – no começo, você tem esse núcleo incrível de pessoas com quem sabe que será capaz de mover montanhas. No entanto, essa fase não dura para sempre – cedo ou tarde, você precisará incluir cada vez mais pessoas na equipe.

Vai acontecer de você pisar na bola e contratar FDPs ou pessoas que simplesmente não conseguem ter bom desempenho ou se adaptar à cultura. Mas o maior choque do crescimento vai ser que, com o tempo, você trará pessoas que são apenas medianas. Em comparação com as pessoas incríveis que você trouxe antes, elas parecerão medíocres. Serão em geral bons funcionários, que sabem trabalhar em equipe e que dão conta do trabalho.

E isso não é o fim do mundo. À medida que a empresa se expandir, você vai precisar de todo tipo de pessoas em todos os níveis.

Você não tem como esperar o candidato nota 10 aparecer para cada vaga. Você precisa contratar. O melhor dos melhores nem sempre vai querer entrar em uma grande equipe, ou já terá se comprometido com outra empresa, ou você não terá como pagá-lo ou dar-lhe o cargo e as responsabilidades que ele quer.

Às vezes, aqueles que você não esperava que fossem incríveis – os que você achava que eram só notas 7 e 8 – acabam fazendo uma diferença enorme. Eles mantêm a sua equipe unida por serem confiáveis, flexíveis e excelentes mentores e membros da equipe. São modestos, gentis e fazem um bom trabalho discretamente. São um tipo diferente de "estrela do rock".

A parte mais difícil do crescimento é, de longe, encontrar as melhores pessoas – em todas as suas diferentes encarnações –, confiar em sua equipe para contratá-las e, em seguida, garantir que essas pessoas fiquem satisfeitas e tenham sucesso na empresa.

Então, não se esquive dessa responsabilidade. Faça dela a sua maior prioridade. Faça dela a prioridade de todos.

Em muitas empresas, vi assuntos relativos ao RH sendo deixados para o fim das reuniões de equipe ou empurrados para uma reunião separada de RH ou de recrutamento. Entretanto, a sua prioridade deve ser a equipe, a saúde da equipe e o crescimento da equipe. A melhor maneira de demonstrar isso é colocar esses assuntos no topo da pauta das reuniões de cada semana, sem falta.

258 | CRIAR

Todas as segundas-feiras de manhã na Nest, minhas reuniões de gestão começavam assim: Quem são as pessoas excelentes que queremos contratar? Estamos atingindo nossas metas de contratação e nossas métricas de retenção? Se não, qual é o problema? Quais são os obstáculos? E a equipe, está indo bem? Quais são as dificuldades das pessoas? Como estão sendo as avaliações de desempenho? Quem precisa ganhar um bônus? Como vamos comemorar as conquistas para a equipe se sentir valorizada? E o mais importante: As pessoas estão saindo? Por quê? Como vamos fazer com que seja mais significativo, mais gratificante e mais empolgante trabalhar aqui do que em qualquer outra empresa? Como vamos ajudar o nosso pessoal a crescer?

Só depois de passar por esse item importante da pauta poderíamos passar para qualquer outro assunto – como o produto que estávamos criando.

Os gerentes da equipe viram que a questão era importante para mim e começaram a estruturar as reuniões semanais com as suas equipes do mesmo jeito. Passou a ser a marca registrada da Nest. As pessoas em primeiro lugar. Sempre.

O que você estiver criando, não importa o que for, nunca será mais importante que as pessoas com quem você está criando.

Capítulo
5.2

PONTOS DE RUPTURA

Mais cedo ou mais tarde, o crescimento vai causar uma ruptura na sua empresa. À medida que cada vez mais pessoas entram, seu design organizacional e estilo de comunicação precisam evoluir, ou você corre o risco de se indispor com a equipe e implodir sua cultura.

Os pontos de ruptura quase sempre ocorrem quando você precisa adicionar novas camadas de gerenciamento, levando inevitavelmente a problemas de comunicação, confusão e lentidão. No começo de uma empresa, quando a maioria das pessoas é autogerenciada, o número máximo absoluto de pessoas que um ser humano pode efetivamente gerenciar diretamente é de 8 a 15 funcionários que trabalhem em tempo integral. À medida que a empresa cresce, esse número cai para cerca de 7 a 8. Quando as equipes se aproximam desse ponto, você precisa criar preventivamente uma camada de gerenciamento, de preferência promovendo internamente, e depois implementar sistemas para garantir uma comunicação eficaz e eficiente.

Para evitar que os pontos de ruptura destruam a sua empresa e provoquem uma debandada de funcionários, implemente mudanças de gerenciamento antecipadamente, converse com a equipe sobre o novo plano e forneça orientações à medida que as funções das pessoas mudem.

..

Se você tiver uma equipe de seis pessoas, em seis dias do ano haverá alguém fazendo aniversário.

260 | CRIAR

Você compra um bolo, tira a tarde para comemorar. Todo mundo fica feliz.

Quando você tiver uma equipe de trezentas pessoas, praticamente todos os dias do ano haverá alguém fazendo aniversário. Precisaremos continuar celebrando todos os aniversários? Não tem como a equipe inteira tirar a tarde de folga. E você continuará comprando o bolo? O bolo é importante para a sua cultura? Você quer fazer tudo o que puder pela sua equipe, mas nem sempre a realidade permite. Vocês precisarão cumprir prazos. Estarão sob a restrição de orçamentos. E as pessoas, enquanto isso, estarão gastando em bolo.

O bolo é um microcosmo dos problemas mais amplos e mais graves do crescimento, mas também estou falando literalmente. Acontece que as pessoas ficam estranhamente defensivas em relação ao bolo. É sempre uma minicrise quando você precisa parar de fazer festas de aniversário para funcionários individuais envolvendo a empresa toda.

Esse é só um exemplo de como o crescimento pode pegá-lo de surpresa. Porque tudo sempre desmorona justamente quando você está avançando e parece que nada pode impedir o seu avanço. Os pontos de ruptura costumam ocorrer em momentos nos quais as coisas vão muito bem — quando os negócios estão crescendo ou pelo menos o desenvolvimento de produtos está avançando que é uma beleza. Parece que você finalmente descobriu a fórmula do sucesso e está prestes a chegar lá.

Mas é como ter filhos. Justamente quando você pensa que tem tudo sob controle — eles estão comendo! Eles estão dormindo! Eles estão andando (e mexendo em tudo)! —, seus filhos crescem. Essa fase acaba. Andar vira rotina. E tudo o que estava dando certo até agora para de funcionar.

Sempre acontece. Sempre. A única coisa que você pode fazer é aceitar.

Tive muitas conversas com empreendedores que me disseram que odeiam quando as empresas crescem além de 120 pessoas, e que eles não deixariam isso acontecer na startup deles. Mas nunca vi isso dar certo — não em uma empresa de sucesso.

É crescer ou morrer. Estase é estagnação. A única opção é mudar. Mas não é fácil.

Pontos de ruptura | 261

Os pontos de ruptura acontecem nos momentos de transição no processo de crescimento das equipes. Não importa se estivermos falando de negócios independentes ou equipes em uma empresa, é sempre difícil quando o grupo precisa crescer.

ATÉ 15 A 16 PESSOAS

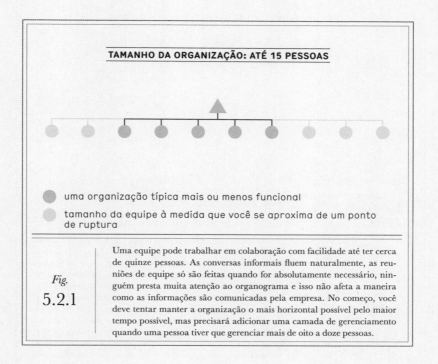

Fig. 5.2.1

Uma equipe pode trabalhar em colaboração com facilidade até ter cerca de quinze pessoas. As conversas informais fluem naturalmente, as reuniões de equipe só são feitas quando for absolutamente necessário, ninguém presta muita atenção ao organograma e isso não afeta a maneira como as informações são comunicadas pela empresa. No começo, você deve tentar manter a organização o mais horizontal possível pelo maior tempo possível, mas precisará adicionar uma camada de gerenciamento quando uma pessoa tiver que gerenciar mais de oito a doze pessoas.

Organização: todo mundo faz um pouco de tudo e quase todas as decisões, maiores e menores, são tomadas em conjunto. Não há necessidade de uma camada de gerenciamento porque o líder da equipe ajuda a orientar a visão e as decisões, mas atua mais ou menos como um colega.

Comunicação: acontece naturalmente. Todo mundo está na mesma sala (ou na mesma sala de bate-papo), provavelmente ouvindo as mesmas conversas, então não há gargalos de informações nem a necessidade de fazer reuniões periódicas.

ATÉ 40 A 50 PESSOAS

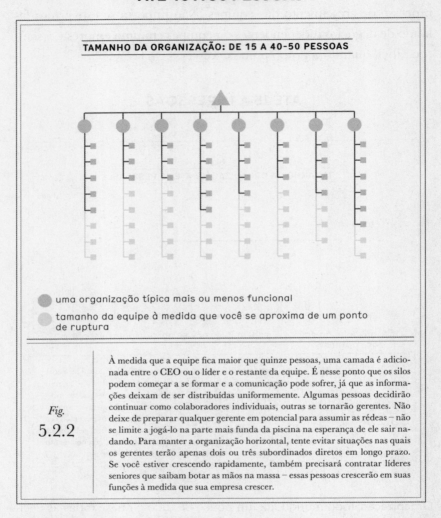

Fig. 5.2.2

TAMANHO DA ORGANIZAÇÃO: DE 15 A 40-50 PESSOAS

● uma organização típica mais ou menos funcional
● tamanho da equipe à medida que você se aproxima de um ponto de ruptura

À medida que a equipe fica maior que quinze pessoas, uma camada é adicionada entre o CEO ou o líder e o restante da equipe. É nesse ponto que os silos podem começar a se formar e a comunicação pode sofrer, já que as informações deixam de ser distribuídas uniformemente. Algumas pessoas decidirão continuar como colaboradores individuais, outras se tornarão gerentes. Não deixe de preparar qualquer gerente em potencial para assumir as rédeas – não se limite a jogá-lo na parte mais funda da piscina na esperança de ele sair nadando. Para manter a organização horizontal, tente evitar situações nas quais os gerentes terão apenas dois ou três subordinados diretos em longo prazo. Se você estiver crescendo rapidamente, também precisará contratar líderes seniores que saibam botar as mãos na massa – essas pessoas crescerão em suas funções à medida que sua empresa crescer.

Organização: quando você ultrapassa 15 a 16 pessoas, subequipes de 7 a 10 pessoas começam a se formar. Algumas pessoas da sua equipe inicial têm que reduzir as responsabilidades e começar a gerenciar, mas a equipe ainda é tão pequena que as coisas continuam bastante flexíveis e informais.

Comunicação: pela primeira vez, você vai ter reuniões das quais nem todos poderão participar e algumas pessoas terão informações que outras não terão. Você precisará formalizar um pouco o seu estilo de interação – fazer anotações, enviar atualizações, garantir que todos permaneçam remando na mesma direção e na mesma velocidade.

ATÉ 120 A 140 PESSOAS

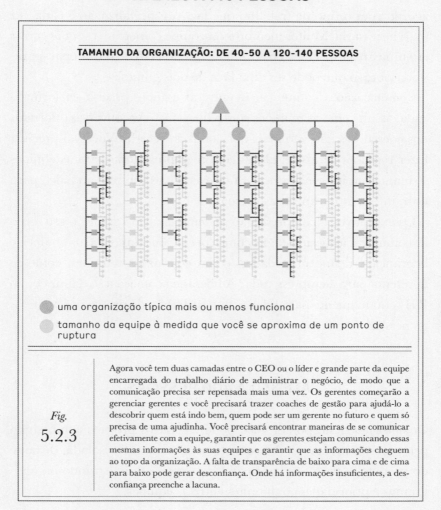

Fig. 5.2.3

Agora você tem duas camadas entre o CEO ou o líder e grande parte da equipe encarregada do trabalho diário de administrar o negócio, de modo que a comunicação precisa ser repensada mais uma vez. Os gerentes começarão a gerenciar gerentes e você precisará trazer coaches de gestão para ajudá-lo a descobrir quem está indo bem, quem pode ser um gerente no futuro e quem só precisa de uma ajudinha. Você precisará encontrar maneiras de se comunicar efetivamente com a equipe, garantir que os gerentes estejam comunicando essas mesmas informações às suas equipes e garantir que as informações cheguem ao topo da organização. A falta de transparência de baixo para cima e de cima para baixo pode gerar desconfiança. Onde há informações insuficientes, a desconfiança preenche a lacuna.

264 | CRIAR

Organização: à medida que você cresce e passa a ter mais de 50 pessoas, algumas delas se tornam gerentes de gerentes – algo muito diferente de apenas gerenciar colaboradores individuais – e o RH começa a realmente entrar em ação pela primeira vez. Você precisa de processos adequados para lidar com promoções, definir funções, níveis hierárquicos e benefícios. Você também precisa definir os cargos.

As equipes funcionais crescem e subequipes se formam dentro das equipes. Cada equipe começa a desenvolver o seu próprio estilo de acordo com o tipo de trabalho que faz. A especialização é cada vez mais necessária. Muitos membros da equipe começam a se concentrar em uma área específica em vez de se dar ao luxo de ser um pau-para-toda-obra (o que pode ser uma faca de dois gumes).

Comunicação: a comunicação entre as equipes precisa ser formalizada, assim como as reuniões com a liderança. As conversas informais nos corredores não vão mais dar conta do recado. Você vai precisar fazer reuniões gerais regulares com a empresa toda para as equipes se manterem informadas e para os executivos subirem ao palco para unir, informar e inspirar as pessoas.

Os executivos da empresa não podem deixar de definir o seu estilo de comunicação neste estágio: como você se conecta com a sua equipe de liderança e define prioridades, como conduz as reuniões, como se apresenta para a empresa toda? A liderança começa a se reunir com o RH semanalmente para lidar com o turbilhão de problemas relativos ao pessoal.

ATÉ 350 A 400 PESSOAS

Organização: neste ponto, você pode ter vários projetos competindo pelos mesmos recursos. A liderança está muito mais isolada, distante do produto, e passa a maior parte do tempo administrando organogramas e prioridades conflitantes entre as equipes.

Comunicação: as reuniões provavelmente estão saindo do controle e o fluxo de informações está se enchendo de gargalos. Você precisará reestruturar as suas reuniões e repensar o seu estilo de comunicação. As reuniões gerais serão mais raras e terão como objetivo reforçar a visão da empresa em vez de distribuir informações táticas, de modo que será preciso criar outras maneiras de as pessoas acessarem e compartilharem informações relevantes com facilidade.

Isso tudo continua se aplicando mesmo no mundo de trabalho remoto dos dias de hoje. E é ainda mais importante. Quando o cafezinho desaparece e a comunicação espontânea e não estruturada desaparece com ele, você precisa ser ainda mais razoável, disciplinado e intencional com as suas estratégias de comunicação. Precisa dar às pessoas canais de comunicação para elas se conectarem umas com as outras.

Nunca esqueça que o crescimento não funciona como um disjuntor elétrico. Não é como se estivesse tudo bem quando a empresa tem 119 pessoas e entrasse em colapso quando você contrata mais uma e chega a 120. Você precisa começar a criar uma estratégia de crescimento muito antes de alcançar o próximo ponto de ruptura – no mínimo dois a três meses antes, com meses de acompanhamento depois. Pense bem sobre o design da organização e seus estilos de comunicação, veja se precisará treinar colaboradores individuais para se tornarem gerentes ou contratar pessoas de fora, ajuste suas reuniões, verifique se as pessoas escalam ou não. E você vai ter que falar com as pessoas. Muito.

A sistematização é indispensável. Não importa se você estiver liderando um projeto em uma grande empresa ou gerenciando a sua própria startup, terá que treinar a equipe toda para percorrer essas transições. É como se empresa estivesse passando pela puberdade e algumas conversas embaraçosas, porém indispensáveis, precisassem ocorrer bem antes de o primeiro pelo aparecer na axila. Você pode até usar a mesma linguagem que usaria com um adolescente: isso acontece com todos os negócios em crescimento e prósperos. É normal. Não se preocupe.

266 | CRIAR

Você também precisará falar abertamente sobre como esse crescimento é assustador para eles, para você e para a empresa. Reconheça
que vocês precisarão abrir mão de algumas coisas e que essas perdas
não serão fáceis. Envolva gerentes e funcionários no processo para
eles não serem pegos de surpresa e para que eles tenham um senso de
controle sobre o que está acontecendo. Você precisa da ajuda deles
para fazer as coisas direito e para que eles possam definir as mudanças, responsabilizar-se por elas e recebê-las de braços abertos.

Se você conseguir se adiantar, será capaz de moldar o seu próprio futuro.

Primeiro você precisa superar o medo. Veja o que vai ser mais assustador para as pessoas e como ajudá-las a vencer esse medo.

ESPECIALIZAÇÃO

Todo organismo começa como uma única célula. Essa célula se divide
em duas, quatro, dezesseis. No começo, todas as células são iguais,
mas elas se dividem e se individualizam rapidamente. Esta aqui vai
ser uma célula nervosa, essa outra vai ser um músculo. Quanto mais o
organismo cresce, quanto mais diferenciada cada célula for, mais
complexo o sistema se torna. Mas também fica mais resiliente, capaz
de sobreviver por anos, décadas.

O mesmo acontece em uma empresa. Só que as pessoas não são
células-tronco. Você pode trabalhar com um especialista que adora a
ideia de se focar em apenas um elemento de seu trabalho, mas a maioria das pessoas não vai gostar da ideia de ter as suas responsabilidades
reduzidas – não vai parecer natural e inevitável para elas – e elas vão
surtar. Esse processo é ainda mais aterrorizante no começo, depois
que todo mundo se acostuma a fazer de tudo, quando praticamente
não há camadas de gerenciamento e todos concordam com uma direção e se põem a correr. Contudo, isso também acontece depois – inclusive em grandes empresas. Inclusive nas empresas enormes.

O que dá medo é que todo mundo se acostumou com fazer muitas coisas legais e diferentes e agora alguém vai chegar e tirar isso das pessoas.

Então, volte a atenção das pessoas às oportunidades: ajude-as a ver as possibilidades de seu trabalho com curiosidade em vez de ter medo do que podem perder. Elas querem ser gerentes? Líderes de equipe? Querem aprender mais sobre alguma outra área do negócio ou se aprofundar em algo de que realmente gostam? O que elas gostariam de aprender?

O primeiro passo é ajudá-las a saber o que mais as empolga no trabalho, na empresa e na cultura. Depois elas podem trabalhar com seus gerentes para ficar com essas atividades e se livrar das que odeiam. Ou podem usar esse momento para começar algo totalmente novo.

Apenas continue lembrando as pessoas que essa é uma oportunidade de elas escolherem um caminho diferente, mais interessante, mais empolgante. Elas estão no comando de sua carreira. Diga às pessoas: imaginem-se no futuro e vejam quem vocês querem ser e o que querem fazer.

DESIGN ORGANIZACIONAL

Assim como as pessoas precisam se especializar à medida que uma empresa cresce, as equipes também precisam. Quando você só tem um produto, pode organizar a empresa por função: uma única equipe de engenharia de hardware, uma única equipe de engenharia de software e por aí vai. No entanto, à medida que você adiciona linhas de produtos, essa organização acaba desacelerando tudo. Ela pode entrar em colapso com apenas dois produtos ou com cinco produtos, mas vai acontecer mais cedo ou mais tarde.

O problema costuma vir das pessoas no topo – os líderes de equipe só têm como se focar em alguns poucos projetos ao mesmo tempo. Eles podem se concentrar em três, quatro, cinco projetos; porém, quando

268 | CRIAR

chegam a seis ou sete, seu cérebro sobrecarrega. O dia simplesmente não tem horas suficientes. Então esses projetos são deixados para depois e o depois nunca chega.

Você precisará dividir a organização em grupos específicos de produtos para que cada um receba a atenção que merece. Essa equipe vai trabalhar no termostato, essa outra vai se dedicar ao detector de fumaça. Depois você pode ter que subdividir de novo. Na Nest, também criamos uma equipe para trabalhar em acessórios; se não fosse por isso, eles nunca teriam sido feitos. A equipe principal vivia dizendo que um dia faria os acessórios, mas os projetos de acessórios nunca eram uma prioridade e ela sempre se dedicava a outras coisas.

A Amazon, a Square, a Stripe, a Twilio — praticamente todas as empresas com várias linhas de produtos tiveram que se reorganizar dessa maneira.

Uma equipe de engenharia, uma pessoa de marketing, um designer e um programador-chefe são alocados exclusivamente a cada família de produtos. Isso os transforma em pequenas startups dentro da empresa — cada equipe fica menor, mais rápida, mais autônoma. As decisões são aceleradas e todos têm um objetivo claro e compartilhado, em vez de lutar por recursos trabalhando em projetos paralelos.

É simplesmente muito melhor. Mas isso não quer dizer que as pessoas vão gostar. As equipes não gostam de ter as suas funções reduzidas, da mesma forma como os colaboradores individuais não gostam.

Entretanto, a conversa que você teve com os colaboradores individuais sobre a trajetória profissional de cada um pode ser replicada à medida que o grupo precisa focar a sua trajetória. Dividir as coisas dessa maneira ajuda a organização a evitar a verticalização, elimina muita sobrecarga e cria mais oportunidades de crescimento, mais chances de as pessoas se aprofundarem e encontrarem algo no qual possam se destacar e ser reconhecidas.

De qualquer maneira, nada impede as pessoas de mudar de equipe. Lançar outra versão da coisa que já foi criada e passar para a criação de uma nova coisa. Trabalhar no termostato e depois no detector de fumaça. Se a pessoa for engajada e empolgada, ela sempre vai encontrar um lugar na empresa.

PASSANDO DE COLABORADORES INDIVIDUAIS A GERENTES

Vai acontecer de um colaborador individual talentoso ser convidado para liderar uma nova equipe em crescimento. [Veja também: "Capítulo 2.1: Vida de gestor".] Algumas pessoas vão adorar a ideia de liderar; outras vão recuar, horrorizadas. Pode ser o medo da mudança. Pode ser insegurança. Ou pode ser que elas adorem o que fazem e queiram continuar fazendo seu trabalho. Nesses momentos, ajude as pessoas a entender a necessidade de adicionar uma camada de gerenciamento – a equipe está crescendo, precisamos nos especializar, precisamos nos preparar para crescer ainda mais – e lhes apresente as opções.

1. **Permanecer como colaborador individual, mas agora respondendo a um chefe.** Não é necessariamente ruim; o novo chefe poderá ser um colega com quem a pessoa trabalha há um bom tempo na empresa. Ou você pode trazer um líder espetacular de fora com quem a pessoa poderá aprender. Contudo, se a pessoa escolher essa opção, ela precisará aceitar que terá um novo chefe e não terá mais tanta influência sobre a evolução da equipe.

2. **Fazer um período de experiência como gerente.** Deixe a pessoa fazer um teste no papel de gerente para ver o que ela acha. Saia de férias e entregue as rédeas. Diga a todos que essa pessoa ficará no comando. Ou comece a chamá-la para participar de reuniões de gerenciamento com você – peça para ela fazer apresentações. Dê a ela projetos cada vez maiores. Delegue algumas tarefas à pessoa,

para ela ter uma ideia de como seria trabalhar no seu lugar. Peça a ela que ajude com algumas questões de RH. Convide-a para participar de reuniões de planejamento.

Depois pergunte se ela gostaria de fazer um teste de verdade. Pague a ela um curso de gerenciamento. Se a sua empresa ainda não for grande o suficiente para oferecer um treinamento, aloque um gerente experiente para orientar a pessoa (nesse caso, a atividade deve ser formalizada e deve ser um dos Objetivos e Resultados-Chave trimestrais do coach. Deve ser um objetivo-chave e não apenas uma atribuição informal, do tipo "Quando tiver um tempinho, você pode dar uma ajuda a essa pessoa?").

Depois faça reuniões individuais com o resto da equipe e diga que você está pensando em promover a pessoa, mas antes quer saber se alguém tem alguma ressalva. Diga: "Vamos fazer um teste. Se vocês tiverem algum problema, venham falar comigo". Comece a acostumar todos com a ideia e dê ao candidato tempo para brilhar.

Em seguida, dê a ele a opção de realmente assumir o cargo quando ele começar a confiar na própria capacidade e a equipe estiver à vontade com a pessoa no novo cargo.

Não deixe para a última hora para treinar o novo gerente e faça a ponte entre ele e os gerentes experientes da empresa. Instigue o interesse dele pela arte e a ciência de ser um bom gerente e explique que uma das funções mais importantes de um gerente é ajudar a equipe a encontrar soluções criativas para problemas difíceis. Ele não vai mais poder botar as mãos na massa até os cotovelos, mas vai ser indispensável para ajudar a equipe a fazer um excelente trabalho.

Vi muitas pessoas com talento para a liderança não só darem conta do recado como também brilharem no novo cargo. No entanto, você deve saber que algumas pessoas nunca serão gerentes. Algumas pessoas vão implodir. Algumas vão sair. Algumas vão odiar o cargo. Algumas simplesmente serão medíocres. Quando isso acontece, é sua responsabilidade ajudá-las a encontrar outras oportunidades – dentro ou fora da empresa. Elas tentaram algo novo e fracassaram, o que significa que aprenderam alguma coisa. E tudo bem. A vida é um processo de eliminação e agora elas estão livres para tentar algo novo.

PASSANDO DE GERENTE DE COLABORADORES INDIVIDUAIS PARA GERENTE DE GERENTES

Quando a sua empresa tiver cerca de 120 pessoas, você vai precisar de diretores: gerentes que gerenciam outros gerentes. Os diretores precisam pensar mais como um CEO do que como um colaborador individual.

Eles precisam confiar muito mais na equipe abaixo deles – delegar mais responsabilidades –, ao mesmo tempo em que atuam como coaches e mentores. Eles atuam perto da equipe, mas mais distantes do produto, responsáveis por grandes mudanças estratégicas, mas não totalmente independentes. No fim das contas, ainda precisam entregar resultados.

Esses novos diretores não devem ser simplesmente jogados no cargo sem qualquer ajuda. Além de receberem treinamento, um coach deve ser alocado desde o começo para ajudá-los. Pode ser você, pode ser outra pessoa, mas não deixe de formalizar o relacionamento. Ajude o novo diretor a saber que ninguém espera que ele saiba tudo logo de cara.

REUNIÕES

A primeira coisa da qual a maioria das pessoas reclama quando as empresas crescem rápido é o aumento repentino da quantidade de reuniões (e e-mails e mensagens, mas principalmente reuniões). Reuniões de equipe, reuniões de gerenciamento, reuniões gerais, reuniões de RH. Até certo ponto, é impossível evitá-las – as pessoas precisam

272 | CRIAR

conversar umas com as outras, e as conversas em grupos de bate-papo, quando atingem um certo limite de tamanho, se tornam contraproducentes. É preciso ter reuniões – presenciais ou não.

De vez em quando, você também precisa parar e reavaliar as suas reuniões e os processos de comunicação e dar uma mudada nas coisas quando elas deixarem de ser um uso eficaz ou eficiente do tempo. Você pode transformar algumas reuniões em relatórios de atualização de status e reduzir o número de participantes. Por outro lado, também precisa tomar cuidado para evitar relatórios em excesso – você não vai querer que as equipes passem tempo demais compartilhando informações que ninguém vai ler. É uma batalha constante. Os gerentes devem se manter atentos à quantidade de horas que as equipes passam sentadas em reuniões – tanto de equipe quanto entre equipes – e sempre lutar para manter esses números sob controle.

As reuniões gerais são um excelente exemplo. Elas contam com a participação de todas as pessoas da empresa. No começo, quando você tem menos de 40 a 50 pessoas, essas reuniões podem ser feitas semanalmente ou a cada duas semanas. Elas começam como encontros informais e supertáticos. Todas as pessoas da empresa passam uma hora sentadas no chão, comendo pizza e discutindo o que todo mundo precisa saber para fazer o trabalho durante a semana, falando sobre o próximo milestone, conversando sobre as coisas divertidas que estão fazendo e trocando informações sobre a concorrência. Às vezes, se necessário, você dá más notícias. Entretanto, normalmente há um senso de empolgação – você fala sobre a missão e o progresso em direção a ela e pode deixar um tempo no fim para as pessoas baterem papo e se conhecerem melhor.

À medida que mais pessoas entram na equipe, é impossível fazer uma reunião geral que seja altamente relevante para todos os participantes e que cubra todos os tópicos que você quer abordar. Então você reduz a frequência das reuniões gerais. E o conteúdo começa a mudar – passa a ser menos relacionado ao que está acontecendo agora e mais focado na visão para a empresa e nas grandes mudanças que estão sendo planejadas.

É impossível escalar aquelas reuniões gerais descontraídas, nas quais todo mundo se interrompe e come pizza sentado no chão.

Se não reconhecer isso, você ficará preso em um modelo que não se sustenta mais. Como o Google. Até muito recentemente, todas as 140.000 pessoas do Google participavam toda semana de uma reunião geral que durava de duas a três horas – a famosa (ou infame) reunião TGIF. TGIF é a abreviação de "Thank God it's Friday" (algo como "Sextou, Graças a Deus", em tradução livre), apesar de a reunião ser realizada às quintas-feiras porque o pessoal da Ásia também precisava participar (outro exemplo de algo que não escala).

Além de uma ou outra brincadeira dos executivos, a maior parte da reunião TGIF era dedicada à apresentação do trabalho de equipes da empresa toda. Às vezes o conteúdo era interessantíssimo. Muitas vezes não. Contudo, o propósito da reunião – transmitir informações relevantes com eficácia – tinha ido pelo ralo anos atrás. A maioria dos Googlers passava as três horas inteiras criando memes sobre a reunião em um aplicativo interno chamado Memegen. Embora isso fosse excelente para a cultura e uma boa maneira de unir a equipe, não dava para dizer que era um processo eficiente ou que ajudasse alguém a fazer o seu trabalho melhor.

E custa caro. Mesmo se você não levar em conta o custo de grande parte da empresa gastar várias horas por semana fazendo memes, você não pode desconsiderar todo o trabalho de preparação envolvido. O Google tinha uma equipe exclusiva para a TGIF – dezenas de pessoas dedicavam centenas de horas a essas produções semanais.

Então, deixe as reuniões gerais para quando realmente precisar delas – e faça com que elas sejam especiais. Faça reuniões gerais periódicas, porém raras. Encoraje grupos menores, dentro das equipes, a se reunir para compartilhar informações relevantes. Eles podem até sentar no chão comendo pizza. No entanto, os objetivos das reuniões

274 | CRIAR

devem estar superclaros e o tempo que as pessoas passam no trabalho deve ter um propósito.

RECURSOS HUMANOS

No começo, você não precisa de um RH. Quando a sua empresa só tem cinco, dez, até cinquenta pessoas, você pode simplesmente usar um recrutador externo para aumentar a equipe, conversar entre si quando surgirem problemas e terceirizar o básico – assistência médica, planos de aposentadoria etc.

Mas, quando chegar a cerca de 60 a 80 funcionários, você vai precisar de um RH. Porque você não estará lidando só com 60 a 80 pessoas. Na verdade, são 240. Ou 320. A maioria dos funcionários tem uma família – parceiros, pais, filhos, dependentes. Cada uma dessas pessoas terá alguma necessidade que recairá sobre os seus ombros: elas adoecerão, engravidarão, precisarão de um aparelho ortodôntico, vão querer sair de licença ou terão dúvidas sobre os benefícios.

Vai ficar cada vez mais caro terceirizar o RH e as tarefas relativas ao pessoal vão passar a demandar muito tempo.

Então crie o seu próprio RH e lembre os funcionários que o RH está lá para protegê-los e para proteger a cultura. Para ajudá-los se eles tiverem filhos. Para garantir que o salário deles vai cair no dia certo. Para garantir que eles se sintam seguros. Incluir uma operação formal de RH não tira nada dos funcionários – só dá mais apoio a eles e a suas famílias.

COACHES/MENTORES

O coaching e a mentoria são cruciais antes dos pontos de ruptura. Especialmente na transição para 30 a 40 pessoas, quando surgem os gerentes, e por volta de 80 a 120 pessoas, quando você vai precisar de diretores.

Lembre-se, porém, de que coaches e mentores são duas coisas diferentes.

Os coaches estão lá para ajudar com o negócio. O foco é no trabalho: esta empresa, este trabalho, este momento.

Os mentores são mais pessoais. Eles não só ajudam com o trabalho das pessoas, como ajudam com a vida, a família delas.

Um coach ajuda porque conhece a empresa; um mentor ajuda porque conhece as pessoas que está orientando.

O ideal é uma combinação dos dois – alguém que conheça os dois mundos –, um mentor/coach que possa ajudar as pessoas a ver o quadro geral das possíveis necessidades da empresa e das possíveis necessidades pessoais dos funcionários.

No começo, se você é o líder, o mentor é você. Você prepara as pessoas para a grande transição e as orienta. Entretanto, à medida que a equipe cresce, você precisa trazer mentores ou coaches formais para ajudar. Com 120 pessoas, você deve ter coaches executivos que orientem a sua equipe de liderança para assumir as novas responsabilidades e para criar estratégias organizacionais e de comunicação.

CULTURA

A cultura é a coisa mais difícil de identificar e a mais difícil de preservar. Até nas empresas pequenas, cada equipe normalmente desenvolve a sua própria cultura distinta. E, quando uma parte preciosa dessa cultura desaparece, pode levar muitos de seus funcionários consigo.

Então, para preservar o que você ama, peça para os membros da sua equipe anotarem as coisas que eles mais valorizam e crie um plano para mantê-las. Tenha em mente que não são necessariamente as coisas mais óbvias que conectam as pessoas à sua empresa – podem ser coisas pequenas, bobas. Na Nest, alguns funcionários faziam churrasco no estacionamento quando a empresa ainda era bem pequena. Eram eventos descontraídos – todo mundo relaxava, conversava e comia. À medida que crescemos, o natural seria espaçar ou eliminar os churrascos – carne para quinze pessoas sai bem mais barato que carne para cinquenta. Ou quinhentas. No entanto, investimos nesses churrascos como se fossem um negócio. Eles cresceram e ficaram mais elaborados e mais caros, mas nos recusamos a deixá-los desaparecer. Era vital para a nossa cultura que todos tivessem a oportunidade de conviver uns com os outros em um ambiente informal – executivos e funcionários, design e engenharia, controle de qualidade e TI e suporte. Era só um churrasco, mas era importante. E escalava de um jeito muito melhor que as reuniões gerais.

A cultura surge naturalmente, mas depois precisa ser codificada para ser mantida.

Então, anote os valores da empresa e divulgue-os nas suas paredes físicas e virtuais. Compartilhe-os com os novos funcionários. Incorpore-os em cada entrevista com novos candidatos. Todos devem saber o que mais importa na sua empresa – o que define a sua cultura. Se você não conhecer explicitamente os seus valores, não terá como comunicá-los, preservá-los, evoluí-los ou contratar de acordo com eles.

Faça com que cada equipe anote como faz as coisas: Qual é o processo de marketing? Qual é o processo de engenharia? Quais são os estágios da criação de um produto? Como trabalhamos juntos? Esse conhecimento não pode ficar só na cabeça. As pessoas saem da empresa. Novas pessoas entram. Se você está crescendo geometricamente – em todas as direções ao mesmo tempo –, precisa de um núcleo forte e estável no centro. Seus funcionários experientes precisam ser capazes de orientar os novos funcionários sobre como vocês fazem o que fazem – caso contrário, todo mundo fica perdido.

Vi esses pontos de ruptura quebrarem as pernas de centenas de empresas nas quais investimos e os senti na pele – quando tentei criar um novo grupo na Philips em meio a um mar de quase 300.000 funcionários e quando a Apple passou de 3.000 pessoas para 80.000. Os pontos de ruptura sempre parecem pegar as pessoas desprevenidas.

Ninguém quer tirar os olhos dos negócios em expansão, da visão e dos novos produtos para parar, ponderar e reestruturar.

Não é fácil se adiantar a um ponto de ruptura em meio a tudo o que está acontecendo e tudo o que precisa ser feito. E é o pior tipo de planejamento: coisas que envolvem pessoas e que são subjetivas, confusas, difíceis, infinitamente inoportunas. É sempre uma tentação deixar para depois.

A abordagem do "não mexa em time que está ganhando" não funciona nesse caso. Se você não se preparar para os pontos de ruptura – não alertar a equipe, não reestruturar a organização primeiro com relação às funções e depois com relação aos indivíduos, não incluir novos gerentes, não reavaliar suas reuniões e ferramentas de comunicação, não der às pessoas acesso a treinamento ou coaches, não trabalhar ativamente para preservar a sua cultura –, as consequências serão claras:

- Em sua busca para manter as pessoas satisfeitas, vi líderes construírem sua organização em torno dos funcionários existentes em vez de descobrir primeiro qual deveria ser a estrutura ideal e depois encaixar a equipe nessas funções.
- Quando isso acontece, os papéis e as responsabilidades se sobrepõem, há muita redundância nos níveis superiores, é preciso inventar novos cargos nada a ver para as pessoas e ninguém sabe o que deveria estar fazendo.
- O trabalho começa a se arrastar.
- Os funcionários reclamam que a cultura se perdeu.
- As pessoas começam a sair.
- O pânico se instala e pode parecer que a empresa está em crise.

Normalmente leva de seis a nove meses para se recuperar. Em geral, as empresas precisam eliminar todo o novo crescimento além do ponto de ruptura, começar de novo e fazer direito dessa vez. E você

278 | CRIAR

precisa fazer as coisas da forma certa. As empresas que tentam ignorar os pontos de ruptura não sobrevivem ou ficam presas no mesmo tamanho e ficam estagnadas.

Você deve saber que, mesmo se gerenciar tudo à perfeição, provavelmente ainda perderá alguns funcionários. Bons funcionários vão sair. Algumas pessoas simplesmente preferem trabalhar em empresas menores. Outras não vão gostar das mudanças, mesmo sabendo que elas são necessárias. Outras vão se ressentir de ter um novo chefe, apesar de todos os avisos e toda a orientação. Apesar de não ser fácil ver colegas e amigos de confiança saindo da empresa, as perdas serão administráveis. Não será um desastre. A sua cultura e a sua empresa sobreviverão.

Com o tempo, depois de tranquilizar os seus funcionários, treinar os gerentes, fazer um milhão de reuniões individuais para falar sobre as ansiedades das pessoas, codificar seus valores e processos e fazer pronunciamentos em suas reuniões gerais regulares (mas não muito frequentes) para ajudar a construir e fortalecer a cultura, você vai precisar fazer uma pausa e pensar em si mesmo.

Você também deve estar com medo. E deveria estar. Se não estiver, não está levando a coisa a sério.

Os pontos de ruptura não acontecem apenas com a empresa. Acontecem com você. Como CEO, fundador ou líder de uma equipe da empresa, quanto mais a sua organização cresce, mais isolado você fica e mais o produto se afasta de você. Ao começar, você ajudou a contratar todo mundo, conhecia todo mundo, participou de muitas reuniões (talvez de todas) e esteve lado a lado com a sua equipe, criando com ela. À medida que a equipe cresceu para mais de 120 a 150 pessoas, tudo mudou. Você começou a ver rostos que não reconhecia – essas pessoas trabalham aqui? São fornecedores? Amigos que vieram almoçar? Você não conhece mais todos os detalhes do que está acontecendo. E não pode simplesmente entrar em uma reunião sem assustar todo mundo. O que o CEO veio fazer aqui? Qual é o problema?

Então, quando os pontos de ruptura chegarem para você, lembre-se de como você vem tranquilizando a equipe e siga o seu próprio conselho: saiba que esses momentos estão chegando e prepare-se. Converse com o seu mentor. Saiba como deve ser o seu trabalho bem antes de cada transição e planeje-se para isso. E nunca esqueça que mudança é crescimento e crescimento é oportunidade. Sua empresa é um organismo; as células precisam se dividir para se multiplicar, precisam se diferenciar para se transformar em algo novo. Não se preocupe com o que vai perder – pense no que você vai se tornar.

Capítulo
5.3

CRIE DESIGNS PARA TODOS... MAS NÃO TERCEIRIZE O PROBLEMA

É preciso pensar no design de tudo o que será criado – não apenas dos produtos e do marketing, mas também de processos, experiências, organizações, formulários, materiais. Basicamente, criar o design significa apenas pensar em um problema e encontrar uma solução elegante. Qualquer um pode fazer isso. Todo mundo deveria fazer isso.

Ser um bom designer é mais uma forma de pensar do que de desenhar ou de criar um esboço. Não se trata apenas de fazer coisas bonitas – trata-se de melhorar o seu funcionamento. Você pode não ser capaz de criar um protótipo perfeitamente refinado sem um designer profissional, mas pode chegar muito longe sozinho se seguir dois princípios básicos.

1. **Adote o design thinking:** trata-se de uma estratégia famosa criada por David Kelley, da IDEO, que o incentiva a identificar o seu cliente e os pontos problemáticos dele, desenvolver um profundo conhecimento do problema que você está tentando resolver e encontrar sistematicamente maneiras de resolvê-lo. [Veja também: "Leituras recomendadas: *Confiança criativa: libere sua criatividade e implemente suas ideias*".]

Por exemplo, alguém reclama que precisa usar muitos controles remotos para assistir TV. Em vez de entrar em cena imediatamente e combinar todos os controles remotos em um controle remoto gigante e ridiculamente complicado, você deve dedicar um tempo para entender o seu cliente: o que ele faz quando se senta no sofá? O que ele assiste? Quando ele assiste? Quem assiste com ele? Para que ele usa cada controle remoto e com que frequência? Onde ele deixa os controles? O que acontece quando ele pega o controle errado?

Com base nisso, você consegue entender o verdadeiro problema do cliente: ele chega tarde em casa e não quer acender a luz e acordar a família, então tenta ligar a TV no escuro e nunca consegue encontrar o controlo remoto. Tudo bem, podemos encontrar uma solução para isso.

2. **Evite a habituação:** todo mundo se acostuma com as coisas. A vida é cheia de pequenas e enormes chateações que você nem percebe mais porque seu cérebro simplesmente as aceitou como uma realidade imutável.

Por exemplo, pense naquele pequeno adesivo que os supermercados colocam nas frutas. Em vez de só comer uma maçã, você precisa encontrar o adesivo, tirá-lo e raspar com a unha o resíduo grudento de cola. Nas primeiras vezes que você encontrou o adesivo, provavelmente ficou irritado. Agora, quase nem pensa a respeito.

Mas, quando pensa como designer, você se mantém atento às muitas coisas no seu trabalho e na sua vida que poderiam melhorar. Você encontra oportunidades para melhorar experiências que as pessoas passaram a presumir que sempre seriam terríveis.[*]

..

As palavras nem sempre ajudam. Às vezes elas podem atrapalhar.

O design não é apenas uma profissão.

Um cliente não é apenas uma pessoa que compra alguma coisa.

---

[*] Dei uma palestra no TED Talk sobre habituação. Se você estiver interessado em saber mais, ela está na internet.

282 | CRIAR

Um produto não é apenas um objeto físico ou um software que você vende.

Você pode aplicar o design thinking a tudo o que faz.

Imagine que você esteja diante do seu guarda-roupa se preparando para uma entrevista de emprego: seu cliente é o entrevistador, seu produto é você mesmo e você está pensando no design da roupa que vai usar na entrevista. É melhor ir de jeans? Camisa ou camiseta? A cultura da empresa é formal ou informal? Qual imagem você quer passar? Tomar essa decisão é um processo de design. Chegar ao melhor resultado requer aplicar o design thinking, mesmo se for de forma inconsciente.

Você consegue o emprego. Parabéns! Foi bom ter ido de jeans. Mas o escritório fica a 15 quilômetros da sua casa e você não tem carro. Bem-vindo ao processo de design de hoje – só que agora o cliente é você.

Você provavelmente não vai entrar na primeira concessionária e comprar um carro qualquer – você vai ponderar suas opções. Você precisa mesmo de carro? Talvez possa pegar um ônibus ou ir de patinete elétrico ou de bicicleta. Se optar pelo carro, para que você vai usá-lo? Qual é o seu orçamento? Você deve comprar um carro híbrido ou elétrico? Vai pegar muito trânsito? Vai deixar o carro na rua ou em um estacionamento pago? Vai usar o carro para levar a família, os amigos, os colegas ou o cachorro? Pretende pegar estrada nos fins de semana?

O design thinking o força a realmente entender o problema que você está tentando resolver. Nesse caso, o problema não é "Preciso de um carro para ir trabalhar". Na verdade, é muito mais amplo: "Como eu quero me locomover?" O produto para o qual você está criando o design é uma estratégia de mobilidade para a sua vida.

A única maneira de fazer um produto realmente bom é se aprofundar, analisar as necessidades do cliente e explorar todas as opções possíveis (incluindo as inesperadas: talvez a empresa me dê a opção de trabalho remoto, talvez eu possa mudar para mais perto do trabalho). Nenhum design é perfeito. Sempre há restrições. Mas você escolhe a melhor de todas as opções – em termos estéticos, funcionais e na faixa de preço necessária.

Isso é um processo de design. Foi assim que criei o design do iPod. É assim que crio o design de tudo.

Não pense que é impossível para "não designers". [Veja também: "Capítulo 2.3: FDPs".]

Colaborei com muitos designers ao longo dos anos – alguns deles talentos brilhantes, incríveis –, mas também me indispus com líderes de design arrogantes que acreditam firmemente que o design é só para os designers. Eles acham que, diante de um problema difícil, você sempre vai precisar de um especialista. Alguém – de preferência eles – com um senso estético refinado e um diploma pomposo. Vi esses designers descartarem ideias que vinham da engenharia ou da manufatura com base exclusivamente no preconceito de que os não designers são incapazes de entender as necessidades dos clientes e encontrar soluções inteligentes. Se eles mesmos não pensaram nisso, então não pode ser uma solução.

Sempre fico furioso quando isso acontece.

Especialmente porque essa atitude é contagiante. Vi incontáveis startups encontrarem um grande desafio de design e pensarem imediatamente que precisariam contratar alguém para resolver o problema. Não sabemos o suficiente, não temos experiência, precisamos de alguém para fazer isso por nós.

Você não deve terceirizar um problema antes de tentar resolvê-lo sozinho, especialmente se resolver esse problema for crucial para o futuro da sua empresa. Se for crucial, sua equipe precisa desenvolver a capacidade de conhecer o processo e fazer por conta própria.

No começo da Nest, ficou claro que o marketing seria um grande diferencial para nós. Então, quando contratei Anton Oenning para liderar o marketing, pedi a ele para trabalhar na embalagem. Anton é um profissional de marketing incrivelmente intuitivo e empático, mestre em contar histórias e grande defensor da experiência do cliente,

284 | CRIAR

mas não é um designer. Nem um redator de marketing. Veja como ele conta a história:

"Eu tinha só umas duas semanas na Nest e o Tony me mandou criar o design da embalagem e bolar o texto. 'O quê? Tudo bem... Beleza. Vou ligar para alguns designers e redatores freelancers que conheço.' 'Não. Tem que ser feito internamente, em sigilo.' 'Ah. Certo. Beleza. Pode deixar comigo.' E acho que foi a tarefa mais libertadora de toda a minha carreira."

Ele aprendeu fazendo. E errando. E tentando de novo. Reescrevemos o texto da embalagem mais de dez vezes e desenvolvemos um processo e um modelo de mensagem ao mesmo tempo. [Veja também: Figura 5.4.1, no Capítulo 5.4.] Depois de definir as possibilidades e as restrições da embalagem, depois de se familiarizar profundamente com a mensagem, ele trabalhou com designers e redatores para aperfeiçoá-la. No entanto, nada disso teria acontecido se ele não tivesse, primeiro, tentado por conta própria. Ele só precisava de um empurrãozinho. Normalmente, basta um empurrãozinho para uma pessoa inteligente e capaz brilhar.

Você pode nem precisar de alguém para fazer esboços ou escolhas estéticas. Por exemplo, a decisão do nome do produto. É uma questão que todas as empresas enfrentam. Contudo, em vez de chamar uma agência de branding para escolher um nome para você, aborde o problema como um designer:

Quem é o seu cliente e onde eles verão esse nome?

O que você quer que o seu cliente pense ou sinta a respeito do seu produto?

Quais atributos da marca ou características do produto são mais importantes para destacar com o nome?

O produto faz parte de uma família de produtos ou é independente?

Como a próxima versão será chamada?

O nome deve evocar um sentimento ou ideia ou deve ser uma descrição direta?

Depois de criar uma lista, comece a usar os nomes em contexto.

Como o nome funciona em uma frase?

Como vai ficar impresso?

Como vai funcionar graficamente?

Você pode não elaborar um nome perfeito, mas tentar por conta própria permitirá, no mínimo, valorizar e entender o processo. Você terá as ferramentas necessárias para trabalhar com uma agência e aprender os truques usados para chegar a uma sugestão final.

Às vezes, você realmente precisa contratar um especialista. Às vezes, um designer brilhante pode construir uma escada para você e ajudar a sua equipe a sair do buraco que ela própria cavou. Mas a sua equipe deve passar o tempo todo observando, aprendendo e fazendo perguntas para poder construir as próprias escadas no futuro.

É assim que as pessoas de todos os níveis, de todas as equipes, podem começar a usar o design thinking em seu trabalho do dia a dia – para embalagens, dispositivos, interface do usuário, site, marketing, pedidos, recursos auditivos, visuais, táteis, olfativos. Elas começarão a criar meticulosamente o design de tudo, desde o processo que a sua empresa usa para pagar as contas até a maneira como um cliente devolve o seu produto.

Sua equipe começará a ver os buracos nos quais está prestes a cair, livrar-se da habituação e melhorar as coisas. Em vez de observar como as outras empresas fazem – sempre fizeram – e copiá-las, a sua equipe começará a pensar como o cliente: "Seria legal se eu pudesse devolver este produto desse jeito". Em seguida, ela vai criar o design do processo do zero, como deve ser feito:

- Pergunte "por que" a cada passo do caminho – Por que é assim agora? Como pode melhorar?
- Pense como um usuário que nunca experimentou o produto antes; aprofunde-se na mente dele, seus problemas e dificuldades, suas esperanças e desejos.

286 | CRIAR

- Divida o processo em etapas e comece definindo todas as restrições. [Veja também: "Capítulo 3.5: Batimentos cardíacos e algemas".]
- Conheça e conte a história do produto. [Veja também: "Capítulo 3.2: O porquê do storytelling".]
- Crie protótipos ao longo do caminho. [Veja também: "Capítulo 3.1: Transforme o intangível em tangível".]

Nem todo mundo pode ser um grande designer, mas todo mundo pode pensar como um. O design não é uma habilidade inata, você não nasce com ela; é algo que se aprende. Você pode contratar coaches e instrutores, comprar cursos e livros para ajudar a colocar todas as pessoas na atitude mental certa. Vocês podem fazer isso juntos.

Nem os melhores designers do mundo conseguem desenvolver o trabalho sozinhos. A maioria das pessoas olha para o design da Apple e diz: Esse é o trabalho de Steve Jobs. Esse é o trabalho de Jony Ive. Mas isso está longe de ser verdade. Nunca são só uma ou duas pessoas despejando sua genialidade em um caderno de desenho e entregando o design perfeito para alguns funcionários executarem. Milhares e milhares de pessoas trabalham nos designs da Apple – e essas equipes se unem para criar algo verdadeiramente especial e maravilhoso.

Para ser um grande designer, você não pode se trancar em uma sala – você precisa se conectar com a sua equipe, com o seu cliente e o ambiente do cliente e com outras equipes que podem contribuir com ideias inovadoras. Precisa entender as necessidades do cliente e todas as diferentes maneiras de abordá-las. Precisa olhar para um problema de todos os ângulos. Precisa ser um pouco criativo. E, antes de mais nada, precisa ver o problema.

Este último ponto pode não parecer grande coisa, mas é importantíssimo. É a diferença entre um funcionário de uma startup e seu fundador.

A maioria das pessoas está tão acostumada com os problemas de sua vida em casa ou no trabalho que nem percebe mais que são problemas.

Elas simplesmente fazem o que têm de fazer durante o dia, vão para a cama, fecham os olhos, percebem que deixaram as luzes da cozinha acesas e descem as escadas resmungando, sem nunca pensar: por que não tem um interruptor no meu quarto para eu apagar as luzes da casa toda?

Você não tem como resolver problemas interessantes se nem perceber que eles existem.

Eis a razão pela qual eu achei que o iPod poderia fazer muito sucesso: porque os CDs eram pesados. Eu adoro ouvir música e, na época, já tinha centenas de CDs na minha coleção. Cada CD era cuidadosamente aninhado em uma capinha de plástico junto com cinquenta outros CDs em um dos meus estojos de transporte. Eu gostava de fazer as vezes de DJ nos fins de semana – só para me divertir nas festas – e os CDs pesavam mais que os meus alto-falantes.

Praticamente todo mundo nos anos 1990 levava os seus CDs consigo por toda parte. Praticamente todo mundo tinha um estojo de couro surrado no carro porque era grande e pesado demais para levar na bolsa ou na mochila. No entanto, praticamente ninguém via isso como um problema que poderia ter uma solução. Todos presumiam que era só uma parte da vida – se você quisesse ouvir música, precisaria levar seus CDs.

As pessoas que veem os problemas ao seu redor – e sonham com soluções – são, em grande parte, inventores, fundadores de startups e crianças. As crianças olham o mundo e o questionam. Elas ainda não se sentem desgastadas por ter que fazer a mesma coisa idiota milhares de vezes – elas não presumem que tudo tem que ser do jeito que é. Elas perguntam "por quê?"

Mantenha o olhar de uma criança. Veja os problemas que os outros ignoram ou tentam esconder. Encontre soluções para esses problemas, usando o vocabulário e o processo mental de um designer.

Steve Jobs chamava isso de "manter a mente de um iniciante". Ele vivia nos dizendo para ver o que estávamos fazendo com novos olhos. Não estávamos criando o iPod para nós mesmos – estávamos criando o iPod para pessoas que ainda não conheciam a música digital. Pessoas com caixas de som e walkmen, com portas-CDs de couro surrados no carro. Estávamos tentando apresentar a essas pessoas uma maneira totalmente diferente de abordar a música. Cada pequeno detalhe tinha o potencial de fazer uma diferença enorme para essas pessoas – elas poderiam facilmente se frustrar diante de uma coisa tão completamente nova. Precisava funcionar perfeitamente. A sensação precisava ser mágica.

Steve queria que as pessoas tirassem esse lindo objeto da caixa e se apaixonassem e o entendessem instantaneamente.

É claro que isso era impossível. Nada era instantâneo. Naquela época, todos os eletrônicos de consumo com disco rígido precisavam ser carregados antes de poderem ser usados. Você comprava um novo gadget, o tirava da caixa e precisava deixá-lo carregando por uma hora antes de poder ligá-lo. Era chato, mas era a vida.

Então Steve disse:

– Não vamos deixar isso acontecer com o nosso produto.

Na época, os eletrônicos ficavam rodando por trinta minutos na fábrica para garantir que estavam funcionando. Nós deixávamos o iPod rodando por mais de duas horas. A produção desacelerou. Muito. A equipe de fabricação reclamou; os custos aumentaram. Mas aquele tempo extra não apenas nos permitia testar o iPod como também dava tempo para que a bateria carregasse totalmente.

Agora é de praxe – todos os eletrônicos vêm com a bateria cheia. Depois que Steve viu o problema, todo mundo também viu.

Parece só um detalhe, mas era um detalhe importante. Fez uma diferença enorme. Você abria a caixa e o seu iPod estava lá, pronto para mudar a sua vida.

Mágico.

O tipo de magia que qualquer um pode fazer.

Você só precisa ver o problema. E não ficar esperando alguém chegar para resolvê-lo por você.

Capítulo
5.4

UM MÉTODO PARA O MARKETING

O marketing não precisa ser uma função soft e nebulosa. Embora um bom marketing seja ancorado na conexão humana e na empatia, criar e implementar os seus programas de marketing pode e deve ser um processo rigoroso e analítico.

1. **O marketing não é algo para ser decidido só no final.** Ao criar um produto, o gerenciamento de produto e a equipe de marketing devem trabalhar juntos desde o começo. À medida que cria, você deve continuar mobilizando o marketing para desenvolver a história e garantir que ele tenha uma influência no produto final.

2. **Use o marketing para prototipar a narrativa do produto.** A equipe criativa pode ajudá-lo a tornar tangível a narrativa do produto. Isso deve ser feito paralelamente ao desenvolvimento do produto – um deve alimentar o outro.

3. **O produto é a marca.** A experiência de um cliente com seu produto fará muito mais para consolidar a sua marca na mente do cliente do que qualquer publicidade que você possa lhe mostrar. O marketing participa de cada ponto de contato com o cliente, mesmo se você não se der conta disso.

4. **Nada existe no vácuo.** Você não pode simplesmente fazer um anúncio e achar que não precisa fazer mais nada. O anúncio leva a

um site que direciona o cliente a uma loja onde ele compra uma caixa que contém um manual que o ajuda a fazer a instalação, após a qual o cliente recebe um e-mail de boas-vindas. O design da experiência toda deve ser criado em conjunto, com diferentes pontos de contato que expliquem diferentes partes da sua mensagem para criar uma experiência uniforme e coesa.

5. **O melhor marketing é dizer a verdade.** Em última análise, o trabalho do marketing é encontrar a melhor maneira de contar a verdadeira história do seu produto.

··

Muitas pessoas acham que o marketing não passa do último estágio do processo de criação de alguma coisa – no qual pessoas que não tiveram nada a ver com o desenvolvimento do produto criam um anúncio legalzinho. Como a Coca-Cola, que mostra ursos polares felizes para convencer os consumidores a tomar as suas bebidas.

Essas são as mesmas pessoas que descartam o marketing dizendo ser uma bobagem desnecessária ou um mal necessário. Elas pensam que o marketing vive de enganar os clientes, fazendo de tudo para pegar o dinheiro deles. Criar o produto é um processo bom e honesto, mas para vendê-lo é preciso sujar um pouco as mãos.

Um bom marketing, no entanto, não tem nada de enganação. Não se trata de criar uma ficção, exagerar os benefícios do seu produto e esconder os defeitos.

Steve Jobs vivia dizendo: "O melhor marketing é simplesmente dizer a verdade".

Se a mensagem soar verdadeira, o marketing será melhor. Você não precisa usar penduricalhos, fazer acrobacias e encher os seus anúncios de ursos polares dançantes – basta explicar da melhor maneira possível o que você está fazendo e por quê.

Você conta uma história: você se conecta com as emoções das pessoas para que elas se interessem pela sua narrativa, mas também apela para o lado racional delas para que elas possam se convencer de que faz sentido comprar o que você está vendendo. Você equilibra o que elas querem ouvir com o que elas precisam saber. [Veja também: "Capítulo 3.2: O porquê do storytelling".]

Para fazer a história soar real, para torná-la tangível, você precisa visualizá-la. Precisa de uma arquitetura de comunicação da mensagem.

Primeiro, você segmenta os pontos de dor que o seu cliente está sentindo ou com os quais ele se acostumou.

Cada dor é um "porquê" – dá ao seu produto uma razão de existir.

O analgésico é o "como" – são os recursos ou características que resolverão o problema do cliente.

A coluna "Por que eu quero isso" explica as emoções que os seus clientes estão sentindo.

A coluna "Por que eu preciso disso" cobre as razões racionais para comprar o produto.

Toda a narrativa do produto deve estar aí – cada dor, cada analgésico, cada impulso racional e emocional, cada insight sobre seu cliente. Você precisa incluir tudo porque:

1. **É crucial para o desenvolvimento do produto.** O gerenciamento do produto e o marketing trabalham na arquitetura de mensagens desde o primeiro dia. Para criar um produto espetacular, cada ponto de dor deve ser muito bem compreendido e tratado com um analgésico na forma de uma característica do produto. A arquitetura de mensagens é um texto que acompanha a lista simples de características e suas funcionalidades que compõem as mensagens básicas do produto. Os dois precisam existir lado a lado: o quê e o porquê.

2. **É um documento vivo.** À medida que o produto e o conhecimento da sua equipe sobre o cliente evoluem, o mesmo acontece com a arquitetura de mensagens.

POR QUE EU QUERO ISSO	QUAL É A MINHA DOR	POR QUE EU PRECISO DISSO	O ANALGÉSICO
Estou preso na rotina. Preciso de INSPIRAÇÃO.	**INÉRCIA** Ainda estou na faculdade ou no meu primeiro emprego. Posso estar tentando sair do meu emprego ou abrir o meu próprio negócio. Mas não sei o que fazer.	*Criar* me ajuda a encontrar aquela centelha de inspiração dia após dia. Todo mundo precisa encontrar sua própria inspiração. *Criar* me mostra onde procurá-la.	**FAÍSCA**
Não sei por onde começar nem para onde seguir. Preciso de DIREÇÃO.	**CORRIDA DE RATOS** Eu sempre fiz o que todo mundo estava fazendo. Estou ficando acomodado demais à situação de competir por recursos cada vez mais escassos.	*Criar* me ajuda a construir um modelo mental para o futuro e a traçar o caminho mais curto para chegar aonde quero ir.	**AVANÇO EM SALTOS**
Fundadores como Zuckerberg, Musk etc. não têm nada a ver comigo. Quero **CONSELHOS** realistas de alguém que já esteve na minha pele.	**INCONCEBÍVEL** Quero aprender com alguém com quem me identifico, não com um fundador de sucesso que largou Harvard ou Stanford.	Eu me identifico com a trajetória de Tony para o Vale do Silício. Ele conta os erros que cometeu ao longo do caminho, e acho que posso aprender com os erros dele e evitá-los.	**ACIONÁVEL**
Não me venha com outro livro de autoajuda de negócios! Quero alguém **DIRETO** que me mostre as coisas como elas são.	**CANSAÇO** Não quero teorias nem teses acadêmicas. Não quero criar a expectativa de ser capaz de fazer grandes transformações. Quero pequenas mudanças que tenham um grande impacto ao longo do tempo.	Tony é um cara que construiu a sua carreira do zero. Cada passo é um passo ousado adiante, alimentado pela paixão e pelo bom senso.	**REFRESCOR**

Fig. **5.4.1** Este é o modelo que criamos na Nest e que transmiti a inúmeras startups. Ele tem sido usado para tudo, incluindo ferramentas de diagnóstico médico e sensores para criadores de camarão. E o usamos para escrever este livro.

3. **É um recurso compartilhado.** Todos os responsáveis por qualquer ponto de contato com o cliente devem consultar esse documento, não apenas o marketing. Ele também deve orientar a engenharia, as vendas e o suporte. Todas as equipes, sem exceção, devem pensar sobre o "o quê", o "porquê" e a história que você está contando.

Contudo, a arquitetura de mensagens é só o primeiro passo.

Para cada versão da história, anotamos as objeções mais comuns e como poderíamos contestá-las – quais estatísticas usar, para quais páginas do site enviar as pessoas, quais parcerias mencionar ou quais depoimentos apontar. Decidimos desde qual história colocar em um outdoor até a história que contaríamos a um cliente de longa data.

O processo de convencer alguém a comprar e usar o seu produto precisa respeitar o cliente e entender as suas necessidades em diferentes pontos da experiência do usuário. Você não pode simplesmente anunciar os seus dez principais recursos para as pessoas em um outdoor, em um site e em uma embalagem, do mesmo modo que não pode simplesmente entregar o seu currículo em uma entrevista, em um almoço e no primeiro encontro com alguém. É verdade que são informações importantes, mas momentos diferentes da jornada requerem abordagens diferentes.

Sua mensagem precisa se encaixar no contexto do cliente. Você não pode dizer tudo em todos os lugares.

Então, quando estávamos decidindo como o termostato alcançaria os clientes, pensamos em todas as maneiras diferentes pelas quais as pessoas poderiam descobrir a nossa marca: publicidade, boca a boca, mídias sociais, avaliações em sites especializados, entrevistas, displays nas lojas, eventos de lançamento.

Em seguida, pensamos na próxima etapa do processo – como eles aprenderiam sobre o nosso produto. Folhetos, nosso site, embalagens etc.

Depois criamos uma matriz de ativação de mensagens.

MATRIZ DE ATIVAÇÃO DE MENSAGENS

	Site	Comunicado à imprensa	Apresentação de vendas	Brochura do produto	Embalagem	Posts nas mídias sociais	Banners na internet
Missão/visão	✓	✓					
Recurso/benefício nº 1	✓	✓	✓	✓	✓	✓	✓
Recurso/benefício nº 2	✓	✓	✓	✓	✓		
Recurso/benefício nº 3	✓	✓	✓	✓	✓		
Recurso/benefício nº 4	✓		✓	✓			
Recurso/benefício nº 5	✓		✓	✓			
Tecnologia	✓		✓				
Aplicações	✓		✓			✓	
Especificações do produto	✓		✓	✓	✓		
Estudos de caso	✓	✓	✓				
Depoimentos	✓	✓	✓		✓		
Sobre nós	✓	✓	✓				

Fig.

5.4.2

A matriz de ativação de mensagens deve orientar onde e quando incluir determinadas informações para não dar informações demais ou de menos a seu cliente à medida que ele percorre os vários pontos de contato ao longo da jornada do consumidor.

Um método para o marketing | 295

Quando estávamos decidindo qual mensagem comunicar em qual lugar, era crucial saber a quais partes da história os clientes seriam expostos em vários pontos da jornada.

- Os outdoors só apresentariam a ideia de um novo tipo de termostato.
- A embalagem destacaria os seis principais recursos e como o produto pode ser controlado pelo celular.
- O site enfatizaria a economia de energia e mostraria como o Nest funciona no dia a dia das pessoas.
- O manual do usuário dentro da embalagem daria mais detalhes sobre como treinar o algoritmo de aprendizagem e dicas para economizar energia.
- O site de suporte se aprofundaria dando instruções precisas e explicações completas sobre todos os recursos.

Foi nesse ponto que as mensagens se transformaram em marketing: quando os fatos que queríamos que as pessoas soubessem se tornaram anúncios, vídeos e tweets. E foi nesse ponto que os advogados entraram em cena.

A equipe criativa existe para usar a sua criatividade, apresentar a versão mais elegante e interessante da verdade, contar com destreza a história do produto. Entretanto, a criatividade irrestrita pode levar a um processo judicial. Por isso é importante ter um advogado presente.

Muitas pequenas startups pulam essa etapa. Elas acham que podem dourar a pílula o quanto quiserem e que ninguém vai notar. Contudo, se você tiver sucesso, alguém sempre vai notar – especialmente os advogados de ações coletivas. Até um exagero inocente no seu marketing tem o potencial de macular tudo o que você faz. Você pode perder instantaneamente a confiança do cliente.

Foi por isso que a Nest passou muito tempo sem incluir a economia de energia em nosso marketing – o máximo que fizemos foi escrever relatórios técnicos para explicar nossos modelos de simulação e incluir um link no nosso site. Com o tempo, fomos coletando dados reais dos clientes que provaram que nossas simulações estavam corretas – o termostato poupava energia.

Mas, mesmo quando algo é verdade, não significa que você pode simplesmente sair dizendo isso aos quatro ventos.

Quando a equipe criativa escreveu "O Nest Learning Thermostat poupa energia", a equipe jurídica mudou para "pode poupar". Quando eles escreveram "As contas de energia dos clientes tiveram uma redução de 20% a 50%", o departamento jurídico pegou a caneta vermelha e mudou para "Usuários típicos tiveram até 20% de economia de energia". O pessoal criativo revirou os olhos e voltou com outra opção. Eles ficaram nesse cabo de guerra e negociaram até encontrarem juntos as palavras certas. [Veja também: "Capítulo 5.7: Acionando os advogados".]

Em seguida, eles me trouxeram essas palavras.

Eu aprovava tudo o que lançávamos ao mundo. Especialmente no começo.

Eu não era especialista nisso – eu tinha visto Steve Jobs divulgar iPods e iPhones e trabalhar de perto com o marketing, mas eu mesmo nunca tinha feito isso. Então, a única maneira de dominar o marketing era mergulhar na área – percorrer eu mesmo a jornada do cliente, experimentar todos os pontos de contato. Então eu pedia para eles contextualizarem tudo o que me apresentavam – eu sempre esperava ver o que viera antes e o que viera depois. Eu queria saber a história que estávamos contando, para quem estávamos contando e em que ponto da jornada eles estavam. Não dá para entender um anúncio sem saber onde ele aparecerá e para onde levará. Só dá para aprovar uma página do site depois de saber quem será direcionado a essa página, o que precisam saber e para onde a chamada para a ação os levará. Tudo está ligado a tudo, então tudo deve ser entendido junto.

Não era microgerenciamento – era cuidado e atenção. Eu dedicava o mesmo tempo e energia ao início da jornada do cliente que dedicava ao final. Para as pessoas que não estavam acostumadas com isso, podia parecer intenso e injustificado, mas era o meu trabalho. [Veja também: "Capítulo 6.1: Tornando-se o CEO".] Eu queria que as palavras e as imagens que usávamos para descrever os nossos produtos fossem tão boas quanto os próprios produtos. Queria que a experiência toda se destacasse. Queria que a equipe de marketing fosse tão precisa quanto as equipes de engenharia e manufatura – que aprendesse com esse rigor para que começasse a se esforçar tanto, ou mais, do que eu os encorajava a fazer.

Eu sabia que o marketing teria que ser um dos nossos diferenciais – algo que nos levasse mais longe que qualquer outro fabricante de termostatos poderia sonhar – e era importante dedicar tempo e atenção a isso. E dinheiro.

Não tenha dó de gastar dinheiro. Nossa empresa era pequena, com recursos limitados, mas não economizávamos no marketing. Investíamos na criação de peças bonitas porque sabíamos que esse investimento mais do que se pagaria mais à frente. Usamos fotos caras e lindas em mil lugares diferentes; reproduzimos vídeos de alta qualidade em todos os lugares que pudemos. A equipe escolheu os elementos que teriam o maior impacto – que poderíamos usar e reutilizar por anos – e gastou o dinheiro necessário para a melhor execução possível.

Hoje, dez anos depois, o Google Nest ainda usa algumas das fotos e ativos de marketing que criamos antes mesmo de lançar a nossa empresa.

A razão para isso é que o marketing participou do processo desde o primeiro dia. O marketing nunca foi ignorado nem esquecido. Conhecíamos o valor do marketing e fizemos questão de nos beneficiar dele.

Essa perspectiva e esse foco nos permitiram fazer algo que só a Nest fazia: o marketing prototipava a narrativa do produto paralelamente com o desenvolvimento do produto.

A expressão mais clara disso foi a página "Por que fizemos" no site nest.com.

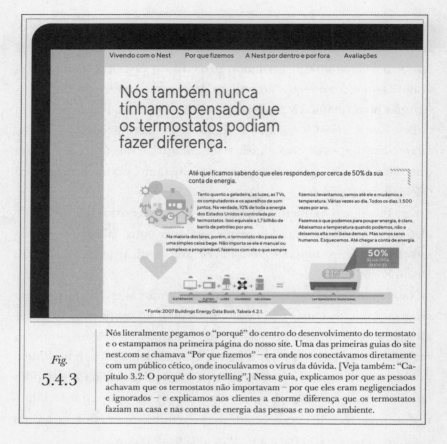

Fig. 5.4.3

Nós literalmente pegamos o "porquê" do centro do desenvolvimento do termostato e o estampamos na primeira página do nosso site. Uma das primeiras guias do site nest.com se chamava "Por que fizemos" – era onde nos conectávamos diretamente com um público cético, onde inoculávamos o vírus da dúvida. [Veja também: "Capítulo 3.2: O porquê do storytelling".] Nessa guia, explicamos por que as pessoas achavam que os termostatos não importavam – por que eles eram negligenciados e ignorados – e explicamos aos clientes a enorme diferença que os termostatos faziam na casa e nas contas de energia das pessoas e no meio ambiente.

Conectamos explicitamente a questão "por que fizemos" com a questão "por que você deve comprá-lo". Tínhamos que acertar – para nossos clientes e para nós mesmos.

Levamos semanas para escrever a página. À medida que o produto evoluía, a página ia evoluindo junto. O marketing estava sempre lá, garantindo que ainda tivéssemos uma resposta convincente para o "Por que fizemos", mesmo com os ajustes da engenharia e do gerenciamento de produto.

Com isso, o marketing teve uma voz ativa no desenvolvimento do produto. Qualquer grande mudança no produto forçaria uma mudança na história. Cabia ao marketing descobrir se essa mudança entraria em conflito com a embalagem ou com o site – todos os nossos protótipos da narrativa do produto. Se o conflito fosse grande demais, era o trabalho do marketing interferir. Conversar com a gestão de produto e a engenharia. Descobrir se seria possível fazer tudo se encaixar ou se a mudança era insustentável.

A página "Por que fizemos" era apenas uma parte do nosso protótipo. Ela apresentava o argumento racional do motivo pelo qual alguém deveria comprar um Nest Learning Thermostat – porque os termostatos comuns desperdiçam energia e desperdiçar energia faz mal para o seu bolso e para o planeta. Todavia, também tivemos que prototipar o argumento emocional – e, para isso, a equipe criativa fez um vídeo e uma página no site intitulada "Vivendo com o Nest", exaltando a beleza e a simplicidade do produto e fazendo dele um objeto cobiçado, uma obra de arte em sua parede que faria com que a sua casa fosse melhor, mais bonita, mais confortável.

Essa abordagem nos forçou a nos familiarizar profundamente com a história para que pudéssemos transmiti-la às pessoas da maneira mais clara e honesta possível.

Não é fácil encontrar a melhor e mais honesta expressão de um produto ou recurso. Não é por acaso que uma equipe inteira se dedique a isso. O gerenciamento de produto pode criar a mensagem – os principais recursos, a declaração de problema –, mas encontrar a melhor maneira de contar essa história aos clientes é uma arte. É uma ciência. É marketing.

É claro que isso não quer dizer que sempre acertávamos.

Não existia um modelo de sucesso que poderíamos copiar para vender termostatos a pessoas que os usaram um milhão de vezes, mas nunca pararam para pensar neles. Não sabíamos o que se conectaria ou não com o cliente, se as pessoas dariam risada de um termostato de US$ 250 que elas mesmas teriam que instalar ou se ficariam apaixonadas por ele.

Então fomos fazendo experimentos. E pisamos muito na bola. Muito, mas muito mesmo.

300 | CRIAR

Lançamos caríssimas campanhas publicitárias exclusivas para a nossa marca, só que ninguém conhecia nossos produtos ainda. Colocamos tantas informações nas páginas do site que ninguém se deu ao trabalho de ler. Ademais, os clientes da nossa imaginação não foram os clientes que vieram comprar os nossos produtos. Eles eram todos diferentes, precisavam de coisas diferentes, esperavam coisas diferentes, passavam os olhos por meio segundo pelos nossos relatórios meticulosamente elaborados e se aprofundavam em coisas que nunca nos ocorrera que seriam importantes.

Mas foi pisando na bola que melhoramos. Foi assim que aprendemos. Os anúncios de marca fizeram bem ao nosso ego, porém não impulsionaram as vendas (você precisa passar anos fazendo produtos espetaculares antes de os clientes comprarem um produto apenas pela sua marca). O site precisava ser breve e agradável e apresentar as informações sobre o produto no contexto do cotidiano das pessoas. Nosso site de suporte precisava ser mais pesquisável porque as pessoas não seguiam os caminhos que tínhamos definido para elas.

A cada peça publicitária que fizemos, nosso marketing melhorou. Eu melhorei no marketing. A empresa inteira melhorou no marketing. A arquitetura de comunicação de mensagens e a matriz de ativação transformaram uma arte qualitativa em uma ciência quantitativa que todos podiam entender. E, quando todos podem entender algo, todos podem entender a importância desse algo.

Capítulo
5.5

O PROPÓSITO DOS GERENTES DE PRODUTO

A maioria das empresas com as quais trabalho não entendem direito o papel do gerente de produto – se é que sabem que ele existe. Elas acham que é marketing (não é), que é gerenciamento de projetos (não é), que é relações com a imprensa/comunicações (não é), que é design (não é), que são finanças de produto (não são), que é o trabalho do fundador ou do CEO (não exatamente). A confusão resulta, em grande parte, do fato de que o gerenciamento de produto vive na interseção de muitas especialidades e pode diferir muito de uma empresa a outra. Mas também resulta da abreviação nem um pouco prática. Um GP pode referir-se a:

Gerente de produto ou gerente de marketing de produto: o marketing de produto e o gerenciamento de produto são, basicamente, a mesma coisa – ou, pelo menos, deveriam ser. A responsabilidade de um gerente de produto é descobrir o que o produto deve fazer e, com base nisso, criar a especificação (a descrição de como funcionará), bem como a mensagem (os fatos que você quer que os clientes saibam). Em seguida, ele trabalha com quase todas as partes do negócio (engenharia, design, suporte ao cliente, finanças, vendas, marketing etc.) para definir as especificações do produto, criá-lo e levá-lo ao mercado. Ele garante que o produto permaneça fiel à intenção original e não seja diluído ao longo do caminho. Entretanto, acima de tudo, os gerentes de produto são a voz do cliente. Eles mantêm todas as equipes sob controle para garantir que não percam de vista o objetivo final – clientes felizes e satisfeitos.

Gerente de projeto: coordena tarefas, reuniões, agendas e ativos para permitir que projetos individuais sejam concluídos no prazo. É importante notar que os gerentes de projeto são mais que secretários de luxo. Se o gerente de produto é a voz do produto, o gerente de projeto é a voz do projeto – seu trabalho é alertar a equipe sobre problemas potenciais que podem interromper ou inviabilizar o projeto e ajudar a encontrar soluções.

Gerente de programa: supervisiona grupos de projetos e gerentes de projeto, focando tanto nos objetivos de negócio de longo prazo quanto nos resultados de curto prazo.

Para complicar ainda mais as coisas, algumas empresas usam cargos diferentes para gerentes de produto. A Microsoft, por exemplo, os chama de gerentes de programa. Há também cargos adjacentes ao gerenciamento de produto, mas que não são exatamente os mesmos, especialmente fora do mundo da tecnologia. GPCs (grupos de produtos de consumo) como a Colgate-Palmolive empregam gerentes de marca que não definem as especificações do produto, mas mesmo assim são a voz do cliente e responsáveis por moldar o produto final.

Para eliminar a confusão em torno do significado da sigla *GP*, vamos usar as seguintes abreviações:

GPd = Gerente de produto

GPj = Gerente de projeto

GPg = Gerente de programa

..

Quando mais um CEO me diz que não tem ideia do que faz um gerente de produto, não consigo deixar de pensar no design dos anos 1980.

Porque a maioria das empresas de tecnologia dos anos 1980 não tinha designers.

É claro que as coisas tinham um design e esse design era tão crucial quanto hoje, mas ninguém empregava designers para arquitetar a experiência do usuário. Naquela época, criar um design significava fazer algo bonito, e isso só acontecia à medida que você desenvolvia o produto – um engenheiro mecânico esboçava algo ou, se você quisesse ser chique, terceirizava esses esboços envolvendo uma agência.

Não havia uma escola de design. Não havia um treinamento formal. Quaisquer designers que conseguissem ser contratados eram cidadãos de segunda categoria na empresa. Eles não tinham nenhuma autoridade para questionar os engenheiros, que encolhiam os ombros, faziam de qualquer jeito e diziam:

– Bom, conseguimos fazer a maior parte do que o designer pediu. Mas não dá para fazer tudo: leva muito tempo, sai caro demais. Está bom assim!

Então a Apple, a Frog, David Kelley, a IDEO e o design thinking surgiram nos anos 1990 e elevaram o status do design. Os designers pararam de se reportar à engenharia. Escolas de design foram fundadas. A profissão ganhou independência e tornou-se uma disciplina formal – compreendida, respeitada.

É o que está acontecendo agora com o gerenciamento de produto. No entanto, infelizmente, ainda não chegamos lá.

Foi só nos últimos cinco a dez anos, desde o advento do iPhone e da economia de aplicativos, que algumas empresas realmente começaram a entender o gerenciamento de produto e reconhecer o seu valor. Muitas ainda não chegaram lá.

Vejo esse problema em muitas startups e equipes de projeto de empresas maiores – normalmente, o fundador ou o líder da equipe desempenha o papel de gerente de produto no começo. Ele define a visão e trabalha com todas as partes do negócio para concretizá-la. O problema surge quando a equipe cresce – para 40, 50, 100 pessoas. [Veja também: "Capítulo 5.2: Pontos de ruptura".] Quando isso acontece, o líder tem que se afastar das atividades cotidianas de criação do produto e entregar as rédeas a outra pessoa.

Mas ele não consegue se ver entregando o seu bebê. Como alguma outra pessoa poderia entendê-lo, amá-lo ou ajudá-lo a crescer tão bem quanto o líder? E como seria essa função? Onde ela atuaria? Como o fundador poderá manter a influência sobre o produto se não for mais o gerente desse produto? E qual seria o trabalho do fundador? [Veja também: "Capítulo 6.1: Tornando-se o CEO".]

A mesma coisa acontece nas grandes empresas. Elas também não sabem o que fazer. Os engenheiros decidem o que criar ou a equipe de vendas lhes diz do que os clientes precisam. Onde o gerenciamento de produto se encaixa nesse contexto?

Enquanto escrevemos isso em 2021, o Google decidiu dar mais poder aos gerentes de produto pela primeira vez. O Google sempre foi liderado pela tecnologia e pela engenharia, mas agora o grupo de Buscas está sendo reorganizado para favorecer os gerentes de produto em detrimento dos engenheiros. Foi uma decisão enorme e uma drástica mudança cultural.

E a razão é simples: o cliente precisa ter voz na equipe. Os engenheiros gostam de criar produtos usando a mais recente tecnologia. As vendas querem criar produtos que vão render muito dinheiro. No entanto, o único foco e a única responsabilidade do gerente de produto é criar os produtos certos para os seus clientes.

Esse é o trabalho.

O complicado é que, dependendo da empresa, as responsabilidades de um gerente de produto são completamente diferentes. O gerenciamento de produto não é uma função bem definida – é mais um conjunto de habilidades. Ele atua no espaço entre tudo, um espaço em branco que se transforma com base no cliente, nas necessidades da empresa e nas habilidades das pessoas envolvidas.

Um bom gerente de produto fará um pouco de tudo e muito de todas as atividades a seguir:

- Especificar o que o produto deve fazer e planejar o seu percurso ao longo do tempo.
- Determinar e manter a matriz de mensagens.
- Trabalhar com a engenharia para que o produto seja criado de acordo com as especificações.
- Trabalhar com design para tornar o produto intuitivo e atraente para o cliente-alvo.
- Trabalhar com o marketing, ajudando-o a entender as nuances técnicas para desenvolver um material eficaz na comunicação da mensagem.
- Apresentar o produto à administração e coletar o feedback dos executivos.
- Trabalhar com vendas e o financeiro para garantir que o produto tenha um mercado e possa gerar dinheiro mais cedo ou mais tarde.
- Trabalhar com o suporte ao cliente para elaborar as instruções necessárias, ajudar a resolver problemas e receber solicitações e reclamações dos clientes.
- Trabalhar com as relações públicas para abordar as percepções do público, redigir o comunicado de imprensa simulado e muitas vezes atuar como um porta-voz.

Ele também se encarrega de tarefas não tão definidas. Os gerentes de produto procuram pontos de insatisfação do cliente. Desvendam os problemas à medida que avançam, descobrindo a raiz do problema e trabalhando com a equipe para resolvê-lo. Fazem o que for necessário para garantir o progresso dos projetos – o que pode envolver fazer anotações em reuniões, fazer a triagem de bugs, elaborar um resumo do feedback dos clientes, organizar a documentação da equipe, conversar com designers e esboçar algo ou reunir-se com a engenharia e examinar o código. É diferente para cada produto.

306 | CRIAR

Às vezes, os gerentes de produto precisam ser extremamente técnicos – geralmente em contextos B2B, nos quais o usuário do produto também é extremamente técnico. Se você estiver vendendo sistemas de frenagem para uma montadora de automóveis, precisará saber tudo de freios. Ter um profundo conhecimento sobre freios será a única maneira de se conectar com o cliente e saber o que é importante para ele.

Contudo, se você estiver fazendo um carro para uma pessoa comum, não precisará saber todos os detalhes sobre o funcionamento dos freios. Só precisará saber o suficiente para se comunicar com os engenheiros. Depois precisará decidir se os freios serão uma parte importante da história de marketing que você contará aos clientes.

A maioria das empresas de tecnologia divide o gerenciamento de produto e o marketing de produto em duas funções distintas: o gerenciamento de produto define o produto e o constrói. O marketing de produto escreve a mensagem – os fatos que você quer comunicar aos clientes – e faz com que o produto seja vendido.

Pela minha experiência, é um erro tremendo fazer isso. Essas tarefas sempre devem ser feitas por uma única pessoa ou equipe. Não deve haver uma distinção entre o que o produto será e como ele será explicado – a história deve ser totalmente coesa desde o início.

A sua mensagem é o seu produto. A história que você está contando molda a coisa que você está fazendo. [Veja também: "Capítulo 3.2: O porquê do storytelling".]

Aprendi a contar histórias com Steve Jobs.

Aprendi gerenciamento de produto com Greg Joswiak.

Joz, um colega da Universidade de Michigan e ser humano espetacular, trabalha na Apple desde que saiu da cidade de Ann Arbor, no Michigan, em 1986, e lidera o marketing de produto há décadas. E seu superpoder – o superpoder de todo gerente de produto verdadeiramente sensacional – é a empatia.

Ele faz mais do que apenas entender o cliente. Ele se transforma no cliente. Ele é capaz de ignorar todo o seu conhecimento profundo

O propósito dos gerentes de produto | 307

e geek do produto e usar o produto como se fosse um iniciante, uma pessoa comum. Você ficaria surpreso se soubesse a quantidade de gerentes de produto que pulam essa etapa extremamente necessária – ouvir os clientes, obter insights, ter empatia com as necessidades deles e depois usar o produto no mundo real. Mas, para Joz, não existe outro jeito.

Então, quando Joz saiu pelo mundo para testar o seu iPod de última geração, ele brincou com o dispositivo como se fosse um iniciante. Deixou de lado todas as especificações técnicas – exceto uma: a duração da bateria.

Ninguém queria que a bateria de seu iPod acabasse no meio de um voo, durante uma festa ou quando saíam para correr. Porém, à medida que o produto evoluiu do iPod clássico para o iPod Nano, vivíamos em um constante pé de guerra – quanto menor e mais elegante ele se tornava, menos espaço havia para a bateria. Para que ter mil músicas no seu bolso se você tem que tirá-las do bolso a toda hora para recarregar o dispositivo?

Uma carga precisava durar dias, não horas.

A duração da bateria era importante para os clientes. E era importante para Steve Jobs. Não dava para chegar para Steve e simplesmente anunciar: "A próxima versão do iPod terá uma bateria de doze horas em vez das quinze horas da última versão". Você seria expulso da reunião.

Então eu e Joz não levamos números a Steve – levamos clientes. Pessoas como a Sarah só usam o iPod indo e voltando do trabalho, alunos como o Tom usam o dia inteiro, mas em períodos breves entre as aulas ou entre jogos de basquete.

Criamos personas de clientes e percorremos os momentos de sua vida nos quais eles usavam os seus iPods – durante caminhadas, em festas, no carro. E mostramos a Steve que, mesmo se a engenharia nos desse doze horas, essas doze horas durariam a semana inteira para a maioria das pessoas.

308 | CRIAR

Os números não significavam nada sem os clientes, os fatos não faziam sentido sem o contexto.

Joz sempre entendia o contexto e era capaz de transformá-lo em uma narrativa eficaz. Foi assim que conseguimos convencer Steve. E os repórteres. E os clientes. Foi assim que pudemos vender os iPods.

É por isso que o gerenciamento de produto precisa se responsabilizar pelas mensagens. As especificações mostram os recursos, os detalhes do funcionamento de um produto, mas as mensagens se adiantam às preocupações das pessoas e encontram maneiras de mitigá-las. Respondem à pergunta: "Por que os clientes se importarão?" Essa pergunta precisa ser respondida muito antes de qualquer pessoa começar a trabalhar.

Descobrir o que deve ser criado e por que é a parte mais difícil do processo de criação. E é impossível fazer isso sozinho. O gerenciamento de produto não pode simplesmente jogar uma especificação por cima do muro para o resto da equipe – todas as partes do negócio devem estar envolvidas. Isso não significa que o gerente de produto deva criar por consenso, mas a engenharia, o marketing, as finanças, as vendas, o suporte ao cliente e o jurídico terão ideias e insights valiosos que ajudarão a moldar a narrativa antes que o produto seja criado. E eles continuarão a melhorar essa narrativa à medida que o produto evoluir.

As especificações e as mensagens não são instruções imutáveis. Elas evoluem e mudam à medida que novas ideias são acrescentadas ou novas realidades jogam um balde de água fria na sua cabeça. Criar um produto não é como montar uma estante que chega desmontada na casa do cliente. Você não pode simplesmente entregar um manual de instruções às pessoas e virar as costas.

Criar um produto é como compor uma música.

A banda é composta de marketing, vendas, engenharia, suporte, fabricação, relações públicas, jurídico. O gerente de produto é o produtor – garante que todos conheçam a melodia, que ninguém esteja desafinado e que todos façam a sua parte. É o único capaz de ouvir e ver como todas as peças estão se encaixando e de dizer quando o fagote está tocando forte demais ou um solo de percussão está se estendendo muito, quando os recursos estão fora dos trilhos ou as pessoas estão focadas demais em seu próprio projeto e esqueceram o quadro geral.

Entretanto, ele não está dirigindo tudo. Seu trabalho não é ser o CEO do produto – ou, Deus o livre, o que algumas empresas chamam de "dono do produto". Ele não pode ditar sozinho os recursos que devem ou não entrar no produto. Às vezes a última palavra será dele, às vezes ele terá que dizer "não", às vezes ele terá que comandar na linha de frente. Mas isso deve ser raro. Em geral, ele empodera a equipe. Ele ajuda as pessoas a entender o contexto do que o cliente precisa e trabalha com elas para fazer as escolhas certas. Se um gerente de produto está tomando todas as decisões, ele não é um bom gerente de produto.

São as contribuições de todas as pessoas da equipe que definem a melodia, que transformam o ruído em música.

Mas é claro que a coisa nem sempre flui sem problemas.

Os engenheiros podem querer ter mais influência sobre o que estão criando – podem alegar que o gerente de produto não é técnico o suficiente ou simplesmente que a engenharia sabe o que está fazendo. O pessoal de marketing raramente topa seguir diretrizes – eles querem ser criativos, querem usar palavras ou imagens que têm o potencial de inadvertidamente deturpar o produto. As pessoas nem sempre vão se dar bem umas com as outras. Decisões orientadas por opiniões serão debatidas ad nauseam. As equipes ficarão fora de sintonia, as pessoas se ressentirão, o produto será puxado em direções opostas.

Quando isso acontece, o gerente de produto deve ser um excelente negociador e comunicador. Ele tem que influenciar as pessoas sem gerenciá-las. Precisa fazer perguntas, ouvir e usar o seu superpoder – a empatia pelo cliente, a empatia pela equipe – para construir pontes e ajustar trajetórias. Precisa usar de mão de ferro para dar uma dura se alguém começar a tumultuar o trabalho, mas deve saber que não pode fazer isso com muita frequência. Precisa distinguir as batalhas que deve lutar

310 | CRIAR

das batalhas que é melhor deixar para outro dia. Precisa comparecer a reuniões de todas as funções da empresa nas quais as equipes representam os seus próprios interesses – os próprios cronogramas, as próprias necessidades, os próprios problemas – e se erguer em defesa do cliente.

Precisa contar a história do cliente, garantir que todos a sintam. É assim que ele faz a diferença.

Outro dia eu estava conversando com Sophie Le Guen, uma gerente de produto incrivelmente eficaz e empática da Nest.

Ela me contou de uma reunião que ela teve uma manhã bem cedo com a equipe de engenharia para discutir o "porquê" do novo sistema de segurança Nest Secure. Para a equipe de engenharia majoritariamente masculina, o "porquê" era simples: quero um sistema de segurança para proteger a minha casa quando eu estiver fora.

Mas Sophie vinha entrevistando pessoas e tinha notado que, enquanto os homens geralmente se concentravam na casa vazia, as mulheres se concentravam na casa cheia. Quando estavam sozinhas ou sozinhas com os filhos, as mulheres queriam ter mais proteção. Especialmente à noite.

O trabalho de Sophie era contar a história delas – ajudar um engenheiro solteiro que mora sozinho a entender a perspectiva de uma mãe. O trabalho dela era transformar essa perspectiva em recursos que funcionassem para a família toda – uma família que queria ficar em segurança, que ligasse o sistema de segurança assim que entrasse pela porta, mas que não queria se sentir prisioneira em sua própria casa. Então, quando o Nest Secure foi lançado, os sensores de movimento tinham um único botão. Qualquer pessoa da família poderia apertar o botão e abrir uma porta ou uma janela por dentro sem ter que desativar todo o sistema de segurança ou provocar um estridente alarme falso.

A história do cliente ajudou a engenharia a entender o ponto de dor. Eles criaram um produto para lidar com essa dor. Em seguida, o marketing elaborou uma narrativa que deu a cada pessoa que tinha essa dor uma razão para comprar o produto.

O fio que uniu todas essas pessoas, equipes, dores e desejos foi o gerenciamento de produto. Em cada produto e empresa de sucesso, todas as partes do negócio acabam levando de volta a eles – tudo está unido por um ponto central.

É por isso que os gerentes de produto são as pessoas mais difíceis de contratar e treinar. É por isso que os melhores são tão valiosos e tão desejados. Porque eles têm que entender tudo, dar sentido a tudo. E fazem isso sozinhos. Eles são uma das equipes mais importantes de uma empresa e uma das menores.

Como as necessidades de cada produto e empresa são tão diferentes, é muito difícil descrever esse trabalho (veja também: as três mil palavras anteriores), quanto mais contratar alguém para fazê-lo. Não existe uma descrição de cargo definida ou um conjunto adequado de requisitos. Muitas pessoas acham que os gerentes de produto precisam ser técnicos, mas isso não é verdade. Especialmente em empresas B2C. Conheci muitos gerentes de produto espetaculares que conseguem criar um vínculo de confiança e um relacionamento com a engenharia sem ter qualquer tipo de conhecimento técnico. Desde que tenham um sólido entendimento básico da tecnologia e a curiosidade para aprender mais, eles podem descobrir como trabalhar com a engenharia para criar essa tecnologia.

Não existe uma faculdade de gerenciamento de produto ou alguma maneira infalível de encontrar bons candidatos. Gerentes de produto incríveis geralmente surgem de outras funções. Eles começam no marketing, na engenharia ou no suporte, mas, como têm uma profunda preocupação com o cliente, começam a consertar o produto e trabalhar para redefini-lo em vez de apenas executar as especificações ou as mensagens definidas por alguma outra pessoa. E seu foco no cliente não o leva a ignorar que, no fim das contas, a empresa precisa gerar lucro, de modo que eles também mergulham nas vendas e nas operações, tentam entender economia unitária e a precificação.

312 | CRIAR

Eles criam a experiência da qual precisam para se tornar excelentes gerentes de produto.

Essa pessoa é uma agulha no palheiro. Uma combinação quase impossível de pensador estruturado e líder visionário, com uma paixão incrível e, ao mesmo tempo, grande capacidade de garantir a execução dos planos, uma pessoa extrovertida e ao mesmo tempo fascinada por tecnologia, um comunicador incrível capaz de trabalhar com a engenharia e olhar para o marketing sem esquecer o modelo de negócios, os fatores econômicos, a rentabilidade, as relações públicas. Eles têm que ser agressivos – mas com um sorriso no rosto –, saber quando lutar por algo e quando deixar passar.

São incrivelmente raros. Incrivelmente preciosos. E eles podem e vão ajudar a sua empresa a ir exatamente para onde ela precisa ir.

Capítulo
5.6

A MORTE DE UMA CULTURA DE VENDAS

Vendedores costumam trabalhar por comissão. Em outras palavras, quando um cliente conclui uma transação, o vendedor recebe uma porcentagem do preço de venda ou uma recompensa – um bônus – por venda concluída. Quanto maior a venda, quanto mais vendas eles fecharem, maior será a remuneração. Em geral, as comissões são pagas em sua totalidade no fim do mês ou trimestre.

Acredita-se que essa seja a melhor maneira de alinhar as metas da empresa com as metas da equipe de vendas e atingir os objetivos de receita que mostrarão aos investidores o verdadeiro progresso da empresa. As pessoas – especialmente os vendedores – dirão que é assim que sempre foi feito, que é a única maneira de fazer e o único jeito de contratar uma equipe de vendas decente. Essas pessoas estão erradas.

Mesmo se, à primeira vista, tudo parece estar dando certo, o modelo de comissão tradicional tem muitas desvantagens. Esse modelo pode gerar hipercompetição e egoísmo e incentivar ganhos rápidos em vez de garantir que os clientes e a empresa tenham sucesso em longo prazo.

Existe um modelo diferente que alinha os objetivos de curto prazo da empresa sem ignorar os relacionamentos de longo prazo com os clientes. Esse modelo baseia-se em comissões parceladas.

Em vez de se concentrar em recompensar os vendedores imediatamente após uma transação, distribua stock options ao longo do

314 | CRIAR

tempo para que a equipe de vendas seja incentivada não apenas a atrair novos clientes, mas também a trabalhar com os clientes existentes para garantir que eles fiquem e permaneçam satisfeitos. Crie uma cultura baseada em relacionamentos e não em transações.

Veja como implementar esse modelo em sua empresa:

1. Se você estiver montando uma nova organização de vendas, não ofereça as tradicionais comissões mensais em dinheiro. É melhor que todas as pessoas da sua empresa sejam remuneradas da mesma maneira – então ofereça aos vendedores um salário competitivo e bônus por desempenho de vendas na forma de stock options adicionais que poderão ser vendidos ao longo do tempo. As ações fornecem um incentivo para permanecer na empresa e investir em clientes de longo prazo que são bons para os negócios.

2. Se você está tentando fazer a transição para uma cultura orientada para o relacionamento, pode não conseguir eliminar as comissões tradicionais imediatamente. Nesse caso, qualquer comissão na forma de ações ou dinheiro (ações ainda são preferíveis) deve ser conferida ao longo do tempo. Vá pagando em parcelas: comece pagando entre 10% e 15% da comissão, depois pague outra parcela em alguns meses, mais uma alguns meses depois e por aí vai. Se o cliente sair, o vendedor perde o restante de sua comissão.

3. Cada venda deve ser uma venda da equipe. Portanto, se você tiver uma "equipe de sucesso do cliente" (a equipe que realmente entrega, configura e faz a manutenção de tudo o que é vendido ao cliente), ela deve aprovar todas as transações. Os membros da equipe de vendas e da equipe de sucesso do cliente devem trabalhar sob um único líder, no mesmo silo, e ser recompensados da mesma forma. Nesse modelo, o pessoal de vendas não pode simplesmente jogar um cliente por cima do muro e nunca mais pensar nele. Se não houver uma equipe de sucesso do cliente, a equipe de vendas deve trabalhar em estreita

colaboração com o suporte ao cliente, as operações ou a fabricação –
crie um comitê de pessoas para aprovar cada compromisso.

..

Não aprendi tudo isso na General Magic. Nem na Philips. Nem na
Apple. Nem na Nest.

Aprendi com meu pai.

Ele foi vendedor da Levi's nos anos 1970, quando os jeans Levi's
eram uma obsessão internacional. Ele poderia ter ganhado uma pequena fortuna se empurrasse os piores designs da Levi's nas lojas de
varejo e simplesmente seguisse em frente sem olhar para trás. No entanto, ele era um excelente vendedor. Ano após ano, ganhava todos
os prêmios de vendas – eu via os troféus e placas de homenagem que
ele trazia para casa. Seu objetivo nunca foi o ganho de curto prazo. O
que ele almejava era conquistar a confiança dos clientes.

Ele mostrava a seus clientes toda a linha de produtos, dizia quais estavam vendendo bem e quais não estavam. Ele os orientava a comprar
os estilos que estavam mais na moda e os alertava sobre os estilos que
ninguém estava comprando. E, se o cliente quisesse algo que ele não
oferecia, recomendava um concorrente.

Esses clientes se lembravam dele. E, na próxima temporada, no próximo ano ou dez anos depois, eles o procuravam. Faziam um pedido.
E faziam mais um na próxima temporada. E na seguinte.

Meu pai era comissionado, mas não raro sacrificava uma venda
para desenvolver uma conexão pessoal com os clientes. Os melhores
vendedores são os que mantêm os relacionamentos mesmo que, para
isso, precisem abrir mão do dinheiro naquele dia.

Esses são os vendedores que você quer na sua equipe. Porque, se você
os escolher direito, eles realmente se tornarão parte da equipe em vez
de meros mercenários que entram, ganham dinheiro e pulam para a
próxima empresa, deixando um rastro de problemas atrás de si.

316 | CRIAR

O perigo dos modelos de vendas tradicionais baseados em comissões é que eles criam duas culturas diferentes: a cultura da empresa e a cultura de vendas. Os funcionários de cada uma dessas culturas são remunerados de forma diferente, pensam de forma diferente, têm interesses diferentes. Se tudo der certo, a maioria das pessoas da sua empresa estará focada na missão – em alcançar algo grande juntos, trabalhando para atingir um grande objetivo em comum. Muitos vendedores não dão a mínima para a sua missão. Estão focados no quanto ganham mês a mês. Querem fechar negócios e ser pagos. Não importa o que eles estiverem vendendo, desde que vendam.

Quanto maior for a sua empresa, mais essas duas culturas se afastarão. Comissões enormes, prêmios para os melhores vendedores e conferências para o pessoal de vendas em uma ilha paradisíaca podem ser excelentes para a sua equipe de vendas no momento. Contudo, essas coisas podem derrubar a motivação do resto da empresa. Por que estamos aqui nos matando de trabalhar, criando essa coisa, enquanto eles estão enchendo a cara no Havaí, tirando fotos com o troféu de Melhor Vendedor do Ano?

Não estou dizendo que o pessoal de vendas não seja importante. Eles são vitais. Eles trazem clientes e dinheiro, que são absolutamente necessários para manter uma empresa com as portas abertas. No entanto, não são mais importantes que o pessoal de engenharia, marketing, operações, jurídico ou qualquer outra área da empresa. Vendas não passa de uma das muitas equipes cruciais, todas trabalhando juntas para fazer algo grandioso.

Mas, se vendas ficar de lado, só fazendo o seu trabalho, quase sem fazer parte da empresa, mas sempre atingindo as suas metas mensais, o resultado poderá ser uma cultura isolada e transacional. E a maneira como os clientes são tratados nesse tipo de cultura pode ser brutal – mesmo em lugares onde você presume que os clientes deveriam ser bem tratados para os vendedores ganharem algum dinheiro.

Trabalhei em esquema de comissão somente uma vez na vida – aos 16 anos, vendendo taças e copos de cristal e peças de porcelana em

A morte de uma cultura de vendas | 317

uma loja de departamentos chamada Marshall Field's. Eu era um ótimo vendedor – as senhorinhas me adoravam. Elas beliscavam minhas bochechas gorduchas, perguntavam sobre a minha mãe, pegavam o meu endereço para me mandar cartões de Natal – e saíam com copos de cristal, louças e esculturas esquisitas de porcelana fina. Os outros vendedores morriam de raiva. Éramos pagos quase exclusivamente por comissões a cada duas semanas e esse moleque tinha chegado do nada para tirar comida do prato deles. Então, sempre que uma senhorinha simpática vinha na minha direção, eles tentavam roubá-la e roubar minha venda. Eles literalmente brigavam para ver quem faria a venda, com a cliente bem na nossa frente. Eles não davam a mínima para quem a pessoa era ou para o que ela queria – só estavam atrás da comissão de cinco ou dez dólares.

E era apenas uma loja de copos e pratos. Esse sentimento se multiplica exponencialmente à medida que a comissão e a pressão aumentam. As coisas ficam muito mais brutais. E ficam feias.

Não faltam filmes sobre culturas de vendas terríveis – *O primeiro milhão*, *O lobo de Wall Street*, *O sucesso a qualquer preço*. Eles são exagerados, sensacionalistas, mas não muito. É comum hipercompetição gerar o tipo de cultura de tapinha nas costas no vestiário movida pelo ego, em que todo mundo acaba em um bar de striptease, cada um tentando beber mais que o outro. As pessoas sensatas se veem presas nessa cultura e acham que precisam manter as aparências, enquanto as pessoas irracionais saem totalmente de controle – vomitam em saguões de hotéis e são arrastadas para fora da festa de Natal da empresa por policiais.

Acontece em todo lugar – no Vale do Silício, em Nova York e em Jacarta, em empresas minúsculas e em grandes corporações. As empresas acham que podem controlar os monstros que elas próprias criaram – que um pouco de mau comportamento é apenas o custo de uma equipe de vendas altamente eficaz. Qual é o problema se todos estão atingindo as metas de vendas?

318 | CRIAR

O problema é que, um dia, algo vai dar errado. Pode ser com o produto – você terá um problema e as vendas vão desacelerar. Quando isso acontecer, justamente quando você mais precisar dela, sua equipe de vendas o abandonará. Eles vão debandar para outras empresas, empresas nas quais as vendas estiverem acontecendo. Por que eles ficariam com você se não puderem ganhar dinheiro agora?

Ou você pode descobrir que os excelentes números que eles estão apresentando não são tão bons assim. Eles podem estar contando aos clientes uma ou outra mentirinha, um ou outro exagero sobre a capacidade da sua equipe ou a capacidade do seu produto de atender às necessidades dos clientes. Talvez todos os clientes que compraram o seu produto tenham feito a compra na ilusão de obter algo que na verdade você não tem como lhes dar. E agora eles estão furiosos.

No começo, seus primeiros clientes são incrivelmente preciosos. São eles que mais adoram a sua empresa e o seu produto, que se arriscam por você. Eles têm o poder de definir o sucesso ou o fracasso da sua empresa – são a fonte de todo o seu boca a boca inicial. No começo, parece que você conhece praticamente cada cliente pelo nome, pelo rosto e pelo Twitter. Contudo, à medida que a sua empresa cresce e uma cultura tradicional de vendas se estabelece, esses clientes deixam de ser vistos como pessoas. Eles se transformam em números. Em cifrões.

Só que eles continuam sendo pessoas, mesmo quando você estiver no modo de hipercrescimento. Os relacionamentos que você forma com eles continuam sendo importantes e necessários. Os melhores vendedores mantêm esses relacionamentos. Muitos, porém, não se dão ao trabalho.

Se a sua cultura de vendas for impulsionada por transações, qualquer relacionamento que o vendedor cultivar vai evaporar imediatamente assim que o cliente assinar na linha pontilhada. Você não tem um relacionamento com um caixa eletrônico – você só vai até ele e pega o dinheiro. E, uma vez que um cliente se sinta como um caixa eletrônico, será quase impossível recuperá-lo. Você precisará fazer todo o possível na tentativa desesperada de convencê-lo a voltar a confiar em você. A equipe de sucesso do cliente ou de suporte vai ligar se humilhando e pedindo desculpas ao cliente, xingando a equipe de vendas baixinho o tempo todo.

Mesmo assim, é bem provável que você perca o cliente.

É por isso que as culturas de vendas orientadas aos relacionamentos não são ingênuas nem simplistas. Elas são necessárias. São testadas e comprovadas. É essa cultura de vendas que estabelecemos na Nest. É a cultura que tenho pressionado dezenas de startups a adotar. É muito melhor. Sempre, sem exceção. Você tem clientes mais felizes. Tem uma cultura mais feliz. Você tem trabalho em equipe, foco e progresso em direção ao seu objetivo.

O ideal é estabelecer esse modelo desde o início. Todos são pagos em salário, ações e bônus por desempenho – isso inclui a equipe de vendas, a equipe de sucesso do cliente, o suporte, o marketing, a engenharia, todo mundo. Isso não quer dizer que eles ganhem o mesmo valor, mas o modelo de remuneração é o mesmo – todos estão alinhados.

Ninguém nunca faz uma venda sozinho. Durante o processo de vendas, o vendedor conta com o apoio da equipe de sucesso do cliente, da equipe de suporte ou de quem trabalhará de perto com o cliente no pós-venda. E então essas equipes aprovam o acordo. Nunca há surpresas – todos sabem exatamente o que se espera deles para garantir o sucesso desse novo cliente. E, uma vez fechado o negócio, o vendedor não some. Ele permanece atuando como um ponto de contato para esse cliente e, se há algum tipo de problema, ele intervém para ajudar a resolvê-lo.

Se você já tiver uma organização de vendas orientada a transações e quiser mudar para uma baseada em relacionamentos, vai ser mais complicado. Alguns vendedores provavelmente sairão. Muitos dirão que você é louco. Mas pode ser feito.

Comece montando um pequeno comitê interno composto de representantes das outras equipes – suporte ao cliente, sucesso do cliente, operações – para aprovar cada acordo de vendas. Isso vai começar a

320 | CRIAR

mudar a mentalidade do vendedor solitário e encorajá-lo a trabalhar em equipe. Em seguida, comece a falar sobre a mudança do sistema de comissões. Não diga que você planeja se livrar delas – isso mexe com a cabeça das pessoas –; diga apenas que você vai pagá-las de um jeito diferente. Aumente o valor da comissão, mas comece a parcelar o pagamento ao longo do tempo. Diga à equipe de vendas que eles perderão o restante da comissão se a empresa perder o cliente. Você também pode oferecer uma comissão ainda maior se eles aceitarem ações em vez de dinheiro.

Quando as comissões começarem a ser parceladas de acordo com uma programação que prioriza o relacionamento com o cliente, grande parte da brutalidade que costuma definir as culturas de vendas desaparecerá. Os vendedores farão um trabalho melhor qualificando os clientes, a hipercompetição diminuirá, os tapinhas nas costas desaparecerão, as equipes alinharão as suas expectativas e os seus objetivos.

É muito melhor. Para todo mundo.

O antigo modelo de comissão é um anacronismo. É obsoleto e recompensa os piores comportamentos. Mas tem a sua utilidade: eliminar os FDPs.

Muitos vendedores desconfiarão da ideia das comissões parceladas, depois se interessarão e vão querer saber mais. Outros vão zombar, revirar os olhos e dizer que você nunca vai conseguir contratar ninguém. Eles não vão dar ouvidos às suas explicações e sairão pela porta sem olhar para trás, confiantes de que você simplesmente enlouqueceu.

Não contrate essas pessoas.

Encontre pessoas que ficam intrigadas com a ideia das comissões parceladas. Que percebem que, na verdade, podem ganhar mais dinheiro com esse esquema. Que sejam bons seres humanos, além de serem bons em vendas. Que se importam com a sua missão e se empolgam com o papel crucial que desempenharão para concretizá-la.

Pode não ser fácil. Especialmente se houver muita concorrência por talentos. Dependendo da situação e do setor, simplesmente não é viável criar uma cultura e uma organização de vendas. Nesse caso, você só precisa de uma única pessoa. Encontre um líder de vendas que entenda e valorize o relacionamento com o cliente – alguém que não aceite egoísmo ou concorrência feroz e que não contrate FDPs nem mercenários. Esse líder moldará a cultura da sua organização para ser mais orientada ao relacionamento, até o mundo entender a lógica do que você está fazendo e você poder implementar o esquema de comissões parceladas.

Essas pessoas existem. Elas também estão cansadas de culturas transacionais. Querem fazer o melhor para os seus clientes. Querem sentir que fazem parte de uma equipe de verdade. Contrate-as.

Capítulo
5.7

ACIONANDO OS ADVOGADOS

A sua empresa normalmente precisará de todos os tipos de advogados: para contratos, para defendê-lo de ações judiciais e, em geral, para evitar que você cometa erros idiotas ou caia em armadilhas que nunca imaginou que existissem. No começo, você pode se contentar com um escritório de advocacia externo, mas, mais cedo ou mais tarde, ficará muito caro (você nem imagina o quanto) e você provavelmente precisará contratar advogados internos.

Não esqueça que, se você estiver administrando uma empresa, todas as decisões que envolvam questões legais são decisões orientadas aos negócios. Decisões puramente legais só são tomadas nos tribunais. A sua equipe jurídica existe para orientar as suas decisões, não para tomá-las por você. Isso quer dizer que um "não" do departamento jurídico não é o fim da discussão – é o começo. Um bom advogado ajudará você a identificar obstáculos, contorná-los e encontrar soluções.

..

A maioria dos advogados se destaca em duas coisas: dizer "não" (ou "talvez") e cobrar honorários.

Não necessariamente porque sejam advogados ruins; só é assim que o sistema funciona.

Os escritórios de advocacia costumam viver para cobrar por hora. Eles até podem dar os primeiros quinze minutos de graça, mas cobram cada quinze minutos depois disso ou até cada cinco minutos. Vão cobrar pelo tempo que passarem pensando sobre a sua empresa no chuveiro. Vão cobrar por fotocópias, viagens e selos postais (além de uma taxa de manuseio adicional). Vão cobrar um extra sempre que precisarem contratar alguém com um conhecimento jurídico específico – então, se o seu advogado chamar outro advogado para uma teleconferência com você, não se surpreenda com o tamanho da conta que você vai receber.

Tive um advogado que começava todas as conversas com um pequeno bate-papo – como vai a família? E esse clima, hein? Eu não queria ser grosseiro, então passava alguns minutos batendo papo com ele. Por causa daquela conversa fiada, as perguntas que poderiam ser respondidas em 15 minutos ou menos custavam 30 ou até 45 minutos. E esse advogado cobrava entre US$ 800 e US$ 1.000 por hora! Eu estava pagando centenas de dólares para falar sobre a apresentação de música do meu filho. Depois de três ou quatro conversas, percebi o que ele estava fazendo e o despedi. Só posso imaginar como ele inflacionava a contagem de horas quando não estava ao telefone comigo.

Quando estiver procurando um escritório de advocacia externo para contratar, prefira um advogado que fale rápido e não se importe com seus filhos – pelo menos não quando estiverem trabalhando.

A boa notícia é que alguns escritórios de advocacia estão adotando um novo modelo – contratos a preço fixo ou contratos de preço com limite máximo, nos quais todos concordam com o preço antecipadamente. Alguns escritórios de advocacia ajudarão na abertura de uma empresa e em questões legais padrão por um pequeno honorário ou algumas ações. Além disso, há um novo movimento de "código aberto" de muitos documentos legais importantes – para

324 | CRIAR

fazer modelos genéricos que podem ser utilizados pela maioria das empresas.

Entretanto, mesmo se você usar documentos legais de código aberto, ainda vai precisar de um advogado para se encarregar dos detalhes. E ele provavelmente ainda vai cobrar pelo tempo no chuveiro.

Então, para tirar o máximo proveito desse profissional, você precisa entender como ele opera e aborda o trabalho. Os advogados são treinados para pensar do ponto de vista do concorrente, do ponto de vista do governo, dos clientes furiosos ou de parceiros irados, de fornecedores, funcionários ou investidores. Então, eles olham para o que você está fazendo e dizem:

– É quase certo que fazer desse jeito pode causar problemas.

Ou, na melhor das hipóteses:

– Fazer desse jeito pode se transformar em um processo judicial, mas provavelmente conseguiremos lidar com isso.

Você nunca vai ouvir um "Sim, pode ir em frente, vai dar tudo certo", porque não há uma maneira segura de evitar uma ação judicial. Qualquer um pode processá-lo por qualquer coisa – pelo menos nos Estados Unidos. Os clientes vão processá-lo por mudar algo do qual eles gostavam. Os concorrentes vão processá-lo como uma tática de negócios para forçá-lo a fechar as portas. O mérito pode não ter nada a ver com isso – eles vão enchê-lo de processos judiciais incômodos só para drenar os seus cofres e a sua determinação.

Se você tiver o mínimo de sucesso em algo disruptivo, provavelmente será um alvo. Se você tiver muito sucesso, com certeza será.

Então, você sempre deve ponderar a possibilidade de uma ação judicial. No entanto, uma ação judicial não é o fim do mundo. Um "talvez" ou até mesmo um "não" de seus advogados nem sempre é razão para interromper imediatamente o que está fazendo. Você precisa ponderar a opinião deles em relação às necessidades da sua empresa e ao fato de que você precisa correr riscos para inovar e ter sucesso. Não estou dizendo que você não deva seguir as orientações jurídicas – e sim que o jurídico não deve ser a sua única consideração.

É claro, isso não se aplica a nada realmente ilegal. Ou a mentiras. Ou a qualquer uma das coisas básicas para as quais você precisa de um advogado – contratos, RH ou os termos de proteção e privacidade do seu aplicativo. Não brinque com esse tipo de coisa. Ouça o seu advogado e siga expressamente os conselhos dele. Se você não tiver um advogado na equipe, contrate um escritório de advocacia e pague a conta. Você não vai querer que a sua empresa desmorone por causa de um erro idiota – porque você pisou na bola em seus contratos trabalhistas ou seus termos e condições.

Contudo, quando surgirem zonas cinzentas, coisas complicadas ou milhões de decisões sutis baseadas em opiniões que determinarão a direção de sua empresa, nunca esqueça que os advogados vivem em um mundo preto e branco. Legal contra ilegal. Defensável contra indefensável. O trabalho deles é informá-lo das leis e explicar os riscos.

O seu trabalho é tomar a decisão.

A primeira vez que tive que lidar com um processo judicial foi na Apple. Lembro que fiquei paralisado, sem saber o que fazer. A Creative, fabricante do segundo player de música mais popular depois do iPod, nos processou pela interface do iTunes ao transferir músicas para o iPod e pela tecnologia que a possibilitava. Não estava claro se eles tinham razão ou não, se ganharíamos ou não, e Steve estava preocupado. Havíamos criado o primeiro grande produto da Apple em anos e agora estávamos sendo processados por isso.

Chip Lutton, que liderava todo o trabalho jurídico de propriedade intelectual da Apple, trabalhou comigo e com Jeff Robbin, vice-presidente do iTunes, para encontrar soluções e contornar os problemas. Propusemos várias maneiras de mudar o produto, mas no fim Steve acabou tomando a decisão de negócios de fazer um acordo. Na verdade, ele fez um acordo de US$ 100 milhões, dezenas de milhões a mais do que a Creative estava exigindo. Ele

326 | CRIAR

a queria completamente fora do nosso caminho, para nunca mais voltar.

Foi uma lição interessante sobre o que significa vencer. Não foi uma vitória legal em si – nunca nos defendemos, nunca fomos ao tribunal –, mas foi uma vitória para Steve. Era mais importante para ele não passar nem mais um segundo da vida se preocupando com aquele processo do que economizar dinheiro ou salvar as aparências.

Logo depois de lançarmos o Nest Learning Thermostat, fomos processados pela Honeywell. Dessa vez foi um processo judicial muito diferente. Eles queriam fazer de tudo para nos processar até nos destruir. A estratégia deles era esmagar o peixe pequeno e praticamente roubar a tecnologia por uma ninharia. Nossa equipe jurídica estava confiante de que poderíamos vencer – o processo era ridículo, frívolo, uma tática batida para desacelerar um concorrente em rápido crescimento. Mas eu tinha aprendido com a minha experiência na Apple – não podia simplesmente entregar a decisão sobre o que fazer ao departamento jurídico.

Os advogados adoram vencer – eles nunca desistirão da luta, lutarão até a morte. Entretanto, a decisão deve ser uma decisão de negócios. A morte não é uma opção aceitável. Você nunca vai ter um bom ROI (retorno sobre investimento) com a morte.

Quando estiver em qualquer tipo de negociação que inclua questões jurídicas, você sempre precisará resolver os pontos fundamentais do acordo primeiro, antes de chamar os advogados – o quanto você está pagando por algo, o quanto está disposto a gastar, quanto tempo deve durar um contrato, exclusividade etc. Aprove as questões mais amplas do termo de compromisso e deixe os advogados discutirem o juridiquês. Caso contrário, as negociações podem se arrastar para sempre, com você pagando a conta enquanto os seus advogados brigam com os advogados do outro lado.

Ninguém quer isso.

Foi por isso que, mesmo quando estávamos à beira da vitória em nosso processo judicial com a Honeywell, fizemos um acordo fora do tribunal. Na ocasião, o Google havia comprado a nossa empresa e a Honeywell era um grande cliente deles. Nós estávamos certos e a Honeywell estava errada, mas isso não importava; foi uma decisão de negócios. O Google decidiu que pagar a Honeywell e manter o relacionamento com eles era preferível a ir ao tribunal – especialmente porque o custo do acordo saiu dos cofres da Nest e não do Google.

Ficamos furiosos. Teríamos vencido e, em vez disso, a Nest ficou com a conta. Quisemos morrer de raiva. No entanto, foi a decisão certa para o Google.

Os melhores advogados sabem disso. Não pensam apenas como advogados. Levam em conta todo o seu treinamento e conhecimento, mas também ponderam os objetivos da empresa. Eles podem ajudá-lo a conhecer os riscos e, ao mesmo tempo, estar muito ciente dos benefícios.

Eles lhe dão conselhos fundamentados em vez de dizer o que você pode e não pode fazer. Sabem que a voz deles é parte de um coro. E, à medida que vocês trabalham juntos e vão se entendendo, à medida que aprendem sobre o cenário competitivo e sobre quem são os seus clientes e parceiros, os melhores advogados vão flexibilizar um pouco. A maioria dos advogados leva meses ou até anos trabalhando com uma empresa para realmente entender quais riscos valem a preocupação e quais podem ser ignorados. No entanto, um advogado experiente e que entende do lado dos negócios, capaz de comunicar os riscos com eficácia, pode valer seu peso em ouro.

Conseguir um advogado como esse geralmente requer que você o contrate para trabalhar internamente. Em geral, você saberá que chegou a hora de iniciar o processo de contratação quando o jurídico começar a ficar muito caro – muitas horas cobradas para lidar com os mesmos acordos e perguntas, muitas idas e vindas, muitas ocasiões nas quais você precisa que eles encontrem especialistas raros.

328 | CRIAR

Um advogado interno não resolverá a sua necessidade de contratar especialistas – para impostos, RH, angariação de fundos, fusões e aquisições, propriedade intelectual e patentes, regras governamentais –, mas ajudará a negociar as contas que os advogados terceirizados mandarem para a sua empresa. Sempre há espaço para negociação – especialmente com advogados. Um advogado experiente, que entende o modelo de negócios de um escritório de advocacia e conhece os truques e as pegadinhas, pode olhar para a fatura e perguntar por que essa tarefa levou tantas horas ou por que essa conversa foi faturada dessa maneira.

Ao considerar a primeira contratação para o departamento jurídico de sua empresa, você pode achar que faz sentido contratar um generalista, alguém capaz de fazer um pouco de tudo. As pessoas acham que isso reduzirá a necessidade de contratar especialistas externos. Mas é o contrário.

Nesse momento, você não está contratando para ter uma amplitude de atuação. Você precisa entender o que ocupa o cerne da sua empresa – qual, em última análise, é o seu negócio – e contratar para essas especialidades jurídicas específicas.

Já vi muitas empresas que têm a propriedade intelectual como o maior diferencial contratarem um advogado de contratos comum para comandar a equipe jurídica. É um erro inevitavelmente caro. O advogado acaba terceirizando todo o trabalho jurídico referente à propriedade intelectual, impedindo qualquer economia de custos, e ainda por cima é incapaz de dar orientação aos advogados terceirizados. Quando a primeira contratação jurídica não tem experiência e especialização nas áreas cruciais da empresa, a equipe jurídica acaba enfraquecida e se torna mais avessa ao risco, menos flexível, menos capaz de trabalhar com o restante da empresa para resolver problemas com criatividade e criar estratégias jurídicas de curto prazo para a empresa.

Na Nest, sabíamos desde o início que tudo se resumiria à propriedade intelectual. O ingrediente especial da Nest sempre seria as nossas inovações tecnológicas. Essas inovações teriam que ser agressivamente patenteadas para serem mantidas fora do alcance da concorrência.

Então, nosso primeiro advogado foi Chip Lutton, o mesmo advogado com quem trabalhei no processo judicial do iPod.

Precisávamos de um líder que já tivesse profundo conhecimento das questões que estariam no centro do nosso negócio, que pudesse agir considerando essas questões desde o primeiro dia e que montasse a sua equipe com essa perspectiva em mente. Precisávamos de alguém que pudesse agir como uma bússola moral, que pudesse argumentar de igual para igual com os executivos, os engenheiros e o pessoal de marketing.

Precisávamos de um líder que pudesse liderar.

Que seria respeitado e sensato o suficiente para ter uma voz ativa no desenvolvimento do produto.

Chip e sua equipe nunca trabalharam nos bastidores. Eles sempre se envolveram profundamente com o nosso trabalho, pensando nos recursos do produto, garantindo que seríamos capazes de defender as nossas patentes, destrinchando os nossos textos publicitários, combatendo processos judiciais. E entrando nas batalhas comigo.

Como a batalha sobre o bebê.

Em junho de 2015, lançamos a Nest Cam, uma câmera de vídeo que você pode usar como um recurso de segurança, como câmera para monitorar animais de estimação ou como uma babá eletrônica. Nos Estados Unidos, qualquer aparelho eletrônico destinado a ser usado no quarto de um bebê deve incluir a seguinte advertência:

330 | CRIAR

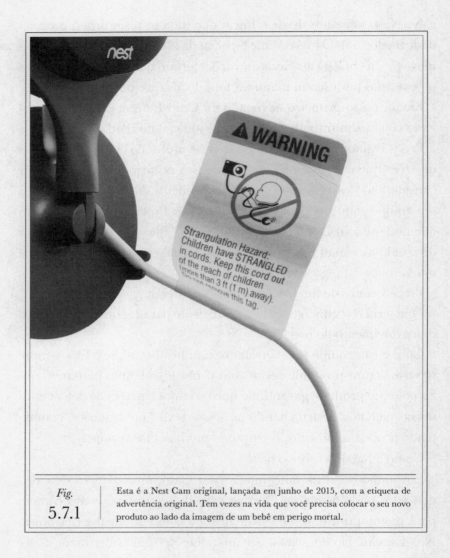

Fig. 5.7.1 — Esta é a Nest Cam original, lançada em junho de 2015, com a etiqueta de advertência original. Tem vezes na vida que você precisa colocar o seu novo produto ao lado da imagem de um bebê em perigo mortal.

E eu disse:

– De jeito nenhum. Não vamos lançar o nosso novo produto com a imagem de um bebê estrangulado.

Já havíamos incluído os avisos de estrangulamento no aplicativo, nas instruções de instalação, no manual, na configuração. Tínhamos feito de um jeito que tornava impossível ignorá-los. Nenhum dos produtos dos nossos concorrentes tinha feito tanto quanto nós. E todos tinham os mesmos cabos!

Fiquei nervoso, furioso. Eu andava pela sala batendo os pés. Eu disse não. De jeito nenhum.

E Chip me apresentou as consequências tranquilamente: na melhor das hipóteses, uma multa cara e um recall. Na pior, um processo judicial por parte do governo federal.

O rótulo não poderia ser reduzido. Não poderia ser alterado. Nem poderia ser de outra cor.

Neste caso, não havia nuance, não havia zona cinzenta, não havia discussão. A lei era muito prescritiva. Não era uma decisão baseada em opiniões em que o jurídico era apenas mais uma voz do coro e eu podia seguir a minha intuição. Nesse caso, ignorar o conselho de Chip não seria uma decisão estratégica de negócios – seria um erro idiota. Os riscos não valiam as recompensas.

Tem vezes na vida que você precisa colocar o seu novo produto ao lado da imagem de um bebê em perigo mortal. Se quiséssemos vender a Nest Cam como uma babá eletrônica, precisávamos ter o rótulo.

Mesmo assim, Chip trabalhou comigo para encontrar uma solução. Ele nunca se limitou a dizer "não" e virar as costas. Ele sempre nos ajudou a encontrar um meio-termo, uma nova oportunidade, uma direção diferente.

Acabamos fazendo um rótulo ainda maior e mais feio que o necessário – e o colocamos bem ao lado do produto para que fosse impossível deixar de vê-lo. Sabíamos que os consumidores simplesmente arrancariam a etiqueta, então fizemos com que ela fosse fácil de arrancar e garantimos que não ficasse nenhum resíduo de adesivo. Até fizemos algumas sessões de teste para garantir que funcionasse (não seria bom se as fábricas de colchões fizessem o mesmo?).

Chip se certificou de que não teríamos problemas.

332 | CRIAR

Ele é um excelente advogado, mas também é um parceiro incrível.

É isso que você quer. Você não quer um advogado que pensa que seu único trabalho é apontar o buraco no qual você pode cair e impedir sua passagem. Contrate alguém que o ajude a encontrar um novo caminho. Contrate alguém que construa uma ponte. Contrate um advogado que não se limite a pensar como um advogado.

Parte

VI

SEJA O CEO

O conceito de casa conectada avançaria muito com o Nest Protect, nosso detector de fumaça e CO_2.

O Nest Protect funcionaria como um sensor de temperatura e umidade para o Nest Learning Thermostat, permitindo o controle do ambiente em cada cômodo. Ele usaria o seu sensor de movimento para detectar que ninguém estava em casa, e o termostato poderia desligar o aquecimento ou o ar-condicionado para economizar energia. E usaria a sua voz para fazer mais do que apenas alertar sobre o perigo – nossa visão para o Nest Protect incluía criar um alto-falante de alta qualidade. Como toda casa nos Estados Unidos tem um alarme de fumaça em cada cômodo, planejamos o design para que ele tocasse música e até funcionasse como interfone. Você poderia usar o Nest Protect da cozinha para avisar o seu filho, que estaria no quarto dele, que o jantar estava pronto.

Agora adicione uma câmera de vídeo ou uma fechadura inteligente ao conjunto e você terá um sistema de segurança integrado com sensores em todos os cômodos e alarmes por toda a casa. A cada novo Nest que você instalasse, os produtos Nest que você já tivesse ficariam melhores. Eles fariam mais coisas. Abririam novos caminhos de praticidade e possibilidades. E você não precisaria fazer praticamente nada. Tudo simplesmente… funcionaria.

334 | CRIAR

A ideia da casa conectada era ser fácil. A ideia era a sua casa cuidar de você e não você cuidar dela.

Estávamos cientes das dezenas de outros produtos conectados que surgiam ao nosso redor depois do Nest Thermostat mostrar o que era possível fazer. Em vez de tratá-los como concorrentes a serem destruídos, cultivamos o ecossistema com uma tecnologia de rede de baixa potência chamada Thread. Se você criasse um dispositivo inteligente decente, ele poderia se conectar ao sistema Nest e funcionar com os produtos Nest – o seu ventilador de teto inteligente poderia se conectar ao nosso termostato ou o Nest poderia informar às lâmpadas inteligentes que você e a sua família estavam viajando, para que elas dessem a impressão de que vocês estavam em casa e enganassem os potenciais ladrões.

A Nest estava criando uma plataforma – um ecossistema de produtos próprios e de terceiros, todos controlados por um único aplicativo – que elevaria a casa conectada a algo verdadeiramente mágico. A ideia era tecer toda uma rede de tecnologias que transformariam o que um lar poderia ser.

Pelo menos essa era a visão.

A visão que o Google comprou por US$ 3,2 bilhões em 2014.

O Google ficou de olho na Nest desde o início. Mostrei alguns protótipos a Sergey Brin antes do lançamento e o Google quis comprar nossa empresa já em 2012. Eles queriam nos ajudar a concretizar a nossa visão mais rapidamente. Quando recusamos, eles se ofereceram para investir.

Em 2013, quando estávamos no meio de outra rodada de financiamento bem-sucedida, eles tentaram de novo nos adquirir.

Eu sabia que, se eles estavam tão ansiosos para comprar a Nest, significava que eles poderiam estar começando a levar a sério a criação de dispositivos para a casa inteligente. E, se o Google estava começando a levar a sério, Apple, Microsoft, Amazon, Facebook e outros gigantes da tecnologia também poderiam estar de olho nisso. A Nest tinha jogado uma bola de neve que agora estava provocando uma avalanche.

Se não tivéssemos cuidado, poderíamos ser enterrados rapidamente.

A Nest estava indo muito bem e os nossos produtos esgotavam assim que saíam da fábrica. Poderíamos ter simplesmente continuado a fabricar o termostato, que já tinha superado até as nossas expectativas mais loucas. As pessoas estavam dando termostatos – termostatos! – de presente de Natal. David Letterman e Kanye West tinham nos escrito para pedir o nosso produto, que tinha esgotado.

Entretanto, estávamos decididos a criar uma plataforma – uma plataforma grande e significativa que pudesse durar décadas –, o que demandaria muitos recursos.

Empresas enormes como o Google ou a Apple, que tinham outros fluxos de receita altamente lucrativos e montanhas de produtos, poderiam nos substituir rapidamente com a sua própria plataforma. Tudo o que eles precisavam fazer era anunciar um plano para entrar no mercado de casas conectadas. Não importaria se a plataforma não fosse tão boa – quando uma empresa gigante faz um anúncio, o anúncio por si só já chama atenção. Eles poderiam atrair todos os nossos potenciais parceiros e desenvolvedores ou apenas impedir que eles se comprometessem totalmente conosco enquanto esperavam para ver o que aconteceria.

Eu tinha visto muitos produtos e plataformas excelentes criados por pequenas startups morrerem quando grandes players entraram em cena e sugaram todo o oxigênio da sala.

Mas, ao nos unir ao Google, não estaríamos apenas nos protegendo – estaríamos acelerando a nossa missão. Foi o que realmente empolgou a equipe executiva: o potencial de crescimento.

Então, depois de muita deliberação e nervosismo, decidimos, como equipe, que era o momento certo para vender a empresa. Tínhamos boas cartas nas mãos – financiamento mais que suficiente, mais investidores circulando e uma robusta economia unitária. Nosso negócio era enxuto, nossos termostatos eram lucrativos, estávamos para lançar mais um produto e tínhamos outros em desenvolvimento.

O Google prometeu investir US$ 4 bilhões em nossa plataforma de casa conectada ao longo de cinco anos e fornecer os recursos necessá-

336 | CRIAR

rios – servidores, algoritmos de inteligência artificial, relações com desenvolvedores. Concordamos que eles deixariam de lado os dispositivos de casa conectada que tinham começado a criar e se concentrariam exclusivamente na Nest. Concordamos em fazer reuniões de coordenação a cada duas semanas com as equipes responsáveis pela tecnologia à qual precisaríamos nos integrar.

Estávamos preocupados com a possibilidade de um choque cultural, mas a equipe do Google nos garantiu que a cultura orientada para a missão da Nest estabeleceria um novo patamar e ajudaria a impulsionar uma evolução cultural no Google. Eles nos disseram que veríamos um grande aumento nas vendas e que poderíamos dar vida à nossa plataforma anos antes do que seria possível como uma empresa independente.

Eles nos disseram que seria um casamento lindo.

Depois de três ou quatro meses de discussões intensas, a Nest e o Google se casaram em janeiro de 2014 acreditando que ficaríamos juntos para sempre. Que o casamento daria certo. Que faríamos dar certo. As duas empresas tinham as melhores intenções.

Mas todo mundo sabe que o inferno está cheio de boas intenções.

Poucas horas depois da aquisição, a Nest tentou acalmar uma onda de repercussão negativa, declarando ao público que a nossa cultura e os nossos sistemas ficariam completamente separados do Google. Depois disso, o órgão transplantado foi rejeitado. Os anticorpos naturais do Google detectaram um corpo novo, diferente e estranho e fizeram o possível para evitá-lo ou ignorá-lo. Eles viviam sorrindo e dizendo gentilezas, mas as reuniões prometidas, a supervisão da administração do Google, os planos que tínhamos feito para a integração – tudo começou a desmoronar.

Nem as coisas mais básicas e que seriam naturais foram adiante. Podemos vender os produtos da Nest na Google Store? Não. Só depois de pelo menos um ano. Podemos sair do Amazon Web Services e entrar no Google Cloud? Não, não sem fazer uma montanha de mudanças. E na verdade vai ficar mais caro.

Isso não deveria ter sido um choque. Tudo era mais caro.

Em 2014, pouco antes da aquisição pelo Google, a Nest gastava cerca de US$ 250.000 por funcionário por ano. Isso incluía um escritório decente, um bom seguro de saúde, um ou outro almoço grátis e atividades divertidas de tempos em tempos.

Depois que fomos adquiridos, esse número subiu para US$ 475.000 por pessoa. Uma parte do aumento resultou da burocracia corporativa e do aumento de salários e benefícios, mas grande parte resultou das regalias adicionais que incluíam ônibus gratuitos, café da manhã, almoço e jantar grátis, toneladas de junk food, salas de conferência novinhas em folha com recursos audiovisuais completos e novos prédios de escritório. Até a TI era cara. Custava US$ 10.000 por ano para conectar o computador de cada funcionário ao Google Network e isso nem incluía o preço do laptop.

É claro que a Nest também não era perfeita. Tínhamos tantos projetos diferentes ao mesmo tempo que não estávamos conseguindo dar conta. O sistema de segurança Nest Secure era adiado perpetuamente enquanto lançávamos a segunda geração do Nest Protect e a terceira geração do termostato. Também tínhamos comprado uma empresa chamada Dropcam, criado a primeira Nest Cam e a incluído ao aplicativo Nest, além de passarmos incontáveis horas tentando nos integrar ao Google e definir coisas como endereços de e-mail, segurança corporativa, quais servidores continham quais dados, políticas de privacidade etc.

Apesar de fazermos parte do Google, não nos empenhávamos muito em nos integrar à empresa, em sermos Googlers, em realmente aderir à cultura. Um pequeno contingente de Nesters tinha vindo da Apple, onde o Google era o Inimigo nº 1, e não foi fácil convencê-los a continuar conosco. Ademais, a maioria de nós só gostava do nosso jeito de fazer as coisas. Não queríamos ser Googlers. Eu não usaria um boné de beisebol de hélice, como os novos Googlers fazem. Consigo entender por que nos destacamos como sendo tão diferentes e por que não fomos recebidos de braços abertos.

338 | CRIAR

Mesmo com tudo isso, a aquisição não foi um desastre completo. Era um trabalho em andamento.

A nossa marca e economia unitária eram robustas. Ainda estávamos crescendo rapidamente. A aquisição pelo Google deu a vários varejistas confiança para começar a vender produtos da Nest em suas lojas. Atraiu também muitos desenvolvedores para o nosso ecossistema. Estávamos fazendo pequenas incursões em certas equipes do Google, apesar de ainda estarmos longe do progresso que esperávamos fazer. Mas tínhamos tempo. O plano era criar uma verdadeira plataforma de casa inteligente em cinco anos. O Google tinha muitas pessoas incríveis, muitas equipes incríveis criando tecnologias incríveis com as quais poderíamos trabalhar para criar algo realmente espetacular e importante. Só tínhamos que continuar pressionando. Nós conseguiríamos chegar lá.

Então, em agosto de 2015 – pouco mais de um ano depois da aquisição –, o cofundador do Google, Larry Page, me chamou para a sua sala. Ele disse:

– Temos uma nova e empolgante estratégia corporativa para a empresa. A Alphabet. E queremos que a Nest seja o modelo de como fazer as coisas direito.

Eles estavam reestruturando o Google – criando uma organização guarda-chuva chamada Alphabet, que teria o Google e todas as suas "outras apostas" como subsidiárias. Com isso, Wall Street poderia ver com mais clareza a saúde dos negócios de Buscas e Anúncios do Google. As "outras apostas" – como o Google Fiber, Calico, Verily, Capital G, Google Ventures, Google X com sua infinidade de projetos revolucionários e, é claro, a Nest – se tornariam empresas irmãs independentes que deixariam de fazer parte do Google. De repente, a Nest se tornaria uma das maiores, de capital mais aberto e mais caras das irmãs.

Havíamos passado dezesseis meses tentando nos integrar ao Google, ser assimilados pela nave-mãe e obter toda a boa vontade da qual precisávamos para acelerar a concretização da nossa visão. Tinha sido principalmente por essa integração e por esse acesso à tecnologia que concordáramos em ser adquiridos pelo Google. Mas Larry me dizia que havia acabado. Teríamos uma nova direção. Uma nova estratégia.

– Há quanto tempo você vem planejando isso? – eu perguntei.

– Anos – ele respondeu.

– Quantas pessoas no Google vêm planejando isso?

– Três ou quatro, há alguns meses. Você é uma das primeiras pessoas a quem estou contando.

Eu pensei: "Poxa, que legal! Valeu!" Mas eu disse:

– Certo, precisamos conhecer os detalhes para garantir o alinhamento. Quanto tempo temos para analisar a questão e elaborar um plano concreto? Alguns meses?

Eu sabia que não deveria dizer "não" sem um argumento detalhado. No entanto, eu precisava de tempo para descobrir como reverter a situação – e conseguir um acordo melhor para a nossa equipe.

– Não temos alguns meses.

– Oito semanas?

– Não.

– Um mês?

– Vamos anunciar na semana que vem – ele disse. – Somos uma empresa de capital aberto, seria um desastre se isso vazasse para a imprensa. É só uma mudança financeira e contábil; não se preocupe com isso, vamos dar um jeito.

Eu fiquei em choque. Sem palavras. De nada tinha adiantado toda a intuição postergada. Pensei comigo mesmo: Preparar, apontar, fogo.

Não havia nenhum plano. Nenhum. Eu não tenho nada contra "Fazer. Aprender. Fracassar", mas não dá para virar uma empresa inteira de cabeça para baixo sem ao menos fingir que tem uma estratégia. O que deveria ter sido uma decisão orientada por dados se transformou em uma decisão orientada por opiniões.

Larry me disse que vinha estudando como Warren Buffett tinha feito a mesma coisa em sua empresa. Ele chegou a ir a Nebraska para falar com Warren a respeito disso. A Berkshire Hathaway compra empresas não relacionadas que são administradas separadamente e funciona muito bem. "O que nos impede de fazer o mesmo?"

Eu apontei que a Berkshire Hathaway comprava empresas de dez, quinze, cinquenta anos. Empresas consolidadas, com bastante receita. Adultos crescidos e saudáveis. As outras apostas da Alphabet eram bebês, crianças, adolescentes tentando se encontrar. Elas ainda estavam lutando para inovar, tentando encontrar um caminho para a lucratividade. Os fundamentos eram totalmente diferentes.

Mas não importava. O rolo compressor já estava a caminho.

Vinte e quatro horas depois do anúncio da Alphabet, a Google Facilities disse:

— Vocês não fazem mais parte do Google, então isso aqui é de vocês — e nos entregou uma conta de milhões de dólares pelo nosso novo escritório que eles tinham acabado de reformar.

Para piorar ainda mais a situação, nosso custo por funcionário mais do que dobrara — um aumento de 2,5 vezes. E nada tinha mudado — todas as pessoas da Nest estavam fazendo o mesmo trabalho no mesmo lugar. Só que agora nós é que precisávamos bancar as contas, incluindo uma taxa corporativa da Alphabet por qualquer serviço fornecido pelo Google. A infraestrutura com a qual contávamos — TI, jurídico, finanças, RH — ficou mais cara em um estalar de dedos. Em alguns casos, ridiculamente mais cara. Eles nos disseram:

— Sentimos muito, mas temos que fazer isso. É uma exigência da FASB (Financial Accounting Standards Board). Não tem como contornar isso, porque somos uma empresa de capital aberto.

Naquele mesmo instante, as equipes de tecnologia do Google que finalmente havíamos começado a integrar lavaram as mãos e nos deram as costas sem pensar duas vezes.

— Vocês não são do Google — eles nos disseram.

Os anticorpos atacaram com tudo.

Foi chocante ver a velocidade na qual as prioridades deles mudaram.

Mas a pior parte foram as mentiras.

Desenvolvi alergia à palavra "ponderado". Sempre que a administração sênior do Google queria que engolíssemos alguma nova estratégia, eles nos diziam que era, apesar das aparências, extremamente ponderada. "Estamos sendo ponderados com a integração da Nest ao Google." "Vamos ser ponderados com a transição de vocês para a Alphabet." "Matt e Tony, não se preocupem, fomos muito ponderados com essa questão."

Eu ouvia e pensava: "Aaaaaahhh nããão, lá vêm eles de novo, lançando mentiras ponderadas para o meu lado e esperando que eu repasse essas mentiras ao meu time".

Eu e Matt havíamos passado mais de um ano encorajando a integração com o Google e, de repente, tivemos que dar uma guinada de 180 graus e encorajar a integração com a Alphabet. Eu tive que dizer à nossa equipe que estava tudo bem, mesmo enquanto via a liderança do Google arquitetar um plano "ponderado", com a transição já em andamento, e depois mudar esse plano repetidamente nos meses seguintes. Era uma confusão de reuniões de implementação com a Alphabet toda semana – finanças, jurídico, TI, vendas, marketing, relações públicas, instalações, RH. Um dia nos diziam que iriam cobrar por ônibus ou instalações ou serviços jurídicos de um jeito e, duas semanas depois, isso era repensado.

Então, quando finalmente calcularam o custo de Alphabetizar a Nest, um novo regime financeiro entrou em cena.

O comitê diretor da Alphabet disse que precisaríamos racionalizar as despesas da Nest e alcançar a lucratividade com mais rapidez. Disseram que não estávamos atingindo as nossas metas de vendas. Eu apontei que eles tinham inventado essas metas. Haviam presumido que os produtos Nest seriam vendidos na Google Store, o que aumentaria as nossas vendas em 30% a 50%. No entanto, a Google Store hesitara e nossas vendas tinham despencado, porque os clientes, desconfiados da política de privacidade do Google, ficaram de fora.

Quando ficou claro que eu não iria ceder, Larry me disse que precisávamos alcançar a lucratividade.

— Preciso que você seja ousado e criativo e dê um jeito de cortar 50% de tudo.

Ele literalmente quis dizer tudo: número de funcionários, despesas e nossos planos.

— O QUÊ?! — eu retruquei.

Nada havia mudado: nosso acordo era o mesmo, nosso plano era o mesmo. Só que agora eles queriam que eu demitisse metade da nossa equipe, embora tivéssemos acabado de contratar a maioria das pessoas nos meses anteriores.

Larry me disse para não me preocupar e que eu não precisaria demitir todas essas pessoas. Ele disse que o Google tinha muitas vagas e que as pessoas poderiam ser transferidas para lá com facilidade. Eu pensei: será que esse cara já teve que demitir alguém na vida dele? Digo, sentar cara a cara com uma pessoa e dizer que ela está sendo demitida? Você não pode simplesmente brincar com a vida das pessoas assim.

Mas o Google queria mostrar a Wall Street que algum de seus negócios, tirando as Buscas e os Anúncios, poderia realmente ser lucrativo. Todos os outros dispositivos que eles tinham feito — os celulares, os Chromebooks — estavam perdendo dinheiro. A Nest era a única que tinha uma chance de alcançar a lucratividade, então eles focaram toda a atenção em nós.

Só que eu jamais eliminaria metade da Nest.

Propusemos reduções de 10% a 15%, mas nos recusamos terminantemente a mudar os nossos planos. Não desistiríamos de nossa missão.

Desnecessário dizer, havia muita tensão no ar.

Quatro meses depois, outra bomba caiu na minha cabeça.

Larry Page me disse que queria o divórcio.

Ele ia vender a Nest.

No entanto, Larry não disse isso na minha cara. Um dia, Bill Campbell, meu mentor e mentor de Larry, pediu que eu ficasse um pouco mais depois de uma reunião do conselho, poucos dias antes das férias coletivas de fim de ano. Todos saíram da sala e ele e Larry ficaram para trás. Bill me olhou e disse:

Seja o CEO | 343

— Vou direto ao ponto. É difícil para Larry dizer o que vou dizer e eu não vou mentir para você. Larry quer vender a Nest. Não sei por quê, mas é o que ele quer fazer.

Larry olhou para Bill, chocado, e disse:

— Nossa, você não precisava dizer desse jeito!

Mas foi o que ele fez. Bill me conhecia. Larry não. Ele não me conhecia de verdade. Acho que ele quis a presença de Bill porque achou que eu iria surtar. Ele queria uma testemunha e alguém para amenizar o nosso rompimento caso as coisas esquentassem.

Eu só fiquei sentado em silêncio, tentando ouvir cada palavra, observando cada microexpressão no rosto deles enquanto Larry tentava explicar a situação.

Então eu disse:

— Larry, você comprou a Nest. Você pode vender a Nest se quiser. Mas você não vai me vender junto.

Eu não aguentava mais.

Bill olhou para Larry e disse:

— Eu sabia. Eu disse que ele diria isso.

Até agora, não sei exatamente por que o Google decidiu nos vender. Talvez o problema tenha sido o choque cultural — ou Larry pode ter achado que éramos incompatíveis demais. Quando perguntei, eles me deram as justificativas de sempre: decidimos que a Nest não se encaixa mais na nossa estratégia, está nos custando muito dinheiro. No entanto, mesmo com a mudança do Google, nosso acordo não havia mudado — nunca tínhamos escondido os nossos planos para o futuro. Eles sabiam quando assinaram o acordo que éramos um investimento caro. E tinham estado mais do que dispostos — ávidos, na verdade — para financiar a nossa visão menos de dois anos antes.

— Nossa estratégia financeira mudou — eles disseram. E foi isso.

Bill estava desesperado depois da reunião.

— Vocês têm produtos populares, fatores econômicos e crescimento robustos e um pipeline de novos produtos com um potencial enorme.

344 | CRIAR

Vocês têm muito mais chances que a maioria dos projetos da empresa
– ele me disse, com a cabeça entre as mãos. – Não faz o menor sentido.
Só estávamos começando!

Apesar de suas objeções, o Google trouxe os banqueiros para que eu
pudesse ajudá-los a "preservar o valor dos ativos". E, como eu já havia
dito que sairia, a única coisa que eu podia fazer era tentar minimizar os
danos, facilitar ao máximo a transição para a minha equipe. Eu me vi
na obrigação de agir como um bom soldado. Fiz o que me mandaram
fazer, ajudei os banqueiros a preparar a documentação para a venda.
Eles começaram a apresentar a Nest a possíveis compradores em feve-
reiro de 2016.

Os banqueiros fizeram uma lista de possíveis compradores e algumas
empresas se interessaram. A primeira da fila era a Amazon.

Os banqueiros perguntaram a Larry se ele venderia para a Amazon
e ele respondeu:

– Sim, acho que sim.

Fiquei chocado de novo – vender para um de seus concorrentes? Foi
outro tapa na cara.

À medida que as negociações avançavam, mantive a minha palavra.
Saí da Nest. Saí do casamento. Eles disseram que queriam o divórcio,
então lhes dei o divórcio.

Meses depois da minha saída, o Google mudou de ideia. De novo.

Eles decidiram não vender a Nest.

Na verdade, eles decidiram que faria mais sentido manter a Nest
como parte do Google, em vez de ser agrupada com as "outras apostas"
da Alphabet. E a Nest foi reabsorvida.

Era a estratégia do dia – juntar-se ao Google, sair do Google, juntar-se ao Google. Durante esse tempo todo, a equipe gerencial da Nest
teve que se colocar na frente dos funcionários e prometer que tudo ficaria bem, que tudo seria ótimo! Contudo, não havia como negar que
essas idas e vindas tinham sido dolorosas – para os nossos clientes, para
a equipe, para a família deles. A gestão executiva parecia ter o mais

completo desrespeito pelos nossos funcionários e pelo trabalho que eles estavam tentando fazer.

No final, quando o Google reabsorveu a Nest em 2018, eles fizeram as reduções de 10% a 15% que eu havia proposto no fim de 2015. A reintegração à nave-mãe também eliminou os custos indiretos da Alphabet – aqueles US$ 150.000 adicionais por pessoa e a miríade de taxas mais altas. De repente, parecia que a Nest voltara a ser um excelente investimento.

Não dá para entender. Assim como eu nunca soube as verdadeiras razões da decisão de vender a Nest, nunca me explicaram por que decidiram mantê-la. Pode ser que, ao ver o interesse da Amazon, Larry tenha percebido que a Nest era mesmo um ativo valioso. Talvez tudo aquilo tenha sido uma maneira de me pressionar a abaixar a cabeça e cortar custos. Pode ser que eles nunca tiveram um plano e tudo aquilo tenha acontecido porque deu na telha de algum executivo. É muito comum essa ser a razão por trás de grandes e importantes mudanças.

As pessoas têm uma visão de como é ser executivo, CEO ou líder de uma grande unidade de negócios. Elas acham que todas as pessoas que atuam nesse nível têm experiência e conhecimento suficientes para pelo menos fingir que sabem o que estão fazendo. Elas acham que quem atua nesse nível pensa em longo prazo, com estratégia e ponderação, e que acordos sensatos são selados com apertos de mão firmes.

Na realidade, às vezes, parece que você está no ensino médio. Às vezes, no jardim de infância.

Foi o que vi quando entrei na diretoria executiva da Philips, quando me tornei vice-presidente da Apple, quando fui CEO da Nest e quando entrei na equipe executiva do Google. Todos esses cargos pareciam muito diferentes, mas no fundo as responsabilidades eram as mesmas – tratava-se cada vez menos do que você estava produzindo e cada vez mais de quem estava produzindo com você.

Como CEO, você passa quase todo o seu tempo resolvendo problemas de pessoas e comunicação. Você tenta navegar por uma teia emara-

346 | CRIAR

nhada de relacionamentos e intrigas profissionais; ouvir, mas também ignorar o conselho; manter a cultura da empresa; comprar empresas ou vender a sua; manter o respeito das pessoas enquanto continuamente pressiona a si mesmo e à equipe para criar algo espetacular, apesar de você quase não ter mais tempo para pensar no que está criando.

É um trabalho muito estranho.

Então, se você subiu ao topo da montanha corporativa e agora está congelado, sem oxigênio, perguntando-se quando os xerpas chegarão, veja algumas lições que aprendi.

Capítulo

6.1

TORNANDO-SE O CEO

Não há nada parecido com ser um CEO e não há nada que o prepare para isso – nem ser o líder de uma grande equipe ou divisão de uma empresa, com muita experiência na diretoria executiva. Nessas posições, sempre há alguém acima de você – mas a responsabilidade final é sempre do CEO. E, como o CEO, cabe a você definir os rumos da empresa. Mesmo se houver um conselho, sócios, investidores, funcionários – no fim, os olhos de todos se voltam para você.

As coisas às quais você dedica a sua atenção e com as quais se preocupa tornam-se as prioridades da empresa. Os melhores CEOs encorajam a equipe a atingir a grandeza e cuidam das pessoas para garantir que elas consigam concretizar a visão. Os piores CEOs só se preocupam em manter o status quo.

Em geral, há três tipos de CEOs:

1. **Os CEOs babás** são administradores da empresa e se concentram em mantê-la segura e previsível. Eles tendem a supervisionar o crescimento dos produtos existentes que herdaram e não assumem riscos que possam assustar executivos ou acionistas. Isso invariavelmente leva à estagnação e à deterioração das empresas. A maioria dos CEOs de empresas de capital aberto é composta de babás.

2. **Os CEOs pais** impulsionam a empresa a crescer e evoluir. Assumem grandes riscos com vistas a recompensas maiores. Fundadores

348 | CRIAR

inovadores – como Elon Musk e Jeff Bezos – são sempre CEOs pais. Mas também é possível ser um CEO pai sem ser o fundador da empresa – como Jamie Dimon, da JPMorgan Chase, ou Satya Nadella, da Microsoft. Pat Gelsinger, que recentemente assumiu o cargo de CEO da Intel, parece ser o primeiro CEO pai da Intel desde Andy Grove.

3. **Os CEOs incompetentes** em geral são simplesmente inexperientes ou fundadores que não são adequados para liderar uma empresa depois que ela atinge um determinado tamanho. Não estão à altura da tarefa de ser um babá nem um pai e a empresa sempre sai prejudicada.

··

O trabalho é dar a mínima. Importar-se. Com tudo.

Certa vez, fui à fábrica da Aston Martin para uma reunião com o CEO. Eram nove da manhã e estava chovendo bastante enquanto dirigíamos pelo pátio. A certa altura, tivemos que parar o carro de repente quando um cara usando uma capa de chuva amarelo-ovo e galochas cruzou nosso caminho. Quando chegamos à reunião, eis que o cara das galochas entra na sala. Era o CEO. Andy Palmer tinha percorrido o pátio inspecionando pessoalmente cada carro que saía da linha de montagem.

O CEO define os rumos da empresa – todas as equipes olham para o CEO e para a equipe executiva para ver o que é mais importante, ao que eles precisam atentar. Andy fez seu papel e mostrou a eles. Saiu na chuva e analisou os motores, o estofamento, os painéis, os escapamentos, tudo. E rejeitou qualquer carro que não fosse perfeito.

Se um líder se distrair e perder o foco no cliente – se as metas de negócios e as planilhas cheias de números para os acionistas se tornarem uma prioridade mais importante que as metas do cliente –, é fácil a organização inteira esquecer o que é mais importante.

Então, Andy fazia questão de mostrar a cada pessoa da empresa quais deveriam ser as prioridades. Para ele não importava quanto dinheiro seria necessário para atingir a perfeição, quantas vezes um carro teria que ser refeito, retrabalhado. O importante era entregar exatamente o que o cliente esperava. Superar a expectativa do cliente.

Se você quer construir uma empresa espetacular, você deve esperar excelência em cada área. Os resultados de cada equipe têm o potencial de entregar uma experiência fantástica ou absolutamente decepcionante para o cliente, de modo que todas as equipes devem priorizar o cliente. [Veja também: "Capítulo 3.1: Transforme o intangível em tangível".]

Nenhuma função da empresa é secundária – você não pode aceitar a mediocridade de nenhuma área.

Tudo importa.

E não se trata só de você.

Se você quer que todos deem o melhor de si, se você analisar os artigos de suporte ao cliente que serão postados no site com o mesmo olhar crítico de engenharia ou design, os técnicos responsáveis por escrever esses artigos sentirão a pressão, vão reclamar e ranger os dentes, ficarão estressados, mas depois escreverão os melhores artigos de suporte da vida deles.

Esse não é um exemplo hipotético. Eu li a maioria dos principais artigos de suporte ao cliente de todos os nossos produtos da Nest. Esses artigos eram a primeira coisa que um cliente com algum problema veria. Esse cliente estaria frustrado, irritado, com raiva. Contudo, uma experiência de suporte espetacular tem o potencial de transformar instantaneamente essa frustração em encantamento – transformá-lo em um cliente que ficará conosco para sempre. Eu não tinha como ignorar a importância daquele momento porque era "só" um detalhe da área de suporte. Então eu lia os artigos. E os criticava. Na verdade, fazendo isso, aprendi coisas sobre a experiência do produto que até então eu desconhecia – e das quais não gostei – e trabalhei para corrigi-las.

350 | CRIAR

Li esses artigos junto com as equipes de suporte e engenharia – eu queria que todos nós questionássemos o conteúdo para garantir que o nosso site de suporte fosse tão claro e fácil de entender quanto os nossos materiais de marketing e vendas. Mostrei, por meio das minhas ações, a importância do trabalho deles. Quando eles voltavam com uma nova versão, eu também a lia. Examinava, analisava e dissecava até que cada artigo contasse uma história. Até que eles guiassem os clientes com gentileza para o esclarecimento, em vez de apenas lhes dar instruções confusas e sem sentido.

Quando você realmente se importa, não desiste até estar satisfeito; melhora as coisas até que elas sejam excelentes.

As pessoas vão lhe entregar algo em que trabalharam incansavelmente por semanas, sobre que refletiram e de que têm muito orgulho, algo que é 90% incrível. Você vai lhes dizer para voltar e melhorar ainda mais. Os membros da sua equipe ficarão chocados, atordoados, talvez até desanimados. Vão dizer que já está tão bom, que se empenharam tanto.

Você vai dizer que bom o suficiente não é bom o suficiente. Então eles vão sair pela porta e fazer de novo. E, se necessário, de novo. Talvez se embananem tanto a ponto de ser mais fácil recomeçar do zero. Mas, a cada iteração, a cada nova versão, a cada recomeço, eles descobrirão algo novo. Algo incrível. Algo melhor.

A maioria das pessoas se contenta com 90%. A maioria dos líderes ficará com dó da equipe e deixará passar. No entanto, ir de 90% a 95% é meio caminho andado para a perfeição. Acertar a última parte da jornada é a única maneira de chegar a seu destino.

Então você pressiona. A si mesmo. A equipe. Você pressiona as pessoas para descobrir que elas podem ser espetaculares. Você as pressiona até elas começarem a reagir. Nesses momentos, sempre peque pelo excesso, sempre se aproxime do "quase demais". Continue pressionando até descobrir se o que você quer realmente é impossível ou só vai dar muito trabalho. Chegue até o limite de dor para começar a ver quando a dor está se tornando real. É só nesse ponto que você pode recuar e encontrar um novo meio-termo.

Não é fácil. Entretanto, toda essa atenção, esse cuidado, essa busca pela perfeição – tudo isso elevará os padrões da equipe. Os padrões do que eles esperam deles mesmos. Depois de um tempo, eles farão de tudo, vão se empenhar ao máximo, não apenas para satisfazer você, mas porque sentiram o gostinho do orgulho de fazer um trabalho realmente espetacular. A cultura toda evoluirá para esperar a excelência uns dos outros.

Então, o seu trabalho é se importar.

Porque você está no topo da pirâmide. O seu foco e a sua paixão se disseminam por toda a pirâmide. Se não der a mínima para o marketing, terá um péssimo marketing. Se não der a mínima para o design, terá designers que também não darão a mínima.

Assim, não perca tempo escolhendo suas batalhas. Não quebre a cabeça tentando decidir quais partes da sua empresa precisam de sua atenção e quais não precisam. Todas elas requerem a sua atenção. Você pode até priorizar, mas nada deve ser excluído da lista. É certeza que, se evitar ou ignorar qualquer parte da empresa, essa decisão voltará para assombrar você mais cedo ou mais tarde.

Na Nest, eu me reunia com as equipes de produto e de marketing a cada duas semanas, com o suporte ao cliente todos os meses e tinha uma reunião com cada equipe da empresa pelo menos duas vezes por ano. Mesmo se uma equipe estivesse criando aplicativos internos de RH ou operações, eu inevitavelmente a chamaria para saber a sua estratégia. Eu assistia à apresentação e mergulhava nos detalhes: temos o back-end de TI certo para fazer isso? Como vocês planejam contornar esse problema? Como outras equipes podem ajudar? Como eu posso ajudar?

Não importava se a equipe estivesse criando ferramentas internas que os clientes jamais veriam. A empresa precisava dessas ferramentas e os clientes internos deveriam ser tratados da mesma maneira que os externos.

352 | CRIAR

Eu fazia questão de ouvir, dava toda a minha atenção (sem ficar olhando o celular ou o computador) e ajudava a superar os obstáculos. Muitas vezes você não vai precisar fazer nada além disso.

E, se você não for um especialista em aplicativos internos, relações públicas, analytics, crescimento ou qualquer outra coisa sobre a qual precisará opinar hoje − se não tiver certeza do que é espetacular e do que é só bom o suficiente −, então faça perguntas. Eu adoro fazer perguntas idiotas e óbvias do ponto de vista do cliente − em geral, umas três ou quatro perguntas do tipo: "Por que isso é assim…?" e "Por que isso funciona assim…?" chegarão à raiz do que você está tentando entender e, com base nas respostas, você poderá se aprofundar mais. Se isso não for suficiente, chame especialistas. Chame pessoas experientes da sua equipe (ou de fora) que possam confirmar o que você está pensando ou guiá-lo na direção certa até você aprender o suficiente para confiar na sua intuição.

Você não precisa ser especialista em tudo. Tudo o que você precisa fazer é se importar.

Não importa qual seja o seu estilo de liderança, não importa o tipo de pessoa que você é − se quiser ser um excelente líder, precisará seguir essa regra básica.

Veja as outras características que os melhores líderes têm em comum:

- Responsabilizam as pessoas (e a si mesmos) e buscam resultados.
- Têm uma abordagem mão na massa, mas só até certo ponto. Sabem quando se afastar e delegar.
- São capazes de ficar de olho na visão de longo prazo e, ao mesmo tempo, manterem-se atentos aos detalhes.
- Nunca param de aprender e têm um eterno interesse em novas oportunidades, novas tecnologias, novas tendências, novas pessoas. São assim porque são engajados e curiosos, não porque essas coisas podem acabar rendendo dinheiro.
- Quando erram, admitem e assumem os seus erros.

- Não têm medo de tomar decisões difíceis, mesmo sabendo que as pessoas ficarão chateadas e com raiva.
- Eles (em grande parte) conhecem a si mesmos. Têm uma visão clara de seus pontos fortes e fracos.
- Sabem a diferença entre uma decisão orientada por opiniões e uma decisão orientada por dados e agem de acordo com cada caso. [Veja também: "Capítulo 2.2: Dados ou opiniões?"]
- Sabem que nada é deles, mesmo que sejam os fundadores. Tudo tem que ser da equipe. Da empresa. Sabem que o seu trabalho é celebrar as vitórias dos outros, garantir que recebam os créditos pelo que fizeram e não tentar assumir os créditos pelos sucessos alheios.
- Eles ouvem. Ouvem a sua equipe, os seus clientes, o seu conselho de administração, os seus mentores. Querem saber o que as pessoas estão pensando e sentindo, e ajustam as suas opiniões de acordo com novas informações de fontes confiáveis.

Os melhores líderes são capazes de reconhecer boas ideias mesmo se essas ideias vierem de outro lugar. Eles sabem que as boas ideias estão por toda parte. Estão em todas as pessoas.

Às vezes, as pessoas se esquecem disso. Acreditam piamente que, se não foram elas que tiveram a ideia, a ideia não é boa. Esse tipo de ego-centrismo também pode se estender muito além dos indivíduos – muitos CEOs ficam tão envolvidos nas próprias empresas que ignoram a concorrência. Se não foi inventado aqui, não pode ser bom.

É o tipo de mentalidade que tem o poder de destruir empresas inteiras – destruiu a Nokia, destruiu a Kodak. Pode ter sido o tipo de mentalidade que levou Steve Jobs a recusar-se a falar com Andy Rubin.

Eu conheço Andy, o fundador do Android, desde que trabalhamos juntos na General Magic. Na primavera de 2005, ele ouviu rumores de que a Apple estava criando um celular. Então ele me ligou. Ele queria saber se a Apple teria interesse em investir ou talvez até comprar o Android, seu mais recente projeto para criar uma pilha de software de código aberto para celulares.

Fui direto falar com Steve. Disse que era uma equipe sensacional e uma excelente tecnologia. Poderíamos usar a tecnologia deles para dar o pontapé inicial no iPhone, além de eliminar um futuro concorrente potencialmente formidável com uma aquisição.

No típico estilo de Steve Jobs, ele disse:

– Que se dane. Vamos fazer o nosso próprio sistema operacional. Não precisamos deles.

Parte da resposta de Steve foi claramente motivada pela confidencialidade – a outra parte foi a síndrome do "não foi inventado aqui".

No entanto, eu conhecia Andy e sabia da ameaça que o seu projeto poderia representar, então voltei a abordar o assunto duas semanas depois, na frente de executivos da Apple e líderes de desenvolvimento do iPhone. Steve não quis saber. Uma semana depois, enviei um e-mail para Andy e não obtive resposta. Um mês depois, vimos o anúncio de que o Google havia comprado o Android.

É difícil imaginar o que poderia ter acontecido se Steve tivesse concordado em conversar pelo menos uma vez com Andy para conhecer a sua estratégia e quem sabe até comprar a sua empresa. Como o mundo teria mudado? Como a Apple teria mudado?

É um veneno pensar que só você é capaz de ter as melhores ideias. Que só você é capaz de juntar todas as melhores ideias em um único lugar. É uma imbecilidade. Um desperdício.

Um CEO precisa ser capaz de reconhecer ideias extraordinárias – não importa de onde elas venham. Mas a Apple era o bebê de Steve e todos os outros bebês do planeta eram mais feios e burros que o dele.

Outro dia, li um estudo que dizia que os padrões cerebrais de empreendedores quando pensam em suas startups são muito parecidos com os padrões cerebrais de pais quando pensam em seus filhos. [Veja também: "Leituras recomendadas: *Why and how do founding entrepreneurs bond with their ventures?*"] Você é literalmente o pai ou a mãe da sua empresa – você a ama como se a tivesse dado à luz, como se ela fizesse parte de quem você é.

E o amor pelo seu filho pode impedir você de ver os defeitos dele ou outras maneiras de fazer as coisas, outras maneiras de pensar.

Por outro lado, esse amor obsessivo pode ajudá-lo a impulsionar a sua empresa.

Como um pai, você nunca para de se preocupar com o seu filho, de fazer planos, de incentivá-lo a melhorar e a ser uma pessoa melhor. O trabalho de um pai não é ser amigo de seus filhos o tempo todo, mas sim transformá-los em seres humanos independentes e sensatos, capazes de ter sucesso no mundo um dia sem a ajuda dos pais.

É comum os filhos se ressentirem dos pais por isso. Choram, batem portas, reclamam quando você os obriga a desligar a TV, fazer a lição de casa, arrumar um emprego. Porém, você não tem como ser um bom pai sem se indispor com os seus filhos de vez em quando.

Às vezes, os seus filhos não vão gostar de você.

Às vezes, os seus funcionários também não vão. Às vezes, eles vão odiá-lo com todas as suas forças.

Às vezes, eu entrava em reuniões e todo mundo revirava os olhos e suspirava. Dava para ver no rosto deles: "Que droga. Lá vamos nós de novo". Eles sabiam que eu continuaria martelando na tecla daquilo que todo mundo estava cansado de ouvir. Aquilo que já estava 90% excelente e que daria muito trabalho para mudar – trabalho demais –, mas que eu sabia que mudar era a coisa certa para os nossos clientes.

Não é agradável ter vinte pessoas olhando para você assim. Como se você estivesse sendo ridículo, irracional. Como se o que você está exigindo fosse impossível.

Foi assim que olhamos para Steve Jobs quando ele nos disse, cinco meses antes do lançamento do primeiro iPhone, que precisava de uma tela de vidro, não de plástico. A tela é a parte mais importante do hardware – é a superfície que você toca constantemente.

356 | CRIAR

Ele sabia que não daria para ser de plástico. Se quiséssemos um celular excelente, a tela teria que ser de vidro. Mesmo se não tivéssemos ideia de como fazer isso. Mesmo sabendo que todos teríamos que trabalhar sem parar até conseguirmos, sacrificando nosso tempo com a família, nossos planos e nossas férias.

Entretanto, Steve era um CEO pai. Um pai exigente. Uma mãe-tigre. Ele sabia que, se persistíssemos juntos, descobriríamos uma solução. Os sacrifícios valeriam a pena.

Ele estava certo. Daquela vez. Mas não todas as vezes. Steve assumiu muitos riscos, tomou decisões erradas, lançou produtos que não funcionavam – o Apple III original, o telefone Motorola ROKR iTunes, o Power Mac G4 Cube e a lista continua. Contudo, se você não estiver fracassando, quer dizer que não está se esforçando o suficiente. Ele aprendeu com os erros, continuou melhorando sempre, e suas boas ideias e seus sucessos foram muito maiores que seus fracassos. Ele vivia pressionando a empresa a aprender e experimentar coisas novas.

Foi assim que ele conquistou o respeito da equipe. Mesmo no momento em que exigiu a enorme mudança na tela do iPhone, uma montanha enorme de trabalho adicional caiu sobre os ombros de todos e sabíamos que ele não aceitaria adiar o cronograma nem um milissegundo. Quase enlouquecemos, mas a equipe respeitava a dedicação de Steve a fazer a coisa certa.

Nesse cargo, o respeito é sempre mais importante do que todo mundo gostar de você.

Você não tem como agradar a todos. Tentar pode ser desastroso.

Os CEOs precisam tomar decisões incrivelmente impopulares – demitir pessoas, encerrar projetos, reorganizar equipes. Você vai ter que tomar medidas duras e prejudicar pessoas para salvar a empresa, para eliminar um câncer. Você não tem como deixar de fazer uma cirurgia porque não quer chatear a Equipe Tumor.

Você pode até se sentir melhor se adiar decisões difíceis, esperar que os problemas se resolvam sozinhos ou mantiver pessoas simpáticas, porém incompetentes, na equipe. Pode até ter a ilusão de estar sendo bondoso ou gentil. Porém, isso acaba prejudicando a empresa e corrói o respeito da equipe por você.

Transforma você em um CEO babá. As crianças podem até gostar da babá no começo – é bom ir ao playground, assistir TV e comer pizza. É divertido por um período. Com o tempo, elas querem ir mais longe, fazer mais. Querem andar de skate. Querem explorar. E podem começar a testar os limites para ver até onde podem ir. Podem revirar os olhos quando a babá mandar fazer alguma coisa. Porque a babá não é um pai ou uma mãe. Todas as crianças precisam de alguém que elas respeitem e que realmente as conheça. Que lhes dê um empurrão na hora certa, que as ajude a crescer.

E precisam de alguém em quem possam projetar as suas esperanças e aspirações.

No passado, nos dias nebulosos antes de ser possível pesquisar no Google tudo sobre todos, era isso que as pessoas faziam com os seus líderes. Era uma das coisas que permitia aos líderes ter sucesso. As pessoas podiam acreditar em uma versão idealizada de Lincoln e Churchill, Edison e Carnegie e seguir essa idealização.

Quando sua equipe sabe tudo sobre você como ser humano e não apenas como CEO, ela começa a dissecar a sua vida pessoal para tentar entender suas decisões. Suas motivações. Suas formas de pensar. Além de ser uma grande perda de tempo que distrai as pessoas do trabalho, é contraproducente. Quando você explica por que tomou determinada decisão, sua explicação deve se focar nos clientes, não em você.

Então é melhor ficar sozinho – não deixar ninguém do trabalho se aproximar demais. Mesmo se você gostaria de poder fazer um happy hour com a sua equipe como fazia antes.

É um clichê dizer "é solitário no topo". Mas também é verdade.

A maioria das pessoas presume que seja difícil ser um CEO – é um trabalho estressante, interminável, com muita pressão. No entanto, estresse é uma coisa; isolamento é totalmente diferente. A sua empresa pode ter um cofundador, mas não deve ter um co-CEO. O trabalho de CEO só deve ser feito por uma pessoa e você estará sozinho no topo.

O fato de você estar no comando não significa que você esteja no controle. Você planeja o seu dia, acha que finalmente terá algum tempo para conversar com as pessoas, olhar o produto, se encontrar com a engenharia. E o seu dia desaparece. Sempre há uma nova crise, um novo problema com o time, alguém querendo sair da empresa, alguém reclamando, alguém entrando em colapso.

Você nunca sabe se está fazendo o trabalho direito. Quando você é um colaborador individual, pode olhar para algo que fez naquela semana e se orgulhar. Quando é gerente, pode olhar para a conquista coletiva de sua equipe e ter um sentimento de orgulho e dever cumprido. Quando é CEO, seu sonho é que, quem sabe daqui a dez anos, algumas pessoas pensem que você fez um bom trabalho. No entanto, você nunca sabe como está sendo o seu desempenho no momento. Você nunca pode parar e apreciar um trabalho bem feito.

Esse cargo pode acabar com você se você deixar.

Também pode ser uma das experiências mais libertadoras da sua vida.

Desde a infância, eu tentava convencer as pessoas a seguir as minhas ideias malucas. Investi muito tempo, energia e emoção tentando desesperadamente convencê-las a fazer as coisas de outro jeito. Quanto mais louca era a ideia, quanto mais ela ia na contramão, mais eu tinha que lutar por ela.

Em geral, a resposta que eu recebia era não. Não. Agora não. Muito antes de a Apple entrar no jogo, apresentei o conceito de um player de MP3 semelhante ao iPod para a RealNetworks, para a Swatch, para a Palm. Todos recusaram a ideia. Não. Não. Talvez no próximo trimestre. Talvez daqui a um ano.

Quando você é o CEO, você está no comando. É bem verdade que ainda precisa respeitar restrições financeiras, de recursos ou do seu conselho, mas pela primeira vez não há restrições às suas ideias. Você finalmente pode testar as coisas que lhe disseram que não poderiam ser feitas. É a sua chance de colocar o seu discurso em prática para ver o que acontece.

Essa liberdade é empolgante, empoderadora e absolutamente aterrorizante. Não há nada mais assustador do que finalmente conseguir o que você quer e ter que assumir a responsabilidade por isso, para o bem ou para o mal. Você se vê do outro lado da mesa – agora você é o CEO e não pode dizer "sim" para tudo. Você tem que se tornar a pessoa que diz "não". A liberdade é uma faca de dois gumes.

Mas ainda é uma faca. Você pode usá-la para acabar com a conversa fiada, a hesitação, a burocracia, a habituação. Pode usá-la para criar o que quiser. Do jeito certo. Do seu jeito.

Pode mudar as coisas.

É por isso que você abre uma empresa. É por isso que você se torna o CEO.

Capítulo
6.2

O CONSELHO DE ADMINISTRAÇÃO

Todo mundo precisa de um chefe a quem prestar contas e de coaches que possam ajudar em momentos difíceis – até um CEO. Especialmente um CEO. É por isso que as empresas têm um conselho de administração – em geral chamado apenas de "o conselho" – cujos integrantes são encarregados de supervisionar o direcionamento da empresa.

A principal responsabilidade de um conselho é contratar e demitir o CEO. Essa é a melhor maneira de proteger a empresa e o único trabalho que realmente conta. Todo o resto se resume a dar bons conselhos e um feedback respeitoso e direto que, se tudo der certo, orientará o CEO na direção certa.

No fim das contas, o responsável por administrar a empresa é o CEO. Entretanto, os CEOs precisam provar ao conselho que estão fazendo um bom trabalho ou correm o risco de serem demitidos. É por isso que as reuniões do conselho são tão importantes, e é por isso que é fundamental ter um profundo conhecimento do que você está falando e preparar muito bem a sua apresentação. Os melhores CEOs sempre sabem o resultado de uma reunião do conselho antes de entrar na sala.

..

CEOs medíocres vão às reuniões do conselho esperando que o conselho os ajude a tomar decisões.

O conselho de administração | 361

Bons CEOs chegam com uma apresentação mostrando onde a empresa estava, onde está agora e para onde está indo neste trimestre e nos próximos anos. Eles dizem ao conselho o que está dando certo, mas também são transparentes sobre o que não está e sobre como estão resolvendo o problema. Apresentam um plano detalhado que o conselho pode questionar, contestar ou tentar modificar. As coisas podem ficar um pouco acaloradas, um pouco complicadas, mas no fim todos saem da reunião entendendo e aceitando a visão do CEO e o caminho planejado para a empresa.

Há também os CEOs excelentes. Com CEOs excelentes, a reunião é tranquila e sem percalços.

Ver Steve Jobs em uma reunião do conselho da Apple era como ver um maestro dirigindo uma orquestra. Não havia confusão, não havia conflito. Os membros do conselho já estavam cientes da maior parte do que ele iria dizer e, em geral, só sorriam e concordavam com a cabeça. De vez em quando, alguém lançava um "e se" e Steve tranquilamente o deixava pensar nas possibilidades por alguns minutos e dizia:

– Que tal falarmos sobre isso depois da reunião? Ainda temos muito o que cobrir.

E todos se acalmavam em silêncio. Então, no maior estilo Steve, ele se saía com algo divertido e empolgante para surpreender o conselho – um novo protótipo ou uma demonstração inédita. Todos saíam da sala felizes e confiantes de que Steve estava conduzindo a Apple na direção certa.

Bill Campbell me ajudou a entender como Steve fazia isso. Bill sempre dizia que, se houvesse algum tema potencialmente surpreendente ou controverso, o CEO deveria conversar individualmente com cada membro do conselho e explicar a questão antes da reunião. Essa abordagem possibilitava que eles fizessem perguntas e apresentassem perspectivas diferentes, e o CEO tinha tempo para levar as ideias à equipe e rever seu raciocínio, sua apresentação e seu plano.

Uma reunião do conselho só devia ter surpresas boas – Superamos as nossas metas! Estamos adiantados! Deem uma olhada na demonstração deste novo produto! Todo o resto já deve ser conhecido. É melhor não lançar novos temas de discussão na reunião do conselho – nunca há tempo suficiente para dar explicações detalhadas e chegar a uma resolução. Esse tipo de surpresa nunca leva a nada.

Principalmente nos conselhos de empresas de capital aberto. Isso se deve, em grande parte, ao tamanho desses conselhos – eles podem ter mais de quinze membros, o que praticamente impossibilita uma discussão significativa –, mas também a toda a burocracia e as regras que eles devem seguir. Os conselhos de empresas de capital aberto dão muito mais trabalho tanto para os membros do conselho quanto para os executivos e são infinitamente mais complicados que os de empresas de capital fechado. Uma reunião do conselho pode implicar até dez reuniões adicionais do comitê e o processo todo pode levar dias.

(Se um banqueiro tentar convencê-lo de que abrir o capital não é grande coisa e não vai mudar radicalmente a forma como você gasta o seu tempo, não dê ouvidos. Isso é só a ponta do iceberg.)

As reuniões do conselho de empresas de capital fechado são mais curtas, em geral mais tranquilas, mais focadas no trabalho e em orientar o CEO. Costumam levar de duas a quatro horas, às vezes cinco. São menos performáticas, menos formais. Espero que a sua startup não tenha comitês nos primeiros anos e apenas um ou dois comitês (como uma auditoria para supervisionar as suas demonstrações financeiras) quando você estiver no estágio de crescimento.

O melhor aspecto dos conselhos de capital fechado é que eles podem continuar pequenos – o ideal é algo entre três e cinco membros. Você pode ter apenas um investidor, um insider e um outsider com um conhecimento específico do qual você precisa muito.

Mas não esqueça que, mesmo com um conselho pequeno, a reunião não será pequena. A sala terá o dobro do número de pessoas que você gostaria que tivesse. Além do CEO e dos membros do conselho, haverá um advogado, observadores formais com alguma participação na empresa e participantes informais, como integrantes de sua equipe executiva.

O conselho de administração | 363

Antes do lançamento do seu primeiro produto, normalmente até antes de gerar receita, as reuniões são bastante diretas: você analisa qualquer urgência que requeira a aprovação do conselho e, em seguida, se concentra no progresso da construção do produto. Em que ponto estamos do cronograma? Estamos dentro do orçamento? Tudo se resume ao que está acontecendo internamente e se você está no caminho certo para atingir os seus objetivos.

Depois do lançamento do produto, com a geração de receita, as reuniões do conselho se concentrarão mais nos dados e no que está acontecendo externamente – o que a concorrência está fazendo, o que os clientes estão pedindo, com que eficácia estamos atraindo e retendo clientes, que tipos de parcerias você conseguiu fechar ou está prestes a fechar. Como sempre, quando você apresenta números, é muito mais importante criar uma narrativa. Você tem que contar uma história. [Veja também: "Capítulo 3.2: O porquê do storytelling".] Seu conselho não está na empresa todos os dias como você está – eles não têm como entender imediatamente os detalhes ou o que os números realmente significam, a menos que os contextualize.

A capacidade de ajudar o conselho a entender exatamente o que está acontecendo também ajuda o CEO. Quanto melhor você sabe explicar alguma coisa, mais você a entende. Ensinar é o melhor teste do seu próprio conhecimento. Se você estiver com dificuldade de explicar o que está criando e por quê, se estiver apresentando um relatório sem realmente entender o que está dizendo, se o conselho estiver fazendo perguntas que você não consegue responder, você não internalizou o que realmente está acontecendo na sua empresa.

E aí você pode ter um grande problema nas mãos.

É raro acontecer, mas às vezes um conselho faz o seu trabalho mais importante e menos agradável: remover o CEO. Em geral, é culpa do CEO – ele é incapaz, incompetente ou está promovendo interesses que levarão à ruína da empresa. Às vezes, um fundador de primeira viagem fez um excelente trabalho até agora, mas a empresa precisa

364 | CRIAR

de alguém com experiência e habilidades diferentes para levá-la ao próximo nível.

Às vezes, no entanto, a culpa não é do CEO. É do conselho.

A famosa frase de Tolstói "As famílias felizes são todas iguais; toda família infeliz é infeliz à sua maneira" também se aplica aos conselhos de administração. Conselhos felizes, funcionais e eficazes são todos relativamente pequenos, com operadores experientes em abrir e administrar empresas, que se veem como mentores e coaches e realmente fazem o trabalho – eles o ajudam a recrutar, obter financiamento e expandir seus conhecimentos, melhoram a sua estratégia de negócios e de produto, ficam alertas com as armadilhas pelo caminho e dizem sem rodeios quando veem que você está prestes a cair em uma.

Os conselhos de administração ruins existem em todos os formatos e tamanhos e pisam na bola de um milhão de maneiras diferentes. Em geral, eles se enquadram em três categorias:

1. **Os conselhos indiferentes**, a maioria dos integrantes não está nem aí. Um investidor pode participar de vários conselhos e ter uma mentalidade do tipo "você vence umas, perde outras" – e pode já ter colocado a sua empresa na coluna de perdas. Os membros do conselho podem ter a motivação errada – estão lá pelo dinheiro e realmente não dão a mínima para a empresa ou a missão. Podem ver problemas óbvios no CEO, mas não querem se dar ao trabalho de afastá-lo. Porque dá trabalho – muita papelada, consequências emocionais, depois a busca para substituir o CEO, as entrevistas, as chateações, as transições internas, a imprensa, as crises culturais. Então eles só dizem: "A situação não está tão feia assim, não é?" e todo mundo sofre com o status quo porque ninguém se apresenta para resolver o problema.

2. **Os conselhos ditatoriais** são o contrário: engajados demais, controladores demais. Mantêm as rédeas tão curtas que o CEO não tem liberdade para liderar com independência. Acontece muito de o con-

selho incluir um fundador anterior (ou dois ou até três) que gostaria de continuar tendo algum controle sobre a empresa. Desse modo, o CEO acaba atuando mais como diretor operacional – cumprindo ordens, atendendo a solicitações, mantendo as operações em ordem, mas sem ter muita voz sobre o direcionamento da empresa.

3. **Os conselhos inexperientes** são formados por pessoas que desconhecem o negócio, não sabem como deve ser um bom conselho ou um bom CEO e são incapazes de fazer perguntas difíceis ao CEO, quanto mais afastá-los. Esses conselhos costumam ter muito medo de agir sem hesitar. Os investidores temem que, contestando o CEO, não consigam investir na próxima rodada de financiamento ou ganhem a fama de demitir fundadores e novas startups não queiram trabalhar com eles.

Em geral, as empresas que têm conselhos inexperientes vivem com pouco dinheiro. Nunca atingem as metas trimestrais e sempre culpam os "problemas do mercado" em vez de culpar o CEO ou o conselho. Esses conselhos não sabem como trazer novos talentos e novos conhecimentos e se limitam a sorrir e anuir com a cabeça até a ruína da empresa.

Mesmo quando um conselho não é espetacular – quando se esforça demais, não se esforça o suficiente ou toma a decisão errada –, ele é uma parte necessária da infraestrutura de qualquer empresa. Ele precisa existir.

Uma das consequências mais difíceis da aquisição da Nest pelo Google foi perder o nosso conselho. Tínhamos um conselho extraordinário na Nest – estruturado e informado, operacional e ativo. Podíamos consultá-lo, chegar a um acordo sobre uma estratégia clara e planejar: sim, vamos fazer isso, entrarei em contato com vocês daqui a uma semana com os próximos passos.

Quando fomos adquiridos, o nosso querido conselho foi dissolvido e substituído por... nada. A ideia era termos um conselho diretor composto de vários executivos do Google, mas as nossas reuniões eram eternamente adiadas ou poucos executivos se davam ao trabalho de comparecer. Nós propúnhamos um caminho a seguir e todos diziam:

– Certo... Vamos pensar um pouco mais sobre isso.

Eles empurravam a decisão até a próxima reunião, à qual ninguém comparecia, e ficávamos com as mãos atadas, sem poder fazer nada.

Você poderia olhar a situação e dizer: "Mas qual é o problema? Se o conselho não lhe dá orientação, faça o que achar melhor. Você é o CEO".

Essa não é a solução. Até os melhores CEOs do mundo precisam de um conselho. Não necessariamente das reuniões, mas de conselhos compostos de pessoas inteligentes, engajadas e experientes. Até os grandes projetos de uma empresa devem ter um miniconselho – um grupo de executivos dispostos a ajudar, capazes de trabalhar para orientar o líder de projeto e intervir se as coisas começarem a sair dos trilhos.

Certa vez, vi uma startup em estágio inicial com um conselho de cinco pessoas, só que o CEO controlava quatro assentos. O CEO simplesmente ocupava as vagas disponíveis com funcionários e outsiders amistosos, e qualquer um que votasse contra o CEO era removido. O único membro do conselho que sabia o que fazer ficava completamente desamparado.

O CEO tinha total liberdade para seguir a sua visão, fazer exatamente o que queria, criar o produto dos sonhos. Até o momento que menosprezou a equipe, gritou com os clientes e levou o negócio à ruína.

Incontáveis milhões de dólares foram perdidos e muitas pessoas saíram da empresa, mas o pior foi o enorme desperdício de tempo e recursos. Tudo por nada.

Nem o melhor CEO pode ficar ilhado, intocável, incontestável, sem precisar prestar contas a ninguém. Todo mundo precisa reportar-se a alguém, mesmo que seja a um conselho de duas pessoas com quem você se encontra por uma hora em um intervalo de alguns meses.

O conselho de administração | 367

Um CEO sempre precisa ter algum tipo de válvula de escape. Sempre precisa ter alguém que possa contestá-lo e dizer na cara dele que ele está errado.

E se você fizer o seu trabalho direito, nunca será uma vítima de seu conselho. Como o CEO, você ajuda a moldar o conselho. Os conselhos sempre mudam de acordo com o CEO – o conselho de Steve Jobs era diferente do conselho de Tim Cook. Os conselhos complementam os pontos fortes de um CEO e nenhum CEO é igual a outro.

Então, ao escolher os membros de seu conselho, considere os tipos de pessoas a seguir.

1. **Pessoas espetaculares que possam trazer outras pessoas espetaculares:** do mesmo modo como você precisa dessas pessoas para aumentar a sua equipe, você quer alguém no conselho que conheça todo mundo, que já teve sucesso antes e que possa sugerir outras pessoas espetaculares para incluir ao conselho ou à sua empresa. [Veja também: "Capítulo 4.2: Você está pronto?"] Uma pessoa como essa sabe o que falta no seu conselho, dá indicações de quem convidar ou as convida por você. No caso da Nest, essa pessoa foi Randy Komisar – foi ele que sugeriu chamar Bill Campbell. Era a ele que recorríamos quando precisávamos de ajuda para recrutar ou conseguir um candidato perfeito.

2. **Um presidente do conselho:** não é obrigatório, mas pode valer a pena. Um presidente do conselho define a pauta, lidera as reuniões, conduz os outros. Pode ser o CEO ou outro membro do conselho – ou o conselho pode não ter nenhum presidente formal. Já vi essas três versões darem certo. No caso da Nest, o ideal foi ter Randy Komisar como o nosso presidente do conselho não oficial. Em vez de eu ter que fazer todas as reuniões individuais com os membros do conselho, Randy conversava com cada um, fazia o trabalho de pré-negociação e me apresentava a opinião do grupo. Ele também ajudou a recrutar excelentes executivos para a Nest. Um presidente do conselho atua

como ponte entre o CEO e o conselho, bem como um mentor e um parceiro. Ele ajuda o CEO a resolver possíveis problemas com outros membros do conselho ou intervém quando a situação fica complicada e a equipe começa a entrar em pânico. Participa de reuniões de funcionários e fornece a perspectiva do conselho sobre como está o desempenho da empresa. Ele diz: "Podem ficar tranquilos, o CEO não vai a lugar algum, ele está fazendo um excelente trabalho". Ou: "O conselho não está preocupado com as vendas recentes e vocês também não deveriam estar. Mal podemos esperar para investir de novo". Ou, às vezes: "É verdade que essa pessoa saiu, mas a empresa ficará bem. Eis o plano que conta com o apoio do conselho".

3. **Os investidores certos:** ao escolher investidores, você também estará escolhendo um ou dois deles para serem membros do conselho. Por isso, você não vai querer investidores que só pensam em termos de números e cifrões e desconhecem o trabalho árduo de criar algo. [Veja também: "Capítulo 4.3: Casamento por interesse".] Encontre investidores com experiência no trabalho que você faz e que saibam como é difícil acertar. Encontre seres humanos com quem você adoraria jantar. Se tiver uma empresa interessante o suficiente, poderá conversar com seus investidores com antecedência e escolher a pessoa que a empresa incluirá no conselho. Um CEO pode recusar a maior proposta de investimento de todas para garantir um membro do conselho mais adequado.

4. **Operadores:** são pessoas que já estiveram em sua posição e conhecem a montanha-russa envolvida no desenvolvimento de uma empresa. Quando os investidores que atuam no conselho começam a pressionar você a atingir as metas, os operadores do conselho podem intervir e explicar a realidade da situação. Eles podem argumentar que nada acontece conforme o planejado. Podem ajudá-lo a repensar o plano usando novas técnicas e novas ferramentas.

5. **Especialistas:** você pode precisar de alguém que tem um profundo conhecimento específico – patentes, vendas B2B, metalurgia, o

que for –, mas essa pessoa pode ser experiente demais ou estar envolvida demais em seu projeto atual para aceitar um emprego na sua empresa. Nesse caso, a única maneira de se beneficiar do conhecimento dela é lhe oferecer um lugar no seu conselho. Quando a Apple começou a pensar em entrar no varejo, nem Steve Jobs nem ninguém do conselho sabia como fazer. Então eles chamaram Mickey Drexler, o CEO da GAP. Foi Mickey quem lhes disse para alugar um hangar de avião e prototipar completamente alguns designs diferentes de lojas. Assim, antes de decidir qual deles levar ao público, seria possível andar pessoalmente por eles como um cliente de verdade faria. [Veja também: "Capítulo 3.1: Transforme o intangível em tangível".]

Os melhores membros do conselho são, antes de mais nada, mentores. São capazes de oferecer conselhos sensatos e de grande utilidade em momentos cruciais da vida do seu produto ou da sua vida. Eles também gostam de participar do seu conselho porque vivem aprendendo.

Você só precisa garantir que eles não usem o que aprenderam contra você.

Quando alguém entra em um conselho, é obrigado por lei a agir em benefício da empresa. Essas obrigações são chamadas de dever de diligência e dever de lealdade. As pessoas costumam levar essas obrigações a sério. Mas nem sempre.

Às vezes, as pessoas se aproveitam de sua posição. E, às vezes, elas precisam ser afastadas do conselho. E pode não ser um processo de afastamento tranquilo.

Mas é raro. Reorganizar um conselho costuma ser desconfortável e complicado, porém não é impossível. Você verá isso acontecer quando assumir o cargo de CEO de uma empresa existente e herdar um conselho ou se quiser incluir um especialista sem abrir uma nova vaga. O melhor é fazer o processo em estágios e com prazos definidos. Comece colocando um membro do conselho no papel de observador por alguns trimestres, depois substitua-o pela nova pessoa. Não é fácil fazer direito – requer tempo e paciência.

Como sempre, mesmo com a pressão, com a montanha de reuniões, com as conversas individuais e com o planejamento, você não pode se esquecer da sua equipe. As reuniões do conselho são sempre muito estressantes para a empresa toda; todos querem desesperadamente saber o que está acontecendo e começam a ficar nervosos com o resultado.

Não obrigue as pessoas a esperar, espalhar rumores e entrar em pânico. Na Nest, a maioria da equipe executiva sabia exatamente o que estava acontecendo porque estava na sala do conselho comigo; além disso, sempre mostrávamos para a empresa toda uma versão editada da apresentação feita ao conselho o mais rápido possível depois da reunião. Nós falamos sobre isso, essa é a minha maior preocupação, essas foram as questões que o conselho levantou, essas são as medidas que tomaremos.

Essa abordagem mantinha todos em sintonia e silenciava os rumores. Se algo mudasse, as pessoas podiam começar a trabalhar nessas mudanças imediatamente.

Quando você tem um conselho excelente, digno do seu respeito, as reuniões são quase um batimento cardíaco externo que deixa a empresa toda focada e força você a organizar seus pensamentos, seus cronogramas e sua narrativa. [Veja também: Figura 3.5.1, no Capítulo 3.5.]

Vale muito a pena. Contudo, dá muito trabalho. Para todo mundo.

É por isso que Jeff Bezos me recomendou que eu nunca entrasse no conselho de outra pessoa.

– É uma perda de tempo – ele disse. – Eu só participo do conselho da minha empresa e da minha fundação filantrópica. Só isso!

Penso nele sempre que recuso um cargo em um conselho.

Entretanto, não recuso todos. A minha primeira reação sempre é dizer "Não", mas, de vez em quando, raramente, aquele "Não" direto se transforma em um "Não. A não ser que..."

O conselho de administração | 371

Se você estiver tentando preencher as vagas e criar o melhor conselho possível, lembre-se de que é uma via de mão dupla. A maioria dos membros de conselho são experientes, ocupados e muito disputados, então não deixe de lhes dar um incentivo para entrar no seu conselho. Não estou falando só de ações. Uma das maiores vantagens de participar do conselho de uma empresa em ascensão é poder ter uma visão das mudanças no comportamento do consumidor ou de novas tendências e disrupções. Qualquer membro do conselho da Apple no início dos anos 2000, por exemplo, viu uma prévia do iPhone e pôde planejar com antecedência as disrupções que o produto provocaria em seus negócios.

Insights como esses são muito empolgantes para potenciais membros do conselho e são a principal razão pela qual as pessoas fazem fila para entrar no conselho da Apple. Outra razão é que eles adoram a Apple. Eles realmente querem ajudar a empresa a ter sucesso. Estão dispostos a dedicar tempo e esforço porque a Apple é importante para eles.

Só mantenha em mente que os conselhos de empresas de capital aberto e de capital fechado são muito diferentes. Participar do conselho de uma empresa de capital aberto requer muito mais risco e trabalho, de modo que você precisará oferecer uma recompensa maior para atrair os membros do conselho dos quais precisa. Especialmente porque a maioria – se não todos – do conselho de quando a sua empresa estava no estágio inicial provavelmente renunciará quando você abrir o capital. Os membros do conselho de uma empresa de capital aberto podem ser processados pelos acionistas. Eles vão precisar participar de incontáveis reuniões de comitê voltadas a auditorias, remuneração ou governança. Se as coisas derem errado, eles podem ser duramente criticados pela imprensa.

Desse modo, ocupar um assento no conselho de uma empresa de capital aberto é muito diferente de ocupar um assento no conselho de uma empresa de capital fechado em estágio inicial.

372 | CRIAR

Contudo, qualquer assento em um conselho resulta em um nível de prestígio. Faz bem para o ego. Faz bem para o bolso. No entanto, você não vai querer que esse seja o seu principal atrativo. Evite as celebridades, pessoas que participam de dez ou mais conselhos ou pessoas que só querem participar de conselhos para rechear o currículo. É muito fácil para eles se desinteressarem. Ficarem entediados ou indiferentes. Ou colocar os seus próprios interesses acima dos interesses da sua empresa.

Você quer membros do conselho que sintam uma verdadeira e profunda empolgação pelo que você está fazendo. Que mal podem esperar para ouvir o que você vem fazendo. Que não se limitam a comparecer às reuniões e estão com você dia após dia, ajudando, encontrando oportunidades de ajudá-lo a ter sucesso. Você quer um conselho que adore a sua empresa. E que a sua empresa também adore.

Capítulo
6.3

COMPRANDO E
SENDO COMPRADO

Quando duas empresas totalmente formadas se fundem, as suas culturas precisam ser compatíveis. Como em qualquer relacionamento, é importante que as pessoas se deem bem, que tenham objetivos e prioridades consonantes e que se incomodem com coisas parecidas. Algo entre 50% e 85% de todas as fusões fracassam em decorrência de incompatibilidades culturais.

Se uma grande empresa adquirir uma equipe minúscula – com dez pessoas ou menos –, não será difícil resolver os problemas de incompatibilidade cultural. No entanto, mesmo nesse caso, essa equipe minúscula deve avaliar com cuidado como será digerida pela organização maior e realmente dedicar um tempo para conhecer a cultura da empresa na qual está prestes a ingressar.

..

Não me arrependo de ter vendido a Nest ao Google. A nossa equipe executiva também não. Sempre voltamos a essa questão quando nossa antiga equipe se encontra. Nosso único arrependimento é não termos conseguido terminar o que começamos. Contudo, tomamos juntos a decisão de vender e defendemos essa decisão até hoje.

Considerando as informações que tínhamos na época, tomaríamos a mesma decisão de novo.

Principalmente porque estávamos certos. Como havíamos previsto, quando a Nest concretizou o conceito da casa conectada, gigantes como a Apple, a Amazon e a Samsung correram para entrar nesse novo mercado. Eles criaram equipes para competir com o Google e a Nest e criaram os seus próprios produtos, plataformas e ecossistemas domésticos. Nos safamos de uma boa.

E o Google foi e continua sendo uma empresa incrível. Não lhe faltam pessoas brilhantes em todos os níveis. O Google mudou o mundo muitas vezes. A cultura do Google funciona para eles – não é por acaso que muitas pessoas nunca saem da nave-mãe.

Todavia, essa cultura é possibilitada e impulsionada porque o negócio de Buscas e Anúncios do Google gera muito dinheiro. Até os Googlers o chamam de "árvore de dinheiro". O Google se transformou em um lugar de muita abundância onde qualquer um pode fazer mais ou menos o que quiser – ou até nada. Eles passaram tanto tempo sendo tão lucrativos e enfrentaram tão poucas ameaças à sua existência que nunca precisaram cortar custos ou enxugar as suas operações, nunca precisaram contar moedas para sobreviver. Eles passaram décadas sem ter que lutar por nada. Sorte deles!

Na Nest, porém, éramos guerreiros. A nossa cultura nasceu com o DNA da Apple, uma cultura que sobreviveu a várias experiências de quase-morte ao longo de seus mais de quarenta anos de existência. Estávamos prontos para lutar pela nossa missão e pelo nosso lugar à mesa, lutar para manter a nossa cultura e o nosso jeito de fazer as coisas.

E, poucas horas após a aquisição, tivemos que lutar pelos nossos clientes. Quando souberam que o Google estava comprando a Nest, os clientes entraram em pânico porque acharam que receberiam anúncios em seus termostatos. Os jornais clamaram que o Google, em sua fome insaciável de dados, monitoraria a sua família, os seus animais de estimação e a sua agenda. Então, juntos, o Google e a Nest imediatamente emitiram uma declaração:

"A Nest será administrada independentemente do restante do Google, com uma equipe gerencial, uma marca e uma cultura separadas. Por exemplo, a Nest tem um modelo de negócios pago, enquanto o Google em geral tem um modelo de negócios patrocinado por anúncios. Não temos nada contra anúncios – afinal, a Nest faz muita publicidade. Só não acreditamos que os anúncios sejam adequados para a experiência do usuário da Nest."

Foi a coisa certa a fazer pelos nossos clientes. Mas foi a pior coisa que podia ter sido feita para o nosso relacionamento com o Google.

Desde o primeiro dia, com um único tweet, nós inocente e ingenuamente nos indispusemos com a empresa na qual tínhamos acabado de ingressar. Muitos Googlers nos viram como um bando de guerreiros correndo na direção deles, armados até os dentes e prontos para a guerra, já declarando independência, já rejeitando o core business do Google, e pensaram: Qual é o problema deles? Eles não têm muito a cara do Google.

As equipes do Google com as quais tínhamos planejado nos integrar e desenvolver tecnologias e produtos de forma colaborativa relutaram em trabalhar conosco. Elas ficavam pedindo mais detalhes a seus executivos para descobrir se realmente precisavam nos ajudar em detrimento de seus próprios projetos. Por quê? Por quê? Por que temos que ajudar uma equipe que não é do Google? Nos meses seguintes, sempre que precisávamos reforçar mais uma vez para os clientes que a Nest era separada do Google, nossa reputação interna sofria mais um golpe.

Eu devia ter me lembrado de como a Apple era nos primeiros meses do projeto do iPod. Simplesmente não me ocorreu – a Nest era muito maior e mais consolidada que a minha pequena equipe do iPod e achei que as duas situações eram completamente diferentes. Mas eram exatamente iguais. Na época, os anticorpos executivos da Apple nos viram chegando para tomar o seu tempo e tirar os seus recursos, então tentaram bloquear o nosso caminho e ignorar os nossos pedidos.

376 | CRIAR

Foi quando Steve Jobs chegou para nos dar cobertura aérea, jogou umas bombas nas equipes que estavam impedindo o nosso avanço, forçou a questão e algumas vezes até deu uns berros para garantir que teríamos o que precisávamos. Só tivemos sucesso porque Steve Jobs lutou por nós.

No entanto, o Google não tinha um Steve Jobs. Tinha Larry Page e Sergey Brin – dois empreendedores brilhantes e experientes, mas que não tinham a combatividade de Steve, resultante de várias experiências de quase-morte em sua carreira.

Em certo ponto, quando as integrações que tínhamos planejado ficaram totalmente paralisadas – quando os Googlers literalmente não compareciam às nossas reuniões e ignoravam os nossos e-mails –, Sundar Pichai me disse que todas as equipes com as quais estávamos tentando trabalhar estavam ocupadas demais. Elas não tinham ciclos extras para dedicar à Nest. E ninguém no Google poderia simplesmente dizer a elas como fazer as coisas – cabia às equipes decidir como usar o seu tempo.

Enquanto eu olhava fixamente para ele, meus olhos se arregalaram. Vi estrelas. Foi como se eu estivesse em um acidente de carro. O tempo desacelerou. Tudo que eu conseguia pensar era: "Aaaaaah, que drooooogaaaa".

Eu sabia que o Google não era a Apple e que uma fusão desse porte não seria fácil. Sabia que tínhamos culturas diferentes, filosofias diferentes, estilos de liderança diferentes. Mas foi naquele momento que me dei conta de que estávamos falando línguas completamente diferentes.

Quando Larry me dissera, durante o processo de aquisição, que o Google comandaria a equipe e alinharia as suas prioridades com as nossas, ele não estava mentindo. Isso, para o Google, era dar à equipe o esqueleto de um plano e deixá-los preencher o resto à medida que avançavam. Eles fariam uma reunião de vez em quando para se informar do andamento das coisas.

Entretanto, eu interpretei as suas palavras através das lentes da Apple. Se Steve Jobs dizia que comandaria a equipe, significava que ele estaria presente a cada passo do caminho – semanalmente, às vezes diariamente. Ele reunia todos, dizia para onde ir, garantia que todos estivessem marchando juntos e arrastava qualquer retardatário de volta ao lugar.

Apesar de terem nos prometido uma blitz, ninguém lançaria nenhuma bomba no Google. Eles nem conheciam o significado da palavra.

Assim que percebi isso, pude ver como estávamos desalinhados desde o início. Não tínhamos nos preparado para isso. Não tínhamos nos planejado para avançar sem nenhuma cobertura aérea gerencial. Não tínhamos nos planejado para uma rejeição de órgãos.

Apesar de termos planejado meticulosamente quase todo o resto.

Na maioria das aquisições, leva entre duas e oito semanas para elaborar um documento com os termos necessários e chegar a um acordo.

Com a Nest levou quatro meses.

E só começamos a discutir o preço de venda dez semanas depois do início das negociações.

O Google Ventures, hoje conhecido como GV, era um investidor. Eles conheciam as nossas finanças e sempre foram muito solícitos, então eu não estava preocupado com o valor. Estava preocupado com as equipes com as quais trabalharíamos, qual tecnologia compartilharíamos, quais produtos criaríamos. A Nest não estava se juntando ao Google por dinheiro, mas sim para acelerar a nossa missão. Sempre foi a missão em primeiro lugar e o dinheiro depois.

Analisamos com o Google todas as funções – marketing, relações públicas, RH, vendas, todas as partes da empresa. Definimos onde poderíamos criar sinergias e onde não poderíamos, determinamos quais gerentes seriam designados para nós, como faríamos a contratação, quais benefícios e regalias as pessoas receberiam, quais salários elas poderiam esperar, quais equipes trabalhariam juntas e como essas relações seriam estabelecidas.

378 | CRIAR

Levou muito tempo. Na verdade, as pessoas estavam ficando impacientes. "É sério, Tony? Você quer entrar nesses detalhes agora?" É, eu quero. É importante.

E era – era fundamental e esses detalhes normalmente são esquecidos.

A maioria das aquisições é conduzida e supervisionada por banqueiros, e os banqueiros só ganham o grosso do dinheiro se o negócio for fechado, de modo que são motivados a agir rápido para receber o pagamento logo e cair fora. Eles não se importam em acertar todos os detalhes do que vai acontecer com os funcionários. Eles não se importam com o ajuste cultural. Não profundamente.

Os banqueiros normalmente são contratados pelos dois lados do acordo para decidir todos os detalhes da transação, para ajudar todos a entender ou racionalizar o preço do acordo e de acordos comparáveis. Eles analisam o mercado, o cliente e as sinergias operacionais.

No entanto, não é possível definir a cultura durante um acordo de fusão. Não dá para colocar a cultura no papel e fazer com que todos assinem na linha pontilhada. A cultura é algo delicado e abstrato, trata de relacionamentos humanos inefáveis. Só que os banqueiros estão mais preocupados com as transações, não com os relacionamentos.

Por isso, a maioria dos banqueiros não quer que duas empresas se conheçam aos poucos e namorem antes de casar. Eles querem que elas se conheçam e fiquem noivas na mesma noite. Querem todo mundo no cartório só para assinar o livro de registros, de preferência meio bêbados para ninguém fazer muitas perguntas. Querem que o negócio seja concluído em 36 horas, antes que alguém tenha dúvidas, para poderem se dar tapinhas nas costas pelo bom trabalho – e vocês que fiquem com a tarefa de descobrir o que fazer a seguir. E, se o casamento não der certo, bem, eles fizeram o que foram pagos para fazer.

Essa foi uma das razões pelas quais a Nest não contratou um banqueiro para o acordo de aquisição pelo Google. Eu sabia que os banqueiros não se importariam do jeito que a nossa equipe se importava. Eles estariam lá só para pegar uma boa porcentagem do acordo pelo mínimo trabalho possível em comparação com os anos de sangue, suor e lágrimas que a nossa equipe e os nossos investidores dedicaram à Nest.

Mesmo assim, na manhã seguinte ao anúncio da aquisição, um banqueiro apareceu no saguão da Nest.

– Notei que nenhum banco representou vocês no acordo anunciado ontem.

– É isso mesmo – eu disse.

– Você sabia que os seus acionistas podem processá-lo por isso? – ele perguntou.

Eu lhe respondi que o acordo estava fechado e que não precisávamos de um banqueiro.

– Bom, já que você não tem um banqueiro no acordo, poderia apenas colocar o nosso nome nele?

Levantei uma sobrancelha, olhei fixamente para ele e me afastei.

O banqueiro ficou ofendido. Ele não acreditou que eu recusei a gentileza de lhe fazer um favor.

Não pense que os banqueiros de fusões e aquisições são seus amigos. Vi muitas startups pequenas, especialmente na Europa, contratarem um banqueiro para ajudá-las a levantar fundos ou vender a empresa. Os banqueiros prometem mundos e fundos, mas raramente cumprem o que prometem.

Você ainda pode precisar de um banqueiro por várias razões, e algumas delas são muito boas, mas não pode deixá-los controlar a sua fusão ou definir os seus prazos.

O seu trabalho, não importa se você está comprando ou vendendo, é descobrir se os objetivos das duas empresas estão alinhados, se as suas missões se encaixam, se as suas culturas fazem sentido juntas. Você tem que considerar o tamanho das empresas. Será que uma delas pode ser facilmente absorvida pela outra? Uma delas é só uma pequena equipe que está apenas começando ou é uma empresa totalmente formada com vendas, marketing, RH e hábitos consolidados? Se for uma empresa formada, você precisa saber o que acontecerá

380 | CRIAR

com as equipes com duplicidade, o que mudará para os funcionários, o que acontecerá com os seus projetos e os seus processos. Leva tempo definir essas coisas.

E, mesmo tendo levado o tempo necessário na aquisição da Nest, cometemos alguns grandes erros:

1. Divulgamos uma declaração aos clientes sem pensar em como isso afetaria os nossos relacionamentos internos.
2. Presumi que, como o nosso negócio era realmente grande – mais de US$ 7 bilhões no total –, haveria um padrão de diligência e uma responsabilidade fiduciária para garantir o sucesso.
3. Considerei o que Larry e Bill disseram sobre mudar a cultura do Google em vez de conversar com os funcionários sobre o quanto essa cultura estava entrincheirada e quais eram as expectativas de que o pessoal da Nest se conformasse à cultura do Google.
4. Não conversei com outras empresas que o Google adquiriu antes de nós.
5. Abrimos a porta para os funcionários do Google que saltavam de um projeto ao outro e não tinham um verdadeiro interesse em nossa missão; também não tinham nenhuma intenção de permanecer quando se vissem diante de obstáculos e dificuldades. Eles começaram imediatamente a diluir a nossa cultura e causaram intermináveis chateações ao reclamar que éramos diferentes demais do Google. [Veja também: "Capítulo 5.1: Contratação".]

Se eu tivesse conversado com outros vice-presidentes e membros do conselho da empresa, teria descoberto que deveríamos ter sido muito mais seletivos com as contratações da primeira onda de Googlers que quiseram trabalhar na Nest após a aquisição. Só me dei conta de que eu deveria ter sido mais cauteloso seis meses depois, quando amigos que trabalhavam no Google me revelaram a regra tácita da empresa: se você quiser tirar pessoas excelentes das equipes delas, terá que lutar por elas. Os que entram como quem não quer nada na sua organização só estão querendo ter um gostinho do sabor do mês. E, como o Google reluta em demitir pessoas, muitos profissionais pouco notáveis simplesmente saltam de uma equipe a outra.

Se eu tivesse passado mais tempo conversando com os líderes de aquisições anteriores, como a Motorola Mobility e o Waze, teria uma ideia muito melhor de como o Google digere as empresas que compra. A maioria das grandes aquisições do Google, tirando o YouTube, não teve muito sucesso. Como eu não demorei para descobrir, o Google adorava colecionar troféus e não se importava com o fato de o preço da Nest estar na casa dos bilhões. Logo após sermos consumidos, eles já estavam famintos de novo, passando para a próxima refeição. Eles não tinham tempo para nos digerir e nenhum interesse em ver como estávamos nos acomodando. Para eles, não passávamos da janta de ontem.

Se eu tivesse conversado com os membros das equipes com as quais queríamos nos integrar, teria descoberto quais eram as suas prioridades e se eles tinham o mínimo interesse em trabalhar conosco. Teria uma ideia melhor do que significava ser um Googler e da chance que tínhamos de progredir nesse ambiente – além de entender melhor se, um dia, poderíamos mudar o que é ser um Googler.

É muito difícil mudar uma cultura. Eu devia ter me lembrado disso. Larry, com o encorajamento de Bill Campbell, queria que a Nest entrasse e mudasse toda a maneira de pensar do Google, que desse à gigante uma injeção da magia de uma startup. Mas a cultura não funciona assim – você não tem como pintar uma fábrica velha, mostrar aos operários um vídeo de treinamento e achar que fez alguma diferença. Você precisa demolir a fábrica e reconstruí-la do zero.

A maioria das pessoas e das empresas precisa de uma experiência de quase-morte antes de realmente poderem mudar.

Você não pode presumir que a aquisição levará necessariamente a uma aculturação. É por isso que a Apple não compra empresas com grandes equipes. Ela só adquire equipes ou tecnologias específicas, ge-

382 | CRIAR

ralmente no início de seu ciclo de vida, antes de gerar receita. Desse modo, essas equipes podem ser absorvidas com facilidade e a Apple nunca precisa se preocupar com a cultura. Com essa abordagem, a Apple também não precisa se preocupar com a inevitável duplicação de funções entre as equipes existentes, como finanças, jurídico e vendas, ou o doloroso processo de integrar uma grande equipe em outra. Com a notável exceção da aquisição da Beats, a Apple se concentra em preencher pequenas lacunas de tecnologia especializada em seus produtos em desenvolvimento, em vez de adquirir novas linhas de negócios.

Todas as aquisições se resumem ao que você está tentando fazer quando compra uma empresa. Você quer comprar uma equipe? Uma tecnologia? Patentes? Um produto? Uma base de clientes? Um negócio (ou seja, receita)? Uma marca? Algum outro ativo estratégico?

As mesmas perguntas valem para quando você está vendendo. O que você quer? Algumas empresas esperam usar os recursos de uma empresa maior para acelerar a sua visão. Outras buscam ganhos financeiros. E algumas empresas estão em dificuldades e querem vender o negócio a alguém que acredita nele. Bill Campbell costumava dizer:

– As melhores empresas são compradas, não vendidas.

Se estiver sendo adquirido, o ideal é que o comprador esteja desesperado para comprar, em vez de você ser um vendedor desesperado para vender. Se estiver considerando uma aquisição, tenha cuidado se alguém chegar forçando a barra para ser comprado.

Não existe um manual para uma boa aquisição. Há um milhão de coisas a serem consideradas, mas elas variam de acordo com a empresa e com o acordo. Só não ignore os detalhes apenas por ser difícil investigá-los. Não se esqueça de falar de cultura só porque ninguém sabe explicá-la direito.

Infelizmente, você só consegue realmente conhecer uma cultura depois de mergulhar nela. É como um namoro – quando duas pessoas estão interessadas uma na outra, elas dão o melhor de si e mantêm as aparências. As coisas ficam muito mais reais quando elas vão morar

Comprando e sendo comprado | 383

juntas e se casam. É quando você descobre que a sua esposa deixa a louça "de molho" na pia por alguns dias. É quando você descobre que seu marido deixa toalhas molhadas na cama.

É por isso que a fase do namoro em qualquer potencial aquisição é crucial. Você precisa dar uma olhada na pia para ver se ela está cheia de louça suja. Precisa dar uma olhada na cama para ver se a toalha molhada não está lá. Analise a estrutura de reporte e a maneira como eles contratam e demitem funcionários. Descubra quais regalias os funcionários recebem. Converse sobre a filosofia de gestão. Faça planos concretos para definir exatamente o que vai acontecer depois da aquisição. Você vai integrar ou manter as culturas separadas? O que vocês vão fazer com relação a duplicidades? Para onde determinada equipe irá? Quem trabalhará neste produto?

Saiba que você não terá como prever o futuro. As coisas vão mudar – talvez a seu favor, talvez não. E, mais cedo ou mais tarde, você pode simplesmente ter que ir em frente. Assine na linha pontilhada. Confie que vai dar certo.

Meu conselho é sempre ser cautelosamente otimista. Confie, mas verifique.

Presuma que as pessoas têm as melhores intenções e garanta que elas estejam agindo de acordo com essas intenções. E assuma o risco. Dê o salto. Compre a empresa. Venda a empresa. Ou não faça nenhum dos dois. Apenas siga a sua intuição e não tenha medo (ou melhor, tenha medo, mas tome a decisão de qualquer maneira).

Se não tivéssemos vendido, quem sabe o que teria acontecido? A Nest poderia ter tido sucesso por conta própria, ou poderia ter falido quando os grandes players inevitavelmente entraram no mercado. Ou talvez os outros grandes players não teriam começado a trabalhar em seus produtos conectados e todo o ecossistema teria entrado em colapso. Quem sabe? Não dá para fazer o experimento duas vezes.

E a Nest não está morta. Longe disso – ela está bem viva e vai muito bem, obrigado. Ela se transformou no Google Nest, um ecossistema totalmente integrado, como sempre planejamos. Eles ainda estão fazendo novos produtos, criando novas experiências para o cliente, entregando a sua versão da nossa visão. Não foi exatamente como queríamos, mas foi uma tremenda experiência de aprendizado e, caramba, chegamos a 70% do nosso destino. A Nest continua viva, continua criando, o que só me dá alegria.

Encontrei Sundar Pichai, hoje CEO da Alphabet e do Google, em uma festa alguns anos atrás. Ele me disse:

– Tony, eu queria que você soubesse que fizemos questão de manter a marca e o nome Nest. A Nest definitivamente fará parte da nossa estratégia para o futuro.

Abri um grande sorriso e agradeci, comovido com o fato de ele ter se dado o trabalho de vir me dizer isso. Sundar é um exemplo de excelência e fico contente em saber que ele está cuidando da equipe.

Tenho muitas razões para ser grato.

Sou grato por Sergey Brin ter pressionado o Google a investir cedo na Nest, grato por Larry e Sergey terem incitado a máquina do Google a nos adquirir. Sou grato porque os outros titãs da indústria se voltaram à tecnologia para casas inteligentes e por uma centena de pequenas startups estar tentando tomar o lugar deles. No fim das contas, é isso que permitirá – com o tempo, indiretamente – que alguém alcance a nossa visão.

E também sei que nada do que aconteceu após a aquisição foi pessoal. Não foi nada pessoal. Eram só negócios. Acontece. Sem ressentimentos. A vida é curta demais.

Do fundo do meu coração, desejo tudo de bom a eles.

Capítulo
6.4

QUE SE DANEM AS MASSAGENS

Tome cuidado para não dar regalias demais a seus trabalhadores. Cabe a você cuidar dos funcionários – mas não distraí-los e mimá-los. A guerra fria entre startups e grandes empresas de tecnologia, na qual a munição é oferecer cada vez mais regalias, convenceu muitas empresas de que elas precisam servir três refeições gourmet por dia e oferecer cortes de cabelo grátis para atrair funcionários. Não é verdade. Elas não deveriam fazer isso.

Mantenha em mente que benefícios e regalias são duas coisas muito diferentes.

Benefícios: plano de aposentadoria, plano de saúde, plano odontológico, planos de poupança para funcionários, licença-maternidade e paternidade – coisas que realmente importam e podem fazer uma grande diferença na vida dos funcionários.

Regalias: uma boa surpresa ocasional, alguma coisa que seja vista como especial, original e empolgante pelos os funcionários. Roupas grátis, comida grátis, festas, presentes. As regalias podem ser totalmente gratuitas ou subsidiadas pela empresa.

Saber quais benefícios dar é essencial para os seus funcionários e a família deles. Você quer dar apoio às pessoas com quem trabalha e melhorar a vida delas. Os benefícios permitem que a sua equipe e a família deles permaneçam saudáveis e felizes e alcancem as suas metas financeiras. É nos benefícios que você deve investir seu dinheiro.

386 | CRIAR

As regalias são uma coisa totalmente diferente. Por si só, não há nada de errado com elas. Surpreender e encantar a sua equipe é maravilhoso e muitas vezes necessário. Mas, quando as regalias são sempre gratuitas, frequentes e tratadas como benefícios, quem sairá perdendo será a sua empresa. Um excesso de regalias prejudica os resultados financeiros da empresa e, ao contrário do que se costuma acreditar, a motivação dos funcionários. Algumas pessoas ficam obcecadas com as regalias que podem ganhar em vez de focar no trabalho que podem fazer – acreditando que são um direito, não um privilégio. Em momentos de dificuldades ou quando o número de vantagens não aumenta, elas ficam indignadas porque estão perdendo seus "direitos".

Se você estiver usando as regalias como a principal maneira de atrair talentos, a sua empresa com certeza enfrentará momentos de dificuldade.

..

Um dia, um amigo me disse, cheio de orgulho:

– Dou flores para a minha esposa toda semana.

Acho que ele esperava um elogio. Que romântico! Que generoso! Eu disse:

– O quê?! Eu jamais faria isso.

Dou flores para a minha esposa de vez em quando, mas é sempre uma surpresa.

Se você vive dando flores a alguém, depois de algumas semanas o presente deixará de ser especial. Depois de alguns meses, a pessoa não vai dar a mínima. A cada semana que passa ela vai perdendo o interesse.

Até você parar de dar flores.

Não estou dizendo que você não deva dar um agrado aos seus funcionários. Não deixe de recompensá-los pelo trabalho duro. Mas é importante se lembrar de como o cérebro humano funciona. As pessoas se sentem no direito e há uma razão psicológica para isso.

Se você quiser dar um agrado aos funcionários, lembre-se de duas coisas:

1. As pessoas dão mais valor a algo pelo qual elas pagam. Se for de graça, seu valor é literalmente nulo. Então, se os funcionários ganham um agrado o tempo todo, ele deve ser subsidiado, não gratuito.
2. Se algo só acontece raramente, é visto como especial. Se acontece o tempo todo, não há nada de especial. Então, se uma regalia só for recebida ocasionalmente, ela poderá ser gratuita. Você deve deixar bem claro que não será uma ocorrência frequente, além de mudar o agrado para que seja sempre uma surpresa.

Há uma enorme diferença entre dar às pessoas almoços grátis o tempo todo, dar almoços grátis ocasionalmente e subsidiar os almoços. Não é por acaso que a Apple oferece refeições subsidiadas e não gratuitas. Não é por acaso que um funcionário pode comprar produtos com desconto, mas não os ganha de graça. Steve Jobs quase nunca dava produtos da Apple como presente. Ele não queria que os funcionários acabassem desvalorizando o próprio objeto de trabalho. Ele acreditava que, se os produtos são valiosos e importantes, eles devem ser tratados como tal.

No Google, todos os anos, todos os funcionários costumavam ganhar como presente de fim de ano, de forma gratuita, um produto da marca. Um celular, um laptop, um Chromecast – um bom presente. E, todos os anos, as pessoas reclamavam – não era isso que eu queria, queria uma coisa mais cara, no ano passado foi melhor. Até que chegou um ano que eles não ganharam nenhum presente e ficaram revoltados. Como se atrevem a não nos dar um presente? Sempre ganhamos presentes!

Você sempre vai se dar mal se der coisas de graça. Fazer um ótimo negócio cria uma mentalidade completamente diferente do que ganhar de graça.

Além disso, é claro, subsidiar as regalias em vez de dá-las de graça é muito mais financeiramente vantajoso para a sua empresa. As empresas que dão uma montanha de regalias gratuitas a seus funcionários costumam ser míopes e não ter uma estratégia de longo prazo para continuar oferecendo-as, ou têm um core business intrinsecamente problemático e estão usando as regalias para esconder o problema. O Facebook é famoso por cuidar muito bem de seus funcionários, mas também ganha todo o seu dinheiro vendendo dados de clientes para anunciantes. Se o Facebook mudasse o seu modelo de negócios, a sua lucratividade sofreria um enorme golpe e todas essas regalias desapareceriam.

A tendência de dar aos funcionários tudo o que eles podem querer ou precisar no escritório começou com o Yahoo e o Google. A ideia veio de intenções boas, nobres e honradas – um desejo de cuidar das pessoas, de fazer de sua empresa um lugar acolhedor e divertido. A ideia era fazer o escritório parecer uma faculdade, parecer melhor que a faculdade – um lugar agradável e confortável onde você quer passar o seu tempo. Como o Google passou tanto tempo ganhando tanto dinheiro (vendendo os seus clientes aos anunciantes), o resto do mundo começou a pensar que essa cultura devia fazer parte da razão do sucesso do Google. Aí a cultura se espalhou. Agora, a grande maioria das startups no Vale do Silício oferece refeições gourmet, cerveja ilimitada, aulas de ioga e massagens gratuitas.

Contudo, a menos que a sua empresa tenha as margens de lucro e o crescimento de receita do Google, você não deve dar as mesmas regalias que o Google.

Nem o Google deveria estar dando essas regalias.

Já faz anos que eles estão tentando cortar custos – eles até começaram a dar às pessoas pratos menores nos refeitórios para incentivá-las a comer menos e reduzir o desperdício. Mas, uma vez que você abre o precedente e muda as expectativas das pessoas, é quase impossível voltar atrás.

No começo da Nest, tínhamos alguns lanches e bebidas na cozinha – principalmente frutas. Nada de salgadinhos industrializados. Para que envenenar os seus talentos? Uma ou duas vezes por semana, dávamos

Que se danem as massagens | 389

tacos ou sanduíches ou algo um pouco mais chique no almoço. De vez em quando, fazíamos um happy hour com churrasco nos fundos da empresa.

Entretanto, a aquisição do Google veio acompanhada da comida do Google. Construímos um belo e enorme refeitório que servia café da manhã, almoço e jantar grátis todos os dias. Cinco ou seis estações de comida diferentes ofereciam diferentes culinárias e cardápios e havia docinhos e salgadinhos todas as manhãs. Biscoitos e bolos por toda parte. Todo mundo adorou. Mas era muito, muito caro.

Diante dos custos exorbitantes da Alphabet, tentamos reduzir algumas opções do refeitório. A comida continuou abundante e maravilhosa, mas eliminamos a culinária vietnamita. Eliminamos os cupcakes. Os protestos foram imediatos, com uma onda de indignação:

– Como assim?! Vocês não podem tirar os nossos cupcakes!

Só foi pior quando tivemos que proibir a entrada de Tupperwares na empresa depois que notamos que muitas pessoas não estavam ficando até mais tarde com a intenção de trabalhar – elas esperavam até o jantar, enchiam os Tupperwares de comida para levar para a família e caíam fora.

A ideia de oferecer o jantar era recompensar os funcionários que estavam dando duro no trabalho. No entanto, por ser de graça, as pessoas se aproveitaram da situação. Estão dando de graça! Temos direito ao jantar! Qual é o problema de levar para casa?

Alguns anos antes, oferecíamos tacos às terças-feiras como um agrado. As pessoas ficavam encantadas quando mandávamos entregar cestas de frutas no escritório. Mas o problema foi ter criado um novo precedente.

Um novo sentimento de que esse era um direito das pessoas.

Uma vez, um funcionário se levantou na TGIF, a reunião geral semanal do Google – literalmente uma reunião de dezenas de milhares de pessoas –, e reclamou que a empresa tinha deixado de oferecer o seu iogurte preferido nas lanchonetes espalhadas pelo campus. Essas lanchonetes são exigidas pelo Google para garantir que nenhum funcionário tenha que andar mais de sessenta metros para pegar comida. Esse funcionário achava que tinha o direito de reclamar diretamente com o CEO, diante da empresa inteira. Sobre iogurte. Iogurte grátis. Por que a minha marca preferida não está mais disponível? Exijo que vocês tomem providências!

Assim como as pessoas podem abusar de qualquer pessoa boa e generosa, os funcionários também podem abusar de uma empresa bem-intencionada. Algumas pessoas só pegam, pegam, pegam e acreditam que têm o direito. Depois de um tempo, a cultura da empresa começa a aceitar esse tipo de comportamento e até a encorajá-lo.

Foi por isso que eu disse:

– Que se danem as massagens.

Quando o Google adquiriu a Nest, eu aprovei com relutância a comida e os ônibus de graça. Essas regalias eram esperadas por quem trabalhava no Google e realmente beneficiavam os nossos funcionários. Eu sabia que isso levaria a uma mudança cultural – mas esperava que todos se lembrassem de nossas origens humildes. Quando anunciamos a aquisição pelo Google à equipe, eu apresentei um slide que dizia simplesmente: "Não mudem". O que nos levara até aquele ponto era exatamente aquilo que precisávamos para seguir em frente. O simples fato de termos investidores diferentes não significava que deveríamos mudar a nossa cultura ou os fatores que tinham nos levado ao sucesso até então.

Quando o Google nos deu um escritório novo, lindo e elegante depois da aquisição, agradeci a Larry Page. Disse que era lindo. E disse a ele – e à nossa equipe – que não merecíamos.

Parecia errado. Ainda não tínhamos feito nada para merecer aquilo. Era o tipo de escritório que só uma empresa lucrativa que já havia provado o seu valor tinha condições de pagar. Era para pessoas que podiam relaxar e passar o tempo discutindo sobre quem ficaria perto da janela e quem teria a melhor vista. Isso não tinha nada a ver com a Nest. Estávamos focados na nossa missão, em ficar trabalhando até tarde, resolver problemas, dar duro e lutar para superar todos os obstáculos pelo caminho.

Eu queria que as pessoas continuassem focadas nas coisas que estávamos fazendo, na visão que estávamos tentando alcançar. Não em regalias, luxos e privilégios.

Por isso, jamais gastaríamos o dinheiro da empresa dando massagens gratuitas às pessoas.

Precisávamos desse dinheiro – para desenvolver o negócio. Para atingir as margens líquidas. Para fazer produtos melhores. Para garantir que os nossos fundamentos fossem fortes e robustos a fim de que pudéssemos continuar empregando todas essas pessoas. E precisávamos do dinheiro para ajudar as pessoas a ter a vida que queriam *fora* do trabalho. Em vez de ter um escritório luxuoso para que os funcionários nunca saíssem dele, alocávamos o nosso dinheiro em benefícios que fariam diferença na vida deles e de suas famílias – uma assistência médica melhor, fertilização in vitro, coisas que realmente mudam a vida das pessoas.

Quando distribuíamos regalias, eu queria que elas também fossem significativas. Não tentávamos prender as pessoas no escritório – recompensávamos os funcionários com jantares em restaurantes para eles levarem a família ou viagens que eles poderiam fazer com a família. Não economizávamos com coisas que realmente melhoravam a experiência das pessoas, reforçavam a união entre elas, as expunham a novas ideias e culturas e transformavam colegas de trabalho em amigos. Qualquer funcionário da Nest podia entrar em um clube e pedir dinheiro para fazer alguma coisa legal – um churrasco para a empresa toda, um mutirão para pintar o estacionamento, concursos de aviõezinhos de papel que ficavam cada vez mais elaborados a cada semana.

Mas, à medida que mais Googlers entravam na Nest e os nossos funcionários eram expostos às regalias que os Googlers ganhavam, houve uma grande discussão interna sobre o que as pessoas estavam ou não recebendo. Por que os Googlers ganhavam massagens de graça? Por que eles tinham mais ônibus de graça e conseguiam chegar ao trabalho mais

392 | CRIAR

tarde e ir embora depois do almoço? Por que eles tinham 20% do tempo livre (a famosa promessa do Google aos funcionários de que eles podem dedicar um quinto de seu tempo a outros projetos do Google além de seu trabalho do dia a dia)? Nós também queremos 20% do tempo livre!

Eu disse que não iria rolar. Precisávamos de 120% do tempo de todos. Ainda estávamos tentando construir a nossa plataforma e nos tornar um negócio lucrativo. Quando chegássemos lá, poderíamos falar sobre os funcionários usarem o dinheiro da Nest para trabalhar em projetos do Google, ganhar massagens grátis e voltar para casa no meio da tarde. Como você pode imaginar, minhas posições não foram muito populares entre os novos funcionários.

Eu jamais deixaria essa cultura de senso de privilégio se infiltrar na Nest sabendo que ainda tínhamos tanto trabalho a fazer. Eu me recusava a dar mais regalias só porque os funcionários do Google estavam acostumados com elas.

A experiência de ser funcionário do Google não é normal. Não é a realidade. Clive Wilkinson, o arquiteto do enorme e luxuoso Googleplex, chegou a admitir isso. Hoje ele chama a sua obra mais famosa de "fundamentalmente insalubre". "É impossível atingir o equilíbrio entre vida profissional e pessoal passando a vida toda no trabalho. Não é realista. E não permite se engajar no mundo da maneira como a maioria das pessoas faz", ele declarou. [Veja também: "Leituras recomendadas: *Architect behind Googleplex now says it's 'dangerous' to work at such a posh office*".]

É o mesmo problema que os muito ricos enfrentam – eles sobem na vida e aos poucos se afastam dos problemas normais dos humanos normais. Se você não mantiver os pés no chão – usar o transporte público, comprar a própria comida, andar pelas ruas, configurar os seus próprios sistemas de TI, conhecer o valor de um dólar e o que você pode comprar com isso em Nova York, em Wisconsin ou na Indonésia[*] –, correrá o risco de esquecer as dores cotidianas das pessoas para

---

[*]   Dê uma olhada no site www.gapminder.org/dollar-street para ver o quanto as pessoas ao redor do mundo ganham em um mês e como é a vida delas. É um site incrível para ver como todos nós podemos ser muito diferentes ou parecidos.

quem você deveria estar criando analgésicos. [Veja também: "Capítulo 4.1: Como identificar uma excelente ideia".]

Não é só o cliente que começa a sair de foco. À medida que o número de regalias aumenta, as pessoas também podem começar a perder o senso de propósito no trabalho. O que estou fazendo aqui? Vi pessoas que adoravam o que faziam, encontravam sentido e alegria no trabalho, trabalhavam duro e nunca sentiam que estavam desperdiçando o seu tempo – até que mergulharam de cabeça no Google, no Facebook ou em outro gigante corporativo e se perderam completamente. Quanto mais coisas grátis elas viam os outros ganhando, mais elas queriam. No entanto, ganhar essas regalias só dava satisfação na hora – elas perdiam o valor com o tempo. E essas pessoas continuavam tentando ganhar cada vez mais. Passaram a focar nisso. Então fazer coisas, se importar com o trabalho que estavam fazendo, criar algo significativo, realmente gostar do trabalho – tudo isso ficou em segundo plano.

E tudo começou com as malditas massagens grátis.

Só para esclarecer, não tenho nada contra massagens. Adoro massagens. Faço massagem o tempo todo. Todo mundo deveria fazer massagem. Mas, em momento algum, a cultura da sua empresa deve se basear na ideia de que massagens gratuitas fazem parte do salário das pessoas. Em momento algum você deve prometer aos funcionários que eles vão ganhar massagens para sempre. Em momento algum as regalias devem definir o seu negócio ou arrastá-lo para baixo.

As regalias não passam da cobertura do bolo. Um xarope de milho rico em frutose. Ninguém vai se ressentir de ganhar um pouco de açúcar – todo mundo gosta de um doce de vez em quando. Contudo, passar o dia inteiro comendo doces descontroladamente está longe de ser uma receita para a felicidade. Assim como a sobremesa não deve vir antes do jantar, as regalias não devem vir antes da missão que você está lá para cumprir. A missão deve ser o combustível da sua empresa. As regalias só devem ser o pouquinho de açúcar por cima.

Capítulo
6.5

SAINDO DO PAPEL DE CEO

Um CEO não é um rei ou uma rainha. Não é um cargo vitalício. Mais cedo ou mais tarde, você vai ter que abdicar. Veja como saber que chegou a hora:

1. **A empresa ou o mercado mudou demais.** Alguns fundadores de startups não são adequados para atuar como CEOs de empresas maiores. Alguns CEOs têm as habilidades para lidar com determinados desafios, mas não com outros. Se as coisas mudaram tanto que você não faz ideia do que fazer e as soluções que você precisa implementar estão totalmente fora da sua área de expertise, provavelmente chegou a hora de passar o bastão.

2. **Você se transformou em um CEO babá.** Você entrou em modo de manutenção em vez de desafiar e expandir continuamente a sua empresa.

3. **Você está sendo pressionado para se transformar em um CEO babá.** Seu conselho de administração está exigindo que você pare de assumir grandes riscos e se limite a manter as coisas do jeito que estão.

4. **Você tem um plano de sucessão claro e a empresa está em alta.** Se as coisas estão indo muito bem e você acha que um ou dois executivos da equipe estão prontos para subir, talvez seja a hora de abrir espaço para eles. Sempre tente sair quando tudo estiver bem e deixar a empresa em boas mãos.

5. **Você odeia ser CEO.** Esse trabalho não é para qualquer um. Tudo bem se você odiar o cargo. Não pense que fracassou. Você só aprendeu uma valiosa lição de autoconhecimento e agora pode usar essa lição para encontrar um trabalho gratificante.

..

Já aconteceu de termos que ligar para a mãe de um CEO.

Minha empresa de investimentos Build havia investido nessa empresa – que tinha uma visão incrível, um potencial enorme –, mas o CEO era um fundador de primeira viagem, totalmente despreparado para o cargo. Ele ouvia os nossos conselhos, pisava na bola, dizia que nunca mais aconteceria, mas acontecia de novo. Ele nunca ouvia de verdade e nunca aprendia. Depois de várias tentativas de orientá-lo pessoal e profissionalmente por mais de dezoito meses, as coisas só pioraram – ele humilhava a equipe nas reuniões, brigava com as pessoas no corredor e até discutia com os clientes. Perdemos a paciência. Então o conselho demitiu o CEO.

Mas o CEO se recusou a sair.

Tentamos usar incentivos. Tentamos usar ameaças. Ele não cedia, se recusava a ouvir a voz da razão. Então ele usou a arma que tinha – contratou advogados e começou a se preparar para processar judicialmente o conselho, a empresa e os investidores.

Aí ligamos para a mãe dele – a única pessoa a quem achávamos que ele daria ouvidos. Contamos a ela o que aconteceria se fôssemos processados: o conselho reagiria sem dó nem piedade com outro processo judicial, as mentiras que o CEO tinha contado aos investidores iriam a público e ele provavelmente nunca mais conseguiria financiamento para outra startup. Ele poderia até mesmo nunca conseguir outro emprego.

Depois de quase um ano de discussões, batalhas e tentativas de convencimento, eis o que finalmente o levou a se render: a mãe dele.

No entanto, a situação foi tão feia que fomos forçados a impedir a entrada dele no prédio e garantir que ele não tivesse mais qualquer vínculo com a empresa. Era a única maneira de salvar uma equipe espetacular com um potencial incrível de cumprir a sua missão.

Em outra empresa, a mesma conversa levou dois minutos. Dissemos ao CEO que ele deveria abrir mão do cargo. Ele suspirou e sorriu.

– Ufa! Obrigado – ele disse. – Que alívio!

Como um punhado de CEOs fundadores ganhou fama e fortuna, criou-se o mito de que é natural fazer a transição entre fundar uma empresa e administrá-la em todos os seus estágios, durante bons e maus momentos. O mito de que isso é inevitável. Se você abrir uma startup, é claro que vai continuar no comando quando ela se tornar uma empresa de verdade e, mais tarde, uma corporação. Não é justamente para isso que você está fundando a startup?

Entretanto, uma startup com cinco amigos é totalmente diferente de uma empresa com 100, 1.000 funcionários. O trabalho e as responsabilidades de um fundador não têm nada a ver com o trabalho e as responsabilidades do CEO de uma empresa em estágio posterior.

Nem todo fundador tem as habilidades para ser um CEO em todos os estágios de uma empresa.

Ele pode não saber sequer como funciona uma empresa de médio porte, quanto mais uma grande corporação. Pode não contar com o apoio dos mentores certos, não saber como construir uma equipe ou atrair clientes. Quando tudo isso recai sobre os seus ombros, ele tende a se voltar ao que fazia bem quando era um colaborador individual, abandonar as verdadeiras responsabilidades de um CEO, ignorar os conselhos e as advertências do conselho, tropeçar, cair de cara e quebrar os dentes. É uma lição difícil, porém valiosa; muitos empreendedores a aprendem e voltam a tentar, em geral com mais sucesso. Eu fui um deles.

Contudo, é possível evitar esse tipo de experiência. Você tem como notar que está em queda livre, tem como olhar ao redor e sentir o vento nos cabelos. E pode fazer algo a respeito – admitir a situação e renunciar ao cargo.

Mas a maioria dos CEOs que estão à beira do fracasso simplesmente fecha os olhos e espera o baque. Em geral, uma parte grande demais do ego deles depende do cargo de CEO – eles dedicaram muito tempo e esforço para chegar lá. Muitas pessoas passam a vida inteira ambicionando liderar uma empresa. Sua autoestima e sua identidade dependem disso. A perspectiva de abrir mão disso – simplesmente abrir mão do cargo – pode ser aterrorizante.

Não importa se você for um fundador de primeira viagem ou liderar empresas há décadas. O ego é uma droga altamente viciante.

É por isso que alguns CEOs – inclusive alguns fundadores – simplesmente se transformam em cracas. Perdi as contas de quantos CEOs de longa data vi agarrados ao cargo mesmo depois que sua paixão por ele se esvaíra. Mesmo depois que eles se transformaram, aos poucos, de um CEO pai em um CEO babá cujo único interesse era proteger o que construíram, manter o seu cargo e o status quo. [Veja também: "Capítulo 6.1: Tornando-se o CEO".]

Esses CEOs se enganam pensando que é natural não sentirem mais a mesma intensidade – eles deram duro no começo e agora podem relaxar e curtir os frutos de seu trabalho.

Porém, não é assim que a coisa funciona.

É o seu trabalho como CEO impelir constantemente a empresa a avançar – ter novas ideias e novos projetos para mantê-la sempre viva e atual. É o seu trabalho dar duro nesses novos projetos e ser tão apaixonado por eles quanto era pelo problema original que se propôs a resolver. Enquanto isso, outras pessoas da sua equipe se concentram no core business, otimizando as partes que já estão consolidadas.

Se você não consegue mais se empolgar, ter novas ideias ou promover e defender as ideias ousadas da sua equipe, é sinal de que você se transformou em uma babá. É hora de partir.

Não há desafio algum em ser um CEO babá. Nem alegria alguma.

398 | CRIAR

E, pior ainda, é ruim para a equipe. Ruim para a empresa.

Nem sempre é fácil ver isso. O conselho pode forçar os CEOs a agirem mais como diretores operacionais. Basta manter as coisas como estão, eles dizem. Para que mexer em time que está ganhando? Não assuste os acionistas. Sabemos o que estamos dizendo. É só fazer o que estamos mandando.

Foi essa a realidade que enfrentei no Google. Foi por isso que eu saí.

Não apenas porque o Google estava tentando vender a Nest ou porque eles queriam que eu parasse de agir como um CEO, mas também para dar uma advertência para a minha equipe. Eu havia assinado termos de confidencialidade e não podia dizer às pessoas que algo estava muito errado. Mas podia mostrar a elas.

Dizem que "o capitão deve afundar com o navio". Eu digo: "De jeito nenhum". Se estiver claro que o navio está afundando, os passageiros vão notar – nesse caso, é responsabilidade do capitão permanecer a bordo até que todos estejam em segurança nos botes salva-vidas. No entanto, se você for um CEO ou um executivo de alto escalão e puder ver a água subindo antes de todo mundo, será sua responsabilidade mostrar à sua equipe que ela está diante de um perigo claro e concreto. E não há mensagem mais clara de que algo não vai bem do que você sair porta afora.

Pode ser que a única mensagem de advertência que você possa dar seja a sua carta de demissão.

A situação pode ser ainda mais grave. Mais importante que você. Maior que a sua equipe ou a sua empresa. O mercado inteiro pode mudar; as prioridades do planeta podem evoluir. Nesses momentos, a empresa que um CEO comandava pode deixar de fazer sentido no mundo. Os CEOs de empresas de petróleo e gás estão diante de uma situação como essa neste exato momento. As montadoras de automóveis também. É hora de um novo modelo.

E precisamos de sangue novo.

Os melhores CEOs veem as mudanças que vão chegar mais cedo ou mais tarde – seja para eles próprios, para a empresa ou para o mundo. E eles criam um plano de sucessão.

Você nunca sabe quando o tapete será puxado debaixo dos seus pés. O seu setor inteiro pode mudar, você pode ficar entediado com o seu trabalho ou pode ser atropelado por um ônibus. É por isso que você faz um testamento. Também é por isso que você contrata outros executivos e talvez um diretor operacional a quem se sentiria confortável em entregar as rédeas da empresa.

Mesmo em uma emergência, você quer que a transição para um novo CEO seja o mais tranquila e confiante possível.

Entretanto, você não precisa esperar uma emergência para sair. Você não deve achar que o seu sucesso seja um convite para ocupar o cargo para sempre. Ao olhar ao redor e observar a equipe incrível que você construiu e o quanto você ajudou a empresa a crescer, não pense: É isso aí. Atingi o sucesso. Daqui ninguém me tira.

Também não é assim a coisa funciona.

Essa equipe incrível que você construiu precisa de espaço para crescer, mas você está ocupando a vaga no topo. Se eles não virem possibilidade de subir, começarão a sair e encontrar outras oportunidades.

Os bons momentos não durarão para sempre. As altas inevitavelmente se transformarão em baixas. E você vai querer sair quando as coisas estiverem indo bem, quando puder entregar a empresa com orgulho ao próximo CEO – não ter que jogar a batata quente na mão da próxima vítima assim que você for liberado pelo conselho.

Enquanto escrevemos estas palavras, Zhang Yiming, fundador e CEO da ByteDance, dona do TikTok, anunciou que renunciará ao cargo. O TikTok nunca esteve em um momento tão popular. Zhang está vivendo uma alta que poucos CEOs alcançam. Mas ele está vendo uma mudança chegando. E, no caso, a mudança é interna. Ele simplesmente não quer o cargo. Não combina com ele. "A verdade é que me faltam algumas habilidades de um CEO ideal", ele disse. "Tenho mais interesse em analisar princípios organizacionais

400 | CRIAR

e de mercado."

Esse é o tipo de autoconhecimento e sensatez que faz um grande líder. Ele parece estar fazendo a coisa certa, motivado por sua intuição, não por seu ego.

Agora ele tem muitas opções. Pode se afastar totalmente e talvez abrir um novo negócio. Pode subir e entrar no conselho, mantendo a sua influência sobre os rumos da empresa.

Ou pode ficar e simplesmente assumir um cargo diferente. Parte do mito do CEO fundador é que, uma vez que você é o CEO, não há como voltar atrás – que ninguém quer deixar o cargo depois de chegar lá. Contudo, as pessoas podem ir de um lado ao outro.

No entanto, se um fundador deixar o cargo de CEO e continuar na empresa, as coisas podem ficar confusas.

Se o fundador não tomar muito cuidado, pode criar todo tipo de problema para o novo CEO e para os executivos que deixar para trás. O mesmo vale para os cofundadores – eles precisam estar cientes dos conflitos que podem criar na empresa ao simplesmente expressar uma opinião. Os fundadores precisam ficar de olho em como são vistos, a quais reuniões compareçam, à linguagem que usam, às sugestões que fazem e se deixam claro que são só sugestões, não ordens. Não podem deixar dúvidas de qual é o seu papel na empresa. Caso contrário, eles podem, sem querer – ou de propósito –, criar facções na empresa, algumas seguindo o fundador, algumas seguindo o CEO, todas nervosas, confusas, irritadas.

Vi isso acontecer em uma empresa – o fundador deixou o cargo e ajudou a escolher um sucessor. Mas continuou por perto, perambulando pelos corredores, dando sua opinião às pessoas. Ninguém sabia se eram ordens ou simples sugestões; se deveriam já começar a executar o trabalho ou encarar como um conselho amigável. "O CEO sempre pode ser substituído, mas não o fundador. Isso quer dizer que devo fazer o que o fundador está dizendo?"

O CEO estava frustrado – a equipe, totalmente confusa. Então, eles criaram um novo plano: o CEO administraria as coisas e o fundador se afastaria e só se comunicaria por meio do CEO. Deu certo, todos deram um suspiro de alívio, as coisas começaram a melhorar.

Porém, só durou duas semanas.

Depois disso, o fundador voltou a aparecer nas reuniões. Todo mundo ficou de cara. "De novo não!" As pessoas ficaram totalmente desanimadas. Durante gloriosos quatorze dias eles souberam o que estavam fazendo, souberam com quem falar, souberam qual era o plano. Mas tudo voltou a virar uma bagunça. As pessoas começaram a sair. Ninguém tinha o poder de dizer ao fundador: "Saia e fique do lado de fora. Nós adoramos você e as suas ideias, mas você está piorando tudo".

Os fundadores precisam saber que podem prejudicar com muita facilidade o trabalho do CEO e da equipe principal. Mesmo se um fundador optar por apenas participar do conselho, ele ainda precisará tomar cuidado – ele não estará mais liderando a equipe. Ele deve se tornar um coach, um mentor, um conselheiro. Apenas mais uma voz entre muitas.

Nunca é fácil. Pior ainda é quando você tem que cortar todos os laços. Quando o seu bebê é jogado aos lobos e a única coisa que você pode fazer é se afastar. É angustiante.

Quando eu estava saindo da Nest, convoquei uma reunião geral com todos os funcionários da empresa. Todas essas pessoas incríveis, centenas de pessoas apaixonadas e brilhantes que tinham construído essa empresa comigo – do nada, de um esboço, de uma garagem com goteira e uma invasão de esquilos –, me observavam, com expectativa. Olhei para elas e meus olhos se encheram de lágrimas. E eu lhes disse que sairia da empresa.

Depois tive que deixar o Google fazer o que quisesse com a Nest.

É o que mais dói quando você sai, especialmente se a sua saída não for amigável – o novo regime costuma cortar os seus projetos em pedacinhos só para deixar uma marca e mostrar que se livrou de todos os seus vestígios. Chegam a tirar as fotos dos fundadores e da equipe inicial das paredes. Você precisa saber que isso vai acontecer e mesmo assim se afastar.

Depois, precisa viver o seu processo de luto.

Quando você é fundador, deixar a sua empresa pode parecer uma morte.

Você dedica tanto do seu tempo, da sua energia, de si mesmo a essa empresa e, de repente, tudo acaba. Um braço cortado. Um amigo que você amou muito e com quem cresceu, mas que se foi para sempre.

Sua nova vida parece estranhamente vazia. Tranquila. Seus dias e noites eram totalmente consumidos antes e agora... nada.

Você vai se sentir terrível. Horrível. No entanto, não salte imediatamente para um novo trabalho só para se distrair. Resista ao desejo de se preocupar com o fato de seu valor de mercado estar diminuindo a cada dia que você passa sem trabalhar. Esse sentimento costuma ser provocado pela dúvida, não pela realidade do mercado de trabalho. O mundo não vai julgá-lo por tirar um tempo. Os verdadeiros talentos são escassos, especialmente talentos inteligentes e dedicados no cargo de CEO. Então, se você quiser voltar a ocupar o cargo em outra empresa, não pense que não será possível.

Só que você precisa dar um tempo e fazer os exercícios mentais necessários para processar a experiência, se recuperar e aprender com ela.

Tudo tem uma meia-vida.

Pela minha experiência, a maioria das pessoas leva cerca de um ano e meio para começar a pensar em algo novo. Não é por acaso que as pessoas de algumas culturas passam doze meses usando preto depois de uma morte. É o tempo que leva para aceitar esse tipo de perda.

Os primeiros três a seis meses vão se arrastar à medida que você supera o choque inicial, a negação e talvez a raiva, o ranger de dentes e o arrancar de cabelos ao ver o que estão fazendo com o seu bebê. Você também vai levar esse tempo para concluir a lista de coisas que deixou de fazer enquanto se matava no trabalho. Só depois de esgotar essa lista você vai parar de se distrair com o passado e começar a ficar entediado. É uma fase necessária. Você absolutamente precisa ficar entediado antes de encontrar coisas novas para se inspirar.

Vai levar mais uns seis meses para recomeçar a se engajar com o mundo. Parar de remoer o que deu errado. Começar a aprender coisas novas e reencontrar sua curiosidade.

Então, nos seis meses seguintes, você pode começar a olhar para a sua vida com novos olhos. Distrair-se. Empolgar-se. Começar a pensar no que vem a seguir. Você não precisa voltar ao mesmo caminho do qual saiu no ano anterior. O fato de você ter sido CEO uma vez não significa que precise ser CEO de novo. Você sempre pode encontrar ou criar novas oportunidades. Você sempre pode aprender, crescer e mudar.

Leve o tempo que precisar para se tornar a pessoa que você quer ser. Assim como você fez no início de sua carreira e em cada bifurcação ao longo do caminho.

CONCLUSÃO
NÃO SE TRATA APENAS DE VOCÊ

No fim das contas, o que importa são duas coisas: produtos e pessoas.

O que você cria e com quem você cria.

As coisas que você faz – as ideias que você persegue e as ideias que perseguem você – acabarão por definir a sua carreira. E as pessoas com quem você persegue essas ideias podem definir a sua vida.

É incrivelmente especial criar algo com uma equipe. Do zero, do caos, de uma centelha na cabeça de alguém, a um produto, uma empresa, uma cultura.

Se tudo estiver alinhado, se o momento for o certo, se você tiver uma sorte incrível, você lutará para criar um produto no qual acredita, que tenha uma grande parte de você e de sua equipe engarrafada dentro dele, e esse produto venderá. Vai se espalhar. Ele não apenas resolverá os pontos de dor de seus clientes como lhes dará superpoderes. Se você fizer algo verdadeiramente disruptivo, verdadeiramente impactante, a sua criação ganhará vida própria. Criará novas economias, novas formas de interagir, novas formas de viver.

Mesmo se o seu produto não mudar o mundo inteiro, mesmo se tiver um escopo modesto e um público menor ainda, ele ainda pode mudar um setor. Faça algo diferente. Transforme as expectativas do cliente. Defina um padrão mais alto. Seu produto pode melhorar todo um mercado, todo um ecossistema.

Seu produto, essa coisa que você cria com a sua equipe, pode superar até as suas expectativas mais malucas.

Ou não. Pode fracassar.

406 | CRIAR

Você pode ter a sua própria General Magic – uma visão incrível, uma bela ideia, derrubada por um timing ruim, uma tecnologia imatura, um grande mal-entendido sobre quem é o seu cliente.

Ou seu produto pode ter sucesso enquanto a sua empresa se desintegra. Você vai trabalhar e trabalhar para criar a sua própria empresa, dedicará sua vida ao interminável triturador de problemas de pessoal e design organizacional e reunião após reunião após reunião. E então você entregará essa joia brilhante a pessoas que prometerão amá-la, poli-la e ajudá-la a brilhar – e elas a deixarão escapar por entre os dedos e cair no chão.

Pode acontecer.

O sucesso não é garantido. Por mais que a sua equipe seja espetacular. Por mais que você tenha as melhores intenções. Por mais que o seu produto seja maravilhoso. Tudo pode ir pelo ralo, desmoronar, virar pó.

Mas, mesmo se o seu produto morrer, se a sua empresa morrer, o que você fez ainda importa. Ainda conta. Você vai se afastar após ter criado algo que lhe dá orgulho. Após ter tentado. Após ter aprendido e crescido. Você ainda terá a sua ideia e o seu potencial ainda não realizado; você ainda terá a oportunidade, a chance de tentar de novo.

E ainda terá as pessoas.

Até hoje trabalho com amigos que fiz na General Magic. Na Philips. Na Apple. Na Nest.

Os produtos mudaram, as empresas mudaram, mas os relacionamentos, não.

E hoje a minha vida toda gira em torno de relacionamentos. Hoje o meu produto são as pessoas.

Depois da Nest, abri uma empresa de investimentos – a Build. Nós nos autodenominamos "mentores com dinheiro". Investimos nosso próprio dinheiro em empresas que achamos que vão melhorar drasticamente a sociedade, o meio ambiente ou a saúde humana. E lhes damos o que todos os capitalistas de risco prometem, mas raramente

Conclusão | 407

cumprem – a nossa atenção pessoal. Uma ajuda concreta quando eles realmente precisam, às vezes antes de eles saberem que precisam.

As pessoas que eu oriento me ensinaram muito mais do que eu poderia ensiná-las. Aprendi sobre tantos setores e negócios diferentes: agricultura, aquicultura, ciência de materiais, couro de cogumelo, bicicletas e microplásticos. A cada equipe ou fundador que oriento, outro mundo se abre.

Este trabalho é tão significativo quanto qualquer coisa que eu já tenha feito, qualquer objeto que eu já tenha fabricado. São pessoas incríveis, e pessoas incríveis são o coração de toda e qualquer inovação. Elas vão mudar o mundo. Consertar o mundo. Ajudá-las, investir nelas, orientá-las é provavelmente um dos trabalhos mais importantes que já fiz.

Quando olho para trás, percebo que é o trabalho mais importante que sempre fiz.

A melhor parte de ter sido executivo da Apple ou CEO da Nest foi a oportunidade de ajudar as pessoas. Essa sempre foi a experiência mais gratificante: eu podia ajudar a equipe a cuidar da família. Eu podia ajudar uma pessoa se ela ficasse doente, se os seus filhos ou pais ficassem doentes. Criamos uma comunidade, uma cultura baseada em qualidade, determinação e inovação, onde tantas pessoas floresceram, onde pessoas brilhantes puderam criar e fracassar, aprender e prosperar juntas.

Muitas vezes elas chegavam à Nest para fazer uma coisa e saíam sabendo que eram capazes de fazer cem.

Elas só precisavam de um empurrão.

O que impede a maioria das pessoas de avançar são elas mesmas. Elas acham que sabem o que são capazes de fazer e quem devem ser, e não exploram além desses limites.

Até que alguém aparece e as força a fazer algo mais – mesmo que seja gritando e espernando. E elas acabam encontrando um poço de criatividade, uma força de vontade ou um brilho que elas nunca imaginaram que tinham.

408 | CRIAR

É como ir além da primeira versão de um produto. Você dedica todos os minutos, todos os neurônios para criar a V1. Exausto, você finalmente ultrapassa a linha de chegada. No entanto, apesar de ter usado todas as forças, toda a sua capacidade, a V1 nunca é boa o suficiente. Você enxerga seu enorme potencial. Consegue ver tudo o que ela pode ser. Então você não para na linha de chegada – continua se forçando a ir em frente até chegar à V2, V3, V4, V18. Continua descobrindo outras maneiras de melhorar ainda mais o produto.

O mesmo pode ser dito dos seres humanos. Contudo, muitos de nós ficamos presos na V1. Quando nos acomodamos com o que somos, perdemos de vista o que podemos nos tornar. Assim como os produtos sempre podem melhorar, os seres humanos também. Estamos em constante mudança. Em constante evolução.

Então você pressiona as pessoas a avançarem, a melhorarem. Como líder, CEO, mentor – você pressiona mesmo quando as pessoas se ressentem de você por isso. Mesmo quando você acha que pode ter ido longe demais...

Mas há sempre uma recompensa do outro lado.

Vale a pena fazer bem feito. Vale a pena tentar alcançar a grandeza. Vale a pena ajudar a sua equipe, ajudar as pessoas.

Um dia, você receberá um e-mail de alguém com quem trabalhou – dois, três, talvez dez anos atrás. E ele vai agradecer. Agradecer por pressioná-lo. Por ajudá-lo a descobrir o que era capaz de fazer, a ver seu próprio potencial. Vai dizer que o odiou por isso, se ressentiu a cada minuto, reclamou do quanto teve que trabalhar, de como você o fez começar e recomeçar do zero, de como você não desistiu.

Até que ele percebeu que aquele momento foi um ponto de virada, um ponto de partida. Mudou a trajetória de toda a carreira dele. As coisas que vocês criaram juntos mudaram a vida dele.

E aí você saberá que fez algo que fez diferença.

Fez algo que valeu a pena ter feito.

AGRADECIMENTOS

Escrever este livro foi mais fácil do que eu pensava. E muito, muito mais difícil.

Mais difícil do que fazer o iPod. Ou o iPhone. Ou o Nest Learning Thermostat.

A parte fácil foi decidir sobre o que escrever. Quase todos os dias, um empreendedor me perguntava sobre alguma coisa − storytelling, pontos de ruptura, como desenvolver uma equipe ou lidar com o conselho. Conversávamos sobre o problema que a pessoa estava tendo, eu dava alguns conselhos e incluía no livro.

Muitos dos temas eram simples − na maioria das vezes pareciam só uma questão de senso comum. Eu me perguntava se este livro realmente precisava existir. Mas, no dia seguinte, outra pessoa me fazia a mesma pergunta. Uma semana depois, acontecia de novo. E mais uma vez, e outra. Sinceramente, estou ficando cansado de me ouvir contar as mesmas histórias repetidamente, semana após semana, mês após mês.

Ficou claro para mim por que eu estava fazendo isso. O senso comum pode ser comum, mas não é igualmente distribuído. Você não tem como adotar a abordagem óbvia para criar uma equipe se nunca criou uma equipe. Você não tem como entender intuitivamente o marketing se passou a vida inteira como engenheiro. Se você está fazendo algo novo, se está tentando algo pela primeira vez, precisa conquistar o seu senso comum. É uma sabedoria conquistada a duras penas, por tentativa e erro, tentando e fracassando ou − se você tiver sorte − conversando com alguém que já fez tudo isso antes. Muitas vezes você só precisa de alguém para confirmar a sua intuição e lhe dar confiança para segui-la.

Foi por isso que escrevi este livro.

E foi por isso que Bill Campbell nunca escreveu um livro.

410 | Agradecimentos

Bill foi um coach e um mentor melhor do que eu jamais serei. As pessoas viviam atrás dele para colocar os seus conselhos em um livro, mas ele sempre se recusava.

Acho que a razão era que ser um mentor, um coach, é uma questão de confiança – um relacionamento entre duas pessoas. Para dar bons conselhos, Bill precisava conhecer você, sua vida, sua família, sua empresa, seus medos e ambições. Ele se focava em ajudar uma pessoa no momento em que ela mais precisava e adaptava os seus conselhos exatamente ao que estava acontecendo na vida dela.

Não dá para fazer isso em um livro.

Foi a coisa mais difícil para mim enquanto eu escrevia – não conhecer o meu público, não saber pelo que cada leitor estaria passando. Assunto é que não faltava. A primeira versão deste livro tinha setecentas páginas. E, mesmo assim, tudo parecia muito superficial. Eu nunca conseguia me aprofundar tanto quanto queria. Podia apresentar regras gerais e contar histórias sobre o que deu certo para mim, mas elas não funcionariam para todos. E, dependendo da situação do leitor, podiam ser totalmente erradas.

Contudo, decidi escrever o que eu sabia. Relembrei tudo o que fiz, tudo o que aprendi nos últimos trinta anos e abri as cortinas – mostrei como tudo é feito, sem pudores. Foi difícil, mas também catártico. Escrever este livro me ajudou a processar muito do que aconteceu ao longo da minha carreira.

Sei que posso estar errado. E que posso irritar as pessoas. Mas, se você não está irritando ninguém, não está fazendo nada que valha a pena. Se não está cometendo erros, não está aprendendo.

Faça, fracasse, aprenda.

Espero que, nos dez anos que passei pensando em escrever este livro, eu tenha fracassado o suficiente e aprendido o suficiente para descobrir o que valia a pena dizer.

E a quem valia a pena agradecer.

Para começar, meus mais sinceros agradecimentos (sem ironia) a

Agradecimentos | 411

todos os FDPs, gestores ruins, colegas terríveis, culturas de empresa péssimas, CEOs pavorosos, membros do conselho incompetentes e eternos bullies. Eu jamais teria descoberto o que eu não queria ser sem vocês. Por mais que essas lições tenham sido dolorosas e difíceis – muito, muito obrigado.

Vocês me motivaram a me transformar em alguém capaz de melhorar. Capaz de escrever este livro. E este livro não teria sido possível sem os incríveis esforços e a confiança de:

Minha esposa e meus filhos – obrigado por estarem sempre ao meu lado e por serem minha inspiração, meu apoio e meus mentores (e suportarem todos os telefonemas aos berros).

Minha coautora e cúmplice, Dina Lovinsky – foi uma montanha-russa de emoções positivas e não tão positivas e momentos importantes até juntar tudo neste livro. Mas, se não for assustador, não tem graça, não é mesmo?

Minha equipe incansável que ajudou no livro – Alfredo Botty, Lauren Elliot, Mark Fortier, Elise Houren, Joe Karczewski, Jason Kelley, Vicky Lu, Jonathon Lyons, Anton Oenning, Mike Quillinan, Anna Sorkina, Bridget Vinton, Matteo Vianello, Henry Vines e a equipe da Penguin – que foi obrigada a suportar todo tipo de exigências e perguntas sem fim e sem sentido.

Minha editora, Hollis Heimbouch, e a sua equipe da HarperCollins – por aturar os autores malucos de primeira viagem e os incontáveis prazos estourados enquanto tentávamos (ingenuamente) alcançar algum tipo de perfeição.

Meu agente Max Brockman e a equipe da Brockman, em especial John Brockman (por passar uma década insistindo para eu escrever algum livro).

A Julio Vasconcellos e à equipe do Atlantico e seus amigos que me ajudaram com a versão em português: David Ajzental, Gustavo Andriani, Izabel Gallera, Carolina Lelis, Ana Martins, Caio Raimundo, Victor Ramos, Larissa Ribeiro, Fernando Zanatta.

412 | Agradecimentos

A todo o incentivo, apoio e excelentes ideias de amigos e leitores – Cameron Adams, David Adjay, Cristiano Amon, Frederic Arnault, Hugo Barra, Juliet de Baubigny, Yves Behar, Scott Belsky, Tracy Beiers, Kate Brinks, Willson Cuaca, Marcelo Claure, Ben Clymer, Tony Conrad, Scott Cook, Daniel Ek, Jack Forester, Case Fadell, Pascal Gauthier, Malcolm Gladwell, Adam Grant, Hermann Hauser, Thomas Heatherwick, Joanna Hoffman, Ben Horowitz, Phil Hutcheon, Walter Isaacson, Andre Kabel, Susan Kare (designer do famoso limão ambulante e um milhão de outras coisas), Scott Keogh, Randy Komisar, Swamy Kotagiri, Toby Kraus, Hanneke Krekels, Jean de La Rochebrochard, Jim Lanzone, Sophie Le Guen, Jenny Lee, John Levy, Noam Lovinsky, Chip Lutton, Micky Malka, John Markoff, Alexandre Mars, Mary Meeker, Xavier Niel, Ben Parker, Carl Pei, Ian Rogers, Ivy Ross, Steve Sarracino, Naren Shaam, Kunal Shah, Vineet Shahani, Simon Sinek, David e Alaina Sloo, Whitney Steele, Lisette Swart, Anthony Tan, Min-Liang Tan, Sebastian Thrun, Mariel van Tatenhove, Steve Vassallo, Maxime Veron, Gabe Whaley, Niklas Zennström, Andrew Zuckerman – seus comentários e conselhos sinceros ajudaram muito a fazer deste livro o que ele é hoje e nos dar a confiança para seguir em frente nas semanas mais difíceis.

Às equipes da General Magic, do iPod e do iPhone da Apple, da Nest e nossa família de empreendedores da Build – sem vocês, este livro jamais teria sido possível. Aprendi muito com vocês e vocês realmente me ajudaram a encontrar a minha verdade e lutar por ela.

Aos amigos e companheiros que perdemos pelo caminho – Sioux Atkinson, Zarko Draganic, Phil Goldman, Allen "Skip" Haughay, Blake Krikorian, Leland Lew. Steve. Bill. Penso muito em vocês e gostaria de ter tido mais tempo com vocês.

E a vocês, nossos leitores. Obrigado pela sua confiança em mim e por comprar este livro. Não só porque trabalhei duro nele, mas porque ele está promovendo algo maior. Ele foi impresso usando práticas ecológicas para reduzir ao máximo os danos ao planeta; além disso, usaremos os lucros gerados para ter um impacto muito maior. Tudo o que eu ganhar com este livro será investido em um Fundo Climático administrado por minha empresa de investimentos e consultoria, a Build.

Visite build-collective.com para saber mais.

E, mais uma vez, obrigado. Espero que este livro ajude você de alguma forma.

Sempre adiante,
Tony

P.S.: Não sei se um dia vou me submeter a isso de novo e escrever outro livro, mas, se você acha que devo me aprofundar em algum tema, ou dar conselhos diferentes, ou escrever sobre algo totalmente novo, estou aberto a sugestões. É só me mandar um e-mail: build@build-collective.com.

LEITURAS RECOMENDADAS

Aqui estão alguns livros e artigos que me ajudaram e ajudaram a meus amigos e mentores, sem nenhuma ordem específica:

Dar e receber: Uma abordagem revolucionária sobre sucesso, generosidade e influência, Adam Grant

Em louvor da sombra, Jun'ichirō Tanizaki

O monge e o enigma: a arte de criar uma vida enquanto ganha a vida, Randy Komisar

Por que nós dormimos: a nova ciência do sono e do sonho, Matthew Walker

The Messy Middle: Finding Your Way Through the Hardest and Most Crucial Part of Any Bold Venture, Scott Belsky

The Perfect Thing: How the iPod Shuffles Commerce, Culture, and Coolness, Steven Levy

Confiança criativa: libere sua criatividade e implemente suas ideias, David Kelley e Tom Kelley

O coach de um trilhão de dólares: o manual de liderança do Vale do Silício, Eric Schmidt, Jonathan Rosenberg e Alan Eagle

O lado difícil das situações difíceis: como construir um negócio quando não existem respostas prontas, Ben Horowitz

Super Founders: What Data Reveals About Billion-Dollar Startups, Ali Tamaseb

Rápido e devagar: duas formas de pensar, Daniel Kahneman

Ruído: uma falha no julgamento humano, Daniel Kahneman, Olivier Sibony e Cass R. Sunstein

Beginners: The Joy and Transformative Power of Lifelong Learning, Tom Vanderbilt

Por que os generalistas vencem em um mundo de especialistas, David Epstein

How to Decide: Simple Tools for Making Better Choices, Annie Duke

Como conviver com meu idiota favorito: como conviver, competir e vencê-los, Robert I. Sutton

Uma mente curiosa: o segredo para uma vida brilhante, Brian Grazer

A idade decisiva: descubra por que a fase dos 20 aos 30 anos vai definir seu futuro e como

416 | Leituras recomendadas

tirar melhor proveito dela, Meg Jay

Trabalho: uma história de como utilizamos o nosso tempo: Da Idade da Pedra à era dos robôs, James Suzman

Crisis Tales: Five Rules for Coping with Crises in Business, Politics, and Life, Lanny J. Davis

Atravessando o abismo: marketing e venda de produtos disruptivos para clientes tradicionais, Geoffrey Moore

Trama da vida: como os fungos constroem o mundo, Merlin Sheldrake

Simple Sabotage Field Manual, U.S. Central Intelligence Agency, United States Office of Strategic Services, 1944 (https://www.gutenberg.org/ebooks/26184)

Read the Face: Face Reading for Success in Your Career, Relationships, and Health, Eric Standop

"Architect behind Googleplex now says it's 'dangerous' to work at such a posh office", Bobby Allyn, NPR, https://www.npr.org/2022/01/22/1073975824/architect-behind-googleplex-now-says-its-dangerous-to-work-at-such-a--posh-office

"Why and how do founding entrepreneurs bond with their ventures? Neural correlates of entrepreneurial and parental bonding", Tom Lahti, Marja-Liisa Halko, Necmi Karagozoglu e Joakim Wincent. *Journal of Business Venturing* 34, nº 2 (2019): 368–88.

ÍNDICE REMISSIVO

Ações judiciais, 125-26, 322, 324-326
AdWords, 170
Ajuste do produto ao mercado, 160,
    161, 165, 166
Alphabet
  desenvolvimento da, pelo Google,
    xix, 338
  Nest Labs e, 338-42, 388
  Sundar Pichai e, 384
Amazon Fire Phone, 126-27
Amazon, 124, 126, 267, 373
Android, 353-55
App Store, 216
Apple
  Andy Hertzfeld na, 2-3
  aquisições da, 382
  batimento cardíaco externo da,
    156-58
  Bill Atkinson na, 2-3
  candidaturas a emprego na, 25
  clientes-alvo da, 215-16
  conselho de administração da, 361,
    365, 371
  cultura da, 276, 377, 382
  design thinking e, 287, 303
  diferenciais da, 113
  marketing de produtos na, 306
  programa Distinguished Engineer,
    Scientist or Technologist
    (DEST), 49
  projeto do servidor da, 214-15
  reconhecimento de colaboradores
    individuais pela, 49
  refeições subsidiadas na, 387
  reputação de excelência, 129
  ritmo do desenvolvimento de
    produtos na, 128-29
  sistemas de casa inteligente e, 373
  Tony Fadell na, xvi, 21, 58, 73, 83,

    85-87, 90-92, 97, 99, 102, 125,
    145, 173, 254, 325, 345, 406
  valor de mercado da, 97
Apple III, 355
Apple Worldwide Developers
    Conference (WWDC), 158
Aquisições e fusões
  aquisição da Nest pelo Google,
    xvii, 326, 334-341, 365, 373-81,
    383-84, 388-91, 403
  CEOs e, 373-84
ASIC Enterprises, xiii-xiv, 212
Aston Martin, fábrica da, 348
Atkinson, Bill, 2-3, 12, 22, 29, 175
Audible, 42
Azure (computação em nuvem), 133

Bain, 18
Bancos, 215, 378-79
Beats, 382
Beiers, Tracy, 33-34
Benefícios, critérios para a definição
    de, 385-86, 391
Berkshire Hathaway, 340
Best Buy, 134, 170
Bezos, Jeff, 126-27, 145, 347, 370-71
BlackBerry, 137-39, 141
Blevins, Tony, 98
Bolha das pontocoms, xvi, 20, 96, 203
Brin, Sergey, 334, 375, 384
Buffet, Warren, 340
Build Collective , xvii, 395, 406
ByteDance, 399

Calico, 339
Campbell, Bill, 196-97, 342-44, 361,
    368, 380-82
Capital G, 339
Celulares, adoção de, 130

418 | Índice remissivo

CEOs
"almoços com o CEO", 254
afastamento de, 363, 395
aquisições e fusões, 373-84
benefícios e, 385, 386, 391
CEOs babás, 347, 357, 394, 397
CEOs pais, 347-48, 355, 397
comunicação e, 345
conselho de administração e, ix,
114, 196, 204, 345, 347, 352,
359-72, 394, 395, 397
critérios para a renúncia de,
394-403
cultura e, 350
decisões dos, 357-58
egocentrismo dos, 353, 396
expectativas dos, 348-51, 354-56
fundadores como, 193, 304, 348,
363, 396, 397, 400-403
incompetentes, 348
isolamento dos, 357-58
marketing e, 296
papel dos, 347, 348, 352, 397, 401
plano de sucessão para os, 394,
399-400
pontos de interrupção e, 278-79
reconhecendo boas ideias, 353-55,
358-59
regalias e, 385-93
responsabilidade dos, 359
semelhanças entre líderes de
sucesso, 352-53
tipos de, 347-48
vida depois de deixar o cargo, 403
visão dos, 361, 367
Clientes internos, 32, 34, 249, 351
Colaboradores individuais
como estrelas, 49
como gestores, 255, 265, 268-71
crises e, 234
gestores em contraste com, 45
liderança de, 49
perspectiva dos, 28-29, 32-34, 50,
61, 358

trajetória nas organizações, 49,
268-71
voltando a ser, 396
Coleta de informações, 23
Colgate-Palmolive, 302
Comunicação
CEO e, 345
durante uma crise, 232-33
entre equipes, 264
na gestão, 56
reavaliação da, 272, 276
tamanho da equipe e, 261, 263-66
Concorrência
evolução de produtos e, 129-31
formas diretas e indiretas de, 132
pelo market share e mind share, 118
produtos disruptivos e, 124, 125, 130
Confiança
da liderança, 65, 68, 357
de equipes, 47, 50, 52, 54, 137,
249-50
de heróis, 27, 29
dos FDPs, 69, 71, 72, 73
em mentores, x
investidores e, 202
marketing e, 295
nas decisões, 60, 62, 64, 65, 68
nas empresas, 44, 82, 85
vendas e, 315
Cong, Jose, 250
Conselho de administração
afastamento do CEO, 363
batimentos cardíacos externos e, 370
capital de risco e, 202
categorias de, 364
CEOs e, ix, 114, 196, 204, 345,
347, 352, 359, 360-72, 394,
395, 397
conselhos de empresas de capital
aberto, 362, 371
conselhos de empresas de capital
fechado, 362, 371
conselhos ditatoriais, 364
conselhos indiferentes, 364

Índice remissivo | 419

conselhos inexperientes, 364, 365
da Amazon, 126
dever de diligência e dever de
  lealdade, 369
eficácia do, 363-64
escolha dos membros do, 367-72
experiência dos membros do, 369
gestores e, 59
incentivos do, 371
investidores e, 362, 364, 368-69
operadores do conselho, 369
papel do, 360
pedidos de demissão e, 86
presidente do, 368
remoção de membros, 370
reuniões do, 152, 360-63
reuniões individuais com o, 368
startups e, 194, 195, 232-33, 237,
  362, 365-67
storytelling e, 363, 370
Constructive Instruments, xiv, 2, 23
Construindo um negócio. Veja
  startups business-to-business
  (B2B)
Consultoria de gestão, 18-20
Cook, Tim, 367
Costco, 170, 215
Creative, 325
Crescimento pessoal
  idade adulta, 5-13
  critérios para conseguir um
    emprego, 15-21
  heróis e, 22-27
  perspectiva do colaborador
    individual, 28-29, 30, 32, 33-35
Crescimento profissional
  decisões e, 60-61
  estratégias, 37-44
  FDPs e, 69-72
  gestão e, 45-46
  liderança de equipes e, 39-43
  pedidos de demissão e, 44, 81-83
Crises, tipos de, xi
Croom, Simon, 69

Curiosidade, seguindo a, 23
Custo dos produtos vendidos (CPV),
  113, 165
Custos de aquisição de clientes, 165

Decisões
  cofundadores e, 194
  confiabilidade das, 60, 62, 64,
    65, 68
  consultores e, 61-62, 65, 66
  de CEOs, 357-58
  decisões orientadas por opiniões,
    60, 64, 65, 67, 135, 142, 143,
    144, 168, 187-88, 193, 309, 340,
    352
  do início da idade adulta, 8-9
  duvidando das, 65
  elementos de dados e opinião
    nas, 60
  ferramentas necessárias para
    produtos da versão um, 135-36
  gestão e, 44
  insights para, 60-61
  intuição e, 60, 61, 64-66, 68, 144,
    189, 200, 208, 351
  intuição postergada e, 181-82,
    187-88, 203
  orientadas por dados, 60-66, 68,
    135, 136, 143, 144, 187, 193,
    340, 352
  paralisia da análise, 60, 62
  pesquisa com clientes e, 61-63, 145
  restrições às, 147, 212
  storytelling e, 66-68
  testes A/B, 62-63, 145
Departamento financeiro
  aquisições e, 340, 341, 343, 382
  gestão de produto e, 301, 305, 307
  papel do, 50
  startups e, 193, 224
DICE, 217
Dimon, Jamie, 347
Disrupção
  ações judiciais contra, 125-26, 324

420 | Índice remissivo

de produtos, 123-34
de serviços, 124
equilíbrio da, 127
no Vale do Silício, x
Drexler, Mickey, 369
Dropcam, 337

eBay, 20, 200
Economia de aplicativos, 303
Empreendedores
arquétipo de, 191-92
de segunda viagem, 192
empresas de capital de risco e,
204-05
padrões cerebrais dos, 354
sobre o crescimento, 260
startups fundadas por, 200
Emprego
conexões e, 24, 25, 28
critérios para conseguir um, 15-21
perspectiva da equipe executiva, 31
perspectiva do CEO, 31
perspectiva do colaborador
individual, 28-35
perspectiva do gestor, 31, 34
Empresas, 214-16, 218, 305
Empresas. Veja também startups
confiança nas, 44, 82, 85
criação startups dentro de uma,
197-200
critérios para conseguir um
emprego, 15-21
cultura das, 275-79, 282
fazendo conexões com heróis, 24
grandes corporações, 18-20, 25
lucratividade das, 166
pequenas empresas, 25-27
tipos de, 196, 214-18, 311
visão das, 15, 16, 21, 265, 272
Empresas business-to-business-to-
consumer (B2B2C), 214, 217-18
Empresas business-to-consumer
(B2C), 201-4, 285, 290

Empresas consumer-to-business-to-
consumer (C2B2C), 214
Empresas de capital de risco, 96, 166,
174, 201-12, 213
Engenharia
batimentos cardíacos externos e,
152
colaboradores individuais e, 49
desenvolvimento do iPhone e, 149
desenvolvimento do iPod e, 222
equipes e, 267, 268, 276
expectativas do CEO e, 349
gestão de produto e, 307-12
papel da, 29, 50
perspectiva da, 33
pesquisa com clientes e, 61
startups e, 224
vendas e, 316
Equilíbrio entre vida profissional e
pessoal
agendamento e, 228
ajustes no, 11
contratação de um assistente,
229-31
crises e, 221, 222, 235, 237-39
dormir, 227, 235
exercícios físicos e, 229
fazer anotações e, 224-26
fazer pausas, 226, 228, 231
férias e, 220-22, 226-27, 228
hábitos alimentares, 229
planejando sua agenda, 219, 221,
226, 228-30
priorização e, 219-20, 224, 226
tipos de, 219
Equipe criativa, 106, 289, 295, 299
Equipe de design
design thinking e, 280-88, 303,
304
expectativas do CEO e, 351
startups e, 243
Equipe de operações
concorrência e, 132
gestão de produto e, 312

papel da, 27
startups e, 193
vendas e, 314, 316, 319
Equipe de sucesso do cliente, 215, 314,
   318-20
Equipe executiva
   papel da, 28
   reuniões do conselho e, 362, 370
   sobre empregos, 31
   tom da, 348
Equipe jurídica
   ações judiciais e, 125-26, 322, 324,
      325-26
   contratos e, 322, 324, 328
   escritórios de advocacia externos e,
      322-324, 328
   gestão de produto e, 307, 308, 329
   marketing e, 295, 329
   papel da, 27, 324-32
   startups e, 243
   vendas e, 316
Equipes
   "almoços com o CEO", 254
   assistente para, 230
   celebrações de aniversário e,
      259-60
   clientes internos, 249, 351
   confiança das, 47, 50, 52, 54, 137,
      249-50
   construção de, 241-43, 245, 256,
      257-58
   crises e, 232-36, 238, 278
   cultura das, 245, 250, 252-55, 273,
      275-79
   de marketing, 289-300
   decisões e, 60, 64
   demissão de pessoas e, 245, 255-57
   design organizacional e, 267-69, 276
   design thinking e, 280-88
   diversidade de perspectivas sobre,
      247-48
   equipe de produto da versão
      dois, 137
   equipe de produto da versão um, 137

equipe fundadora, 191, 194, 195-
   97, 210-11, 396
expectativas do CEO e, 349-51
gerenciamento de, 44-46, 48,
   52-59, 259, 261, 262, 264,
   266-67, 358
gerentes de produto e, 246, 289,
   292, 301-12
integração de novos funcionários,
   252-54
liderança de, 39-44, 47, 48, 264
líderes de equipe, 49-51, 266
mentoring nas, 246, 257, 274-75
microgerenciamento positivo e,
   252-54
multigeracionais, 245, 246-47
perspectiva do colaborador
   individual, 34-35
pessoas espetaculares que
   podem trazer outras pessoas
   espetaculares às, 248
pontos de interrupção e, 259-79, 303
previsibilidade para, 159
principais equipes e competências, 243
processo de contratação, 245-58
processo de entrevista, 245, 248-53
processo de trabalho das, 52-53
recrutadores e, 250, 273-74
reuniões de, 53-54, 257, 258,
   271-73
reuniões individuais com, 45, 53-54,
   58, 255, 269, 278, 370
ritmos das, 147, 148, 152-56
tamanho das, 48, 150-52, 259,
   260-66, 261, 262, 263, 279, 303
tópicos de recursos humanos em
   reuniões, 257, 258
treinamento para, 245, 246, 276
Três Coroas, método de
   contratação, 249
Evolução
   características definidoras do
      produto, 128
   dos produtos, 123, 124, 129-31

422 | Índice remissivo

Evolving for the Next Billion
(podcast), 190
Execução, de produtos, 123-24
Experiência do cliente
com smartphones, 116, 137, 139
expectativas do CEO e, 349
marketing e, 289-92
protótipos da, 101-6, 108-13, 127

Fabricação
desenvolvimento de produtos e,
96, 98, 99, 102, 130, 139, 176,
178, 222
disrupção da, 123
equipe de design e, 283, 288
equipe de vendas e, 314
gestão de produto e, 308
papel da, 27, 29, 296
Facebook
candidaturas a emprego no, 25
ciclos de avaliação no, 54
clientes-alvo do, 218
disrupção e, 132
lucratividade do, 170
regalias no, 387
Fadel, Tony. Veja também General
Magic; iPhone; iPod; Nest Labs;
Nest Learning Thermostat; Nest
Protect; Philips Nino; Philips
Strategy e Ventures Group;
Philips Velo
biografia de, xii-xvii, 294
carreira de, xii-xvii
como um mentor, ix-xii, xvii-xviii
computador Apple de, xiii-xiv
experiência com programação na
faculdade, xii-xiii
família de, 173, 185, 186
fracassos de, xvii, 3-4, 192
mentores de, ix, x, 174
na Apple, xvi, 21, 58, 73, 83, 85-
87, 90-92, 97, 99, 102, 125, 145,
173, 254, 325, 345, 406
na Build Collective , xvii

na Philips, xv, 20, 38-39, 47-48,
61, 64, 82, 86, 94, 95, 102, 134,
138-39, 222, 406
na Quality Computers, xiii
paixão de, 72-73
startups de, xii, xiii-xvii, 2, 6, 7,
48, 174, 192, 212
Fadell, Dani (esposa), 173, 185
FDPs
agressivos, 71
arquetípicos, 70-71, 77
controladores, 70, 71, 73-75, 77
estratégias para lidar com os, 75-
80, 90-91
motivações dos, 72, 74, 80
orientados pela missão, 71-73, 200
passivo-agressivos, 71
políticos, 69-70, 73-74, 77-80
política de evitar FDPs a qualquer
custo, 250-51, 256, 320
tipos de, 69-72
uso das mídias sociais por, 77
Feedback do cliente, 305
Flint, Peter, 114
Fracassos
análise dos, 144
aprendendo com os, 5-6, 7, 9, 10,
13, 21, 127, 237, 271, 283, 355
startups e, 212
Free, 213
Frog, 303
Fuse Systems, xvi, 94-98, 221

GAP, 369
Gelsinger, Pat, 347-48
General Magic
Andy Hertzfeld e, 2-3, 12, 29
Bill Atkinson e, 2-3, 12, 29, 175
clientes-alvo da, 37-38, 61, 139
cultura da, 48
estrutura da, 10-11, 13
foco em tecnologia da, 16
fracasso da, 3, 13, 20, 27, 39, 61,
96, 405

lançamento da, 11-12

Magic CAP, 16

Philips como uma parceira e
investidora da, 38, 39

Pierre Omidyar e, 200

Pocket Crystal, 1, 2, 12

problemas com produtos da, 16

restrições de tempo para a, 148-49

sistema de rede privada da, 12

smartphone da, 139

Sony Magic Link, 12-13, 16, 27,
33, 37-38, 61, 148-49

TeleScript, 16

Tony Fadell como um engenheiro
na, xvi-xvii, 2-3, 6, 7, 10-11, 13,
23, 27, 29, 37, 102, 138-39, 221,
353, 406

General Magic Movie, 2

Gerentes de produto e, 246, 289, 292,
301-312

Gerentes de programa, 302

Gerentes de projeto, 301-2

Gestão de produto

como a voz do cliente, 301, 302,
304, 306, 309-11

como um conjunto de habilidades, 304

equipe de marketing e, 289, 292, 299,
301, 306, 307, 308-9, 311, 312

equipe jurídica e, 307, 308, 329

gerente de produto e, 246, 289,
292, 301-12

gerente de projeto e, 301-2

papel da, 27, 50, 243, 246, 299,
301, 303, 304, 306, 309

relações públicas e, 146, 305,
308, 312

startups e, 243

Gestão. Veja também gestão de
produtos

autogerenciamento, 259

avaliações de desempenho, 54

colaboradores individuais como
gestores, 255, 265, 268-71

considerações sobre a, 45-46, 49

crises e, 234-35, 238

cultivando sucessores naturais, 58

cursos de, 54-55

de equipes, 44, 45-46, 48, 52-59,
259, 261, 262, 264, 266-67, 358

decisões e, 64-66

disciplina da, 46

estabelecendo um estilo eficaz de,
55-56

gestores se tornando membros do
conselho, 255, 271

habilidades necessárias para a, 45,
46, 48-52

microgerenciamento, 46-48, 52,
55, 70, 224, 232, 235, 252, 296

motivação e, 56-57

reuniões da, 271

tamanho da organização e, 48, 261

tópicos de recursos humanos em
reuniões, 257, 258

treinamento para a, 269-71

Google

Alphabet criada pelo, xvii, 339

anúncios, 339, 374

aquisição da Nest pelo, xvii, 326,
334-41, 365, 373-81, 383-84,
388-91, 403

aquisição do Android, 354

busca, 304, 339, 374

candidaturas a emprego no, 25

ciclos de avaliação no, 54

clientes-alvo do, 218

cultura do, 337, 374, 378, 380-81, 388

disrupção e, 132

gerentes de produto e, 304

lucratividade do, 170

Nest reabsorvida pelo, 344-45

Nest vendida pelo, 342-44, 397

reconhecimento de colaboradores
individuais pelo, 49

reestruturação do, 339

regalias no, 387-88, 393

reuniões gerais do, 273, 389

ritmos de projeto no, 155

424 | Índice remissivo

Google Facilities, 340
Google Fiber, 339
Google Glass, 17, 127
Google Nest, 58, 85, 298, 337,
    339-42, 383-84
Google Store, 336, 342
Google Ventures (GV), 339, 378
Google X, 339
Grove, Andy, 348
Grupos de produtos de consumo, 302
Guenette, Isabel, 246
Gurley, Bill, 23

Habituação, 281
Heróis, conexões com, 22-27, 29
Hertzfeld, Andy, 2-3, 12, 22, 29
Hodge, Andy, 98
Hololens, 133
Home Depot, 170, 215
Home theaters, 94, 96
Honestidade, na gestão, 46, 54
Honeywell, 125, 133-34, 174, 325-26

IBM, 129, 158
Idade adulta
    decisões do início da, 8-9
    lições da, 5-8
    riscos do início da, 6, 8, 9-13
Ideias
    como analgésicos, não como
      vitaminas, 182
    elementos das, 181
    identificação de grandes ideias,
      133, 181-91, 193, 353, 354
    pesquisas sobre, 181-84, 189
    problemas resolvidos por, 181, 182
    processo de perseguição de, 181-
      89, 405
    storytelling e, 182, 184, 187-88
    visão para, 188
IDEO, 280, 303
IKEA, 113, 308
Instagram, 166, 218

Instalação pelo cliente, 105, 110-13,
    121, 189, 300
Intel, 158, 201, 348
Intuição postergada, 181-82, 187-89,
    203, 340
Inventec, 98
Investidores e investimentos
    investidores-anjo, 183, 201-2, 204,
      211-13
    membros do conselho e, 362, 364,
      368-369
    na Nest Labs, 174-76, 187, 189
    natureza cíclica dos, 96, 202-3
    no Vale do Silício, 96, 204
    relacionamentos e, 201-2, 204,
      205-11, 212, 213
    startups e, 179, 192, 195, 201-13
    storytelling e, 118, 189
iPad, 173
iPhone
    desenvolvimento do, xii, xvi, 1,
      16, 99, 130, 137, 141-42, 149-51,
      166, 173, 179, 185, 186, 303,
      353-355, 371
    equipe do, 250
    frente de vidro do, 117, 355
    lançamento do, 115-17, 125, 216
    lucratividade do, 166
    restrições de tempo para o, 149-50
    tamanho do, 139-41
    teclado touchscreen para o, 117,
      137-42
    valor do, 166, 186
iPod
    "1000 músicas no seu bolso"
      (slogan), 93, 98, 119-21, 306-7
    bateria cheia do, 288
    característica definidora do,
      128, 149
    desenvolvimento do, xii, xvi, 21,
      27, 57, 58, 97-98, 127-130, 142-
      44, 173, 175, 177, 179, 199, 215,
      221-23, 287-88, 306, 375
    design do, 282, 287-88

equipe do, 250
lançamento do, 90, 98-100, 102, 115, 125, 142-43, 227
lucratividade do, 165
modelo de iPod com telefone, 150
personas de clientes para o, 307
iPod Nano, 306-7
iPod Touch, 173
Isaacson, Walter, Steve Jobs, 90
iTunes, 127-29, 325
Ive, Jony, 287

Jobs, Steve
Andy Rubin e, 353-55
caminhadas de, 228
como um CEO pai, 355
desenvolvimento do iPhone, 16, 137-39, 141, 142, 166
desenvolvimento do iPod, 98, 128, 142-44, 199, 221-23, 287-88, 375
design thinking e, 287
estilo de liderança de, x, 84, 87, 91, 216, 377, 387
férias de, 220-22
lançamento do iPhone, 115-16
nas conferências MacWorld, 156-58
nível de detalhamento esperado por, 52
paixão de, 73, 74
respeito por, 355-57
reuniões do conselho de administração e, 361, 367
síndrome do "não foi inventado aqui", 353
sobre "manter a mente de um iniciante", 288
sobre a consultoria de gestão, 18
sobre a duração da bateria, 129, 307
sobre ações judiciais, 325
sobre analogias, 118-20
sobre o marketing, 290, 296
sobre processadores, 158

storytelling de, 187, 306
Wendell Sander e, 27
Joswiak, Greg, 306-7
JPMorgan Chase, 347

Kahneman, Daniel, 181
Kare, Susan, 12
Kelley, David, 280, 303
Kickstarter, 168
Kindle, 126
Kleiner Perkins, 174
Kodak, 130-32, 353
Komisar, Randy, 174, 367-68

Le Guen, Sophie, 309
Lei de Brandolini, 79
Letterman, David, 335
Liderança
características da, 14, 352-53
confiança da, 65, 68, 357
crises e, 235-36
de colaboradores individuais, 49
de equipes, 39-44, 47, 48, 264
de Steve Jobs, x, 84, 87, 91, 216, 377, 387
decisões e, 64-66
engavetando sua ideia, 66
estilo de, 56
mentores e, 275
microgerenciamento em contraste com, 45
para startups, 194
perspectiva da, 34
porcentagem de traços psicopáticos da, 69
visão para a, 20
Linux, servidores, 214
Lobo de Wall Street, O (filme), 317
Lovinsky, Dina, xviii
Lowe's, 170
Lutton, Chip, 125, 325, 329, 331

Macintosh, 3, 97, 115, 129, 142-43, 158, 221

426 | Índice remissivo

MacWorld, conferências, 156
Magic CAP, 16
Magic Leap, 17
MagicBus, 27
Marketing
  arquitetura de comunicação de
    mensagens, 108, 290-92, 300
  checagens da equipe jurídica,
    295, 329
  cultura do, 276
  da Nest Labs, 283-84
  desenvolvimento de produtos
    e, 299
  equipes e, 289-300
  expectativas do CEO e, 350-51
  experiência do cliente e, 289-92
  gestão de produto e, 289, 292, 299,
    301, 306-9, 311, 312
  matriz de ativação de mensagens,
    293-95, 300, 304, 305
  papel do, 27, 29, 193
  processo rigoroso e analítico do,
    289-90
  protótipos do, 106, 112-13
  startups e, 243
  storytelling e, 289, 290, 292-93,
    298-99, 305, 306, 311
  vendas e, 316
McKinsey, 18
Memegen (app), 273
Mentores/coaches
  colaboradores individuais
    como, 49
  conselho de administração e,
    368, 369
  do início da idade adulta, 9
  equipes e, 246, 257, 274-75
  para startups, 191, 194, 195-97,
    207, 232, 237
  pontos de interrupção e, 274-75,
    279
  relacionamentos e, 405-8
  valor dos, ix, x, xi, 406-8

Metas
  avançando com, 7, 21, 35
  de reuniões, 273
  desenvolvimento de produtos e,
    136, 143, 145
  metas da equipe impulsionando as
    metas da empresa, 254
Microsoft (empresa), 3, 97, 132-33,
  302, 334, 347
Microsoft (sistema operacional), 33,
  39, 82, 94, 215
Mídias sociais, 77. Veja também
  Facebook; Twitter
Moore, Geoffrey, Atravessando o
  abismo, 161, 162-64, 166
Mossberg, Walt, 143
Motivação
  dos FDPs, 72, 74, 79
  gestão e, 56-57
Motorola Mobility, 381
Motorola ROKR iTunes (celular), 355
Motorola, 158
MP3 players, 42-44, 93, 128, 130,
  143, 359
Musicmatch Jukebox, 143
Musk, Elon, 23, 347

Nadella, Satya, 132-33, 347
Nest Cam, 329-32, 337
Nest Labs
  aquisição pelo Google, xvii, 326,
    334-41, 365, 373-81, 383-84,
    388-91, 403
  conselho de administração da,
    365, 367-68
  crescimento da, 241, 246, 252
  cultura da, 275, 351, 374, 378, 380,
    381, 393, 407
  cultura de vendas da, 318
  desenvolvimento da, xvi-xvii, 58,
    175, 187, 196, 212-213, 242, 246
  investidores da, 174, 175-76, 187-89
  marketing da, 283-84
  pesquisa para, 246

propriedade intelectual e, 329
reabsorção pelo Google, 344-46
regalias na, 388-92
suporte ao cliente e, 349
Três Coroas, método de
contratação da, 249
venda pelo Google, 342-44, 397
Nest Learning Thermostat
ação judicial contra o, 125, 325-27
aplicativo para celular, 104-6,
174, 177
característica definidora do, 128
chave de fenda para o, 111-13
componentes interativos do, 333-34
desenvolvimento do, xii, xvii,
104-6, 174, 176-78, 184-88, 299
disrupção do, 133
gerações do, 112-13, 169, 170-71,
177-78, 190, 246
gerente de produto para o, 246, 309
instalação pelo cliente, 105,
110-13, 121, 189, 300
lançamento do, 125, 177
marketing do, 293-99
"Por que fizemos", página no site
do, 298-99
problemas resolvidos pelo, 176, 299
protótipo de embalagem do, 106,
107, 108, 283-84, 293
Rush Hour Rewards, 121-22
storytelling para o, 119, 121-22,
250, 283-84, 293, 295, 298-99
sucesso do, 334-35
testes com usuários do, 110-11
Nest Protect
desenvolvimento do, xii, xvii, 171,
178, 333
gerações do, 337
lançamento do, 179
Wave to Hush, 233-34, 236-38
Nest Secure, 309-11, 337
Newton, 148
Ng, Stan, 98
Niel, Xavier, 212-13

Nokia, 125, 130-32, 353
Novotney, DJ, 98

O primeiro milhão (filme), 317
O sucesso a qualquer preço (filme), 317
Óculos de realidade aumentada, 17
Oenning, Anton, 283-84
Oh-hyun, Kwon, 57
Omidyar, Pierre, 200

Page, Larry
Alphabet e, 339
aquisição da Nest e, 339-40, 345,
375-77, 380-81, 383, 384, 391
venda da Nest, 342-43
Painéis de clientes, 61-63
Palm, assistentes digitais pessoais da,
16, 139, 359
Palmer, Andy, 348
Patentes, 328-29
Pedidos de demissão
como uma estratégia para lidar
com FDPs, 75, 77, 90-91
como uma tática de negociação,
87-88
crescimento profissional e, 44,
81-83
narrativa dos, 88-90, 251
networking e, 83-85, 86, 90
problemas pessoais e, 87
recursos humanos e, 81, 86, 91, 92
storytelling e, 88-90, 251
transição de, 81-86, 251
Pesquisa com clientes
adotantes iniciais, 167-68
Curva de Adoção do Cliente,
161-66
decisões e, 60-61
desenvolvimento de produtos e,
136, 143, 145
Pessoas espetaculares que podem
trazer outras pessoas
espetaculares, 191, 196, 248,
367-68

428 | Índice remissivo

Philips
    clientes-alvo da, 61-64, 139
    como uma parceira e investidora
        da General Magic, 38, 39
    concorrência com o iPod, 129
    cronogramas da equipe para a,
        153-54
    cultura da, 38-39, 222, 276
    Tony Fadell como o Chief
        Technology Officer da, xv, 20,
        38-39, 47-48, 61, 64, 82, 86, 94,
        95, 102, 134, 138-39, 222, 406
Philips Nino, lançamento do, xv,
    40-43, 96
Philips Strategy and Ventures Group,
    lançamento por Tony Fadell,
    xv, 42
Philips Velo
    cronograma do projeto para o, 154
    lançamento do, xv, 39-43, 96
    painéis de clientes para o, 61-63
Pichai, Sundar, 56, 375-77, 384
Pinterest, 170
Pocket Crystal, 1, 2, 12
Pontos de interrupção
    colaboradores individuais como
        gestores, 265, 268-71
    cultura e, 275-79
    design organizacional e, 267-69
    especialização e, 266-67
    gestores se tornando membros do
        conselho, 255, 271
    recursos humanos e, 273-74
    reuniões e, 271-73
    tamanho da equipe e, 259-66, 279, 303
Porat, Marc, 1-2, 29, 39
Power Mac G4 Cube, 355
Produtos
    arquitetura de comunicação de
        mensagens sobre os, 108
    batimentos cardíacos externos do
        projeto de, 154-56, 159
    batimentos cardíacos internos do
        projeto de, 147-59

características dos, 15
como uma marca, 289
comunicados à imprensa para os,
    145-46
concorrência pelo market share e
    mind share, 118
custo dos produtos vendidos
    (CPV), 113, 165
desenvolvimento de, x-xi, 93-99,
    405-8
estágios de lucratividade, 160-71
evolução *versus* disrupção *versus*
    execução, 123-34
expectativas do CEO para os, 351
grupos específicos de, 267-69
lucratividade dos, 160-66, 168,
    170-71
problemas resolvidos pelos, 15, 16-
    19, 21, 38, 64, 102, 116, 117, 281,
    282, 292, 299, 311
produtos da versão dois, 123-24,
    135-37, 143-45, 159-67, 169, 190
produtos da versão três, 160-67, 169
produtos da versão um, 63, 123,
    135-36, 142-43, 145, 147, 149,
    155-57, 159-65, 167-69, 190
protótipos de embalagem dos,
    106-8, 283-84
protótipos de experiência do
    cliente, 101-6, 108-13, 127
storytelling e, 114-22, 285, 289,
    290, 292, 298, 306, 308
testes com usuários de, 110-12
transformando o intangível em
    tangível, 101-13, 121, 349
Produtos business-to-business (B2B),
    118, 156, 160, 215
Produtos business-to-consumer (B2C),
    156, 160, 215
Produtos financeiros, 215
Propriedade intelectual, 328-29

Quality Computers, xiii

Realidade virtual (VR), fracassos das
startups em, 16
RealNetworks, player de música
digital de Tony Fadell com a, xv,
44, 82, 85, 93, 359
Recursos humanos (RH)
contratação e, 31, 229-31, 245-58
entrevistas e, 23, 276
equipe jurídica e, 324, 328
lidando com FDPs e, 76-78
pedidos de demissão e, 81, 86,
91, 92
pontos de interrupção e, 273-74
reuniões de equipe e, 257-58
reuniões do, 273
startups e, 95, 193, 195, 224
tamanho da equipe e, 264
Regalias, critérios para, 385-93
Reinvenção, no Vale do Silício, x
Relações públicas
capital de risco e, 208
crises e, 233
experiência do cliente e, 112
gestão de produto e, 146, 305,
308, 312
papel da equipe de, 17, 29, 50
Reuniões gerais, 87, 152, 264-65,
271-73, 275, 278, 389, 403
Riscos
FDPs políticos e, 69-70
do início da idade adulta, 6, 8, 9-13
Robbin, Jeff, 325
Rogers, Matt
"almoços com o CEO", 254
desenvolvimento da Nest Labs,
xvi-xvii, 58, 175, 187, 196,
212-13, 242, 246
na Apple, 254
na equipe de engenharia do iPod,
58, 175
Nest Labs adquirida pelo Google, 341
processo de contratação e, 249
Ross, Ivy, 68
Rubin, Andy, 353-355

Samsung, 95-96, 201, 373
Sander, Brian, 27
Sander, Wendell, 27
Síndrome do "não foi inventado
aqui", 353
Síndrome do impostor, 39, 53
Sistemas de casa inteligente, 134, 170,
175-76, 333-35, 373
Sistemas de som domésticos, 93
Smartphones
experiência do cliente com os, 116,
137, 139
produtos baseados no uso de, 17-19
Smith, Cheryl, 91
Limited Partners, 201, 204,211
Soloway, Elliot, 2
Sony Magic Link
clientes-alvo do, 16, 37-38, 61
lançamento do, 12-13, 33, 148-49
MagicBus para, 27
Sony, 125, 129, 222
Square, 267
Startups
clientes-alvo das, 214-17
cofundadores e, 191, 194, 195, 197
conselho de administração
e, 194, 195, 232-33, 237, 362,
365-67
crises e, 219-22, 232-39
desafios de design, 283
elementos constitutivos das,
192-93
equilíbrio entre vida profissional e
pessoal nas, 219-31
equipe fundadora de, 191, 194-97,
210-11, 396
estresse nas, 179, 194, 213
evolução das, 252
funcionários e, 194-95
identificação de ideias, 179, 181-90,
191, 193
investidores e, 179, 192, 195,
201-13
investidores-anjo, 204

430 | Índice remissivo

mentores para, 191, 194-97, 207,
232, 237
pacotes de ações da empresa e,
195-97
pessoas espetaculares que
podem trazer outras pessoas
espetaculares, 191, 196
plano de implementação, 182
principais equipes e competências
de, 243
priorização e, 219-20, 224
prontidão para, 191-200
realidade virtual e, 16
regalias e, 385, 388
remuneração e, 195-97
storytelling e, 195, 209-10
taxa de fracasso de, 212
visão e, 195
Stebbings, Harry, 24-26
Storytelling
analogias no, 119-22
decisões e, 64-67
design e, 283-84, 285
empatia e, 118-20
estratégias para lidar com FDPs
e, 78-80
ideias e, 182, 184, 187-89
marketing e, 289, 290, 292-93,
279-99, 305, 306, 311
pedidos de demissão e, 88-90, 251
produtos e, 114-22, 285, 289, 290,
292, 298, 306, 308
startups e, 195, 209-10
visão e, 66-68, 114, 119
Streaming de música, 130
Stripe, 267
Suporte ao cliente
expectativas do CEO e, 348,
349, 351
gestão de produto e, 301, 305, 307,
308, 312
papel do, 27, 29, 104, 168, 171
startups e, 193

Tesla e, 167
vendas e, 314, 318, 320
Surface, produtos da, 133
Swatch, 359

Tamaseb, Ali, Super Founders, 192
Tannenbaum, Harry, 58
Target, 170
Técnicos de sistemas de climatização,
133-34, 176
TeleScript, 16
Termos de compromisso, 207
Tesla, 127, 132, 167
Thread, 334
TikTok, 399
Tim Ferris Show (podcast), 54
TiVo, 42, 94
Tolstói, Liev, 364
Twilio, 267
Twitter, 23, 24, 77, 170, 218, 318

Uber, 17, 166
USB, dispositivos, 10, 27

Vale do Silício
adotantes iniciais, 167
cultura do, ix-x, 4, 10-11, 17,
39, 388
investimentos no, 96, 204
mentalidade do "falhar rápido"
no, 184
Vendas
cultura da equipe de, 313-321
gestão de produto e, 307, 308
modelo de direitos de subscrição
adquiridos por comissão pelas,
313-14, 319-21
papel da equipe de, 29, 193, 304,
305, 313, 316
relacionamentos e, 315, 316-21
startups e, 243
Verily, 339
Vida, como um processo de
eliminação, 255, 271

Índice remissivo | 431

Vírus da dúvida, 116, 298
Visão
  de CEOs, 361, 367
  decisões e, 60, 135, 144
  disrupção e, 127
  para a liderança, 20
  para empresas, 15, 16, 21, 265, 272
  para ideias, 189
  para o desenvolvimento de
    produtos, xv, 1-2, 17, 44, 63,
    141-44
  para produtos da versão dois, 136-
    37, 143

  para produtos da versão um, 135,
    145, 146, 151
  startups e, 195
  storytelling e, 66-68, 114, 119

Walmart, 170
Waze, 381
West, Kanye, 335
WhatsApp, 166

Yahoo, 20, 387-88
Yiming, Zhang, 400
YouTube, 23, 166, 381

INFORMAÇÕES SOBRE SUSTENTABILIDADE

Fiz este livro o mais ecológico que pude. É importante – para mim, para o planeta, para a próxima geração da humanidade – que deixemos o status quo para trás. Dez por cento de papel reciclado não é o suficiente.

Minha meta foi fazer um livro totalmente compostável com 100% de materiais reciclados pós-consumo, sem produtos químicos nocivos e com materiais e processos de impressão que tivessem zero pegada de carbono e utilizassem o mínimo possível de recursos naturais. Infelizmente, não conseguimos chegar nem perto das minhas ambições.

Informação Nutricional
Porção de 1 livro (456 páginas)

Papel da capa	**Cadeia de custódia certificada, não reciclado, reciclável e compostável**
Tinta da capa	**Base biológica e compostável**
Papel do miolo	**Cadeia de custódia certificada, sistema de branqueamento TCF*, sem adição de OBA**, reciclável e compostável**
Tinta do miolo	**Base biológica e compostável**
Cola para encadernação	**Base biológica e compostável**
Impressão	**Impressão UV onde possível**
Parceiros de impressão	**Pegada de carbono minimizada**
Programas de resíduos	**Os fornecedores reciclam todos os resíduos de papel, outros resíduos não são reciclados**

* *Totally Chlorine Free* (Totalmente Livre de Cloro)
** *Optical Brighteners Agent* (Alvejante Ótico)

434 | CRIAR

Nossos editores trabalharam comigo para encontrar os processos e materiais mais inovadores e limpos do setor. Contudo, opções suficientemente verdes ainda não existiam ou nem conseguimos descobrir quais processos eram usados. Muitas partes do negócio de impressão de livros ainda não são transparentes e precisam passar por disrupções. O setor tem um longo caminho a percorrer para se tornar 100% verde. Como qualquer outro setor do mundo. Então, se você tiver uma ideia ou tecnologia para inovar as áreas de gerenciamento de fibras, impressão, encadernação ou reciclagem, não deixe de me procurar. Quero financiar a sua ideia. Entre em contato comigo no site tonyfadell.com.